PLANEJAMENTO FINANCEIRO PESSOAL E GESTÃO DO PATRIMÔNIO

FUNDAMENTOS E PRÁTICAS

ORGANIZADORES
Almir Ferreira de Sousa • Ricardo Humberto Rocha

PLANEJAMENTO FINANCEIRO PESSOAL E GESTÃO DO PATRIMÔNIO

FUNDAMENTOS E PRÁTICAS

3ª EDIÇÃO
REVISADA E ATUALIZADA

AUTORES
André Eduardo Demarco • Arthur Vieira de Moraes • Bernardo Castello • Bruno dos Santos Fernandes
Carlos Alberto Furtado de Melo • Carlos Caldeira • Clarice Carneiro Martins • Daniel Walter Maeda Bernardo
David Kallás • Douglas Custódio • Eduardo Montenegro Dotta • Elizabeth Krauter • Emilio Otranto Neto
Fábio Moraes • Fernando Antonio Perrone Pinheiro • Filipe Rodrigues • Guilherme Benaderet • Heron Rached
Hudson Antunes Bessa • José Carlos Luxo • José Orlando dos Santos Junior • Leonel Molero Pereira
Liao Yu Chieh • Livia De Carli Germano • Lucy Aparecida Sousa • Luiz Calado • Marcelo de Libero d'Agosto
Marcos Antonio Ferreira • Maria Flávia Munhoz • Mário Shingaki • Otto Nogami • Patrícia Oda
Priscila Borin Claro • Priscilla Roncy Sorrentino • Ricardo Humberto Rocha • Roberto Carline
Sérgio Tuffy Sayeg • Vinícius Corrêa e Sá • Walter Cestari

manole
editora

Editora: Cristiana Gonzaga S. Corrêa
Projeto gráfico: Departamento Editorial da Editora Manole
Diagramação: Elisabeth Miyuki Fucuda
Ilustrações: Luargraf Serviços Gráficos
Capa: Iuri Guião
Imagem da capa: freepik.com

CIP-BRASIL. CATALOGAÇÃO NA PUBLICAÇÃO
SINDICATO NACIONAL DOS EDITORES DE LIVROS, RJ

P773
3. ed.

Planejamento financeiro e gestão do patrimônio / organização Almir Ferreira de Sousa, Ricardo Humberto Rocha. - 3. ed. - Barueri [SP] : Manole, 2025.

Inclui bibliografia
ISBN 9788520468272

1. Administração financeira. 2. Finanças pessoais. 3. Educação financeira. I. Sousa, Almir Ferreira de. II. Rocha, Ricardo Humberto.

25-97648.0 CDD: 332.024
CDU: 330.567.22

Gabriela Faray Ferreira Lopes - Bibliotecária - CRB-7/6643

Edição – 2025

Editora Manole Ltda.
Alameda Rio Negro, 967 – cj. 717 – Alphaville
06454-000 – Barueri – SP – Brasil
Fone: (11) 4196-6000
www.manole.com.br | https://atendimento.manole.com.br/

Impresso no Brasil
Printed in Brazil

Sobre os organizadores

Almir Ferreira de Sousa

Graduado em Economia, Mestre e Doutor em Administração – área de Finanças – pela Faculdade de Economia, Administração, Contabilidade e Atuária da Universidade de São Paulo (FEA-USP). Livre-docente e Professor Associado da USP. Atua em Avaliação de Investimentos, Avaliação de Empresas, Gestão do Capital de Giro, Gestão de Pequenas e Médias Empresas e Educação Financeira. Presidente do Conselho Deliberativo da Associação Paulista de Fundações (APF). Presidente do Conselho Curador da Fundação Ferreira Albuquerque de Apoio à Educação, da qual é instituidor. Coordenador do ProCED-FIA – Programa de Capacitação da Empresa em Desenvolvimento da FIA. Presidente do Comitê de Ética e *Compliance* da FIA. Vice-presidente da Ordem dos Economistas do Brasil. Vice-presidente do Conselho Curador da FIA. Conselheiro do Instituto de Inteligência Econômica. Membro da Associação Beneficente Anhembi (ABA) e do Instituto de Valorização de Estudos e Pesquisas do Estado de São Paulo (IVEPESP). Experiência executiva em instituições financeiras, empresas privadas, empresas de economia mista e em instituições do terceiro setor.

Ricardo Humberto Rocha

Doutor em Administração pela Faculdade de Economia, Administração, Contabilidade e Atuária da Universidade de São Paulo (FEA-USP). Desde 1999 atua como professor do Insper Instituto de Ensino e Pesquisa, onde é coordenador dos cursos de Finanças da Pós-Graduação PGLS. Consultor da Associação Brasileira das Entidades dos Mercados Financeiro e de Capitais (ANBIMA), da Federação Brasileira de Bancos (FEBRABAN), do Instituto FEBRABAN de Educação (INFI), da B3 S.A., da Associação Brasileira de Planejadores Financeiros (Planejar) e da Fundação Carlos Chagas. Possui diversos livros publicados. Atua na área de Finanças nos temas Finanças de Mercado, Finanças Corporativas, Gestão de Riscos e Planejamento Financeiro Pessoal. Premiado com a medalha Cel. Paul Balagny em reconhecimento aos méritos e relevantes contribuições às Ciências, Letras e Cultura, resultando em benefício à Polícia Militar do Estado de São Paulo. CFO certificado pelo Instituto Brasileiro de Executivos de Finanças de São Paulo (IBEF-SP). Colunista das Revistas *Veja* e *Veja Negócios*.

Sobre os autores

André Eduardo Demarco

Administrador de empresas graduado pela Universidade Presbiteriana Mackenzie. Pós-graduado em Gestão Empresarial pela FIA/FEA/USP. MBA em Derivativos pela USP e LLM Master of Laws pelo Insper Instituto de Ensino e Pesquisa. Atua nos mercados financeiro e de capitais há mais de 30 anos. Ocupou as posições de Diretor de Negociação Eletrônica, de Engenharia de Produtos, Serviços e Educação, Depositária e Operações de Balcão e Diretor de Produtos de *Compliance* e Processos Licitatórios da B3, sendo responsável pelo desenvolvimento e distribuição de produtos de KYC e PLDFT, bem como responsável pelos serviços de processos licitatórios que a B3 desenvolve e oferece ao mercado. Atualmente atua como Diretor de Autorregulação e CEO da BSM Supervisão de Mercados, sendo responsável pela autorregulação dos mercados organizados administrados pela B3 e pela supervisão da B3 em sua atividade de administradora de mercados organizados e provedora de infraestrutura de *Clearing* e depositária central.

Arthur Vieira de Moraes

Mestre em Administração com ênfase em Finanças pela Fundação Escola de Comércio Álvares Penteado (FECAP). Especialista em Produtos Financeiros e Gestão de Risco pela FIA. Bacharel em Direito pela Universidade Paulista (UNIP). Autor de artigos acadêmicos sobre Fundos Imobiliários, professor de Finanças e colunista dos portais Bora Investir, Valor Investe e Rádio Capital.

Bernardo Castello

Graduado em Ciências Atuariais pela Universidade Federal do Rio de Janeiro (UFRJ). MBA Executivo em Finanças pelo Insper Instituto de Ensino e Pesquisa. Certificação PMD (Program for Management Development) pelo ISE Business School. Especialização em Seguros pela Universidade LMU de Munique, Alemanha. Diretor-presidente da Bradesco Vida e Previdência.

Bruno dos Santos Fernandes

Superintendente de Supervisão do Analista de Valores Mobiliários. Dezesseis anos dedicados à Autorregulação do Analista de Valores Mobiliários. Graduado em Administração pela Universidade Nove de Julho. Atua nas áreas de Supervisão e

Credenciamento, sendo responsável pelo desenvolvimento da Estruturação da Autorregulação para Analista de Valores Mobiliários – Pessoa Natural e Jurídica, em atendimento à Resolução CVM nº 20/2021, bem como no desenvolvimento e manutenção de mecanismos de supervisão. Atuou também no desenvolvimento e estruturação da área de Certificação CNPI – Certificação Nacional do Profissional de Investimento, bem como para CGRPF-A – Certificação dos Gestores de Regime de Previdência Fechada – Administrador, em atendimento aos requisitos da PREVIC, que visa elevar os padrões dos profissionais que atuam em cargo ou função em EFPC – Entidade Fechada de Previdência Complementar – e da Certificação CGRPF-I para Gestores de Regime Próprio de Previdência Social e Membros Integrantes do Comitê de Investimentos, que visa elevar os padrões dos profissionais que atuam em RPPS e atender os requisitos estabelecidos no Manual de Certificação Profissional da Comissão de Avaliação do Pró-Gestão, bem como comprovar a qualificação técnica dos profissionais interessados em atuar nos referidos cargos.

Carlos Alberto Furtado de Melo

Graduado em Ciências Sociais pela Pontifícia Universidade Católica de São Paulo (PUC-SP). Mestre e Doutor em Ciência Política pela PUC-SP. Professor da Disciplina de Sociologia & Política do Insper Instituto de Ensino e Pesquisa.

Carlos Caldeira

MBA pela New York University, EUA. Doutor em Estratégia Empresarial pela Escola de Administração de Empresas de São Paulo da Fundação Getulio Vargas (EAESP/FGV). Professor de Educação Executiva e Pesquisador com foco em Estratégia, *Customer Experience* e Atuação Política Corporativa. Grande experiência em consultoria e *advisory*, tendo atuado como *Managing Director* da prática de *Customer Experience* da Ipsos Brasil e Consultor em Estratégia na Booz, Allen & Hamilton. Experiência executiva como Diretor de Planejamento da VoxAge. Trabalhou em grandes empresas como Citibank, Ford, ABN Amro e Mastercard. Atualmente é sócio da KC&D, consultoria de gestão empresarial com foco em soluções simples e na medida das necessidades dos clientes. Autor de *Gestão da Experiência do Cliente na Prática* (Altabooks, 2021) e coautor dos capítulos sobre Execução e Gestão da Estratégica no livro *Administração Estratégica* (Atlas, 2019).

Clarice Carneiro Martins

Doutora em Economia pelo Insper Instituto de Ensino e Pesquisa. Mestre em Administração de Empresas – Finanças – pela Faculdade de Economia, Administração, Contabilidade e Atuária da Universidade de São Paulo (FEA-USP). Bacharel em *Business-Finance* pela San Diego State University, EUA. Experiência profissional no Brasil e nos Estados Unidos em planejamento financeiro e análises de mercado. Fundadora da CCM Research, empresa que atua em pesquisa econômica e ensino desde 2012. Professora de Economia e Finanças na Escola Superior de Propaganda e Marketing (ESPM).

Daniel Walter Maeda Bernardo

Graduado em Engenharia Civil e Direito. Pós-graduado em Planejamento pela COPPE da Universidade Federal do Rio de Janeiro (UFRJ). Especializado em Gestão de Riscos e *Compliance*. Servidor de carreira na CVM, foi responsável pela Gerência de Registros e Autorizações, de 2014 a 2016, e pela Gerência de Estrutura de Mercado. Foi titular da Superintendência de Supervisão de Investidores Institucionais da CVM até 2023, quando tomou posse como Diretor até dezembro de 2024. Representou a autarquia em fóruns nacionais, como a Iniciativa de Mercado de Capitais (IMK) e a Estratégia Nacional de Combate à Corrupção e à Lavagem de Dinheiro (ENCCLA), e internacionais, como a Organização Internacional de Valores Mobiliários (IOSCO). Antes de iniciar sua trajetória no regulador, trabalhou no Tribunal de Contas do Estado de São Paulo (TCE-SP) e na Caixa Econômica Federal (CEF).

David Kallás

Doutor em Estratégia pela Escola de Administração de Empresas de São Paulo da Fundação Getulio Vargas (EAESP/FGV). Mestre em Política de Negócios e Economia de Empresas pela Faculdade de Economia, Administração, Contabilidade e Atuária da Universidade de São Paulo (FEA-USP). Graduado em Administração pela USP, com extensão universitária na Universidade de Estocolmo, Suécia. Atua desde 1994 com gestão de empresas, trabalhando com estratégia, avaliação de desempenho e processos em empresas de grande, médio e pequeno porte (inclusive *startups*) no Brasil e América Latina, operando em diversos segmentos de mercado. Sócio-consultor da KC&D e professor no Insper desde 2005, atualmente nos cursos de pós-graduação, executivos e corporativos. Foi Coordenador Executivo dos Cursos de Pós-Graduação *Lato Sensu* do Insper Instituto de Ensino e Pesquisa. Professor de Gestão e Liderança da Faculdade de Medicina do Instituto Israelita de Ensino e Pesquisa Albert Einstein. Conselheiro da Assetz Expert Recruitment, da Onvet e do ICFOA – International CFO Alliance Association. Ex-Presidente e atual Conselheiro da Anefac (Associação Nacional de Executivos de Finanças, Administração e Contabilidade). Autor de artigos publicados em diversos periódicos e eventos acadêmicos nacionais e internacionais. Co-organizador do livro *Gestão da Estratégia: Experiências e Lições de Empresas Brasileiras* (Campus, 2005) e autor de capítulo nos livros *MBA Executivo* (Saraiva, 2008) e *Administração Estratégica* (Atlas, 2019).

Douglas Custódio

Mestre em Finanças pela Faculdade de Economia, Administração, Contabilidade e Atuária da Universidade de São Paulo (FEA-USP). Pós-graduado em Finanças Corporativas e *Investment Banking* pela FIA Business School. Graduação em Administração pela Universidade Federal de Juiz de Fora (UFJF). Especialista de Certificação na Associação Brasileira de Planejamento Financeiro (Planejar). Atuou por mais de seis anos na área de certificação da Associação Brasileira dos Mercados

Financeiros e de Capitais (ANBIMA). Professor de Economia e Finanças de cursos de pós-graduação. Experiência com certificações financeiras, consultoria para média e pequenas empresas, *startups* da área de pesquisa, educação e responsabilidade social empresarial.

Eduardo Montenegro Dotta

Bacharel em Direito pela Pontifícia Universidade Católica de São Paulo (PUC-SP), onde se especializou em Direito Empresarial. LL.M em Direito do Mercado Financeiro e de Capitais pelo Insper Instituto de Ensino e Pesquisa. Mestre em Análise Econômica do Direito pelo CEDES em parceria com a FIPE. Professor do Insper Direito. Professor Convidado da Universidade de Saint Gallen, Suíça. Diretor do Instituto Brasileiro de Direito Empresarial (IBRADEMP). Membro da Comissão de Direito Bancário do Instituto dos Advogados de São Paulo (IASP).

Elizabeth Krauter

Bacharel em Administração de Empresas pela Escola de Administração de Empresas de São Paulo da Fundação Getulio Vargas (EAESP-FGV). Especialização em Administração Contábil e Financeira pela EAESP-FGV. Mestre em Administração de Empresas pela Universidade Presbiteriana Mackenzie. Doutora em Administração pela Faculdade de Economia, Administração, Contabilidade e Atuária da Universidade de São Paulo (FEA-USP). Pós-doutorado em Administração pela FEA-USP. Professora Doutora da área de Finanças do Departamento de Administração da FEA-USP de Ribeirão Preto.

Emilio Otranto Neto

Bacharel em Ciências Econômicas pela Faculdade de Ciências Econômicas de São Paulo (Facesp). Pós-graduado em Finanças pela Pontíficia Universidade Católica de São Paulo (PUC-SP). Experiência de mais de 40 anos em *investment banking* como responsável pela área de Mercado de Capitais de conceituadas instituições financeiras. Profundo conhecimento da legislação brasileira que rege as atividades dos mercados financeiro e de capitais. Ministrou vários cursos e palestras sobre temas diversos relacionados aos mercados financeiro e de capitais no Brasil e no exterior. Diretor Geral da Ancord.

Fábio Moraes

Doutor em Administração pela Faculdade de Economia, Administração, Contabilidade e Atuária da Universidade de São Paulo (FEA-USP). Mestre e Bacharel em Economia pela Pontíficia Universidade Católica de São Paulo (PUC-SP). Foi CEO da Blockchain Academy e líder de projetos financeiros no Sebrae-SP, desenvolvendo plataformas de crédito para milhões de micro e pequenos empreendedores. Criador do Instituto FEBRABAN de Educação e desenvolveu a plataforma Meu Bolso em Dia, impactando milhões de brasileiros no uso correto do crédito. Autor de diversos livros sobre recursos humanos e educação corporativa. Vencedor do

Prêmio Jabuti com o livro *Educação Corporativa: Fundamentos, Evolução e Desenvolvimento de Projetos.*

Fernando Antonio Perrone Pinheiro

Graduado em Engenharia Civil e em Administração de Empresas pela Universidade Presbiteriana Mackenzie. Mestre e Doutor em Administração pela Faculdade de Economia, Administração, Contabilidade e Atuária da Universidade de São Paulo (FEA-USP). Docente do Advanced Program in Finance do Insper Instituto de Ensino e Pesquisa.

Filipe Rodrigues

Mestrado em Economia Aplicada e Graduação em Economia pela Universidade Federal de Juiz de Fora (UFJF). Especialista de Certificação e Revisor Técnico na Associação Brasileira das Entidades dos Mercados Financeiro e de Capitais (ANBIMA). Experiência com certificações financeiras, macroeconomia, consultoria econômica, métodos quantitativos e mercado financeiro.

Guilherme Benaderet

Superintendente de Supervisão de Mercados da Associação Nacional das Entidades do Mercado Financeiro e de Capitais (ANBIMA). Responsável por liderar a equipe que supervisiona todos os Códigos de Autorregulação da Associação. Mais de quinze anos de experiência no mercado financeiro, tendo atuado em instituições nacionais e estrangeiras nas áreas de Tesouraria e Corretora. Graduado em Ciências Econômicas e Pós-graduado em Mercados Financeiros pela Universidade Presbiteriana Mackenzie. MBA Executivo em Finanças pelo Insper Instituto de Ensino e Pesquisa. Participou de cursos no exterior sobre regulação, supervisão e *compliance* realizados pela SEC (Security Exchange Commission, EUA) e pela IOSCO (*International Organization of Securities Commissions*). Colaborador do livro *La protección del inversor em Iberoamérica*, publicado em 2013 pelo Instituto Iberoamericano de Mercados de Valores (IIMV), Espanha.

Heron Rached

Residência médica em Cardiologia Clínica pela Real e Benemérita Sociedade Portuguesa de Beneficência. Especialização em Ecocardiografia pela Universidade de São Paulo (USP) e em Ressonância Magnética Cardiovascular pelo Hospital das Clínicas da Faculdade de Medicina da USP (HCFMUSP). Estágio em Ecocardiografia pela University of Alabama at Birmingham, EUA. Coordenador do Setor de Cardiologia da Prevent Senior/Hospital Sancta Maggiore (1999-2009). Coordenador do Estágio de Ecocardiografia e do Núcleo de Cardiologia e Pneumologia dos Hospitais Leforte (2011-2023). Examinador da prova de especialista em Ecocardiografia (2008-2019). Doutor em Ciências Médicas pela USP. Membro titular da Sociedade Brasileira de Cardiologia (SBC) e Colégio Brasileiro de Radiologia (CBR). Especialista em Cardiologia pela SBC e em Radiologia pelo CBR. Membro do

American College of Cardiology. MBA em Gestão de Saúde pelo Insper Instituto de Ensino e Pesquisa. Diretor técnico do Centro Avançado de Diagnóstico e Tratamento em Cardiologia (Cardialmed).

Hudson Antunes Bessa

Graduado em Ciências Econômicas pela Universidade Federal Rural do Rio de Janeiro (UFRRJ). MBA em Gerência Estratégica de Tecnologia da Informação pelo Núcleo de Computação Eletrônica da Universidade Federal do Rio de Janeiro (UFRJ). Mestre em Administração de Empresas pela Escola Brasileira de Administração Pública e de Empresas da Fundação Getulio Vargas (EBAPE-FGV). Doutor em Administração pela Faculdade de Economia, Administração, Contabilidade e Atuária da Universidade de São Paulo (FEA-USP). Professor da Disciplina de Estrutura e Operações do Mercado Financeiro do Centro de Ciências Sociais Aplicadas da Universidade Presbiteriana Mackenzie. Coordenador do Curso de Boas Práticas em *Asset Management* do Programa de Educação Continuada da Escola de Administração de Empresas de São Paulo da Fundação Getulio Vargas (EAESP-FGV). Sócio-diretor da HB Ensino e Consultoria.

José Carlos Luxo

Economista. Doutor em Administração pela Faculdade de Economia, Administração, Contabilidade e Atuária da Universidade de São Paulo (FEA-USP). Mestre em Administração Financeira pela Pontíficia Universidade Católica de São Paulo (PUC-SP). Professor de Finanças da FIA Business School e Insper Instituto de Ensino e Pesquisa. Palestrante convidado da Federação Brasileira de Bancos (FEBRABAN) e da Associação dos Analistas e Profissionais de Investimento do Mercado de Capitais (APIMEC). Atuou como executivo financeiro durante mais de 20 anos no segmento de *Investment Banking*.

José Orlando dos Santos Junior

Head Certificação e Credenciamento – Responsável pela ANCORD Entidade Certificadora e Credenciadora dos Assessores de Investimento, com participação ativa nos avanços do mercado e da nova Resolução CVM n. 178/2023. Profissional com mais de 20 anos de experiência nos mercados financeiro e de capitais. Economista com considerável experiência em Autorregulação de Mercado, em especial das atividades dos Assessores de Investimento (AI), de suas sociedades e dos intermediários (Corretoras, Distribuidores e Bancos de Investimento).

Leonel Molero Pereira

Bacharel em Administração de Empresas pela Fundação Getulio Vargas (FGV). Mestre e Doutor pela Faculdade de Economia, Administração, Contabilidade e Atuária da Universidade de São Paulo (FEA-USP). Professor de Derivativos e Derivativos Avançados no MBA Executivo em Finanças do Insper Instituto de Ensino e Pesquisa. Sócio-consultor da Aleae Consultoria.

Liao Yu Chieh

Engenheiro pela Universidade de São Paulo (USP). MBA em Finanças e Mestre pelo Insper Instituto de Ensino e Pesquisa. Diretor da Faculdade Sírio-Libanês desde 2023. Vinte anos de experiência executiva no mercado financeiro. Foi sócio e educador financeiro do C6 Bank entre 2019 e 2023. Planejador financeiro pessoal com certificação CFP desde 2007. Docente que ganhou 6 edições anuais do Prêmio Chafi Haddad de Excelência em Ensino como melhor professor da pós-graduação do Insper, onde lecionou entre 2006 e 2023.

Livia De Carli Germano

Sócia da Barros Pimentel Advogados. Ex-conselheira do Conselho Administrativo de Recursos Fiscais (CARF). Foi Vice-presidente da 1ª Seção e Titular da 1ª Turma CSRF (2015-2023). Mestre em Direito Econômico, Financeiro e Tributário pela Universidade de São Paulo (USP). Especialista em Direito Tributário pela Pontíficia Universidade Católica de São Paulo (PUC-SP/COGEAE). Bacharel em Direito pela USP. Professora convidada em cursos de pós-graduação em Direito Tributário. Autora de *Planejamento Tributário e Limites para a Desconsideração dos Negócios Jurídicos* (Saraiva, 2013). Coordenadora da obra coletiva *Recursos Especiais no CARF* (RT, 2025). Autora de diversos artigos publicados em revistas especializadas.

Lucy Aparecida Sousa

Graduada em Economia e em Ciências Sociais pela Universidade de São Paulo (USP). Pós-graduada pela Pontífícia Universidade Católica de São Paulo (PUC-SP). Doutora em Economia pela Universidade Estadual de Campinas (Unicamp). Presidente do Conselho de Administração da Associação dos Analistas e Profissionais de Investimento do Mercado de Capitais do Brasil (APIMEC Brasil) (2023-2026). Foi Presidente Executiva da APIMEC Brasil (2021-2023), Presidente da APIMEC Nacional (2008-2012) e Conselheira Nacional e Presidente da APIMEC SP nas gestões 2007-2008 e 2017-2020. É consultora de mercado de capitais independente desde 2016, nas áreas de regulamentação, educação financeira, *compliance* e avaliação de empresas. Foi analista de investimento no Unibanco e no Citibank-SP e associada à Interlink Consultoria de Mercado de Capitais. Professora do MBA Engenharia Financeira do PECE-POLI-USP. Foi professora de graduação e pós-graduação na FAAP (2003-2013); dos MBAs Mercado de Capitais e RI FIPECAFI (2005-2016) e Especialização em Economia Financeira da Unicamp (2005-2008) e do Mestrado em Administração na Universidade Metodista (2002-03). Coautora dos livros *Abertura do Capital de Empresas no Brasil* (Atlas, 2010), *Guia do Mercado de Capitais* (Lazuli, 2006), *Acontece nas melhores famílias: repensando a empresa familiar* (Saraiva, 2008), *Nós e a China* (LCTE, 2009), *Planejamento financeiro pessoal e gestão do patrimônio* (Manole, 2018), *ABAMEC-APIMEC 50 anos* (IMF, 2021).

Luiz Calado

É uma das principais referências do mercado financeiro brasileiro, com 25 anos de experiência em instituições nacionais e internacionais de grande porte. Autor de livros consagrados sobre fundos de investimento (Campus), imóveis (Saraiva), securitização (Saint Paul), relacionamento bancário (Saraiva), regulação e autorregulação do mercado financeiro (Saint Paul), carreira em finanças (Saint Paul), entre outros. Foi presidente de uma das maiores corretoras do país e da ABCripto, a principal associação do setor. Antes de ingressar no universo dos ativos digitais, desenvolveu uma carreira sólida na ANBIMA e nos maiores bancos do Brasil e do exterior.

Marcelo de Libero d'Agosto

Economista pela Universidade Federal do Rio de Janeiro (UFRJ). Especialização em Finanças pela FIPE-USP. Autor do livro *Como escolher o melhor fundo de investimento*. Colunista do jornal Valor Econômico e do site Valor Investe. Responsável pelo boletim CBN Dinheiro da Rádio CBN. Consultor de investimentos registrado na Comissão de Valores Mobiliários (CVM). Possui mais de 25 anos de experiência no mercado financeiro em instituições como Athos Finance, Dresdner, CCF, ABN Amro e Garantia.

Marcos Antonio Ferreira

Graduado em Administração de Empresas com ênfase em Tecnologia da Informação pelo Centro Universitário FIAP. Mestre em Administração de Empresas na linha de Gestão Integrada das Organizações pela Pontifícia Universidade Católica (PUC-SP). Pós-graduado em Inteligência de Negócios (*Business Intelligence & Analytics*) pelo Centro Universitário FIAP. Graduando em Ciências Econômicas pela FMU. Docente no Centro Universitário FIAP.

Maria Flávia Munhoz

Gestora de Desenvolvimento de Mercado na Bradesco Vida e Previdência S/A. Bacharel em Economia pela Fundação Armando Álvares Penteado (FAAP). Certificação ANBIMA de Especialista em Investimentos – CEA ANBIMA. Certificação Internacional de Planejador Financeiro – CFP® pela Associação Brasileira de Planejadores Financeiros (Planejar), afiliada ao Financial Planning Standards Board (FPSB). MBA em Gestão de Pessoas na Escola Superior de Agricultura Luiz de Queiroz da Universidade de São Paulo (Esalq-USP). Experiência no mercado segurador há mais de 15 anos, atualmente como gestora da área de Desenvolvimento de Mercado na Bradesco Vida e Previdência (BVP), empresa líder de mercado no Brasil e na América Latina. Responsável pela elaboração das estratégias de distribuição dos produtos nos canais proprietários e mercado, além da orquestração das abordagens técnicas e comerciais utilizadas pelos times de distribuição.

Mário Shingaki

Advogado e contabilista. Bacharel em Administração de Empresas e Mestre em Contabilidade pela Faculdade de Economia, Administração, Contabilidade e Atuária da Universidade de São Paulo (FEA-USP). Sócio-fundador da Vaz, Buranello, Shingaki & Oioli Advogados – escritório especializado em Direito Tributário e Sucessório. Experiência em auditoria externa, planejamento tributário em banco de investimento e consultoria tributária em escritório de advocacia empresarial. Conselheiro fiscal em companhias abertas e fechadas. Professor em programas de MBA e pós-graduação no Instituto Saint Paul, na disciplina Gestão de Impostos e Planejamento Sucessório. Professor convidado na Fundação Getulio Vargas (FGV) em programas de especialização em planejamento sucessório. Autor do livro *Gestão de Impostos para Pessoas Físicas e Jurídicas* (Saint Paul, 10ª edição em andamento). Coautor dos livros *Planejamento Financeiro Pessoal e Gestão do Patrimônio* 2ª ed. (Manole, 2018), *Testes para Certificação em Finanças* (Saint Paul, 2003), *Casos de Ensino – Direito e Negócios* (Thoth, 2022), *Temas Tributários por Nipo-Brasileiros* – artigo "Imposto sobre herança e doação – cobranças indevidas" (Lumen Juris, 2021) e *Mudanças na Tributação de Bens e Direitos Mantidos no Exterior: Efeitos Fiscais na Proteção Patrimonial e Planejamento Sucessório* (Quartier Latin, 2024). Membro da banca de elaboração e revisão de questões de programas de certificação (CFP) do Instituto Brasileiro de Certificação de Profissionais Financeiros.

Otto Nogami

Graduado em Economia pela Faculdade de Economia, Administração, Contabilidade e Atuária da Universidade de São Paulo (FEA-USP). MBA em Finanças pelo Insper Instituto de Ensino e Pesquisa. Mestre em Economia pela Universidade Presbiteriana Mackenzie. Doutor em Engenharia de Produção pela Escola Politécnica da Universidade de São Paulo (POLI-USP). Docente do Insper Instituto de Ensino e Pesquisa.

Patrícia Oda

Licenciada em Matemática pelo Instituto de Matemática e Estatística da Universidade de São Paulo (IME-USP). Mestre em Contabilidade e Controladoria pela Faculdade de Economia, Administração, Contabilidade e Atuária (FEA) da USP.

Priscila Borin Claro

Professora Associada e Diretora de Graduação no Insper Instituto de Ensino e Pesquisa, onde também lidera o Núcleo de Sustentabilidade e Negócios. Doutora em Administração pela Universidade Federal de Lavras (UFLA). Mestre em Ciência Ambiental pela Wageningen University & Research (WUR), Holanda. Atua em ensino, pesquisa e consultoria nas áreas de estratégia, sustentabilidade corporativa e ODS. Foi copresidente da PRME Brasil/ONU (2017-2019) e ocupou a Cátedra Escolhas de Meio Ambiente no Insper (2016-2018).

Priscilla Roncy Sorrentino

Gerente Executiva do Núcleo de Ações Investigativas e Sancionadoras da Associação Brasileira das Entidades dos Mercados Financeiro e de Capitais (ANBIMA). Membro do Conselho de Autorregulação e Boas Práticas da Associação Brasileira das Companhias Abertas (ABRASCA), do Conselho de Supervisão do Analista de Valores Mobiliários da APIMEC e da Comissão de Ética do Instituto de Certificação Institucional e dos Profissionais de Seguridade Social (ICSS). Mais de 20 anos de experiência na indústria de investimento, com destaque para sua atuação na supervisão de mercados e participação relevante na celebração do primeiro convênio entre CVM e ANBIMA para análise simplificada de ofertas públicas. Graduada em Economia pela Universidade Presbiteriana Mackenzie. Pós-graduação em Aspectos Jurídicos do Mercado de Capitais pela FGV-Law. MBA Executivo em Finanças pelo Insper Instituto de Ensino e Pesquisa.

Ricardo Humberto Rocha

Doutor em Administração pela Faculdade de Economia, Administração, Contabilidade e Atuária da Universidade de São Paulo (FEA-USP). Desde 1999 atua como professor do Insper Instituto de Ensino e Pesquisa, onde é coordenador dos cursos de Finanças da Pós-Graduação PGLS. Consultor da Associação Brasileira das Entidades dos Mercados Financeiro e de Capitais (ANBIMA), da Federação Brasileira de Bancos (FEBRABAN), do Instituto FEBRABAN de Educação (INFI), da B3 S.A., da Associação Brasileira de Planejadores Financeiros (Planejar) e da Fundação Carlos Chagas. Possui diversos livros publicados. Atua na área de Finanças nos temas Finanças de Mercado, Finanças Corporativas, Gestão de Riscos e Planejamento Financeiro Pessoal. Premiado com a medalha Cel. Paul Balagny em reconhecimento aos méritos e relevantes contribuições às Ciências, Letras e Cultura, resultando em benefício à Polícia Militar do Estado de São Paulo. CFO certificado pelo Instituto Brasileiro de Executivos de Finanças de São Paulo (IBEF-SP). Colunista das Revistas *Veja* e *Veja Negócios*.

Roberto Carline

Mestre em Economia Internacional com mais de 25 anos de atuação no mercado de capitais e gestão de investimento, com ativa participação no desenvolvimento do mercado brasileiro, atuando junto à Associação Brasileira das Entidades dos Mercados Financeiros e de Capitais (ANBIMA), onde representou Bradesco, Citigroup e HSBC. Estrategista-chefe do Banco Sofisa, é certificado gestor CGA, conselheiro consultivo e signatário do Capitalismo Consciente no Brasil.

Sérgio Tuffy Sayeg

Graduado em Administração de Empresas e Especialista em Mercado de Capitais pela Faculdade de Economia, Administração, Contabilidade e Atuária da Universidade de São Paulo (FEA-USP). Desde 1976, atua nos mercados financeiro, de capitais e corporativo, em instituições financeiras nacionais e internacionais e empresas. Foi Conselheiro de Administração e Vice-presidente da Comissão Internacional do Instituto Brasileiro de Relações com Investidores (IBRI). Membro independente de Conselhos de Administração, Comitês de Auditoria, Conselhos Fiscais e Conselhos Consultivos de companhias abertas e não listadas de diversos setores.

Vinícius Corrêa e Sá

Superintendente Geral da APIMEC Brasil. Possui 39 anos de experiência nos Mercados Financeiro e de Capitais, 15 deles dedicados à Autorregulação. Atuou em Bancos de Investimento, Corretoras e Entidades Autorreguladoras. MBA Executivo em Finanças pelo Insper e pós-graduado em Direito da Economia e Empresa pela FGV-Law. Graduado em Administração pela Faculdade Amador Aguiar (UNIFIEO). Atuou como Superintendente de Autorregulação da APIMEC Nacional, atual APIMEC Autorregulação, sendo responsável por manter mecanismos de Certificação, Credenciamento e Supervisão dos Analistas de Valores Mobiliários. Participou na estruturação dos Procedimentos de Autorregulação de Ofertas Públicas da ANBIMA. Também atuou na introdução e estruturação do Convênio ANBIMA/CVM para o procedimento simplificado de registro de Ofertas Públicas. Esteve à frente da Área de "Autorregulação da ANCORD", responsável em manter mecanismos de Autorregulação dos AI. Associado à APIMEC Brasil, Antiga APIMEC SP. Conselheiro da APIMEC Brasil de maio de 2021 a maio de 2023.

Walter Cestari

Pós-graduado em Finanças, Administração e Economia. Professor da Fundação Instituto de Administração (FIA), do Instituto Nacional de Pós-graduação (INPG), da Academia de Finanças da Faculdade UBS e da Universidade de Taubaté. Durante 35 anos atuou como diretor de bancos e corretoras de valores. Foi assessor de diretoria e supervisor educacional da Bolsa de Valores e diretor do Centro de Instrução da Associação Nacional das Corretoras de Valores. Credenciado como administrador e analista pela CVM. Membro da Comissão Consultiva do Mercado de Capitais do Conselho Monetário Nacional. No exterior participou de programas de desenvolvimento técnico na New York Stock Exchange, na Chicago Mercantile Exchange e na NASDAQ, com extensão universitária em Mercado de Capitais na Pace University.

Sumário

Prefácio de José Carlos H. Doherty

Volto a ocupar este espaço privilegiado nesta nova edição da obra sobre planejamento financeiro. Como alguém que vivencia há muitos anos os mercados financeiro e de capitais, sinto-me recompensado por testemunhar a evolução desta prática no Brasil. Ainda mais porque o avanço da atividade tem se mostrado bastante consistente, a despeito das avassaladoras mudanças que ocorreram no mundo desde 2018, quando saiu a edição anterior.

Uma relação mais saudável com o dinheiro e uma vida financeira mais serena permanecem demandas latentes entre os brasileiros. Não é por outro motivo que as pessoas continuam consumindo conteúdos sobre finanças e investimentos, buscando cursos online e diversificando os canais de informações. No entanto, desde que dei minhas contribuições neste espaço pela última vez, cresceu de maneira exponencial a disponibilidade de conteúdos financeiros para leigos também nas redes sociais – o que pode ser muito bom e, ao mesmo tempo, causar preocupação.

Informação de qualidade sobre finanças e investimentos vale ouro, e é isso que o leitor tem em mãos aqui. Um compilado de conteúdos produzidos por um time de craques nas mais diversas áreas. Da descrição minuciosa de produtos de investimento à relação entre reguladores e autorreguladores, este livro oferece um panorama completo para um bom planejamento financeiro. Sempre em uma linguagem acessível para planejadores financeiros, profissionais interessados em ingressar nessa carreira, entusiastas (como eu) e o público em geral.

Embora a dinâmica do ecossistema de investimentos esteja mudando o tempo todo – como comprovam os novos produtos criados ano a ano no mercado –, os conceitos fundamentais não mudam. E eles estão detalhados nos 22 capítulos a seguir. Na mesma linha da edição anterior, os recortes foram feitos de forma a permitir ao leitor escolher a própria ordem de leitura. Para os mais sistemáticos, já deixo aqui a dica: é possível dividir os capítulos por blocos.

Alguns tratam de cenários macroeconômicos e da conexão entre economia e política, sempre olhando da perspectiva de sua relevância para o planejamento financeiro; outros falam da atividade de planejamento financeiro em si, abordando pontos como os passos iniciais do processo (diagnóstico, estruturação de plano e monitoramento), certificações, organização pessoal, aspectos emocionais do investidor e planejamento sucessório e tributário. Há, ainda, o conjunto de capítulos que descrevem produtos e mercados (mercado de capitais, bolsa, renda fixa, fundos, ações, imóveis, ativos digitais etc). Também estão aqui temas como sustentabilidade e ESG, governança e relações com investidores.

São todas pautas voltadas ao trabalho de planejamento financeiro, mas elas ficariam incompletas sem a visão de um outro lado: a agenda do fortalecimento do mercado. Aliás, eu me sinto bastante confortável para falar sobre isso, já que este é nosso dia a dia na ANBIMA. Um dos capítulos trata especificamente do trabalho conjunto dos órgãos reguladores e autorreguladores (a ANBIMA incluída) para uma rica cooperação em prol do desenvolvimento dos mercados e da proteção do investidor. Esse arranjo, nunca é demais lembrar, tem ajudado muito a manter a robustez e a credibilidade dos mercados no Brasil e é um modelo respeitado e reconhecido mundo afora.

Combinadas, as informações conceituais sobre os mercados, a atividade de planejamento financeiro e a dobradinha regulação-autorregulação que estão neste livro oferecem ao leitor um verdadeiro guia para navegar nesse universo. Contribuem, ao final das contas, para as pessoas interessadas nesse tipo de conteúdo – sejam profissionais ou leigas – seguirem uma linha-mestra que as ajude a promover a causa da vida financeira equilibrada, consciente e proveitosa.

Aproveito para parabenizar os envolvidos na produção do livro pela seriedade e pelo comprometimento com o trabalho.

Ao leitor, um ótimo proveito!

José Carlos H. Doherty
Diretor-executivo da ANBIMA (Associação Brasileira das Entidades dos Mercados Financeiro e de Capitais)

Prefácio de Paulo Colaferro

É uma honra escrever o prefácio para este autor, que teve importância marcante na minha vida acadêmica e profissional. Ricardo Humberto Rocha foi meu professor de MBA em 2003, sempre franco, sincero e direto. Juntos participamos da história do planejamento financeiro no Brasil. Hoje, como presidente do Conselho de Administração da Planejar e profissional certificado CFP®, tenho a oportunidade de observar como as histórias – sejam elas financeiras ou humanas – moldam nossa visão de mundo e nos ajudam a compreender os desafios e as oportunidades que enfrentamos.

Este livro é um convite para refletirmos sobre temas cotidianos, como o poder das escolhas, a resiliência diante das adversidades e a busca por significado em um mundo em constante transformação. Assim como no planejamento financeiro, onde cada decisão deve ser tomada com base em valores sólidos e objetivos claros, esta narrativa nos lembra que a vida também exige estratégia, propósito e coragem.

Os autores nos conduzem por um enredo repleto de nuances, onde os personagens enfrentam dilemas que transcendem o tempo e o espaço. É impossível não se identificar com suas jornadas, pois elas refletem as complexidades da condição humana. A leitura deste livro não apenas entretém, mas também inspira e desafia o leitor a olhar para dentro de si mesmo.

Espero que esta obra sirva como uma bússola para aqueles que buscam navegar pelas incertezas da vida com sabedoria e determinação. Assim como no mundo das finanças, onde o conhecimento é a chave para tomar decisões, este livro oferece *insights* valiosos que podem transformar nossa maneira de enxergar o mundo e a nós mesmos.

Desejo a todos uma leitura transformadora.

Paulo Colaferro, CFP®
Presidente do Conselho de Administração da Planejar
(Associação Brasileira de Planejamento Financeiro)

Introdução

Ao longo da vida, adquire-se experiências que ensinam a identificar a relevância do que é prioritário para se viver e conviver bem em sociedade, mesmo que a dinâmica da vida nos remeta a algumas redefinições de prioridades, à medida que o cotidiano pessoal e profissional nos amadurece e nos encaminha a percepções mais claras.

Dentre as coisas importantes que o ser humano precisa priorizar e aprender a administrar bem, a dominar verdadeiramente, estão os fatores "tempo", "dinheiro" e "emoção". Sem o pleno domínio desses fatores, o resultado mais provável será uma vida: i. mais atribulada do que deveria; ii. sem liberdade ou com a liberdade severamente comprometida; e iii. em permanente estado de ansiedade e precárias condições de saúde.

O nobre leitor deve ter exemplos de pessoas: i. permanentemente pressionadas pela falta de gestão de suas agendas ou por opções equivocadas de utilização, ao longo dos dias, meses e anos, das 24 horas que todos recebemos para viver a cada dia; ii. escravizadas por falta de dinheiro para suas necessidades básicas ou por carregar dívidas infindáveis; e iii. que se dizem de "pavio curto", que "não levam desaforo para casa" e vivem em permanente conflito no ambiente familiar, no emprego, com os amigos e em "pé de guerra" consigo mesmo.

Desse trinômio imprescindível, simultaneamente, a principal preocupação dessa exitosa realização acadêmica e profissional, *Planejamento Financeiro Pessoal e Gestão do Patrimônio*, agora em sua 3ª edição, é com a gestão do dinheiro. Apenas tangencia o fator tempo, sem compromisso nem propósito de aprofundamento, contudo pelo pressuposto natural de visão de futuro e consciência perante a vida, por quem se dispõe a fazer planejamento financeiro pessoal, e em razão de o dinheiro no tempo ter diferentes medidas de valor.

Tem havido crescente demonstração de interesse, por parte da sociedade, por um assunto que não se define plenamente como tema de pesquisa ou área de estudos acadêmicos, mas tem estado progressivamente presente em programas de televisão, colunas de jornais, programas de rádio, seminários, congressos e certames equivalentes, evidenciando tratar-se de uma demanda que perpassa as diversas camadas sociais e os diversos níveis de escolaridade.

Tratado como Educação Financeira, Finanças Pessoais, Planejamento Financeiro Pessoal e até por Alfabetização Financeira, chama mais a atenção de quem se interessa em investigar mais profundamente o assunto a diversidade de abordagens dispensada pela grande quantidade de autores. O espectro é amplo, vai desde planilhas para construção de um fluxo de caixa pessoal e da família, lições de matemática financeira, ensinamentos de como fugir de endividamento, orientações de como aplicar o abono de Natal, chegando até a receitas de como enriquecer e ser feliz.

Conquanto essas abordagens sejam válidas, há diversas questões ainda sem resposta. Em que consiste a "educação financeira"? Seria assunto possível de se estruturar como tema de uma disciplina *per si* ou seria mais eficaz tratado transversalmente em diversas disciplinas e em diferentes momentos da vida estudantil? Em que momento da vida estudantil deve-se iniciar a abordagem deste tema? Há defensores de que deve ser ministrado desde a educação infantil; defende-se, também, que seja uma disciplina do ensino fundamental, do ensino médio ou da educação superior.

O assunto já vem sendo tratado, com sucesso, como tema de palestras, conteúdo de cursos de curta duração, como aulas de MBA e cursos de pós-graduação *lato sensu,* em algumas escolas de negócio brasileiras, mas não consta que já tenha sido cogitado ser uma disciplina em nível de mestrado ou doutorado, em cursos de pós-graduação *stricto sensu*, embora já tenha sido assunto de pesquisas, dissertações e teses. Fato é que há um amplo espaço a ser preenchido com mais pesquisas e ações educacionais práticas; mais do que isso, há a percepção de que a sociedade em geral, especialmente a brasileira, precisa ser mais preparada para planejar a vida e mais orientada para tratar seu planejamento pessoal com mais disciplina e responsabilidade social com a família e consigo próprio.

FUNDAMENTOS SOBRE A FUNÇÃO DO DINHEIRO

É oportuno iniciar a discussão com uma recomendação básica para que os leitores reflitam sobre a função do dinheiro: o papel que ele tem na sociedade. Historicamente definido como instrumento de troca, de medida de valor e de guarda de valor, o dinheiro permanece fiel a esses três propósitos, mas grande parcela da sociedade lida com ele exclusivamente como instrumento de troca, de preferência mais imediata possível. Quando põem a mão em qualquer quantia, as pessoas que têm somente essa percepção com relação ao dinheiro tendem a trocar toda essa quantia, imediatamente, até o último centavo, por qualquer porção de bens ou serviços, sem questionamentos sobre o que realmente é útil, necessário, urgente ou inadiável; pensar em necessidades futuras, então, já estaria fora de cogitações, como se a responsabilidade sobre seu futuro não lhe pertencesse.

Não há dúvidas que, mais cedo ou mais tarde, o dinheiro somente produzirá efetiva satisfação quando for trocado por alguma porção de bens ou serviços que resultem em satisfação para seu proprietário, mas são muitos os inconvenientes decorrentes do esquecimento ou do desconhecimento sobre a sublime missão de mensuração e de referência patrimonial que tem o dinheiro. As pessoas que não enxergam possibilidades reais de auferirem satisfações futuras maiores, às vezes muito maiores do que as satisfações percebidas no presente, podem estar comprometendo sua futura liberdade pessoal ou profissional decorrente de algum imprevisto inadiável que os faça cair em endividamentos.

O perigo em se desconhecer ou em não reconhecer a verdadeira função do dinheiro é muito próximo de não entender o conceito de posse e de propriedade. Alguém pode ter momentaneamente em mãos uma quantia que não seja sua, resultado de uma oferta de crédito fácil ou de acesso a um cartão de crédito, e ser levada a gastar essa quantia como se fosse de sua propriedade e despertar para a realidade somente quando chegar o boleto ou a fatura do cartão. A realidade é que essa pessoa gastou um dinheiro que não era seu ou que ainda não tinha ganhado, endividando-se. Tomar dinheiro emprestado para investir de modo planejado é assunto muito bem-vindo e bem explorado no campo de finanças, inclusive de finanças pessoais, e amplamente tratado em estudos de viabilidade econômico-financeira, instrumentalizando decisões sinalizadoras de prosperidade. Contudo, endividar-se para consumir é um assunto muito mais sério e grave. Por si só, vale um curso de finanças pessoais em que grupos multidisciplinares de estudos e pesquisas deveriam ser formados para estudar os fatores comportamentais que levam as pessoas a ser tão imprevidentes e a incorrer em tamanho risco diante da vida.

TRINÔMIO DE DISCIPLINA CONSCIENTE

Nada é mais equânime na vida do que o tempo. A hora tem 60 minutos e o dia tem 24 horas para todos; a forma como se usa o tempo à disposição é que fará a principal diferença no significado da vida no presente e no futuro. O prazer de usufruir a vida o mais cedo possível, sem planejar o futuro, agrada a muitos e é tido como ilusão para outros. Planejar a vida e viver orientado por certos parâmetros é disciplinador e não deixa de ser um cerceador de certas ansiedades e limitador de decisões impulsivas, o que resulta incômodo aos menos perseverantes. Por outro lado, se esse planejamento pessoal for exequível e produzido de forma consciente e se sua execução for acompanhada de forma disciplinada, a eventual sensação inicial de cerceamento logo será transformada em autoestima e não tardará em se tornar uma agradável sensação de liberdade. A história registra fartos exemplos de pessoas que tiveram idênticas oportunidades ao longo da vida e, no futuro, diferentes motivos para celebrar quando defrontados em faixa etária mais avançada.

Seguir as diretrizes estabelecidas no planejamento é indicar as conquistas que se pretende celebrar no futuro; não significa que não haja importantes conquistas em uma vida que não tenha sido planejada, mas o sucesso é mais celebrável quando fruto de objetivos e metas estabelecidas. Um gol em uma partida de futebol é tão mais celebrado pelos jogadores do time e seus torcedores quanto mais duro o time tiver que jogar para consegui-lo e mais decisivo for para a vitória na partida. A vida tem que ser mais significativa do que uma partida de futebol, e cada conquista tem que ser motivo de celebração maior do que um simples gol.

Entende-se que disciplina orientada conscientemente para um processo de planejamento pessoal é mais ampla do que apenas imaginar-se nos atributos de uma boa educação financeira. Planejamento pessoal é o planejamento de atributos e valores do indivíduo para sua vida e deve ter início o mais cedo possível, sob orientação da família, até que seu agente esteja em condições de assumir o controle da vida, aprimorando e adaptando-se às circunstâncias da sociedade, mirando sempre a melhor qualidade de vida possível e a liberdade pessoal e profissional própria e dos seus dependentes. Esse planejamento pessoal é um dos componentes da cultura de responsabilidade consciente do indivíduo para consigo mesmo, com a família e com a sociedade; o planejamento financeiro, embora muito importante – praticamente imprescindível a todos –, é um subconjunto do planejamento de vida.

Por ser para toda a vida, há muitos aspectos a serem considerados nas diferentes fases, desde a formação pessoal como compromisso de preparação para a vida, passando pelo período mais próspero e mais produtivo até a etapa da vida caracterizada como de fruição das conquistas experimentadas. Em cada um desses momentos da vida, o planejamento pessoal e o planejamento financeiro, juntos, devem sinalizar as expectativas a serem celebradas.

FIGURA 1 Planejamento pessoal e planejamento financeiro.

Plena consciência na preparação para a vida

O planejamento pessoal consiste em a pessoa estabelecer o que pretende fazer, o que pretende ser e o que pretende ter ao longo da vida e manter-se no comando. Implica estar consciente sobre a necessidade de definir os passos pelos quais é mais provável a obtenção de sucesso na vida. O significado de sucesso na vida precisa ser relativizado, cada pessoa é bem sucedida ou mal sucedida ao seu modo; importante é que isto seja fruto de reflexões e faça parte do seu planejamento.

O leitor estaria certo ao considerar utópica e fora da realidade essa história de plena consciência de cada pessoa em preparar-se para a vida, na medida em que o início dessa preparação deve ocorrer em uma faixa de idade em que o ser humano ainda está aquém da percepção dessa necessidade. O pressuposto é que a família, a escola e a sociedade estejam preparadas para essa missão; especialmente a família. A percepção de valores formadores do caráter, como modéstia, pudor, comprometimento, amor, educação e muitos outros valores sociais e éticos é virtude que germina no seio da família, responsável mais legítima pela alfabetização e pelo despertar do interesse de aprender.

Saber aprender e saber utilizar o que aprendeu são condições mágicas para autoestima, autoconfiança e conquista da liberdade. Falar de planejamento pessoal e de planejamento financeiro é falar de um amplo conjunto de virtudes conscientes sobre a vida e para toda a vida, cujo marco zero da jornada tem início com a alfabetização e prossegue com as etapas subsequentes da educação formal e da capacitação profissional e pessoal. Falar de planejamento financeiro ou de educação financeira para analfabetos ou para quem vive em precárias condições de subsistência tem sua utilidade, sem dúvidas, mas em tais circunstância é mais provável soar como ironia.

Capacitação profissional não tem a ver apenas com a empregabilidade. Mais do que isso, significa ter uma profissão que seja útil a si e à sociedade; ter a determinação de ser o melhor possível nessa profissão e manter-se atualizado nela; dominar bem seu idioma e uma ou duas línguas estrangeiras; adquirir e cultivar fortes valores sociais e éticos. Colocando-se tudo isso em uma esperança de vida máxima ao nascer, são atributos cujos fundamentos devem ser adquiridos na primeira quarta parte da idade, para que seja máxima a fase de contribuição para a sociedade e de fruição pessoal dessas conquistas.

Plena consciência na utilização do dinheiro: saber consumir ou poupar

Seria importante que todos tivessem consciência do respectivo passivo financeiro e social que acumulam desde antes de nascer até sua autossuficiência e sua preparação para concorrer a diferentes papéis existentes na sociedade. Seja pelo nobre sentimento de gratidão ou pela consciência de uma dívida para com a família e a sociedade, todos deveriam compreender a existência desse passivo e imbuir-se de comprometimento para consigo e para com todos que lhe patrocinaram direta e indiretamente. Reunidas as possibilidades de ganho de dinheiro e iniciada a efetivação desse ganho, significa buscar conscientizar-se com relação ao seu uso socialmente mais conveniente.

Estar com a posse de dinheiro não assegura o poder de gastá-lo livremente, especialmente se esse dinheiro decorrer de empréstimo ou de financiamento. A plena consciência sobre o momento de gastar, com que gastar e o quanto gastar, de um determinado montante de recursos à disposição, é tão sublime e libertador quanto ter igual consciência sobre o momento de poupar, o quanto poupar e em que investir a parcela da renda que tenha sido poupada. Consumir ou poupar como destinos alternativos de uma renda à disposição é mais inteligente e perspicaz se considerado consumir e poupar como destinos proporcionais planejados dessa mesma renda. Para que isso ocorra, há alguns pressupostos de consciência a serem considerados:

- Clara diferença entre preço e valor das coisas. O preço de um produto ou serviço pode ser pequeno, ou grande, no momento em que se esteja para tomar uma decisão de compra. Mais relevante do que o preço e a ansiedade do potencial comprador é o sentimento imaterial ou intangível que essa potencial compra possa preencher, isto é, o valor que o bem ou serviço possa representar. O raciocínio é válido tanto para itens de primeira necessidade, como alimentação, vestuário e outros, como para itens de necessidade secundária, como um terceiro brinquedo para a criança que já tem dois. Não está em questão a compra de alimentos, de brinquedos nem de outros itens essenciais ou secundários, mas, sim, a necessidade de percepção e plena consciência da diferença entre o preço e o valor das coisas. Havendo clara percepção dessa diferença, incluindo o fator tempo nessa avaliação, a pessoa tende a valorizar mais o poder de compra do dinheiro e a selecionar com maior rigor em que dispender seu dinheiro.
- Entendimento do poder de compra do dinheiro no presente e no futuro. Poupar, no presente, e deixar de usufruir os prazeres do consumo de uma parcela da renda ganha, somente faz sentido se a pessoa tiver consciência de que no futuro essa parcela de renda poupada terá poder de compra maior do que teria no presente. Deixando de lado os cenários adversos, os inúmeros riscos e as diversas razões para inseguranças quanto ao futuro, esse futuro virá independentemente da vontade das pessoas, e aqueles que tiverem assegurado algum poder de compra indiscutivelmente estarão em melhores condições e terão mais liberdade para decidir.
- Significado de liberdade pessoal e profissional. Argumentar falta de liberdade por não consumir toda a renda auferida em determinado período, em um mês, por exemplo, porque planejou e decidiu reservar parte para con-

sumir no futuro é mais ou menos como o garoto argumentar com o pai sua falta de liberdade por não poder jogar bola com os amigos pelo fato de ter que ir à escola. O sentido é equivalente, a gestão do tempo e a gestão do dinheiro. O que está em jogo é o futuro que a pessoa planejou para si própria e para sua família. Seria mais provável ouvirem-se queixas de eventual trabalho escravo por parte de um despreparado profissional do que por parte de um profissional mais preparado e atualizado com as necessidades do mercado.

- Compreensão sobre os dissabores de uma inadimplência. O incomparável sabor de estar no controle da situação ao negociar um desconto com um vendedor, diante da possibilidade de efetuar um pagamento à vista, contrapõe-se ao dissabor de uma frustração por um crédito não aprovado, inviabilizando uma compra ou uma viagem dos sonhos. O "nome sujo" passa a ser um detalhe se as dívidas já estiverem renegociadas e os futuros pagamentos já estiverem viabilizados. Sem dúvidas há uma sensação de escravidão de uma pessoa que esteja sem crédito, com dívidas vencidas e com um nível de rendas insuficiente para pagar essas dívidas. O prezado leitor certamente já teve contato com pessoas que caíram em tal armadilha e, se tiveram oportunidade de obter respostas sinceras dessas pessoas sobre os motivos que os levaram a tais dificuldades, a falta de planejamento pessoal ou a falta de consciência sobre os perigos de um endividamento certamente estarão entre essas respostas.

Plena consciência sobre saber investir e preservar o patrimônio

Poupar é um dos fatos e dos atos humanos que constituem o planejamento pessoal em geral e o planejamento financeiro, em especial. Mas não basta poupar para que esse sacrifício seja compensador no futuro; os recursos poupados precisam chegar nesse futuro com seu poder de compra preservado, acrescido de um ganho que possibilite ao poupador ter uma satisfação adicional percebida, ao ponto de sentir que valeu à pena ter planejado o futuro e dispor-se a disseminar as virtudes de um planejamento pessoal bem feito e bem praticado.

Essa conquista é obtida por intermédio da aplicação financeira dos recursos poupados e permanente monitoramento desse investimento. A eficácia disso depende, também, de um conjunto de pressupostos de consciência do poupador/investidor e do especialista que venha assessorá-lo. Conhecer o funcionamento dos mercados: financeiro, de capitais, imobiliário, de seguros e previdência;

estar a par das oportunidades de aplicação financeira e respectivas expectativas de ganhos, de liquidez e de risco; saber quais as formas e os instrumentos de mitigação de riscos das oportunidades de investimento. Esses são apenas alguns dos atributos imprescindíveis de consciência para eficazes aplicações dos recursos poupados e preservação da integridade do valor do patrimônio.

O QUE TUDO ISTO TEM A VER COM ESTE LIVRO?

O planejamento financeiro pessoal e a gestão do patrimônio estão no centro de toda a discussão que conecta os agentes econômicos de uma sociedade, especialmente quando essa sociedade é tipificada como de insuficientes recursos financeiros e técnicos. O que se estuda desde as primeiras aulas de um curso de Administração de Empresas e se aplica vida afora sobre as funções de planejar e controlar encontra-se neste livro com as adaptações demandadas pela sociedade, pelas empresas contemporâneas e as relações financeiras dessas empresas com seus principais *stakeholders*.

Já em sua terceira edição, revisada e atualizada, esta obra vem ao encontro de todo esse debate, ao mesmo tempo em que preenche uma lacuna existente na literatura brasileira sobre planejamento financeiro pessoal e gestão de patrimônio. É produto do esforço de um grupo de profissionais com grande experiência docente e do mundo corporativo, todos com privilegiadas condições para reunir abordagem conceitual atualizada com exemplos e casos práticos de forma amigável e à altura da percepção do leitor.

Os organizadores agradecem à editora Manole, na figura de sua editora, Cristiana G. Souto Corrêa, pelo apoio necessário para que esta terceira edição pudesse chegar ao leitor com a devida qualidade, e a Ana Maria Hosaka, que nos acompanhou nessa jornada de organizar uma obra com muitos autores talentosos.

Um agradecimento especial a Carolina Burckle, da Fundação Instituto de Administração (FIA), que desempenhou o importante papel de conexão dos autores em suas missões de revisão e de atualização dos conteúdos, permitindo que chegássemos à excelência deste resultado.

Almir Ferreira de Sousa
Ricardo Humberto Rocha

CAPÍTULO 1

Planejamento financeiro pessoal

Roberto Carline

Construir o amanhã e, com isso, atingir os objetivos de vida envolve a gestão simultânea de diversos elementos, parte dos quais são controláveis e outros nem tanto. Apesar de não ser uma tarefa simples, não é possível dizer que é complexa, uma vez que grande parte dela pode ser transformada em um processo até certo ponto intuitivo e que requer disciplina para gerar os resultados desejados.

Assim, é preciso observar algumas etapas e pontos de controle, além de mitigar riscos sobre os aspectos que dependem de condições como taxas de juros, eventos inesperados, eventuais alterações tributárias, comportamento de produtos de investimentos e o quanto disso tudo deixa os indivíduos mais próximos ou mais distantes de seus alvos.

A IMPORTÂNCIA DO PLANEJAMENTO FINANCEIRO PESSOAL

Segundo a 8ª edição do *Raio X do Investidor Brasileiro*, produzido pela Associação Brasileira das Entidades dos Mercados Financeiro e de Capitais (ANBIMA, 2024), e no qual foram entrevistadas 5.846 pessoas com 16 anos ou mais e integrantes das classes A, B ou C economicamente ativas, aposentadas ou que vivem de renda, tem-se um ambiente em que 40% dos brasileiros são investidores. Contudo, ser investidor, guardar dinheiro, não significa necessariamente que os recursos reservados para o futuro estão sendo bem geridos e que as devidas necessidades e objetivos estejam sendo atendidas. Essa afirmação é feita porque, segundo dados da Planejar, apesar de o Brasil contar com mais de 7 mil profissionais CFP e apresentar a quinta posição no número desses profissionais no mundo, um dos grandes motivadores para os indivíduos procurarem suporte para realizar planejamento financeiro é o fato apontado pela Confederação Nacional do Comércio de Bens, Serviços e Turismo (CNC): mais de 77% das famílias brasileiras estão endividadas.

Ainda que os indicadores não sejam iguais, não parece um contrassenso ter 40% da população formada por investidores e 77% das famílias apresentarem endividamento? Não necessariamente, pois a grande maioria dos indivíduos – ou mesmo famílias – não cuida de suas finanças de forma integrada e com objetivos claros. E finanças pessoais não tratam apenas de investimentos e endividamento.

O planejamento financeiro pessoal tem por objetivos: i. organizar suas despesas e receitas; ii. auxiliar na identificação de prioridades e objetivos; iii. maximizar o bem-estar do indivíduo por forma da melhor utilização de seus recursos. Esses três elementos atingem seus resultados por meio de técnicas, algumas simples ou mesmo intuitivas, e outras que requerem um pouco mais de conhecimento (ou mesmo auxílio de um profissional especializado), as quais podem guiar os indivíduos pelos caminhos que precisam perseguir até os seus objetivos – seja equilibrar o orçamento pessoal, comprar uma casa, deixar a família ou pessoas queridas bem financeiramente quando faltar, ou mesmo todos esses pilares juntos.

VAMOS OLHAR NO ESPELHO?

Um dos maiores desafios do ser humano é pensar, de modo prático e estruturado, sobre o futuro. Com raras exceções, são poucas as pessoas que fazem um exercício sobre receitas, despesas, padrão de vida presente e desejado – menor ainda é o número de pessoas que entende a relevância de postergar uma decisão de consumo hoje em troca de consumir no futuro.

Tal comportamento foi bem entendido e estruturado por Richard Julius Herrnstein em 1961, que com sua teoria do desconto hiperbólico, chamou a atenção para um fato curioso: o instinto humano de sobrevivência faz com que exista uma preferência entre duas recompensas semelhantes para a que ocorrer antes. Esse processo de decisão acaba por gerar ineficiências que podem ser de remuneração (exemplo: preferir R$ 100,00 hoje a R$ 110,00 em 1 ano, sendo que a taxa livre de risco é de 5,75% no período) ou de custos (exemplo: fazer muitas trocas de ativos gera impostos, custos transacionais, e pode não permitir a maturação de estratégias). Da teoria do desconto hiperbólico extrapola-se para a necessidade de constituir um "eu do futuro" e perseguir esse ponto de referência – ou seja, enquanto não houver um ponto de referência estabelecido, haverá grande probabilidade de desvios no caminhar entre o "eu de hoje" e o "eu do futuro".

Contudo, além da necessidade de superar esse aspecto relacionado ao instinto humano de sobrevivência, o ser humano tem outro desafio: sentir de modo mais intenso a dor de perder R$ X,xx (aqui sem um número definido, dado que varia de pessoa para pessoa) do que o prazer de ganhar os mesmos R$ X,xx. Essas reações humanas foram exemplarmente transformadas por Daniel Kahneman e Amos Tversky na teoria do prospecto, publicada em 1979. Uma vez que se sabe desses desafios para superar, caso seja desejo do indivíduo tomar decisões mais eficientes e construir o seu "eu do futuro", pode-se fazer dois exercícios que ajudam a se autoconhecer melhor.

O primeiro exercício tem por origem um estudo estruturado pelo J.P. Morgan Asset Management e indica que, para otimizar seus esforços, o indivíduo tem de ter consciência sobre o que se tem ou não controle. De modo simplificado, pode-se dizer que é preciso exercitar o hábito de não dedicar energia tentando controlar decisões governamentais ou de mercado, uma vez que ambos são muito maiores quando comparados com a individualidade e têm foco na sociedade (grupo sobre o qual não se tem controle), mas que se deve dedicar alguma energia a aspectos como empregabilidade e longevidade, assim como na compreensão de possíveis origens de imprevistos (grupo de temas sobre os quais se tem algum controle). Então resta o foco total sobre o que efetivamente é possível controlar: otimização de receitas e despesas pessoais, além da forma de alocação e diversificação de recursos.

Como segundo exercício, parece importante colocar mais atenção sobre os aspectos relacionados à otimização de receitas e despesas pessoais; assim, recorre-se à abordagem PERML, desenvolvida pelo Citigroup, que chama a atenção para dois princípios. Um deles é o entendimento de que todo ser humano atravessa uma fase de acumulação, na qual são construídos os elementos que atenderão cada uma de suas necessidades, e uma fase de distribuição, período de consumo do que foi acumulado. O outro princípio é que todo indivíduo tem necessidades que podem ser agrupadas nos pilares de proteção (*Protection*), educação (*Education*), aposentadoria (*Retirement*), crescimento e gestão de patrimônio (*Managing and Growing your Wealth*), e deixar um legado (*Leave a Legacy*) – PERML!

Ao somar todos os aspectos aqui apresentados, pode-se dizer que o melhor caminho para identificar o "eu de hoje" e projetar – e construir – o "eu do futuro" é entender claramente a sua capacidade de poupar, que nada mais é do que a diferença entre as receitas (salário, bônus, pró-labore, aluguel, dividendos e outras fontes) e despesas (lazer, vestuário, alimentação, condomínio, impostos, dentre outras). Com esse mapeamento concluído para o "eu de hoje", fica mais simples projetar o "eu do futuro", uma vez que, efetivamente, o indivíduo se olhou no espelho.

Ao se olhar no espelho, o indivíduo estará refletindo sobre si mesmo, e isso deve ser feito como se estivesse despido por completo – como ensinou o filósofo Sócrates, posteriormente mais bem elaborado por Michel Foucault, ocupar-se de si mesmo, e não de "coisas", é um ato de autoconhecimento capaz de transformar quem se é, tão importante que a própria lenda da Esfinge apresenta um alerta ainda mais forte: conhece-te a ti mesmo ou te devoro! Em outras palavras: o indivíduo é protagonista de sua vida, e suas decisões e ações sobre o que é e o que busca não podem ser delegadas, sob pena de não alcançar a plenitude possível.

Nesse momento, tem-se o primeiro elemento tangível e o mais importante do processo de planejamento financeiro: identificar o momento de seu ciclo de vida, o que se busca atingir e quais são as prioridades. Como se trata da união de alguns princípios, a representação gráfica a seguir auxilia na consolidação de todos os elementos.

O primeiro elemento de destaque é o fato de todos estarem expostos a duas macrofases do ciclo de vida, uma de acumulação e outra de distribuição.

Fase de acumulação

Fase de distribuição

Pode-se considerar que a fase de acumulação é o período de vida em que o indivíduo tem a maior probabilidade de gerar renda de forma ativa, constituir família se assim desejar e formar patrimônio. Também é na fase de acumulação que ele tem uma tendência maior a realizar maiores gastos – seja, por exemplo, com a própria manutenção de padrão de vida, aquisição de bens, lazer, maiores gastos com vestuário devido a necessidades profissionais, custeio de formação pessoal ou dos filhos – e para formar uma reserva de emergência, assim como uma poupança para o futuro. Um aspecto que deve ser tratado com rigor e disciplina é o orçamento pessoal (ou familiar), sendo fundamental a identificação clara de todas as fontes de receitas e de despesas – além de classificar entre aquelas que são fixas (salário e aluguel são exemplos), recorrentes (14º salário e financiamentos ou tributos como IPVA e IPTU, entre outras formas) e discricionárias (bônus e lazer); aqui não há fórmula – uma planilha contendo os itens e atualizada em bases mensais acaba por ser o instrumento necessário e suficiente para detectar eventuais fortalezas ou fragilidades no orçamento.

Partindo dessa planilha de orçamento, o principal passo é atingir o objetivo de não se usar, de modo recorrente, instrumentos de crédito para arcar com as despesas fixas. Isso se deve ao fato de: i. evidenciar um descasamento em termos de custeio e manutenção do padrão de vida; ii. a despesa de juros ser, nesse caso, uma despesa que não gera evolução positiva de patrimônio; iii. não permitir espaço para a acomodação de imprevistos; iv. retardar, ou mesmo impedir, a obtenção de objetivos de vida.

Uma vez equalizado o aspecto de orçamento (o hoje), é imprescindível pensar no futuro, na constituição de uma reserva de emergência e na conquista de uma ou mais entre as necessidades PERML. Contudo, a constituição de um planejamento de futuro exige uma reflexão e um autoconhecimento profundos, pois se faz necessário projetar o que se deseja ter durante a fase de distribuição.

A fase de distribuição pode ser definida como o período em que, naturalmente, opta-se por reduzir o ritmo de acumulação de patrimônio e gerar, de modo planejado, um nível de renda ativa (salário, por exemplo) menor do que anteriormente gerada e gradualmente consumir o que foi constituído na fase de acumulação. Nessa fase, também é possível diminuir algumas despesas (vestuário e estudo dos filhos são exemplos mais claros), mas incrementar outras, como viagens e plano de saúde; sendo assim, esse período deve ser planejado cautelosamente e considerando uma margem de segurança, dado que há tendência de menor oportunidade para geração de renda ativa e tempo menor para a recuperação financeira de eventuais decisões equivocadas.

Ao definir os objetivos e prioridades – proteção (*Protection*), educação (*Education*), aposentadoria (*Retirement*), crescimento e gestão de patrimônio (*Managing and Growing your Wealth*), e deixar um legado (*Leave a Legacy*) – há de se buscar formas de implementação e acompanhamento, o que será apresentado mais à frente.

DISCIPLINA E TEMPO: OS MAIORES ALIADOS

Como o indivíduo ainda não tem a educação financeira como parte do currículo da grande maioria das escolas, sejam as de ensino fundamental ou mesmo as faculdades ou universidades, com aspectos como a relação entre tempo e dinheiro ou mesmo a importância de se pensar em termos de retornos reais e tributação, alguns exemplos com dados reais que podem contribuir para o entendimento de como esses elementos podem ser usados em seu favor serão abordados.

O primeiro exemplo considera uma situação na qual se tem disponibilidade para investir R$ 1 mil/mês ("eu de hoje") com o objetivo de acumular R$ 1 milhão em determinado espaço de tempo ("eu do futuro"). Para isso, deve-se considerar que é possível investir no CDI ou em uma estratégia composta entre renda fixa e renda variável tanto no Brasil como no exterior, o que, para efeito de simplificação, será representado pelo IHFA – Índice de *hedge funds*, calculado pela ANBIMA. A Tabela a seguir mostra quantos anos são necessários para transformar o "eu do presente" em "eu do futuro", considerando que o investimento será feito no CDI ou no IHFA (risco superior ao CDI) e que o retorno dos últimos 12 meses (fechamento em 29 de outubro de 2021) será replicado por todos os anos seguintes, até que seja atingido R$ 1 milhão:

	Taxa nominal ao ano	Número de anos
CDI	3,32%	40 anos e 6 meses
IHFA	15,52%	28 anos e 1 mês

Tratando do mesmo tema, relação entre tempo e dinheiro, sob uma abordagem diferente, também é possível ver como essa relação funciona. Em outra situação, o "eu do futuro" de R$ 1 milhão acontecerá em exatos 25 anos e as alternativas de investimentos continuam sendo CDI e IHFA. Assumindo essas condições e que não se tem nada investido hoje, o investimento necessário ao longo dos 25 anos para atingir R$ 1 milhão passa a ser:

	Taxa nominal ao ano	Contribuição mensal (R$)
CDI	3,32%	2.158,57
IHFA	7,00%	1.277,07

Finalmente, ao comparar as duas tabelas, verifica-se que, quanto maior o tempo disponível entre o "eu de hoje" e o "eu do futuro", menor o esforço financeiro necessário – mas o inverso é verdadeiro, quanto menor o tempo, maior o esforço.

Contudo, não basta avaliar apenas a rentabilidade nominal (ou taxa nominal ao ano), pois a inflação e impostos são elementos que também têm influência nesse processo, uma vez que o "eu do futuro" precisa ter preservado o seu poder de compra real. Dessa forma, exemplifica-se com os casos de 2019 e 2020:

- Em 2019, o CDI acumulado foi de 5,95% e o IPCA 4,31%; com isso, o retorno real para quem investiu em CDI foi de 1,57% nesse ano, ou 0,43%, considerando uma alíquota de IR para investimentos de renda fixa entre 6 e 12 meses de 20,00%.
- Em 2020, o CDI acumulado foi de 2,75% e o IPCA 4,52%; com isso, o retorno real para quem investiu em CDI foi negativo em 1,69%, ou -2,22%, considerando uma alíquota de IR para investimentos de renda fixa entre 6 e 12 meses de 20,00%.

Foi visto que, além da importância de trabalhar com aspectos da relação entre tempo e dinheiro, é fundamental considerar o resultado real – acima da inflação e depois de impostos – de cada investimento.

A IMPLEMENTAÇÃO DO PLANEJAMENTO FINANCEIRO

Uma vez que os conceitos das fases de vida em termos patrimoniais, do valor do dinheiro no tempo e o impacto de inflação e tributação já foram consolidados, é chegado o momento de apresentar os elementos mais relevantes para a implementação do planejamento financeiro.

O planejador financeiro

Segundo a Planejar, Associação Brasileira de Planejamento Financeiro, ligada à Financial Planning Standards Board (FPSB), que regula essa atividade, o planejador financeiro tem por finalidade avaliar, do modo mais completo possível, os objetivos e as necessidades de cada indivíduo para, com as informações disponíveis, desenvolver, apresentar e executar as estratégias adequadas ao contexto apresentado. Trata-se de uma atividade regulamentada e que pode ser resumida da seguinte forma, a partir do profissional que a conduz:

	Atividade preponderante	Licença CVM	Remuneração	Esforço de distribuição
AAI	Captação de clientes e distribuição	Necessária	Distribuidor contratante	Realiza
Instituições (profissionais internos)	Orientações gerais[1], distribuição e captação de clientes	Necessária para tratar de VM	Instituição contratante do profissional	Realiza
Consultor CVM	Orientação, recomendação e aconselhamento[2] de clientes	Necessária	Cliente	Não realiza
Planejador financeiro *stricto sensu*	Recomendação e aconselhamento de clientes	Não[3]	Cliente	Conforme atividade[4]
Gestor CVM	Gestão discricionária	Necessária	Cotista/cliente[5]	Conforme atividade[6]

Fonte: Planejar.

Assim que é definido o profissional com o qual o programa de planejamento é conduzido, deve-se observar que este realizou as seguintes etapas:

1 Distribuição de valores mobiliários (VM) e consultoria devem ser segregadas entre si; caso se trate de VM, aplica-se a linha de consultor CVM.

2 O consultor CVM pode tratar de classes de ativos e VMs, títulos e VMs específicos, prestadores de serviços no mercado de valores mobiliários (MVM) e outros aspectos relacionados às atividades indicadas.

3 A atuação exclusiva em planejamento financeiro *stricto sensu* não se sujeita às normas referentes à consultoria de VMs, conforme ICVM 592.

4 Permitido para produtos relacionados a planejamento sucessório, previdência e administração de finanças em geral, desde que não envolvam orientação, recomendação ou aconselhamento de VMs; necessidade de informar eventuais conflitos de interesse aos clientes.

5 Por meio de administrador fiduciário, no caso de fundos de investimento; diretamente com o cliente, no caso de carteiras administradas.

6 O administrador de carteiras de valores mobiliários, pessoa jurídica, pode atuar na distribuição de cotas de fundos de investimento de que seja administrador ou gestor, desde que cumpridas as normas elencadas na ICVM 588. As *assets* "financeiras" (com autorização de funcionamento concedida pelo Bacen) podem empreender esforços para VMs em geral. As "não financeiras", apenas para cotas de fundos próprios.

a. Alinhamento claro da forma de relacionamento.
b. Coleta de informações, dados e objetivos.
c. Análise e avaliação das condições financeiras.
d. Desenvolvimento e apresentação das alternativas.

Somente após a aprovação final para as alternativas apresentadas é que o profissional que conduzirá a implementação do programa de planejamento financeiro poderá partir para a execução do que foi acordado, o que deve ser monitorado regularmente, com o objetivo de assegurar que o planejamento está sendo eficiente diante dos objetivos ou mesmo proceder a ajustes com origem em aspectos como alteração de objetivos ou das condições financeiras (ou ambas), assim como relativas a produtos mais adequados que os anteriormente utilizados, mudanças no ambiente econômico ou mesmo desalinhamento da forma de relacionamento e consequente substituição do profissional.

Vale destacar que, em um processo no qual se define os objetivos e prioridades, o planejador financeiro tem como responsabilidade indelével auxiliar no processo de tomada de decisão para a construção – e realização, com o maior êxito possível – da jornada entre o "eu de hoje" e o "eu do futuro". Mas quem se dispõe a cumprir essa jornada também tem responsabilidades: assegurar que o planejador financeiro está utilizando elementos objetivos e que não apresentem conflito de interesse nas alternativas apresentadas, indagando o profissional sobre a fundamentação e remuneração delas; e ter disciplina na implementação e perseguição do que foi definido.

Atributos do planejamento financeiro

Como foi possível verificar, o planejamento financeiro é muito mais amplo do que o aconselhamento sobre investimentos, dado que envolve aspectos que percorrem diversos setores da vida de todos os indivíduos; trata-se de conduzir condições atuais para um desejado ponto futuro, além de ser um processo que toma por base aspectos objetivos, disciplinas e uma clareza muito grande em definir necessidades, prioridades, objetivos e desejos. Somam-se a isso os elementos já abordados sobre as etapas do planejamento em si.

Os elementos inicialmente abordados são, por sua essência, objetivos e podem ser quantificados e claramente classificados; porém, o planejamento financeiro também apresenta uma parcela relevante de aspectos subjetivos, com impacto decisivo não só na assertividade do desenvolvimento das alternativas iniciais, como também – e principalmente – na probabilidade de tal planejamento se tornar em uma boa realidade e com um grau elevado de satisfação sobre essa jornada.

Para que os aspectos subjetivos sejam tratados adequadamente, é fundamental um exercício de reflexão baseado em perguntas exploratórias; dessa forma, será possível integrar as necessidades do indivíduo com os seus principais objetivos e os momentos no tempo em que tais objetivos devem se tornar realidade – não se pode perder de perspectiva o fato de que o PERML representa necessidades universais, de que se deve dedicar esforços ao que pode ser controlado por cada indivíduo, de que disciplina e tempo são os maiores aliados na construção do "eu do futuro". Buscando tornar esse aspecto mais tangível, cabe o seguinte exemplo:

> A renda familiar apresenta perspectivas de crescimento para um jovem casal com dois filhos, o mais velho com 3 anos de idade, e é equivalente a 100 unidades monetárias (u.m.) frente a despesas para manutenção de padrão de vida destes, que soma 85 u.m. Reconhecendo que esse excedente financeiro é uma oportunidade para dar um passo em direção à transformação de desejos em realidade, esse casal faz uma reflexão profunda e começa a ponderar suas prioridades; desse exercício chega ao seguinte mapa sob a perspectiva PERML:

	P (proteção)	**E (educação)**	**R (aposentadoria)**	**M (crescimento e gestão de patrimônio)**	**L (legado)**
Alta	Estabelecer um seguro de vida para assegurar despesas com inventário e manutenção de padrão de vida nesse período	Financiar a graduação no exterior para os dois filhos		Constituir uma reserva de emergência	Presentear com 100 mil u.m. cada um dos filhos ao final da graduação de cada um deles
Média			Manter padrão de vida, com plano de saúde e duas viagens anuais ao exterior	Comprar um imóvel maior e mais confortável para abrigar a família Adquirir um imóvel de veraneio	

(continua)

(continuação)

	P (proteção)	E (educação)	R (aposentadoria)	M (crescimento e gestão de patrimônio)	L (legado)
Baixa					Otimizar a estrutura patrimonial sob a ótica de eficiência tributária

Tomando o mapa do casal como ponto de partida, é possível constatar que o fato de se ter uma prioridade alta não é o mesmo que um objetivo de curto prazo, uma vez que somente a questão de seguro de vida e constituição de uma reserva de emergência precisam ser constituídas de modo tempestivo, enquanto os objetivos de financiar a graduação dos filhos e formar capital para o presente de 100 mil u.m. apresentam um horizonte de tempo entre 14 anos (no mínimo) para serem atingidos. Outro aspecto que chama a atenção é que há um prazo dilatado para a acumulação de recursos para uso na aposentadoria e que há uma necessidade de comprar um imóvel novo para a residência, enquanto o de veraneio é um desejo, mesmo elencados no mesmo patamar de prioridade.

Feito esse exercício de identificação e priorização de objetivos e a distinção entre necessidade e desejo, é possível avaliar, junto com o planejador financeiro, se o excedente financeiro suporta a implementação das estratégias que buscarão perseguir cada um dos itens identificados ou se deverá haver uma ampliação desse excedente financeiro, bem como definir prazos e pontos de controle para cada um dos itens.

Superados esses aspectos, se faz necessária a elaboração, fundamentada em premissas realistas e que não apresentem assimetria de benefícios em favor do planejador financeiro, de uma proposta com alternativas para a implementação das estratégias, levando em consideração não só os riscos das próprias estratégias, como também o apetite de risco do indivíduo que se beneficiará desse planejamento.

Em se tratando de alternativas de estratégias vinculadas a investimentos, e isso se aplica a todos os pilares PERML dependentes de instrumentos de investimentos, é indispensável a elaboração de um IPS – *investment policy statement*. O IPS é um documento que estabelece, de forma clara e objetiva, itens como objetivos de investimentos, tolerância a risco, restrições de investimentos, sugestão inicial, critérios para a seleção dos ativos e o processo de revisão.

Uma vez realizada a implementação do que foi alinhado entre o planejador financeiro e aquele que busca o benefício de tal planejamento, deverá ser iniciado um acompanhamento disciplinado visando certificar que o que foi acordado está sendo seguido, identificar eventuais situações que venham a alterar as condições tanto do usuário como do mercado em si, e, finalmente, garantir se o que foi implementado está caminhando em direção aos objetivos almejados.

Dada a multiplicidade de nuances envolvidas para atingir o que foi apresentado até o momento, os detalhes e especificidades serão abordados nos próximos capítulos, contudo a seguir serão explorados aspectos que envolvem os conceitos que sustentam o PERML, assim como detalhados elementos que devem ser incluídos em um planejamento robusto.

Detalhamento de um planejamento financeiro robusto

De acordo com o Volume I do *Material Oficial de Estudo para o Exame CFP®* no Brasil, são itens essenciais para um bom planejamento financeiro:

Administração do fluxo de caixa

Aqui são apresentados com maior detalhamento os aspectos de orçamento pessoal – ou familiar – que foram rapidamente mencionados quando abordada a necessidade de se olhar no espelho e, assim, avaliar a capacidade de acumular recursos (fase de acumulação) ou mesmo a necessidade de consumir, de modo sistemático, recursos acumulados ao longo do tempo (fase de distribuição). Esse item é de fundamental importância, pois é através da administração do fluxo de caixa que se é capaz de identificar e proceder ajustes necessários que conduzam à realização dos objetivos definidos e priorizados no processo de planejamento financeiro.

Ainda que possa parecer redundante, a conquista de um orçamento equilibrado em termos de fontes geradoras de receitas (por meio de salário, bônus, pró-labore, aluguéis, dividendos ou outras fontes – podendo ser uma ou mais dessas fontes somadas) e despesas recorrentes para a manutenção do padrão de vida, traz clareza sobre quais desses itens de fluxo de recursos são fixos (de menor flexibilidade para a sua gestão) e discricionários (mais incertos se forem receitas, porém mais administráveis quando são despesas), deixando claro como cada um deles sensibiliza a conta corrente e movimenta o caixa.

O exercício constante de avaliar o orçamento, mesmo quando ele já está equilibrado, proporciona ganhos em diferentes dimensões. São eles:

1. Validar a nossa capacidade de poupança recorrente e a formação de uma reserva de emergência equivalente a montante que, por boas práticas, deve ser capaz de honrar de 6 a 12 meses das despesas fixas.
2. Identificar, de modo objetivo e mensurável, se os recursos disponíveis estão sendo utilizados em despesas para manutenção de padrão de vida e constituição de objetivos ou se o fluxo está sendo direcionado para o consumo de itens supérfluos – ou cujo consumo pode ser postergado – e, dessa forma, está sendo dificultada a trajetória em direção ao "eu do futuro".
3. Assegurar que, se utilizado, o crédito faz parte de uma estratégia de acumulação de ativos alinhada com os objetivos estabelecidos no processo de planejamento financeiro e não como complemento para arcar com as despesas fixas e que não venham a gerar formação de patrimônio ao longo do tempo. Destaca-se aqui que, de modo geral, o crédito utilizado em curto prazo (limite de crédito e cheque especial, por exemplo) apresenta um custo mais elevado do que o oferecido para financiamentos de longo prazo (exemplos incluem crédito imobiliário e financiamento de veículos).
4. Obter uma visão clara de riscos associados ao fluxo de caixa (testar de modo antecipado, e buscar alternativas, se for o caso, o impacto de variações de custos como condomínio, plano de saúde e impostos) e oportunidades de economia tributária, sendo como situação clássica a contribuição adicional para a previdência privada.

A boa administração do fluxo de caixa, quando comparada à administração mais permissiva e menos disciplinada, levará à formação de excedentes financeiros maiores em tempo mais curto e à conquista de objetivos com menos risco de insucesso.

Análise do perfil tributário

Ainda que profundamente abordado em capítulos específicos (seguros, previdência complementar, planejamento sucessório e tributário), vale abordar de modo introdutório e destacar que a tributação, como foi exemplificado em *Disciplina e tempo: os maiores aliados*, é um elemento de impacto no resultado de nossas decisões de investimentos – aqui entendido de forma ampla, e não só relacionado aos ativos financeiros –, e carrega em si uma complexidade distante do conhecimento da grande maioria dos indivíduos e se desdobra em camadas que podem ser vinculadas a origem, tipo, prazo e natureza (pessoa física ou jurídica), para mencionar de modo simplificado algumas nuances. Feita essa consideração quanto à complexidade, vale sugerir que não só os aspectos tributários sejam considerados no processo de elaboração e implementação do planejamento financeiro, como o suporte de um profissional com profundo conhecimento sobre o tema seja requisitado para auxiliar e validar as decisões tributárias sob uma perspectiva de planejamento e, assim, obter de forma lícita a redução dos encargos tributários – sem correr o risco de, por desconhecimento ou erro, incorrer em situações caracterizadas pela regulamentação brasileira[7] como crime contra a ordem tributária.

Entre as estratégias típicas de redução de encargos tributários, pode-se considerar que as que alcançam as necessidades da vasta maioria dos indivíduos são direcionadas para:

1. **Ativos financeiros[8]:** há uma multiplicidade de normas tributárias associadas a determinados ativos e, além disso, ao prazo de exposição a esses ativos; sendo assim, é possível buscar instrumentos que sejam substitutos em termos de aderência à estratégia e capacidade de geração de retorno líquido e obter maior eficiência tributária. Esse cuidado é relevante, pois podem existir situações em que um ativo exposto a tributação apresente rentabilidade igual ou mesmo superior ao seu substituto isento de tributação. Esse caso se apresenta especialmente nos fundos de investimentos em renda fixa e CDBs (ambos tributados) frente às LCAs e LCIs (isentos de tributação) em alguns momentos de mercado. Outra forma de otimizar o custo tributário é observar os limites que podem ser negociados com isenção de impostos, regra típica para ações.
2. **Previdência privada (PGBL e VGBL):** ainda que implementadas por meio de fundos de investimentos constituídos de forma específica para esse fim[9], apresentam um arcabouço tributário próprio[10], uma vez que combinam elementos de investimentos e atuariais com horizonte de longo prazo. Cada uma das modalidades, P e VGBL, apresenta características próprias em

---

7 Lei de Crimes Contra a Ordem Tributária, nº 8.137, de 27 de dezembro de 1990, e demais leis a ela associadas.

8 Instrução Normativa RFB nº 1.585, de 31 de agosto de 2015, e demais normas a ela associadas.

9 Instrução CVM nº 175, de 23 de dezembro de 2022, e demais normas a ela associadas.

10 Lei nº 11.053, de 29 de dezembro de 2004, e demais normas a ela associadas.

âmbito de otimização tributária, incentivo fiscal e horizonte de investimentos sintetizadas a seguir:

	PGBL	VGBL
Característica dominante	Fundo de investimento	Seguro de vida
Tipos de estratégia	Fundo de investimento específico	Fundo de investimento específico
Rentabilidade	Não garantida	Não garantida
Incentivo fiscal	Dedução de até 12% da renda tributável	Não há
Tributos (regra regressiva) De 35% (< 2 anos) a 10% (> 10 anos)	Sobre o total resgatado	Sobre o rendimento
Tributos (regra progressiva) De 0% (< R$ 22.847,76) a 27,5% (> R$ 55.976,16)	Compensável 15% de IR na fonte sobre o total resgatado	Compensável 15% de IR na fonte sobre o rendimento

Somando as características já vistas com o fato de que a otimização tributária para aqueles que apresentam a declaração de ajuste anual (IRPF) na forma completa tem como alternativa mais indicada a constituição via modalidade PGBL, enquanto o VGBL tende a ser mais eficiente para a declaração de ajuste anual na forma simplificada, pode-se ter uma bússola de quais aspectos considerar e debater no momento da implantação de uma estratégia complementar de previdência, uma vez que as avaliações devem ser absolutamente individualizadas, atendendo às características, necessidades e objetivos de cada indivíduo.

3. **Ativos imobiliários:** o aspecto a ser avaliado é quanto à eficiência ou não de constituir uma *holding* imobiliária[11,12] como veículo de comercialização de imóveis ou arrecadação de aluguéis gerados por imóveis em uma perspectiva que leva em consideração custos associados à constituição e manutenção de uma holding imobiliária e a consequente economia tributária frente à manutenção dos ativos sob titularidade de pessoa(s) física(s). Para a imensa maioria das situações, tem-se que a solução por meio de uma holding imobiliária não é viável, somente conferindo ganhos de eficiência para patrimônios imobiliários de grande monta e ainda assim cabendo uma ava-

11 Lei nº 6.404, de 15 de dezembro de 1976, e demais normas a ela associadas.

12 Também denominada *holding* patrimonial, trata-se de uma empresa cujo objetivo é, exclusivamente, administrar os ativos imobiliários, e sua constituição tem como origem a transferência dos bens dos indivíduos para essa empresa. Além da transferência dos ativos, faz-se necessário saber que o regime tributário desse veículo legal, muito utilizado para planejamento sucessório, não pode ser o Simples, e somente a opção entre lucro presumido e lucro real pode ser aplicada.

liação individualizada caso a caso. As fontes de economia são potencialmente originadas pela combinação de três elementos: redução da alíquota do IRPF de 27,5% para uma alíquota própria de IRPJ, quando se trata de recebimento de aluguéis, isenção de imposto na distribuição de lucros e isenção de ITBI para situações específicas. Dada a especificidade do tema, é recomendada a consulta a profissional especializado no tema.

4. **Investimentos no exterior:** vem se tornando uma alternativa cada vez mais democrática. Devem-se observar os aspectos das leis tributárias tanto no Brasil como no país onde o investimento está sendo realizado, um elemento adicional à avaliação criteriosa sobre os ativos financeiros (incluindo participação em empresas) e imobiliários e sua adequação à estratégia de planejamento financeiro, para que não ocorram a bitributação nem a ausência de declaração, tampouco de recolhimento de impostos devidos em nenhum dos países onde se está investindo. O primeiro elemento a ser avaliado é a existência ou não de tratados internacionais referentes aos aspectos tributários e os potenciais custos adicionais incorridos nessa estratégia. Além da diferença entre alíquotas, sendo a tributação de juros e dividendos recebidos uma das diferenças, deve-se se estar atento para o fato de que parte dos impostos pode ser devida no Brasil, e a parcela remanescente, no país onde o fato gerador ocorreu[13]. Assim como foi apresentado para as *holdings* imobiliárias – ou patrimoniais –, também é possível contar com estruturas de otimização tributária no exterior, denominadas PICs – *private investment companies* –, que apresentam custos superiores aos investimentos feitos sem o uso desse veículo *offshore*. A vantagem das PICs pode ser resumida por: diferimento da tributação (só ocorre quando seus resultados são distribuídos aos indivíduos que as detêm) e possibilidade de compensação de perdas (tributação sobre o resultado líquido). Também deve ser observada a necessidade de declarar para o Banco Central brasileiro e por meio da CBE – Capital Brasileiro no Exterior – montantes superiores a US$ 1 milhão alocados fora do Brasil e a importância de se consultar profissional especializado sobre o tema.

13 Como exemplo, tem-se a venda de um imóvel no exterior, sendo que o residente no Brasil será tributado entre 15,0% e 22,5% sobre o ganho de capital obtido. Se a origem dos recursos utilizados para a aquisição do imóvel foi o Brasil, tem-se o cálculo tributário realizado em reais (R$), e se foi com recursos que estavam no exterior, deverá ser calculado em dólares americanos (US$); contudo, se parte dos recursos teve origem no Brasil e parte no exterior, o cálculo deverá ser proporcional à origem dos recursos.

5. **Seguro de vida:** ainda que não seja um instrumento que tenha por objetivo a otimização tributária, como poderá ser mais bem compreendido no capítulo dedicado a seguros, este pode contribuir duplamente em uma situação de falta de um ente querido, uma vez que o valor recebido deve ser declarado na declaração de ajuste anual (IRPF) como rendimento isento. Além desse benefício de ser um rendimento isento, tais recursos poderão auxiliar no período de transição, utilizado tanto para o pagamento de despesas relacionadas ao processo de inventário como complemento de manutenção de padrão de vida por algum período. O exemplo a seguir auxilia no entendimento e relevância desse instrumento, partindo de três níveis de patrimônio diferentes:

	Manutenção familiar	ITCMD	Inventário	Total
Alíquota		2%-8% (estadual)	6% (referência)	
R$ 1 milhão	R$ 40 mil	R$ 50 mil	R$ 60 mil	R$ 150 mil
R$ 5 milhões	R$ 150 mil	R$ 250 mil	R$ 300 mil	R$ 700 mil
R$ 10 milhões	R$ 200 mil	R$ 500 mil	R$ 600 mil	R$ 1,3 milhão

A coluna total indica o valor mínimo estimado para lidar com cada um dos cenários patrimoniais, e são recursos transferidos ao benificiário de modo isento de impostos, ainda que obrigatoriamente declarados na declaração anual de ajuste.

Por meio do desenvolvimento desse item, foi possível despertar a atenção e sublinhar a relevância de incluir, de modo criterioso e detalhado, o perfil tributário dos instrumentos utilizados para a implementação do planejamento financeiro. Seja por uma perspectiva de ganho de eficiência na acumulação e distribuição de capital ou de evitar dissabores ao não observar as nuances tributárias e especificidades em cada um dos pilares comentados, considerar o impacto de impostos pode representar a diferença entre o sucesso e o fracasso na obtenção de objetivos. Vale reforçar que a presente abordagem não é exaustiva, sendo meramente um sumário de pontos para reflexão, e não substitui a consulta detalhada às normas tributárias, tampouco a orientação de um profissional especializado.

Análise e administração de riscos

Segundo o dicionário Michaelis, "risco" pode ser definido como a probabilidade de prejuízo ou de insucesso em determinado empreendimento, projeto, coisa etc., em razão de acontecimento incerto, que independe da vontade dos envolvidos. Tomando essa definição como ponto de partida, assumimos risco como qualquer incerteza, e se risco é incerteza somos remetidos ao anteriormente mencionado estudo estruturado pelo J.P. Morgan Asset Management, que indica a relevância de identificar aquilo sobre o qual se tem controle e o que não se tem controle, buscando otimizar os esforços. É possível extrapolar essa afirmação e sublinhar que mesmo o que se acredita ter controle apresenta um componente de incerteza. Ou seja, o risco é um atributo presente na vida, e é possível tomar atitudes para lidar com as incertezas.

Para melhor entendimento, chama-se novamente a atenção para os diagramas que simplificam as fases de acumulação e de distribuição. Desses diagramas, pode-se concluir que se tem maior previsibilidade sobre as despesas fixas, também denominadas como padrão de vida, uma vez que variam sob circunstâncias definidas ainda que não totalmente controláveis, pois estão sujeitas a oscilações relacionadas à inflação, por exemplo (o que é algo que não se tem controle); o mesmo se dá para os elementos de receitas, uma vez que, por mais que o indivíduo seja diligente e cuidadoso, pode-se receber um fluxo de aluguéis menor do que o esperado, devido à ocorrência de uma obra emergencial de infraestrutura ou até mesmo à movimentação profissional onde exista ganho financeiro em termos totais ao ano sob a ocorrência de uma remuneração mensal fixa menor. Ambos são exemplos que podem provocar a redução do excesso de poupança, fonte que alimentará a formação de objetivos ao longo do tempo.

Também se deve considerar que, mesmo que não se vivencie ocorrência de variações não favoráveis na capacidade de gerar excesso de poupança, poderão ocorrer eventos que não são controlados sobre os instrumentos e estratégias utilizadas para a construção do "eu do futuro". Um exemplo extremo de uma condição como essa foi a eclosão da pandemia de Covid-19, com impactos imediatos nos preços das ações e das taxas de juros; outro exemplo menos evidente pode ser uma mudança na política educacional, que vem a alterar o preço das universidades ou mesmo a revitalização de determinada região – urbana ou não – que provoca o aumento no preço dos imóveis. Todos esses exemplos não estão relacionados à nossa disciplina e capacidade de gerar excesso de poupança e acumular recursos, e sim à ocorrência de potenciais desvios favoráveis ou não favoráveis do tempo ou valor necessário – ou ambos – para concretizar os objetivos.

Contudo, é importante notar que não é necessário ter todas as respostas no início do processo de planejamento, assim como não é preciso manter as premissas e os objetivos fixos. Aliás, o processo de planejamento é, como mencionado anteriormente, uma abordagem dinâmica, que deve ser monitorada regularmente com o intuito de assegurar que o planejamento está sendo eficiente frente aos objetivos ou mesmo proceder a ajustes com origem em aspectos como alteração de metas ou das condições financeiras (ou ambas), assim como relativas a produtos mais adequados que os anteriormente utilizados, mudanças no ambiente econômico ou mesmo desalinhamento da forma de relacionamento e consequente substituição do profissional.

Uma vez que a importância da administração do fluxo de caixa foi apresentada, as nuances relacionadas aos principais elementos da análise do perfil tributário comentadas e o conceito de risco em sua forma mais ampla exemplificado, é momento de abordar as famílias de planejamento financeiro em si.

Planejamento e administração de investimentos

A abordagem deste item terá como foco os aspectos relacionados ao planejamento e à administração de investimentos em ativos financeiros, não só por ser em grande parte replicável para o planejamento de aposentadoria, como pelo fato de se ter um item específico sobre planejamento e administração de bens imóveis. Sendo assim, serão explorados os elementos relacionados à elaboração de um IPS, documento que estabelece, de forma clara e objetiva, itens como metas de investimentos, tolerância a risco, restrições de investimentos, sugestão inicial, critérios para a seleção dos ativos e o processo de revisão. No planejamento e na administração de investimentos, o foco é acumular capital suficiente para atingir o objetivo definido dentro do prazo estipulado.

Uma vez que o centro de todo o processo é o "eu de hoje" projetado, construindo o "eu do futuro" por meio do claro entendimento e registro padronizado das necessidades do indivíduo com os seus principais objetivos e os momentos no tempo em que tais objetivos devem se tornar realidade, toma-se como ponto de partida a análise do perfil do investidor (API[14]). Essa etapa deve ser encarada com muita seriedade, tanto pelo indivíduo que busca construir um plane-

14 Processo de coleta e análise de informações obrigatório no universo de investimentos financeiros no Brasil e que tem por alicerces a Resolução CVM 30/21 e o Código de Distribuição ANBIMA.

jamento financeiro, fazendo um exercício de reflexão comportamental o mais completo e coerente possível, como pelo planejador financeiro, clarificando e exemplificando cada elemento se necessário for, uma vez que não se trata de um mero questionário, e sim do alicerce sobre o qual serão construídas as alternativas para apresentação, debate e implementação. É nesse momento que são avaliados aspectos como tolerância e capacidade ao risco[15]; o horizonte de tempo para cada um dos objetivos, dado que esse vetor tem influência sobre tributação, liquidez e risco[16]; e eventuais restrições relativas ao uso de um ou mais ativos financeiros, por baixa familiaridade do investidor ou mesmo por aspectos filosóficos[17]. Tal avaliação, cuja metodologia pode variar de planejador para planejador mesmo que tenham a mesma atividade preponderante, conduz a um perfil com nível de risco máximo e objetivo de retorno a ele associados.

Nesse momento, já é possível realizar um importante exercício: validar se a capacidade de o objetivo de retorno, dentro da variabilidade apresentada pelo risco, conduz aos resultados esperados no tempo relacionado a cada necessidade e objetivo declarado naquele momento. Caso exista uma inadequação, uma revisão de objetivos e de capacidade de implementação deve ser feita[18].

Superada essa etapa inicial, devem ser observadas as boas práticas para a alocação de recursos em portfólios de investimentos e também de monitoramento de resultados e eventuais rebalanceamentos da estratégia, incluindo a substituição de produtos quando adequado, sempre mantendo em perspectiva as características do indivíduo para o qual o planejamento foi constituído.

Como sugestão, deve ser preservado ao máximo o conceito de diversificação. Dentro dessa abordagem, existe a identificação de potenciais riscos apresentados pelas classes de ativos financeiros, indo desde a exposição à taxa de juros pós-

---

15 Por tolerância ao risco, entendem-se aspectos comportamentais relacionados às reações individuais em ambientes de incerteza ou perdas financeiras; já a capacidade ao risco se relaciona a quanto pode ser suportado e/ou admitido de perda financeira.

16 Horizontes de tempo mais dilatados permitem, quando observados de forma isolada, exposição a maior nível de risco, uma vez que tende a existir tempo de recuperação a eventuais perdas. Também permite a utilização de instrumentos com menor liquidez – se não houver restrição a isso por parte do investidor.

17 Um exemplo clássico é a preferência do investidor por ativos emitidos por empresas com compromissos ESG, ou em fase de maturidade em seus negócios, ou ainda por setores econômicos específicos e geração recorrente de renda.

18 Pode existir a tentação de alterar o perfil (API) para adequá-lo aos objetivos quando há um descasamento entre ambos. Essa conduta não é uma boa prática, uma vez que tende a gerar insatisfação com o planejamento, ou por expor o indivíduo a estratégias não aderentes às suas características e a situações de maior risco que o devido ou por um menor retorno do que possível – essa última situação, ao apresentar alternativas mais conservadoras do que o indivíduo está apto a adotar.

-fixados (menor risco possível) até investimentos no exterior e também alternativos (maior risco), para que se tenha o máximo em termos de autocontrole de risco com a minimização das variações de uma classe de ativo por outra classe que carregue correlação baixa ou mesmo negativa. Também devem ser observados os aspectos de projeções de indicadores macroeconômicos e seus potenciais impactos em termos de retornos esperados, que têm origem em projeções. A combinação desses elementos levará a um portfólio teórico que apresentará o menor risco possível para dado nível de retorno. Somente após essa consideração, com ponto de partida o cenário esperado e seu comportamento, é que devem ser selecionados os instrumentos que poderão ser utilizados como estratégia de implementação em cada uma das classes de ativos; esses instrumentos, além de manter a aderência entre a sua filosofia para a geração de retornos e o cenário esperado, precisam respeitar as restrições impostas no IPS no que se refere a atributos de liquidez, tributação, conhecimento e filosofia do investidor, nível de risco tolerado[19], consistência de retornos e capacidade de superar os respectivos *benchmarks*. Dessa forma, e por consequência, também é necessário observar se tanto os instrumentos sugeridos para a implementação como o próprio portfólio têm capacidade de gerar retornos acima dos *benchmarks* e ajustado pelo risco, ou seja, avaliar o índice Sharpe[20] desses elementos.

Após a implementação, vem a etapa de monitoramento. Mais relevante do que debater a rentabilidade do último mês ou do último ano é entender se a estratégia implementada está alinhada com as perspectivas de ambiente macroeconômico e se o time de gestão responsável por essa estratégia se mostra robusto para lidar com os riscos e desafios que serão enfrentados na busca por retornos e eficiência na alocação de capital. A combinação entre as estratégias e instrumentos utilizados tende a trazer resultados de maior eficiência quando quem as selecionou e os gestores de cada uma delas atingiram seu objetivo: atuar de modo independente, transparente e diligente, na tentativa de auxiliar cada investidor, que confia no trabalho de cada um deles, a atingir seus objetivos.

19 Não é raro que instrumentos distintos de uma mesma classe de ativo apresentem níveis de risco diferentes, representado pelo risco de mercado medido pela volatilidade anualizada ou pelo risco de crédito. Ainda que o risco dominante seja o risco do portfólio sugerido, que tende a oferecer um patamar de risco inferior aos instrumentos isolados, é altamente recomendável que o risco dos instrumentos não seja distante do que o investidor pode suportar.

20 Desenvolvido pelo prêmio Nobel (1990) Willian F. Sharpe, esse índice expressa a relação entre risco e retorno do ativo e indica se o risco é adequadamente compensado pelo retorno. Quanto maior for esse índice, desde que positivo, mais eficiente será o instrumento.

Planejamento de aposentadoria

Similar ao que foi apresentado para o planejamento e a administração de investimentos, o planejamento de aposentadoria tem como diferenças o foco, direcionado para a geração de renda complementar à obtida por meio da previdência social gerida pelo governo na fase de distribuição, e os instrumentos utilizados, PGBL ou VGBL, já abordados em seus aspectos tributários e que serão explorados em profundidade no capítulo específico sobre previdência complementar. Outra diferença importante é que a análise do perfil do investidor (API) não é obrigatória, pela perspectiva de regulamentação local, para as estratégias relacionadas à previdência; contudo, como boa prática, é bastante positiva a utilização do mesmo perfil que foi obtido para a estratégia de investimentos com uma exposição a risco em alguma dimensão, a ser debatida e aprovada pelo indivíduo que busca tal estratégia, dado o horizonte de tempo geralmente mais dilatado do que a maior parte dos objetivos suportados por estratégias de investimentos não típicos para aposentadoria.

Um ponto de atenção para concluir este item: idealmente, esse planejamento deve ser constituído e revisado considerando sempre as duas macrofases do ciclo de vida – acumulação e distribuição. Quando se trata do período de acumulação, deve-se ter em perspectiva a necessidade de acumulação de capital até uma data-alvo, data essa em que duas mudanças acontecerão: as contribuições para a obtenção desse objetivo, sejam elas eventuais ou recorrentes, cessarão, e o volume acumulado será exposto a uma estratégia conservadora, cujo objetivo é assegurar a manutenção do poder de compra ao longo do tempo ao atualizar o volume financeiro por índice de inflação ou taxa próxima a ele, e passará a ser consumido ao longo de um horizonte de tempo previamente estabelecido e que poderá tomar como ponto de partida a idade planejada para o final da fase de acumulação e a expectativa de vida média do brasileiro, hoje de 72,7 anos para homens e 79,3 anos para a população feminina, segundo o IBGE – sem desprezar uma margem de segurança relacionada a fatores como diferenças regionais (estados do Centro-Sul do Brasil apresentam expectativa de vida maior do que os estados das regiões Norte e Nordeste) e genéticos (avaliar se o indivíduo pertence a famílias mais longevas).

Planejamento e administração de bens imóveis

Esse é um tema a ser abordado com mais detalhes no capítulo sobre planejamento sucessório e tributário, assim só foi relembrado o que foi tratado no item específico em análise do perfil tributário. Trata-se de uma abordagem na qual se deve avaliar a eficiência ou não de constituir uma *holding* imobiliária como veículo de comercialização de imóveis ou arrecadação de aluguéis gerados por imóveis em uma perspectiva que leva em consideração custos associados à constituição e manutenção de uma *holding* imobiliária e à consequente economia tributária frente à manutenção dos ativos sob titularidade da(s) pessoa(s) física(s). Dada a especificidade do tema, recomenda-se consulta a profissional especializado no tema.

Planejamento de sucessão

Devido à sua especificidade, será abordado em capítulo específico, mas aqui fica o destaque sobre a importância do planejamento de sucessão como prática altamente recomendada para a redução de custos envolvidos com a transferência de patrimônio, assim como evitar algum conflito familiar e preservação de patrimônio.

CONSIDERAÇÕES FINAIS

O processo de planejamento financeiro, uma jornada que conduz o "eu de hoje" para o "eu do futuro" por meio da clara identificação de necessidades, prioridades, objetivos e desejos, é sustentado por um arcabouço multidisciplinar e boas práticas aplicadas por profissionais do sistema de distribuição de produtos e serviços de gestão de patrimônio. Sempre mantendo o indivíduo no centro, exige disciplina e revisões constantes, uma vez que são vários os tipos de incertezas envolvidas ao buscar resultados ao longo do tempo.

Sendo um processo artesanal, obriga os envolvidos a se manterem alertas para comunicar de modo tempestivo divergências nas condições que envolvem o planejamento em si e as estratégias específicas. A subjetividade deve ser, dentro dos melhores esforços, convertida em dados ou resultados de metodologias; surpresas precisam ser evitadas por todos os envolvidos, e temas mais específicos necessitam de profissionais especializados.

O planejamento financeiro deve ser visto como um benefício, ao otimizar esforços e resultados ao longo do tempo, exigindo disciplina na fase de acumulação e proporcionando tranquilidade na fase de distribuição – que também deve se dar de modo disciplinado. Em caso de desconforto, este deve ser expresso; em caso de dúvida, reflexão e uma segunda opinião devem ser exercitadas; em caso de não conformidade, revisão e mudanças devem ser conduzidas.

Essa jornada tem impacto na vida de indivíduos e com tal seriedade e responsabilidade deve ser conduzida. Erros de avaliação podem acontecer, fazem parte do processo de tomada de decisão, mas deve-se assegurar que há e sempre haverá transparência, diligência e simetria de benefícios entre o indivíduo – o "eu" – e o planejador financeiro.

RESUMO

Ao longo deste capítulo, foram abordados os elementos centrais envolvidos no planejamento financeiro pessoal. Quando se aborda a importância do planejamento financeiro pessoal, destaca-se como é significativo o universo de indivíduos que, muito provavelmente, estão utilizando de forma ineficiente o capital que têm disponível e o quanto profissionais qualificados podem ser de extrema utilidade para a formatação, implementação e execução de planejamentos que podem ir da equalização de receitas e despesas até responsabilidades mais complexas e que envolvem economias fiscais e estruturas responsáveis por tornar a sucessão menos onerosa e mais harmônica.

Sabendo disso, o convite para se olhar no espelho aponta a necessidade de autoconhecimento, uma vez que se terá de assumir compromissos absolutamente individuais e intransferíveis com o futuro. Para tanto, foram apresentadas a importância de se direcionar esforços maiores ao que cada um de nós pode controlar, assim como a padronização das necessidades típicas que são universais, ou seja, comuns a todos os indivíduos – ainda que variando em relevância, importância e tempo.

Uma vez consolidados esses conceitos, demonstra-se como disciplina e tempo são os maiores aliados quando se persegue um objetivo, e isso se dá pelo fato de diminuir o esforço necessário para atingir o que se busca, assim como a importância de se considerar os impactos tributários e também da inflação sobre o resultado efetivo das estratégias implementadas.

Finalmente, foram abordadas, de forma completa, mas não exaustiva, as etapas que envolvem o processo completo de planejamento financeiro e suas diferentes vertentes de implementação, de acordo com o tipo de macroestratégia que será utilizada.

QUESTÕES PARA REFLEXÃO

1. Qual a sua atitude perante incertezas?

2. Como você reage frente a perdas?
3. Qual sua experiência como investidor?
4. Você possui disciplina e automotivação?
5. Alguma vez procurou o auxílio de um planejador profissional?
6. Qual tipo de profissional está mais próximo de atender suas necessidades atuais?
7. Você já mapeou quais são os fatores sobre os quais tem controle total, parcial ou nenhum controle?
8. Já tem um orçamento estruturado com clareza entre receitas, despesas, quais são os componentes fixos e aqueles que podem variar?
9. Qual é o resultado mensal do seu orçamento? Gera excedente?
10. Quais são suas necessidades, desejos, objetivos e prioridades?
11. Possui uma reserva financeira para arcar com ao menos 6 meses de seus custos fixos?
12. Como está alocada a sua reserva financeira, em instrumentos que apresentam componentes de risco?
13. Você utiliza crédito como forma de gestão orçamentária ou para crescer seu patrimônio?
14. Utiliza declaração de ajuste anual (IRPF) no modelo completo ou simplificado?
15. Sua(s) fonte(s) de renda tem(têm) o regime CLT como principal contribuidor?
16. Já sabe em qual data pretende alterar sua rotina de vida para desfrutar mais o tempo com família e amigos?
17. Tem clareza de quanto precisará para se manter na fase de "aposentadoria"?
18. Como está com as despesas de educação de seus filhos e filhas?
19. Você toma as suas decisões pensando em eficiência de capital e de impostos?
20. Em quanto tempo consegue converter seu patrimônio em dinheiro na conta corrente?
21. Possui capacidade de geração de renda recorrente sem ser por meio de salário ou rendimento fruto de trabalho?
22. Já pensou como sua família atravessará o período de transição de patrimônio quando você faltar?

REFERÊNCIAS

ANBIMA. Distribuição. [acesso em setembro de 2024]. Disponível em: https://www.anbima.com.br/pt_br/autorregular/codigos/distribuicao-de-produtos-de-investimento.htm

Bradesco Seguros. Imposto de Renda 2021: quando é necessário declarar o Seguro de Vida?. [acesso em setembro de 2024]. Disponível em: https://www.bradescoseguros.com.br/clientes/

noticias/noticia/imposto-de-renda-2021-quando-e-necessario-declarar-o-seguro-de-vida#:~:-text=O%20valor%20pago%20%C3%A0%20seguradora,como%20as%20indeniza%C3%A7%-C3%B5es%2C%20quando%20recebidas%20.

Brasil. Comissão de Valores Mobiliários. Instrução CVM 30. Dispõe sobre o dever de verificação da adequação dos produtos, serviços e operações ao perfil do cliente e revoga a Instrução CVM 539, de 13 de novembro de 2013. Brasília, DF: DOU; 2021.

Brasil. Comissão de Valores Mobiliários. Instrução CVM 175. Dispõe sobre a constituição, o funcionamento e a divulgação de informações dos fundos de investimento, bem como sobre a prestação de serviços para os fundos, e revoga as normas que especifica. Brasília, DF: DOU; 2022 e 2023.

Brasil. IN RFB nº 1585, de 31 de agosto de 2015. Dispõe sobre o imposto sobre a renda incidente sobre os rendimentos e ganhos líquidos auferidos nos mercados financeiro e de capitais. 2015.

Brasil. Presidência da República. Casa Civil. Lei nº 8.137, de 27 de dezembro de 1990. Define crimes contra a ordem tributária, econômica e contra as relações de consumo, e dá outras providências. 1990.

Brasil. Presidência da República. Casa Civil. Lei nº 11.053, de 29 de dezembro de 2004. Dispõe sobre a tributação dos planos de benefícios de caráter previdenciário e dá outras providências. Brasília, DF: DOU; 2024.

Câmara dos Deputados. lei-6404-15-dezembro-1976-368447-normaatualizada-pl.pdf

CFA Institute. Standards of Practice Handbook. 11. ed. Charlottesville: CFA Institute; 2014.

Chambers DR, Anson MJ, Black KH, Kazemi H. Alternative Investments – CAIA Level II. 2. ed. John Wiley & Sons Inc.; 2012.

Como funciona a tributação de PGBL progressivo? Planejar. [acesso em setembro de 2024]. Disponível em: https://planejar.org.br/como-funciona-a-tributacao-de-pgbl-progressivo/

Elton EJ, Gruber MJ, Brown SJ, Goetzmann WN. Modern Portfolio Theory and Investment Analysis. 6. ed. John Wiley & Sons Inc.; 2003.

Elton EJ, Gruber MJ, Modern Portfolio Theory and Investment Analysis. 5. ed. John Wiley & Sons Inc.; 1995.

Financial Education Center Page - Citi.com (referência à versão de 2005).

Herrnstein R. Relative and absolute strengths of response as a function of frequency of reinforcement. J Exp Anal Behav. 1961;4(3):267-72.

J.P. Morgan Asset Management. Principles for a Successful Retirement. 2024.

Kahneman D, Tversky A. Prospect Theory: An Analysis of Decision under Risk. Econometrica. 1979;47:263-91.

Material Oficial de Estudo para o Exame CFP® no Brasil: Planejamento Financeiro. Volume I. 2. ed. Planejar, Practa; 2020.

Material Oficial de Estudo para o Exame CFP® no Brasil: Planejamento Fiscal. Volume V. 2. ed. Planejar, Practa; 2020.

Material Oficial de Estudo para o Exame CFP® no Brasil: Planejamento Sucessório. Volume VI. 2. ed. Planejar, Practa; 2020.

Pantaroto L. Tributação de investimentos no exterior. Planejar. [acesso em setembro de 2024]. Disponível em: https://planejar.org.br/revista/tributacao-de-investimentos-no-exterior/Planejar. Planejamento Financeiro e Suas Modalidades. Regulatório, Tributação & Empresarial.

Thaler R. Some Empirical Evidence on Dynamic Inconsistency. Econ Lett. 1981;8(3):201-7.

CAPÍTULO 2

Certificação profissional no Brasil e no mundo

Douglas Custódio
Filipe Rodrigues

Neste capítulo, são apresentadas as certificações profissionais do mercado financeiro desenvolvidas no Brasil e em algumas partes do mundo.

INTRODUÇÃO

O desenvolvimento das certificações no Brasil se deu concomitantemente com a articulação dos órgãos reguladores para estabelecer normas sobre esse tipo de qualificação. No Brasil, o Conselho Monetário Nacional (CMN), por meio da Resolução nº 4.984, de 17 de fevereiro de 2022, instituiu um processo de aferição do conhecimento dos principais aspectos relacionados à distribuição de produtos de investimento. De acordo com a resolução, as atividades de distribuição e mediação de títulos, valores mobiliários e derivativos, devem ser certificadas por entidade de reconhecida capacidade técnica.

De acordo com a 7ª edição do *Raio X do Investidor Brasileiro*, de abril de 2024, realizada pela Associação Brasileira das Entidades dos Mercados Financeiro e de Capitais (ANBIMA), com dados coletados por meio de 5.814 entrevistas abrangendo as cinco regiões do Brasil, a pesquisa mostra que o desconhecimento das soluções financeiras disponíveis no mercado para investimentos ainda é grande. A exemplo, a pesquisa revela que 64% dos brasileiros são considerados "não investidores", apresentando uma estabilidade ante o ano de 2022. Ainda segundo o levantamento, a maior parte das classes D e E não guarda dinheiro de forma alguma. Nessa mesma faixa da população, 33% declararam não terem começado e não terem prensão de começar a fazer nenhum tipo de reserva.

Outro importante levantamento apontado pela pesquisa é que os meios mais utilizados pelos "não investidores" na busca por informações sobre como investir são: a) gerentes do banco; b) amigos e parentes; c) sites de notícias; e d) aplicativos e *sites* de bancos/corretoras.

Os dados da pesquisa *Raio X* são de extrema relevância para indivíduos que buscam capacitação por meio de certificações profissionais. Isso porque a pesquisa revela um nível de desconhecimento considerável dentro da população quando o tema é investimento. Ao mesmo tempo, evidencia que o público investidor atribui grande importância à opinião e orientação de profissionais do mercado financeiro.

As certificações profissionais validam e reconhecem o conhecimento específico em determinada área, atestando um conjunto de habilidades e *expertise*. Elas foram concebidas para elevar o nível de competência dos profissionais atuantes nos mercados financeiros e de capitais em relação aos produtos de investimento.

Pela ótica das instituições financeiras, os profissionais certificados possuem o conhecimento mínimo necessário para desempenhar atividades específicas dentro do mercado financeiro. Essas certificações agregam valor ao currículo dos profissionais, ampliando suas chances de empregabilidade. Dado que algumas dessas certificações são pré-requisitos ou até mesmo obrigatórias, um profissional já certificado pode assumir imediatamente uma vaga ou atividade para a qual está certificado.

ENTENDENDO ALGUMAS CERTIFICAÇÕES DISPONÍVEIS NO MERCADO FINANCEIRO

Para quem pretende seguir carreira no mercado financeiro, uma boa dica é: certificar-se por uma das inúmeras certificações que existem no mercado brasileiro e internacional. Mas como escolher entre elas? Quais são as diferenças de cada certificação existente?

Algumas das certificações existentes no mercado atual.

POR DENTRO DAS CERTIFICAÇÕES DO MERCADO FINANCEIRO BRASILEIRO

As certificações profissionais são uma ferramenta importante tanto para os profissionais quanto para as instituições nos diversos mercados e países em que são utilizadas. Elas desempenham vários papéis, são utilizadas para avaliar, atestar e selecionar profissionais com base em seus conhecimentos e competências.

Programas de certificação têm o objetivo de estimular o conhecimento sobre produtos financeiros, promover boas práticas e estabelecer padrões éticos entre os profissionais. Ao fornecer uma validação formal das habilidades e conhecimentos de um profissional, as certificações ajudam a garantir a qualidade do serviço prestado aos clientes.

No Brasil, os órgãos reguladores e autorreguladores estão preocupados com a qualidade da informação fornecida por esses profissionais durante o contato com seus clientes. Por essa razão, a indústria financeira adota diversas certificações para garantir que os profissionais estejam bem-preparados, atualizados e aderentes aos padrões éticos e regulatórios.

Existem algumas agências certificadoras no mercado financeiro brasileiro, cada qual com seu próprio conjunto de certificações que abrangem diferentes áreas e níveis de especialização. Essas certificações ajudam a estabelecer uma base sólida de conhecimento e competências nos profissionais que atuam nesse setor, contribuindo para a integridade e confiança no mercado financeiro.

ABECIP

A Associação Brasileira das Entidades de Crédito Imobiliário e Poupança (ABECIP) foi constituída no I Encontro Nacional das Empresas de Crédito Imobiliário e Poupança, realizado em São Paulo, no ano de 1967, ao qual compareceram representantes de 34 companhias. A criação da entidade foi o ponto alto do encontro, no qual estiveram presentes pioneiros do financiamento imobiliário no Brasil, sócios e diretores das Sociedades de Crédito Imobiliário (SCIs) e das Associações de Poupança e Empréstimo (APEs), advogados, incorporadores e corretores de imóveis.

O propósito dos fundadores, seguido até hoje pela atual administração, foi desempenhar um papel decisivo na estruturação do crédito imobiliário do país, como sempre ocorreu nas mais de quatro décadas da vida da entidade. O objetivo da associação é oferecer contribuição para moldar a arquitetura institucional do crédito imobiliário, cumprindo papel protagonista no processo.

A ABECIP atualmente oferece três programas de certificação: CA-300, CA-400 e CA-600. Esses programas são destinados a profissionais que trabalham em instituições financeiras, especificamente envolvidos no crédito imobiliário e na estruturação de operações financeiras lastreadas em imóveis. Além de promover a melhoria da qualidade das informações repassadas ao consumidor e demais públicos, os programas pretendem reconhecer a capacidade técnica e experiência do correspondente de crédito imobiliário, incentivar sua atualização, dar maior credibilidade nos serviços prestados para os associados, elevar os padrões de conduta ética e fortalecer o mercado de crédito imobiliário.

A Certificação ABECIP Série CA-300 tem como objetivo atender à Resolução CMN nº 4.935, de 29 de julho de 2021, e promover o aperfeiçoamento dos profissionais que atuam como correspondentes no país, vinculados ou não a uma instituição associada à ABECIP e voltados para a comercialização de produtos de crédito imobiliário. Destaca-se que a CA-300 também está aberta aos universitários, bem como a demais interessados na certificação profissional.

A CA-400 visa a promover o aperfeiçoamento dos profissionais que atuam no atendimento de crédito imobiliário nas agências bancárias e plataformas de atendimento, bem como outros profissionais que buscam qualificação nesse segmento. Destina-se a profissionais empregados de instituições financeiras que atuam na originação e atendimento aos clientes em operações de crédito imobiliário nas agências bancárias e plataformas de atendimento.

A CA-600 tem como principal objetivo promover o aperfeiçoamento dos profissionais que atuam no crédito imobiliário e na estruturação de operações financeiras com lastro em imóveis, bem como outros profissionais que buscam qualificação nesse segmento. É obrigatória para os profissionais que tenham contato com clientes e que atuem exclusivamente na comercialização de produtos de crédito imobiliário, de acordo com o Normativo do Sistema de Autorregulação Bancária da Federação Brasileira de Bancos (FEBRABAN) nº 009/2013.

ANBIMA

A ANBIMA representa um grande número de instituições, como bancos, gestoras, corretoras, distribuidoras e administradoras. Seu modelo de atuação está estruturado em torno de quatro compromissos principais: representar, autorregular, informar e educar. No âmbito da educação, as ações da ANBIMA se desdobram em direções:

- **Capacitação dos profissionais por meio de certificações:** através de programas de certificação, a ANBIMA oferece oportunidades para profissionais do mercado financeiro adquirirem conhecimento especializado e obterem certificações reconhecidas, validando suas habilidades e competências em áreas específicas do mercado financeiro.
- **Qualificação dos profissionais certificados por meio de educação continuada:** além das certificações, a ANBIMA promove a educação continuada, proporcionando oportunidades para que os profissionais certificados se mantenham atualizados, aprimorem suas habilidades e permaneçam alinhados com as tendências e mudanças que estão ocorrendo no mercado financeiro.
- **Disseminação de conteúdo sobre educação financeira:** a ANBIMA desempenha um papel ativo na divulgação de conteúdos e informações relacionadas à educação financeira para o público em geral, com o intuito de aumentar a conscientização e o conhecimento pela sociedade.

A ANBIMA estabeleceu um processo de certificação e desenvolveu uma área dedicada à educação continuada, oferecendo cursos *online* para capacitar e qualificar os profissionais do mercado financeiro.

Devido às regulamentações em vigor, diversas instituições desenvolveram exames de certificação. A ANBIMA se estabeleceu como uma das principais certificadoras do mercado financeiro, considerada uma referência no cenário brasileiro. Já são mais de 20 anos que a ANBIMA vem aplicando exames de certificação profissional.

A primeira prova de certificação qualificada pela ANBIMA foi realizada em 24 de novembro de 2002. Esses exames foram inspirados nos testes elaborados pela Financial Industry Regulatory Authority (FINRA), órgão regulador do mercado financeiro nos Estados Unidos.

A CPA-20, antes denominada Certificação Qualificada, foi a primeira prova de certificação, e a CPA-10, antes conhecida como Certificação Básica, foi a segunda. Ambas sofreram mudanças de nomenclatura a partir dos exames realizados em março de 2004. Essa alteração foi motivada pelo entendimento de que o termo "básica" não transmitia a ideia de diferentes níveis, percepção que a ANBIMA desejava associar aos seus exames.

A Certificação Profissional ANBIMA – Série 10 (CPA-10) é destinada à certificação de profissionais que trabalham na prospecção ou distribuição direta de produtos de investimento ao público, em agências bancárias ou plataformas de atendimento. Muitos jovens utilizam essa certificação como porta de entrada para o mercado financeiro.

A Certificação Profissional ANBIMA – Série 20 (CPA-20) certifica profissionais que trabalham na comercialização de produtos de investimento ou na gestão de carteiras nos setores de varejo de alta renda, *private banking, corporate* e investidores institucionais. Esses profissionais atuam em agências bancárias ou plataformas de atendimento.

Em 2009, a ANBIMA lançou a Certificação de Especialista em Investimentos, inicialmente denominada CEI. Um ano após seu lançamento, a sigla da prova foi alterada para CEA, visando à harmonização com as abreviações das demais certificações. A CEA certifica profissionais responsáveis por assessorar gerentes de contas de investidores individuais em relação a produtos de investimento. A partir de 1º de janeiro de 2016, tornou-se obrigatória.

Atualmente, a CEA é reconhecida pela Comissão de Valores Mobiliários (CVM) para a concessão do registro de consultor de valores mobiliários. Essa determinação está contida na Resolução CVM nº 19, que especifica quais exames comprovam a qualificação técnica necessária para os consultores.

Entretanto, com o compromisso contínuo de impulsionar a qualificação dos profissionais do mercado financeiro, a ANBIMA iniciou no ano de 2022 um processo de revisão da CPA-10, CPA-20 e CEA. Isso irá resultar no lançamento de novas certificações que passarão a estar disponíveis no mercado a partir de 2026.

A nova proposta é que as certificações de distribuição passem a ser concedidas conforme as atividades dos profissionais, e não mais com base em instituições, cargos ou segmentos de clientes atendidos, como acontece hoje com a CPA-10, CPA-20 e CEA.

Essa novidade partiu das demandas de um mercado financeiro em constante evolução, além de alinhar as certificações de distribuição às melhores práticas internacionais.

Na nova estrutura, cada certificação será voltada a realização de atividades específicas, que vão desde o fornecimento de informações básicas sobre produtos e serviços financeiros para os clientes até a criação de portfólios de investimentos.

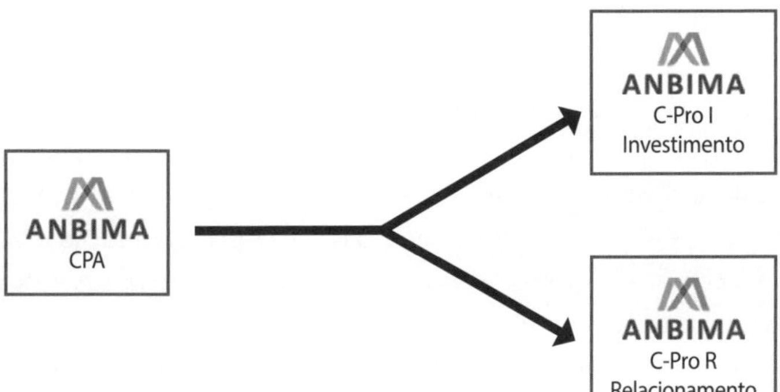

Fonte: ANBIMA

- **Certificado Profissional ANBIMA (CPA):** Essa certificação é o ponto de partida para quem deseja iniciar sua carreira na área de distribuição de produtos de investimento.
  É ideal para pessoas que buscam uma compreensão básica sobre os tipos de investimentos disponíveis e outros produtos do mercado financeiro e desejam atuar em funções comerciais, como prospecção de clientes, atendimento e suporte.
- **Certificado Profissional ANBIMA de Investimento (C-PRO I):** Essa certificação é destinada a profissionais com perfil mais técnico, que necessitam de um entendimento aprofundado sobre as estruturas dos produtos de investimento para a elaboração de carteiras recomendadas. As pessoas com essa certificação devem ter uma visão técnica detalhada, essencial para o assessoramento em investimentos dos profissionais CPA e C-Pro R. Para obter essa certificação é preciso ter obrigatoriamente a CPA.

- **Certificado Profissional ANBIMA Relacionamento (C-PRO R):** Essa certificação é voltada para profissionais com perfil comercial com conhecimento aprofundado sobre a adequabilidade dos diferentes produtos de investimento disponíveis *versus* as necessidades dos investidores, dado o seu perfil.
  Com essa certificação, a pessoa estará apta a compreender profundamente as necessidades do cliente, realizar análises de perfil de investidor e recomendar um portfólio detalhado dos produtos de investimentos disponíveis, incluindo a apresentação dos seus riscos. Para obter essa certificação é preciso ter obrigatoriamente a CPA.

No ano de 2009, com o objetivo de atender às demandas dos gestores de recursos de terceiros, foi criada a Certificação de Gestores ANBIMA (CGA).

A CVM aceita a CGA como uma das certificações válidas para um profissional pedir registro de autorização como administrador de carteiras de valores mobiliários. A norma foi instituída em janeiro de 2016 pela antiga Deliberação 740, que veio a ser revogada em fevereiro de 2021 pela Resolução CVM nº 21.

A CGA certifica os profissionais que atuam na gestão de recursos de terceiros, com poder para tomar decisões de investimento. A atividade de gestão pode ser realizada por meio de veículos coletivos de investimento, como fundos e clubes de investimento, ou individualmente, via carteiras administradas.

Em 2019, foi iniciado um projeto para revisão da CGA com o objetivo de torná-la mais aderente às novas responsabilidades dos gestores. Como resultado, foi criada uma estrutura composta por três certificações complementares que propõem uma qualificação de acordo com as atividades específicas desempenhadas pelo gestor. As novas certificações ANBIMA para gestão de recursos são: CFG, CGA e CGE.

- **Certificação ANBIMA de Fundamentos em Gestão (CFG):** certificação para quem busca diferenciação profissional para iniciar ou acelerar a carreira no mercado de gestão de recursos. Não é obrigatória para nenhuma função específica nem habilita o profissional para ser gestor, mas é pré-requisito para se certificar na CGA ou CGE.
- **Certificação de Gestores ANBIMA (CGA):** passou a designar os profissionais que fazem gestão de fundos de renda fixa, ações, multimercados e cambiais. O nome foi mantido em razão da relevância que a certificação já tinha no mercado.

- **Certificação de Gestores ANBIMA para Fundos Estruturados (CGE):** habilita profissionais a serem gestores de fundos imobiliários (FII), fundos de investimento em participações (FIP) e fundos de investimento em direitos creditórios (FIDC), também conhecidos como fundos estruturados.

De acordo com dados fornecidos pela ANBIMA e apresentados na Tabela 1, atualmente há cerca de 510 mil certificações válidas, contando todas as seis certificações: CPA-10, CPA-20, CEA, CFG, CGA e CGE.

TABELA 1 Número de certificações ANBIMA válidas

Certificação	Número de certificações válidas
CPA-10	528.672
CPA-20	279.117
CEA	47.613
CFG	8.377
CGA	7.044
CGE	5.988

Destaque-se que todas as certificações precisam ser periodicamente atualizadas para manterem a sua validade. Cada certificação possui suas próprias regras de atualização, começando a contar a partir da data em que o profissional obteve a certificação inicial. O prazo para cada atualização varia dependendo se o profissional está ou não vinculado a alguma instituição participante da ANBIMA. A atualização das certificações geralmente é alcançada por meio de cursos que seguem as regulamentações do Banco Central do Brasil e as diretrizes de autorregulação da ANBIMA. Ao participar desses cursos, a validade do certificado é atualizada sem a necessidade de realizar um novo exame, desde que o profissional inicie e conclua o curso dentro do prazo de validade de sua certificação e seja aprovado ao final do curso.

Essas atualizações têm o propósito de garantir que os profissionais mantenham seus conhecimentos atualizados com as práticas mais recentes e as mudanças regulatórias no campo específico em que estão certificados, contribuindo para a melhoria contínua da qualidade dos serviços prestados no mercado financeiro.

ANCORD

A Associação Nacional das Corretoras e Distribuidoras de Títulos e Valores Mobiliários, Câmbio e Mercadorias (ANCORD) reúne e representa corretoras e distribuidoras de valores mobiliários, corretoras de câmbio, bancos, *assets* e outras instituições financeiras, além dos assessores de investimento (AI), pessoas físicas e jurídicas.

Destaca-se que a ANCORD é a única entidade autorizada pela CVM a credenciar e certificar os AI, antes conhecidos como agentes autônomos de investimento (AAI). A Resolução CVM nº 178, de 14 de fevereiro de 2023, dispõe sobre a atividade dos AI. De acordo com a referida resolução, o AI é a pessoa natural registrada na forma dessa resolução para realizar, sob a responsabilidade e como preposto de instituição integrante do sistema de distribuição de valores mobiliários, as atividades de:

i. Prospecção e captação de clientes;
ii. Recepção e registro de ordens e transmissão dessas ordens para os sistemas de negociação ou de registro cabíveis, na forma da regulamentação em vigor;
iii. Prestação de informações sobre os produtos oferecidos e sobre os serviços prestados pela instituição integrante do sistema de distribuição de valores mobiliários pela qual tenha sido contratado.

O AI atua sem exclusividade em corretoras de valores ou em escritório especializado ligado a uma instituição, tem relacionamento com os clientes investidores e tira dúvidas sobre investimentos.

O prazo de validade do exame técnico de certificação para obtenção do credenciamento junto à ANCORD e consequente registro perante a CVM para o exercício da atividade é de 1 ano, contado a partir da data de divulgação do resultado do exame, ou, se no ato da solicitação de certificação o candidato optar por aderir ao Programa de Educação Continuada (PEC), cumprindo todos os requisitos do regulamento do programa, o vencimento da certificação será de 5 anos, então o candidato poderá solicitar o credenciamento até o encerramento desse prazo.

APIMEC

A Associação dos Analistas e Profissionais de Investimentos do Mercado de Capitais (APIMEC) assumiu, a partir de 1º de outubro de 2010, o *status* de autorreguladora da atividade de analista de valores mobiliários por autorização da CVM. A Resolução CVM nº 20, de 25 de fevereiro de 2021, revogou a Instrução CVM nº 598/2018 e é a norma que atualmente regula a atividade de analista de valores mobiliários.

A APIMEC é uma entidade de pessoas físicas, com fins técnicos, culturais e não lucrativos. Completou 53 anos, sendo uma das mais longevas e relevantes entidades do mercado, promovendo eventos técnicos e educacionais. Desde 2010, responde também pela atividade de autorregulação do analista de valores mobiliários. Entre associados e analistas credenciados e certificados, possui, aproximadamente, 7.200 profissionais de investimento, distribuídos em todo o território nacional.

O Certificado Nacional do Profissional de Investimentos é uma certificação para quem quer exercer a profissão de analista de valores mobiliários. A certificação está dividida em três categorias: CNPI para o analista fundamentalista, CNPI-T para o analista técnico e CNPI-P para o analista pleno (fundamentalista e técnico).

De acordo com a APIMEC, o programa de Certificação da APIMEC qualifica profissionais de investimentos para os mercados financeiro e de capitais no Brasil. A partir dessa certificação, o profissional pode atuar em diferentes áreas. São elas:

- Administração de recursos.
- Consultoria.
- Análise e pesquisa financeira.
- *Investment banking.*
- Finanças corporativas.
- Administração de riquezas.
- Relações com investidores.
- Vendas e operações nos mercados financeiro e de capitais.

B3

A B3 é uma sociedade de capital aberto com atuação em ambiente de bolsa e de balcão, ou seja, é a bolsa de valores brasileira. A B3 desenvolveu o Programa de Qualificação Operacional (PQO), que tem como objetivo atestar o conhecimento dos profissionais que atuam em diversas áreas nos mercados administrados pela B3. Além disso, visa estabelecer um processo contínuo de atualização de conhecimento desses profissionais, a fim de manter o elevado padrão de qualidade operacional na indústria de intermediação. A escolha da certificação deve ser baseada na área de conhecimento e nas atividades desempenhadas pelo profissional nos participantes de mercado. Qualquer profissional ou interessado pode obter certificações do PQO, independentemente de vínculo com um participante da B3. A certificação é aplicada pela ANCORD. São áreas passíveis de certificação: Operações, *Compliance*, Risco, Comercial, *Back office*, Liquidação, Custódia e Cadastro.

- **Operações:** aplica-se aos profissionais que atuam na intermediação de operações de títulos e valores mobiliários nos respectivos ambientes da B3.
- ***Compliance:*** aplica-se aos profissionais que realizam atividades de controles internos e de supervisão dos processos para cumprimento da legislação e da regulamentação em vigor aplicáveis ao participante.
- **Risco:** aplica-se aos profissionais que realizam atividades operacionais de monitoramento do risco nas operações realizadas nos ambientes da B3.
- **Comercial:** aplica-se aos profissionais que realizam a distribuição dos produtos negociados e registrados nos mercados administrados pela B3 e por atividades de prospecção e captação de clientes.
- ***Back office:*** aplica-se aos profissionais que realizam atividades relativas à liquidação, custódia e cadastro de clientes para as operações realizadas nos respectivos ambientes da B3.
- **Liquidação:** aplica-se aos profissionais de *back office* que realizam apenas atividades relativas à liquidação das operações realizadas nos respectivos ambientes da B3.
- **Custódia:** aplica-se aos profissionais de *back office* que realizam apenas atividades relativas à custódia nos respectivos sistemas da B3.
- **Cadastro:** aplica-se aos profissionais responsáveis por procedimentos de cadastro de clientes do participante.

IBGC

Fundado em 27 de novembro de 1995, o Instituto Brasileiro de Governança Corporativa (IBGC) é a maior referência no Brasil e uma das principais no mundo em governança corporativa. Seu objetivo é gerar e disseminar conhecimento em governança corporativa e influenciar os mais diversos agentes na adoção das melhores práticas, contribuindo para o desempenho sustentável das organizações e, consequentemente, para uma sociedade melhor.

O IBGC, considerado um *think tank* da governança corporativa, é uma rede colaborativa de ideias dedicada a explorar temas e questões importantes sobre governança e que impactam positivamente a sociedade. Nasceu como Instituto Brasileiro de Conselhos de Administração (IBCA), e, com o passar do tempo, as preocupações da governança corporativa se ampliaram para questões de propriedade, diretoria, conselho fiscal e auditoria independente, entre outros. Para refletir essa evolução, em 1999 a nomenclatura mudou para Instituto Brasileiro de Governança Corporativa. O IBGC possui um programa de certificação com três modalidades:

- Certificação para conselheiro de administração.
- Certificação para conselheiro fiscal.
- Certificação para membro de comitê de auditoria.

A certificação para conselheiro de administração é segmentada em duas certificações:

- **Certificação para conselheiro de administração (CCA IBGC):** destinada para profissionais que atuam ou atuaram em posições executivas relevantes e estão plenamente aptos a assumir posições em conselhos de administração, ou que estão iniciando sua atuação em conselhos.
- **Certificação para conselheiro de administração experiente IBGC (CCA+ IBGC):** destinada para profissionais que exercem ou já exerceram mandatos como conselheiros de administração por pelo menos 4 anos em empresas com faturamento acima de R$ 300 milhões.

A Certificação para conselheiro fiscal (CCF IBGC) destina-se tanto aos profissionais que já exercem ou exerceram mandatos como conselheiros fiscais, quanto a profissionais que atuam ou atuaram em posições executivas relevantes relacionadas às atribuições do conselho. A Certificação para membro de comitê de auditoria é segmentada em duas certificações:

- **Certificação para membro de comitê de auditoria (CCoAud IBGC):** destinada a profissionais que atuam ou atuaram em posições executivas em áreas relacionadas às principais atribuições dos comitês de auditoria e estão plenamente aptos a assumir posições em tal órgão, ou que estão iniciando sua atuação em comitês.

- **Certificação para membro de comitê de auditoria experiente (CCoAud+ IBGC):** destinada a profissionais que exercem ou já exerceram mandatos como membros de comitês de auditoria e demonstram capacidade de contribuir efetivamente com o órgão.

Planejar

A certificação CFP® (Certified Financial Planner) é uma certificação internacional de distinção, de caráter não obrigatório, que prepara o profissional para o exercício da atividade de planejador financeiro pessoal. No Brasil, a entidade certificadora é a Planejar – Associação Brasileira de Planejamento Financeiro, afiliada ao Financial Planning Standards Board – FPSB. O FPSB é a entidade responsável pelo gerenciamento, desenvolvimento e promoção da marca CFP® no mundo. No ano de 2023, a certificação CFP® no Brasil já conta com mais de 20 anos.

A certificação é recomendada para interessados em trabalhar como planejadores financeiros independentes ou em instituições como *family offices, private bankers* e áreas voltadas a clientes de alta renda. Além disso, os profissionais com essa certificação podem se registrar como consultores autorizados pela CVM.

Para a obtenção da certificação CFP®, o profissional deverá: i) ser aprovado no exame; ii) os candidatos aprovados nos seis módulos do exame farão o curso: *Planejamento financeiro – Como desenvolver um Plano integrado*. A partir do primeiro acesso, o candidato terá 90 dias para concluir o curso e entregar seu plano financeiro; iii) comprovar a experiência profissional no atendimento direto com cliente pessoa física por 5 anos; iv) aderir ao Código de Conduta Ética e Responsabilidade Profissional e Melhores Práticas; v) comprovar ter curso de nível superior.

O candidato aprovado no exame terá um prazo de 3 anos, contado a partir da data da aprovação na Prova Completa ou nos seis módulos da Prova Modular, para a comprovação dos requisitos de educação, experiência profissional, adesão ao Código de Ética e Guia de Melhores Práticas e aprovação do Plano Financeiro Integrado, concluindo o processo para obtenção da certificação CFP®.

De acordo com o processo de certificação da Planejar, o quesito "Experiência profissional" é a comprovação de que o candidato atuou profissionalmente no relacionamento direto com clientes pessoas físicas ou em uma ou mais áreas do escopo da certificação. São elas: planejamento financeiro, gestão de investimentos, planejamento da aposentadoria, gestão de riscos e seguros, planejamento fiscal e planejamento sucessório.

A partir de 2024, o profissional poderá comprovar a experiência profissional em dois formatos distintos:

- **Experiência profissional:** comprovação de 5 anos de experiência profissional no relacionamento direto com o cliente pessoa física em uma ou mais áreas do escopo da certificação CFP®.
- **Experiência profissional supervisionada:** comprovação prévia de 2 anos de experiência profissional no relacionamento direto com o cliente pessoa física em uma ou mais áreas do escopo da certificação CFP® e 1 ano e meio de experiência supervisionada.

AGÊNCIAS CERTIFICADORAS DO MERCADO FINANCEIRO INTERNACIONAL

As certificações financeiras internacionais desempenham papel fundamental para aqueles que têm como objetivo ingressar no mercado financeiro internacional ou almejam se destacar no cenário brasileiro. Elas funcionam como um selo de qualificação profissional, conferindo credibilidade e reconhecimento.

Essas certificações não apenas validam a competência dos profissionais dentro do contexto do mercado financeiro global, mas também algumas delas são reconhecidas em diversos países. Ao obter essas certificações, os profissionais demonstram, além de habilidades específicas, um entendimento abrangente das práticas e regulamentações financeiras em um contexto internacional, o que pode ser altamente valorizado em ambientes de trabalho competitivos.

FINRA

A FINRA é uma organização autorreguladora que opera com o propósito de combater crimes e fraudes no mercado financeiro dos Estados Unidos. Atua sob a supervisão da Securities and Exchange Commission (SEC) e regula as atividades de todas as corretoras e corretores registrados (*broker-dealer firms and registered brokers*) nos Estados Unidos.

A FINRA mantém um programa abrangente de certificação profissional e educação continuada. Comitês formados por membros de firmas registradas contribuem para suas operações, e a organização tem autoridade para revogar o registro de profissionais ou corretoras em caso de comprovação de fraudes ou crimes.

Profissionais de valores mobiliários que desejam se registrar e trabalhar nessas áreas devem ser aprovados nos exames de qualificação administrados pela FINRA, demonstrando competência nas atividades específicas de valores mobiliários em que desejam atuar.

A FINRA administra exames destinados a certificar que os indivíduos empregados por corretoras atingiram níveis específicos de competência e conhecimento relevantes para o setor. Esses exames abrangem diversos assuntos sobre os mercados e a indústria de valores mobiliários, incluindo a estrutura regulatória, as regras da FINRA e de outras organizações autorreguladoras. O objetivo principal desses exames é garantir um nível mínimo de compreensão e experiência.

A história da atividade de certificação remonta a cerca de 60 anos, começando com a certificação série 1, que atestava a competência dos AI. Ao longo dos anos, foram desenvolvidas mais de 100 certificações, com 16 exames atualmente disponíveis. Quatro desses exames representam a maioria, totalizando 70% dos exames realizados. A FINRA também destaca a importância da educação continuada, exigindo atualizações técnicas após dois anos e meio da certificação inicial para manter os profissionais atualizados com as melhores práticas e regulamentações do setor.

CFA

O Chartered Financial Analyst (CFA) é uma importante certificação profissional no campo da análise financeira e de investimentos, estabelecida desde 1963, reconhecida por sua amplitude de conhecimento em várias áreas. O programa CFA é dividido em três níveis – Level I, Level II e Level III – e é amplamente aceito por grandes instituições financeiras em todo o mundo.

Os profissionais certificados pelo CFA possuem oportunidades em diversos mercados, incluindo gestão de carteiras, análise de investimentos, consultoria e outros setores financeiros. Embora qualquer profissional com pelo menos 4 anos de experiência no mercado financeiro e ensino superior possa participar, estatísticas apresentadas pelo CFA Institute mostram que a taxa média de aprovação no exame é inferior a 50%.

O exame é integralmente em inglês, abrangendo 10 diferentes temas, como ética, derivativos, gestão de carteiras, renda fixa, renda variável, economia, análise de relatórios financeiros, investimentos alternativos, entre outros. Cada tema é cobrado nos três níveis do exame, porém com pesos distintos, totalizando 100 questões por nível.

Ao concluir o programa, o profissional se torna um CFA Charterholder. Esses profissionais têm a oportunidade de trabalhar em várias partes do mundo, seja em empresas de investimento, *hedge funds*, bancos, seguradoras e outras instituições financeiras. Ao contrário de muitas outras certificações, não é necessário atualizar o conhecimento periodicamente; apenas a renovação da cláusula do código de ética é necessária para manter a validade da certificação.

CAIA

A certificação Chartered Alternative Investment Analyst (CAIA) é emitida pela CAIA Association, organização global sem fins lucrativos formada em 2002 pela Alternative Investment Management Association (AIMA) e pelo Center for International Securities and Derivatives Markets (CISDM).

Esse título é reconhecido internacionalmente e destinado a profissionais envolvidos na gestão, análise, distribuição ou regulação de investimentos alternativos, como *real estate*, *hedge funds*, *venture capital*, *private equity*, entre outros. Alguns dos fundos estruturados mais comuns associados a essa certificação incluem Investimento Imobiliário (FII), Investimento em Direitos Creditórios (FIDC) e Investimento em Participações (FIP).

A obtenção da certificação CAIA possibilita aos profissionais se envolverem em diferentes áreas, incluindo gerenciamento de riscos, análise financeira, gestão de portfólio, consultoria e operações de *trading*, ampliando seu campo de atuação no setor de investimentos alternativos.

FRM

A Global Association of Risk Professionals (GARP) é responsável pela certificação profissional Financial Risk Manager (FRM®). A FRM é uma qualificação para profissionais que querem seguir a carreira na área de gerenciamento de risco.

Certificações como a FRM estão disponíveis para qualquer pessoa interessada, e para obtê-la os candidatos precisam passar em dois exames de múltipla escolha: FRM Parte I e Parte II, além de comprovar 2 anos de experiência profissional na área. A manutenção da certificação requer a realização de 40 horas de educação continuada a cada 2 anos, atualizando-se com as melhores práticas em gerenciamento de riscos.

O Exame FRM Parte I é composto por 100 perguntas de múltipla escolha, abrangendo tópicos como fundamentos do gerenciamento de riscos, análise quantitativa, mercados e produtos financeiros, e modelos de avaliação e risco. Já o FRM Parte II, com 80 questões de múltipla escolha, aborda áreas como risco de mercado, risco de crédito, risco operacional e resiliência, gestão de risco de tesouraria e liquidez, gestão de risco e investimentos, e questões atuais dos mercados financeiros.

O processo de obtenção da certificação FRM é sequencial. Os candidatos devem passar no Exame Parte I antes de avançar para o Parte II, que deve ser finalizado dentro de 4 anos após a aprovação no Parte I. O programa é desenvolvido pelo Comitê FRM, composto por especialistas na área de risco, e é revisado anualmente para manter a relevância e atualidade.

A ciência por trás da construção de exames de certificação

O processo de criação de um exame de certificação passa, inicialmente, pelo diagnóstico das atividades dos profissionais nas instituições financeiras. As atividades precisam ser mapeadas para a compreensão do conhecimento, habilidades e atitudes de que o profissional necessita para a prática de sua atividade; esse processo é chamado de *job analysis*. Essa técnica consiste em identificar, por meio de entrevistas e/ou questionários, o conjunto de conteúdos de um trabalho envolvidos na execução das atividades, assim como o nível de complexidade e os requisitos mínimos necessários.

A definição de mercado é fundamental. Buscar o entendimento de qual atividade precisa ser certificada perpassa pela identificação do nível de importância que aquela atividade tem para o mercado; em se tratando de instituições financeiras, podemos ampliar e falar da importância que a atividade tem para a economia de uma forma geral.

No Brasil, entendeu-se, desde 2002, que a atividade de distribuição de produtos de investimento e, desde 2009, que a atividade de gestão de recursos de terceiros precisavam passar por um processo de acreditação dos profissionais que nelas atuariam. O impacto das duas atividades na economia e sobre a sociedade (pessoas físicas e jurídicas) tem tamanha relevância que os riscos de profissionais não qualificados, atuando na distribuição de produtos de investimento ou gestão de recursos de terceiros, é grande o suficiente para justificar a necessidade de testar o conhecimento prévio das pessoas que desejam trabalhar nessas atividades.

Após a definição do mercado, o *job analysis* precisa identificar os papéis e as *personas* que atuam nessas atividades. O entendimento da execução do trabalho, incluindo as funções diretas e indiretas, precisa ser realizado questionando não só os executivos das instituições financeiras como também os profissionais responsáveis por executar as atividades, visto que o processo de criação da certificação está diretamente relacionado ao ciclo de carreira dos profissionais.

O resultado de um *job analysis* possibilitará a estruturação do(s) exame(s) de certificação, com o intuito de medir o conhecimento dos candidatos de forma direcionada às necessidades do mercado. Por esse motivo, ele precisa ser bem detalhado, no âmbito de como funciona o mercado, sua estrutura e identificação dos papéis de diferentes profissionais que nele atuam.

Na ANBIMA, por exemplo, em 2019, o exame de certificação de gestores de recursos de terceiros passou por uma revisão profunda. O *job analysis* dessa atividade identificou um crescimento no mercado de fundos de investimentos estruturados (ou alternativos), no qual se incluem os fundos imobiliários, os de *private equity* e os de direitos creditórios. Assim, um exame específico para esses gestores foi desenvolvido (a CGE), visto que a certificação anterior (CGA) tinha foco somente nos fundos de investimentos regidos pela antiga instrução CVM 555[1], como os fundos de renda fixa, ações, multimercados e cambiais. Outro resultado do *job analysis* foi a necessidade da criação de um exame que abrangesse uma etapa anterior na carreira de gestor. Uma gama de profissionais, que participam do processo de gestão, muitas vezes assessorando o próprio gestor do fundo, precisava de uma certificação que os auxiliasse para um início na carreira. Assim, foi criada a CFG, a fim de assegurar que o profissional que a detenha possua os conhecimentos sólidos de economia e finanças, assim como dos principais produtos de investimento e as normas dos mercados existentes.

Após a definição do *design* da certificação, é necessária a estruturação dos conteúdos programáticos. A organização do documento é fundamental, e a utilização de itens e subitens se faz necessária para a construção do entendimento lógico por parte do candidato. Isso significa que a apresentação das

1 Em outubro de 2023, a Instrução CVM nº 555 foi revogada pela Resolução CVM nº 175, que passa a ser o novo marco para o mercado de fundos de investimento no Brasil.

questões do exame precisa respeitar a ordem apresentada pelo programa detalhado, para que o profissional perpasse pelos diferentes temas no momento do teste. Na Figura 1, tem-se um exemplo de como a ANBIMA organiza seu programa detalhado.

Para o candidato, a organização por temas e subtemas facilita a organização dos seus estudos, por apresentar clareza do que será efetivamente cobrado em cada um dos itens. Por exemplo, a proporção apresentada no canto direito indica o número de questões que poderá aparecer em seu exame, o que facilitará o gerenciamento de tempo de estudo.

Item	**1. SISTEMA FINANCEIRO NACIONAL E PARTICIPANTES DO MERCADO (PROPORÇÃO: DE 5% A 15%)** **O objetivo deste módulo é verificar se o profissional tem domínio dos principais conceitos sobre o sistema financeiro nacional, os participantes, a regulação, fiscalização e autorregulação dos mercados financeiro e de capitais**
Subitem nível 1	**1.1. Composição do SFN: órgãos de regulação, autorregulação, fiscalização e demais participantes do mercado**
Subitem nível 2	1.1.1. Atribuições dos órgãos de regulação e fiscalização: Conselho Monetário Nacional (CMN), Banco Central do Brasil (BACEN), Comissão de Valores Mobiliários (CVM), Superintendência de Seguros Privados (SUSEP) e Superintendência Nacional de Previdência Complementar (PREVIC) 1.1.2. Instituições financeiras: bancos múltiplos, bancos comerciais, bancos de investimento 1.1.3. Outros intermediários; sociedades corretoras de títulos e valores mobiliários e sociedades distribuidoras de títulos e valores mobiliários 1.1.4. B3 S/A – Brasil, Bolsa e Balcão 1.1.5. Investidores qualificados, investidores profissionais e investidores não residentes

FIGURA 1 Programa detalhado CEA.
Fonte: ANBIMA.

Para a entidade certificadora, o planejamento do exame também deve incluir como esses conteúdos serão cobrados no exame. No caso da ANBIMA, os exames de certificações utilizam questões de múltipla escolha com quatro opções de resposta, apresentando apenas uma correta.

Outro documento importante nesse processo é a orientação de estudo, que serve não só para o examinador, mas também para o candidato entender como o conteúdo será exigido dele no momento do exame. A orientação de estudos é construída em um modelo baseado na taxonomia de Bloom, que traz consciência, por meio do uso de verbos, sobre os conhecimentos e habilidades necessárias que serão testadas no exame de certificação.

A orientação de estudos é um documento que precisa ser sempre analisado em conjunto com o programa detalhado. A Figura 2 explicita como um está relacionado ao outro, uma vez que para cada subitem no programa detalhado haverá um subitem na orientação de estudos. Um exame de certificação é resultado do agrupamento de diferentes itens de avaliação (questões) que possuem função específica de medida de determinado conhecimento, habilidade e demais atributos cognitivos.

1. SISTEMA FINANCEIRO NACIONAL E PARTICIPANTES DO MERCADO (PROPORÇÃO: DE 5% A 15%)
O objetivo deste módulo é verificar se o profissional tem domínio dos principais conceitos sobre o sistema financeiro nacional, os participantes, a regulação, fiscalização e autorregulação dos mercados financeiro e de capitais

1.1. Composição do SFN: órgãos de regulação, autorregulação, fiscalização e demais participantes do mercado

a) Entender e explicar as principais atribuições dos órgãos e a interligação entre os agentes reguladores: Conselho Monetário Nacional (CMN), Banco Central do Brasil (BACEN), Comissão de Valores Mobiliários (CVM), Superintendência de Seguros Privados (SUSEP) e Superintendência Nacional de Previdência Complementar (PREVIC) **(1.1.1)**

b) Comparar e contrastar as diferentes instituições financeiras e suas funções econômicas no mercado financeiro (bancos múltiplos, bancos comerciais e bancos de investimento) **(1.1.2)**

c) Comparar e contrastar os diferentes intermediários financeiros e suas funções (sociedades corretoras e sociedades distribuidoras de títulos e valores mobiliários) **(1.1.3)**

d) Entender e explicar as principais atribuições, serviços e a importância da B3 S/A – Brasil, Bolsa e Balcão no Sistema Financeiro Nacional **(1.1.4)**

e) Entender e explicar o conceito, as diferenças e os parâmetros para qualificação dos investidores qualificados, investidores profissionais e investidores não residentes **(1.1.5)**

FIGURA 2 Orientações de estudos CEA.
Fonte: ANBIMA.

Os exames devem ser vistos como um primeiro filtro, visto que possui limitações. Medir o conhecimento técnico-teórico de uma pessoa não garante a plena capacidade dela para atuar em uma função nos mercados financeiro e de capitais. As instituições buscam, também, uma série de habilidades, comumente chamadas de *soft skills*, para que tais pessoas possam desempenhar suas funções. As habilidades podem ser de liderança, negociação, vendas e comunicação, por exemplo.

Assim, o exame de certificação é apenas o primeiro passo, visando diferenciar as pessoas por seu conhecimento técnico em diferentes conteúdos relacionados ao que se utilizará no dia a dia profissional. Muitas empresas, após contratar um profissional certificado, investem em cursos e treinamento para desenvolver as *soft skills* pertinentes à função a ser desempenhada, como negociação, vendas ou atendimento.

Assim, um exame de certificação necessita ser visto como um instrumento inicial de diferenciação entre profissionais. Como instrumento de medida do conhecimento técnico, a validade de um exame perpassa pela capacidade de cada item conseguir capturar uma ou mais habilidades do indivíduo, como o de entendimento de algum assunto, o de comparação, análise ou o de cálculo, por exemplo.

Os itens precisam ser expostos de forma clara, objetiva e sem as famosas "pegadinhas". A intenção não é prejudicar o candidato, mas medir atributos cognitivos que serão importantes em sua rotina profissional.

A utilização, desde a concepção de seus exames, de profissionais, em sua maioria psicólogos, especializados em psicometria, é fundamental. A função deles é garantir que o exame de certificação seja um instrumento adequado na medição do conhecimento de uma pessoa. O psicometrista é o responsável por revisar cada item utilizado no exame, para mitigar e eliminar estruturas textuais viesadas e/ou mal construídas que possam dificultar a captura do atributo que se quer medir. Para garantir a qualidade, o psicometrista emprega os dados de aplicação e técnicas estatísticas para compreender a qualidade dos itens de um exame.

Um bom item de avaliação precisa discriminar bem os candidatos, entre os mais preparados dos menos preparados. Isso é feito por meio de índices de discriminação do item. Valores baixos de discriminação são prejudiciais ao exame de certificação como um todo, pois denotam que o item possui baixa validade para verificação (inferência) da habilidade de um candidato a partir de seu erro ou acerto.

A importância de um bom planejamento da construção de um exame é fundamental como primeiro filtro para a existência de um mercado financeiro e de capitais saudável, com bons profissionais, capazes de encontrar as melhores soluções para as diversas questões de seus clientes, sejam pessoas ou empresas.

RESUMO

O desenvolvimento das certificações se deu a partir da necessidade do mercado financeiro e seus órgãos reguladores de medirem o conhecimento mínimo necessário para que seus profissionais possam atuar de forma profissional e responsável no atendimento aos seus clientes em diversos segmentos.

Foram criadas diversas certificações, em âmbito nacional e internacional. No Brasil é possível citar diversas associações e entidades que desenvolveram certificações para melhoria e robustez de seus próprios mercados: ABECIP, ANBIMA, ANCORD, APIMEC, B3, IBGC e Planejar. Internacionalmente, destacam-se as certificações CAIA, CFA, FINRA e FRM.

Na construção de um exame de certificação, pode-se citar várias etapas: o *job analysis* é a primeira e consiste em entender os diferentes papéis e práticas do setor que está sendo estudado. O segundo passo passa pela estruturação do programa de certificação de acordo com o entendimento da jornada de cada profissional, bem como as *softs* e *hard skills* necessárias para atuar na profissão.

Todo esse trabalho não acaba no exame de certificação propriamente dito; é necessário o entendimento das estatísticas dos exames para avaliar se o instrumento educacional escolhido está medindo os conhecimentos necessários para atuar em cada profissão.

As certificações profissionais servem como selo de qualidade na jornada de cada profissional. Porém, cada profissional é responsável pela sua carreira e deverá complementar seus conhecimentos de acordo com a necessidade de especialização em sua área de atuação.

QUESTÕES PARA REFLEXÃO

1. Como as certificações financeiras podem ser utilizadas como instrumento de aumento dos investimentos no Brasil?
2. Quais são as diferenças existentes entre as certificações? Como escolher qual é a mais recomendada, de acordo com os interesses de carreira?
3. Como se estrutura uma certificação profissional? Quais etapas precisam ser cumpridas?
4. O que é um *job analysis*? Qual a importância desse procedimento para a organização de uma certificação profissional? E para a atividade de planejamento financeiro?
5. Qual a diferença das atividades de distribuição de investimentos e de gestão de carteiras? Quais são as certificações relacionadas a essas respectivas atividades?
6. Qual a função da psicometria na elaboração de um exame de certificação?

REFERÊNCIAS

ABECIP – Associação Brasileira das Entidades de Crédito Imobiliário e Poupança. Disponível em: https://www.abecip.org.br/. Acesso em: fev. de 2025.

ANBIMA – Associação Brasileira das Entidades dos Mercados Financeiro e de Capitais. Disponível em: www.anbima.com.br. Acesso em: fev. de 2025.

ANCORD – Associação Nacional das Corretoras e Distribuidoras de Títulos e Valores Mobiliários, Câmbio e Mercadorias. Disponível em: www.ancord.org.br. Acesso em: fev. de 2025.

APIMEC – Associação dos Analistas e Profissionais de Investimento do Mercado de Capitais. Disponível em: www.apimec.com.br. Acesso em: fev. de 2025.

B3 – Bolsa de valores oficial do Brasil, sediada na cidade de São Paulo. Disponível em: https://www.b3.com.br/pt_br/. Acesso em: fev. de 2025.

CAIA – Chartered Alternative Investment Analyst. Disponível em: https://caia.org/. Acesso em: fev. de 2025.

CFA – Chartered Financial Analyst. Disponível em: https://www.cfainstitute.org/. Acesso em: fev. de 2025.

CMN – Conselho Monetário Nacional. Disponível em: https://www.gov.br/fazenda/pt-br/assuntos/cmn. Acesso em: fev. de 2025.

CVM – Comissão de Valores Mobiliários. Disponível em: https://www.gov.br/cvm/pt-br. Acesso em: fev. de 2025.

FINRA – Financial Industry Regulatory Authority. Disponível em: https://www.finra.org/. Acesso em: fev. de 2025.

FPSB – Financial Planning Standard Board. Disponível em: www.fpsb.org. Acesso em: fev. de 2025.

FRM – Financial Risk Manager. Disponível em: https://www.garp.org. Acesso em: fev. de 2025.

IBGC – Instituto Brasileiro de Governança Corporativa. Disponível em: www.ibgc.org.br. Acesso em: fev. de 2025.

PLANEJAR – Associação Brasileira de Planejamento Financeiro. Disponível em: https://planejar.org.br/. Acesso em: fev. de 2025.

CAPÍTULO 3

Cenário e expectativas econômicas

Otto Nogami

Na gestão empresarial, a maior preocupação é adequar a operação para a obtenção do maior lucro possível. Entretanto, há de se ter em mente, sempre, que o lucro nada mais é do que a consequência de uma gestão adequada na produção de bens e serviços para atender a necessidades e desejos do mercado, seja ele por produtos e serviços para o consumo das famílias, consumo do governo, para a formação bruta de capital fixo e para o setor externo.

Para a tomada adequada de uma decisão, portanto, o gestor deve levar em consideração uma série de fatores que podem influenciar a consecução dessa decisão e avaliar todo um conjunto de elementos que podem se caracterizar em incertezas – restrições e informações – ao longo do tempo, até o alcance do resultado pretendido. Nesse contexto, tornam-se importantes a leitura e a interpretação adequadas do cenário econômico.

INTRODUÇÃO

Quando se fala em aplicações financeiras ou investimentos, a leitura e a interpretação do cenário econômico são fundamentais, pois rentabilidade e lucratividade dependem da melhor forma de alocar os recursos financeiros para minimizar riscos e maximizar ganhos. Especialmente em cenários turbulentos, há a necessidade de acompanhar o comportamento de determinados indicadores e entender suas relações de causa e efeito, pois a combinação de seus efeitos pode trazer mudanças no clima financeiro de uma economia.

A interdependência entre indivíduos, empresas, governo e setor externo é cada vez mais crescente. E, pelo próprio progresso nos sistemas de comunicação, faz com que as relações de causa e efeito sejam altamente voláteis. Daí o fato de acontecimentos que ocorrem em uma parte do planeta repercutirem rapidamente sobre os mercados nos mais diferentes países. O fato de um país, por exemplo, não conseguir honrar seus compromissos relacionados com sua dívida externa afeta todo o sistema de poupança do mundo, criando incertezas nos mais diferentes sistemas financeiros mundo afora.

A minimização de riscos, portanto, exige das pessoas e das instituições, cada vez mais, o entendimento adequado do cenário em que estão inseridas e da leitura que conseguem fazer quanto aos acontecimentos futuros, em nível tanto nacional como internacional. Afinal, os cenários econômicos e financeiros afetam diretamente o dia a dia das pessoas, tanto físicas como jurídicas, em sua capacidade de absorver recursos produtivos, gerar renda e produzir para o consumo da sociedade, que mudam a capacidade de geração de poupança nacional e, consequentemente, o processo de crescimento e desenvolvimento do país.

Nesse sentido, aplicadores financeiros ou investidores devem estar atentos a indicadores básicos como inflação, déficit fiscal e taxa de câmbio, conhecidos como o tripé macroeconômico, cujos movimentos repercutem sobre a taxa de juros referencial da economia (taxa Selic) e, como consequência, sobre a capacidade de crescimento da economia, medida pelo produto interno bruto (PIB). Outros indicadores não menos importantes, como nível de empregabilidade, produção industrial, vendas no varejo, investimentos em infraestrutura e na capacidade de produção, são essenciais para uma correta leitura sobre as mutações que podem ocorrer no ambiente econômico.

Portanto, medir e interpretar o ambiente econômico é fundamental para a melhor alocação possível dos recursos disponíveis, sempre minimizando riscos e maximizando os ganhos. Como se costuma dizer no mercado financeiro, o grande segredo é antever as tendências do mercado, ser o primeiro a ingressar em determinados ativos e, quando o mercado estiver indo nessa direção, ser o primeiro a sair. Essa é a forma de não ficar à mercê do componente errático do mercado, ou ficar à mercê da manada.

Assim, neste capítulo, a abordagem estará ligada a alguns fundamentos econômicos básicos, para que se possa entender o ambiente da atividade econômica e as formas como a condução da política econômica poderão afetar as decisões dos aplicadores e investidores. A estrutura de alguns indicadores será apresentada para o melhor entendimento de seus significados, bem como alguns gráficos para melhor exemplificar como se fazem as análises de tendências e formas de interpretação existentes, além de algumas fontes de dados primários e secundários comumente utilizados pelos analistas.

POUPANÇA

A poupança é o montante que sobra depois de efetuadas todas as despesas de consumo do indivíduo ou da família. Na verdade, pode-se dizer que a poupança nada mais é que a renúncia intertemporal ao consumo; deixa-se de consumir hoje para poder consumir melhor amanhã. Uma consideração importante a ser feita é que, à medida que a renda aumenta, essas despesas em bens de consumo também aumentam, só que em proporções menores, o que faz aumentar a capacidade de poupar das pessoas.

Deve-se atentar ao fato de que existem níveis de renda em que as despesas de consumo são mais elevadas que a própria renda, o que gera uma poupança negativa, ou despoupança. A explicação para esse tipo de situação decorre da possibilidade de esse indivíduo ou família estar fazendo uso de poupanças acumuladas em períodos anteriores, ou tomando empréstimos ou financiamentos que tornam possível esse fenômeno. Um caso mais crítico diz respeito à situação em que o indivíduo ou a família são incapazes de adequar seu modo de consumir à renda disponível.

Macroeconomicamente, a poupança é importante, pois são esses recursos que serão utilizados em investimentos na economia. Pode-se definir investimento como "o valor daquela parte da produção da economia, para qualquer período, não destinada ao consumo, ou o valor daquela parte do produto da economia que toma a forma de novas estruturas, novo equipamento durável de produção e variação nos estoques". De forma resumida, é possível conceituar o investimento como o acréscimo ao capital real da sociedade.

A demanda por investimentos é influenciada por um conjunto de fatores, como as expectativas empresariais e a taxa de juros referencial da economia. As expectativas empresariais dizem respeito à forma como os empresários enxergam o futuro da economia. A taxa de juros, por sua vez, é um referencial importante na tomada de decisão de investir, pois está diretamente relacionada à perspectiva que o empresário tem com relação à taxa de retorno do investimento na atividade empresarial (produção de bens ou serviços). Dessa forma, o empresário estará menos propenso a investir à medida que a taxa de juros referencial da economia aumenta.

A importância da poupança em uma sociedade está diretamente ligada à capacidade dela de gerar investimentos. Quanto maior é a capacidade de poupar de uma economia, maior é a capacidade dela de realizar investimentos. E os investimentos são primordiais em uma sociedade, pois representam a única forma para gerar e aumentar a renda de indivíduos e famílias, pois novos investimentos demandam mais capacidade empresarial ou empreendedora, capital (monetário e físico), mão de obra e recursos naturais, e as respectivas remunerações, como lucros, juros, salários e aluguéis. Mais renda significa maior capacidade de consumir, o que pode levar as empresas a quererem produzir mais, iniciando-se aí um movimento de crescimento da economia.

A POUPANÇA E A ACUMULAÇÃO DE RIQUEZA

A teoria do ciclo de vida procura explicar a relação entre consumo e poupança ao longo da vida de um indivíduo. Ela mostra a importância de poupar ao longo da vida útil (trabalho) de uma pessoa para garantir determinado nível de renda, depois da aposentadoria, sem comprometer o padrão de consumo ou nível de bem-estar. "Quando paramos para pensar um pouco sobre nosso futuro, se é que paramos, ele parece, além de muito distante, uma realidade que não existe para nós. Por mais que nos lembrem a respeito desse assunto, com certeza ele não faz parte das nossas preocupações no momento." Franco Modigliani, autor da teoria do ciclo de vida, elaborou uma representação simplificada do modelo do ciclo de vida (Figura 1). Nela, deve-se imaginar a renda constante durante os anos de vida de trabalho e a capacidade de poupar do indivíduo que ao longo dos anos lhe permite acumular uma riqueza. A partir da aposentadoria, a pessoa utilizará parte da riqueza acumulada na complementação de sua aposentadoria, sem comprometer seu padrão de vida.

Nessa abordagem surge um conceito importante, que é o da poupança precaucional. Ela representa a atitude dos indivíduos, na demanda por ativos financeiros, em função das incertezas com relação ao futuro, que podem afetar o bem-estar das pessoas e seu comportamento financeiro. Como o ato de poupar significa ter recursos disponíveis no futuro, à medida que as pessoas se aproximam dele, a decisão de poupar também será afetada pela natureza e extensão da incerteza.

A Figura 1 mostra que, ao longo dos anos de trabalho, o indivíduo deve poupar para financiar parte de seu consumo na aposentadoria. A poupança é formada de ativos, financeiros ou produtivos, que vão se acumulando durante a vida útil e alcançam seu máximo quando da aposentadoria. Desse período em diante, os ativos tendem a declinar, pois o indivíduo irá gradativamente se desfazer deles para ajudar a pagar seu consumo corrente.

CUSTO DE OPORTUNIDADE E A DECISÃO NA ALOCAÇÃO DE RECURSOS

O conceito de custo de oportunidade é um dos fundamentos econômicos mais importantes, pois é ele que define como os recursos serão canalizados e utilizados na economia. A capacidade de geração de poupança, o estímulo a investimentos no setor produtivo da economia ou a busca por ganhos financeiros vão depender de como os agentes econômicos vão decidir em função desse conceito. Resumidamente, pode-se dizer que "é a expressão utilizada para expressar os custos em termos do grau de sacrifício que se faz ao optar pela produção de um bem, em termos de produção de outro bem".

Colocando de outra forma, pode-se dizer que o custo de oportunidade é a referência para uma melhor alternativa de uso do dinheiro. De modo mais prático, deve-se imaginar a seguinte situação: um indivíduo tem R$ 100 mil de recursos poupados. Duas são as alternativas para a destinação desses recursos:

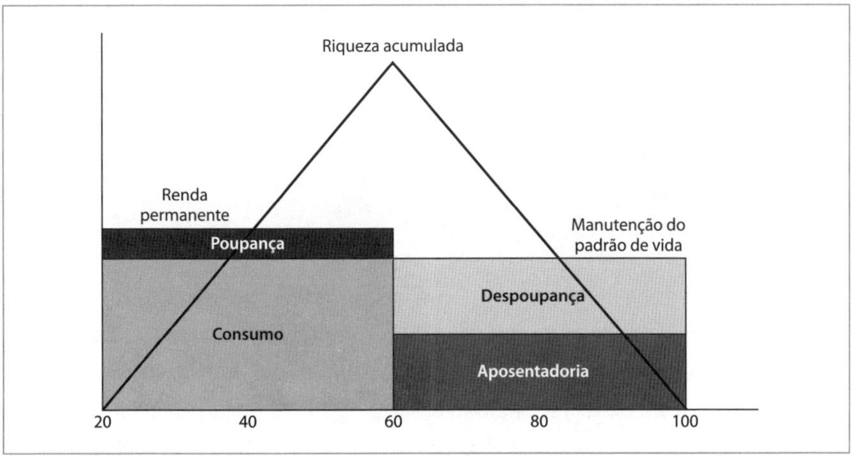

FIGURA 1 Renda, consumo, poupança e riqueza no ciclo de vida.
Fonte: elaborada pelo autor.

uma aplicação financeira, cuja remuneração virá sob a forma de juros, ou um investimento (abrir um negócio próprio ou participar do capital de uma empresa), que será remunerado sob a forma de lucro. Supondo agora que uma aplicação financeira esteja remunerando 10% ao ano em termos líquidos, e que um investimento proporcione o mesmo retorno, qual será a decisão do poupador? Certamente fazer uma aplicação financeira, pois, com menor risco e menos esforço, terá o mesmo retorno.

Assim, se a taxa de juros referencial de uma economia aumenta por razões diversas, lembrando que ela é a base para a remuneração do financiamento da dívida pública, todos os demais ativos financeiros tendem a acompanhar esse aumento, em especial os ativos financeiros de renda fixa, ou a se referenciar nessa taxa. Esse tipo de política pode desestimular os investimentos no setor produtivo da economia, pelo conceito do custo de oportunidade, levando a um descompasso entre a demanda e a oferta agregada, que repercutirá sobre os preços da economia.

TRIPÉ MACROECONÔMICO

O tripé macroeconômico, como o próprio nome diz, é constituído pelas três mais importantes variáveis macroeconômicas para monitorar o dia a dia. Por várias vezes se ouvem comentários de que analistas trabalham com uma centena de variáveis ou indicadores para acompanhar o desenrolar da economia, mas, com toda certeza, a essência de todos os desequilíbrios está baseada na forma como esses três indicadores se comportam: inflação, contas públicas e taxa de câmbio. Os demais são meros desdobramentos da disfunção verificada nessas medidas. Apesar da forma simplista como o problema está sendo colocado, a relação de causa e efeito é perfeita.

Inflação

A inflação pode ser definida como um processo persistente de aumento generalizado nos preços da economia. Sua maior consequência é fazer que as pessoas sintam, ao longo do tempo, uma perda no poder aquisitivo de sua renda. Ela tem origem na defasagem entre a demanda e a oferta de bens e serviços. Quanto maior for essa defasagem, maior será a aceleração dos preços, e maiores serão os impactos sobre a distribuição da renda, a alocação de recursos e as contas externas.

O efeito sobre a distribuição da renda se dá pelo fato de a inflação reduzir o poder aquisitivo dos segmentos da população que dependem de rendimentos fixos, com prazo legal de reajuste. Como foi dito, à medida que o tempo passa, menor se torna a capacidade de satisfazer suas necessidades e desejos, conforme pode ser visto na Figura 2, que mostra essa realidade de 2014 a 2020. Em janeiro de 2021, o salário mínimo foi fixado em R$ 1.100, e ao longo do ano sofreu uma perda no poder de compra de 9,14%.

O impacto da inflação sobre a alocação de recursos se dá pela modificação do perfil dos investimentos dos agentes econômicos, podendo trazer sérias implicações de cunho social. A realocação dos investimentos ocorre diante da necessidade de neutralizar os efeitos da inflação sobre as rentabilidades dos mais diferentes ativos e, o mais danoso de todos, desestimula investimentos no setor produtivo da economia, pela atratividade dos potenciais ganhos com ativos financeiros.

O balanço de pagamentos também é impactado pelo processo inflacionário. Se a elevação dos preços internos se der em ritmo superior aos aumentos dos preços internacionais, os produtos produzidos internamente poderão ficar mais caros do que os bens produzidos externamente, fazendo que os produtos exportáveis percam a atratividade de preço. E o impacto negativo sobre a balança comercial pode ser ainda maior se houver uma valorização da moeda nacional.

O grande problema da inflação reside no fato de que a redução na capacidade de consumir leva as pessoas a se sentirem insatisfeitas e reduz sua capacidade de poupar. Uma vez que as pessoas consomem menos, as empresas precisam produzir menos e reduzir o uso de recursos produtivos, como a mão de obra. Dessa forma, a renda da sociedade como um todo diminui, trazendo no vácuo um componente recessivo pela redução no nível de consumo das pessoas.

Caracteristicamente, a inflação pode ser de demanda, custos ou inercial. Ela é de demanda quando se verifica um excesso de demanda agregada (desejo de consumir da sociedade) sobre a oferta agregada (capacidade de produção de bens e serviços da sociedade). A inflação de custos ocorre quando há alterações no vetor de preços dos fatores de produção, como aumento no preço das matérias-primas e/ou da mão de obra. A inercial, por sua vez, verifica-se quando os agentes econômicos adaptam suas expectativas a determinado nível de aumento de preços (embutir nos preços expectativas futuras de inflação).

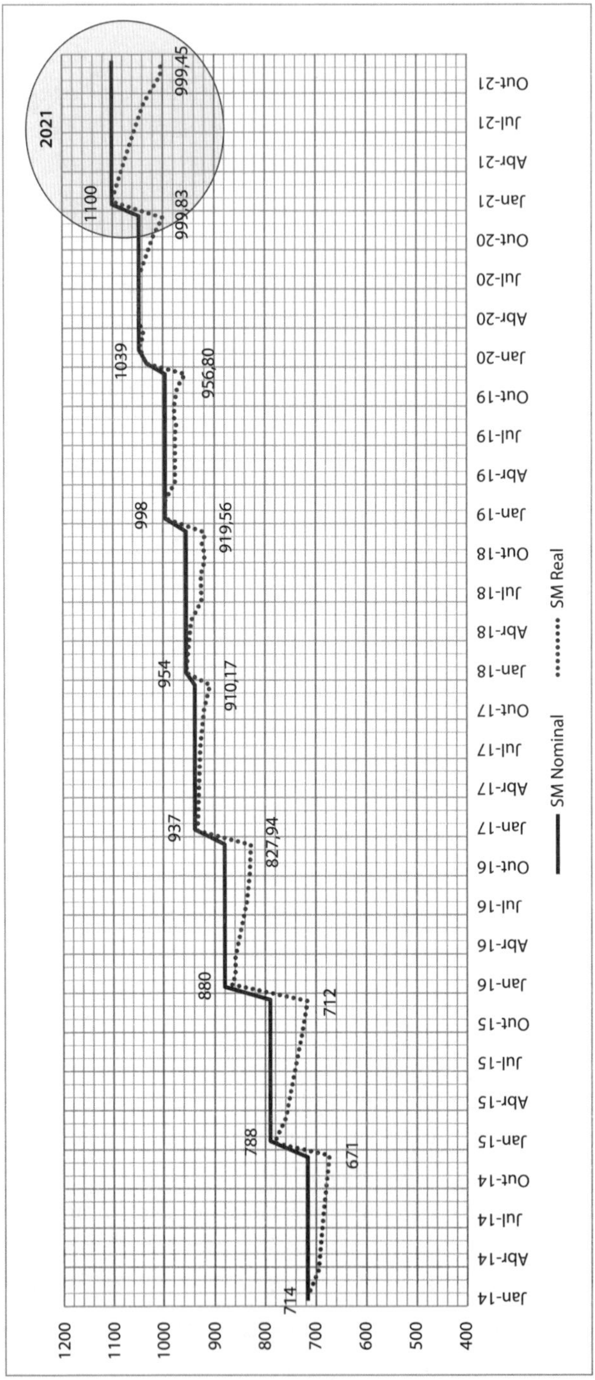

FIGURA 2 Índice de Preços ao Consumidor Amplo (IPCA) (acumulado % em 12 meses).

Em linhas gerais, duas são as maneiras de combater o processo inflacionário. A primeira é adequando e expandindo as condições de produção, para atender às necessidades e desejos da sociedade, associado a um aumento de produtividade. Isso só se consegue canalizando recursos em investimentos no setor produtivo. Apesar da importância desse tipo de solução, seu resultado somente poderá ser observado no longo prazo.

Para contornar o problema no curto prazo, existe um único mecanismo: restringir a capacidade e/ou desejo de consumir dos agentes econômicos. Isso se faz restringindo as condições creditícias do mercado financeiro ou desestimulando as pessoas a consumir, com a elevação da taxa de juros. Ela tem dois efeitos sobre as pessoas: elas se sentem estimuladas a economizar pela elevação da taxa de juros, ou pelo consequente encarecimento do sistema creditício, o que pode levar os agentes econômicos a postergar seu consumo, reduzindo-o no curto prazo, descompressionando, assim, o excesso de demanda sobre a oferta. O indicador oficial de inflação é o Índice Nacional de Preços ao Consumidor Amplo (IPCA), calculado mensalmente pelo Instituto Brasileiro de Geografia e Estatística (IBGE), desde 1980. Além de medir a variação de preços ocorrida na cesta de consumo das famílias (mede a variação de preços de 465 itens) residentes nas onze principais regiões metropolitanas do Brasil (Belém, Fortaleza, Recife, Salvador, Belo Horizonte, Vitória, Rio de Janeiro, São Paulo, Curitiba, Porto Alegre e Distrito Federal, e nos municípios de Goiânia, Campo Grande, Rio Branco, São Luís e Aracajú) com renda de 1 a 40 salários mínimos, é o indicador utilizado na política monetária na fixação da chamada meta inflacionária.

A Figura 2 mostra o comportamento da inflação no período de janeiro de 2011 a maio de 2022. Nela fica claro que, em dois momentos, as equipes econômicas tiveram fortes desafios no combate do aumento generalizado dos preços. Em janeiro de 2016, a inflação acumulada atingiu o patamar de 10,71%, distanciando-se demasiadamente do centro da meta (4,5%), ou seja, do patamar desejável para a inflação, de acordo com as características da economia brasileira.

Essa alta se deu por conta das intervenções do Governo Dilma nas relações de mercado, reduzindo as tarifas de energia elétrica, em 2013, e de outros preços sob controle do governo. Em paralelo, o governo trava o repasse do custo do barril de petróleo sobre os combustíveis vendidos no mercado interno. Essas ações permitiram conter a inflação, mas os efeitos danosos se multiplicaram sobre toda a economia, fazendo que os preços explodissem e levassem a economia a uma forte recessão.

A ação da equipe econômica do Governo Temer, que assume em setembro de 2016, combinada com a forte componente recessiva, fez que a inflação começasse a declinar fortemente, atingindo, inclusive, patamares abaixo do piso mínimo admissível.

O início da pandemia de Covid-19, em março de 2020, fez os governantes decretarem o isolamento social, que levou praticamente todo o setor de serviços à paralisação de suas atividades, como também do setor industrial da economia. Fenômeno mundial, desarranjou toda a atividade econômica, afetando, principalmente, o comércio internacional. A pandemia gerou uma crise econômica sem precedentes num curto espaço de tempo, com as paralisações econômicas e as várias restrições sociais impostas pelos governos de todo o mundo. Os danos se refletiram sobre os preços em todas as economias.

A pandemia impactou fortemente economia brasileira. Em 2022, além da fragilidade estrutural, uma conjunção de fatores pressionou os preços para cima: benesses concedidas pelo governo, conflito no Leste Europeu, desarranjos nas estruturas produtivas no mundo e, principalmente, o encerramento da atividade produtiva de empresas nacionais, em especial das pequenas e microempresas, bem como de importantes empresas estrangeiras. Nesse contexto, têm-se diferentes efeitos sobre a elevação generalizada de preços na economia.

No cenário mais recente, dois são os mecanismos previsíveis para conter o processo inflacionário e buscar mecanismos que permitam a retomada do crescimento sustentável: política monetária contracionista, com a elevação da taxa de juros, e política fiscal contracionista, com a redução dos gastos governamentais. Entretanto, com a economia com a componente recessiva, a elevação da taxa básica de juros acaba servindo de freio para o crescimento econômico. E, com o governo expandindo seus gastos, principalmente em ano eleitoral, e pela ilusão causada pela elevação da arrecadação por conta da inflação, longa será a jornada para a contenção dos preços.

Déficit público

Os gastos do governo em bens e serviços constituem o segundo mais importante componente da demanda agregada da economia brasileira. Nele são computados os dispêndios em custeio (manutenção da máquina pública), investimentos voltados ao bem-estar da sociedade (educação, saúde, segurança e infraestrutura em transportes) e transferências (subsídios, aposentadorias e pensões, além de programas sociais). Para fazer frente a esses gastos, o governo necessita arrecadar, por meio dos impostos, taxas e contribuições.

Ao final de cada período, é desejável que o governo também poupe o suficiente para cobrir os juros da dívida interna (dívida em reais). Esse resultado é conhecido como resultado primário, que o governo tem de atingir para o cumprimento da meta fiscal, regido pela Lei da Responsabilidade Fiscal. Uma vez subtraídos os juros, chega-se ao resultado nominal. À medida que o resultado nominal é deficitário, ele é financiado pela emissão de títulos públicos (Letras do Tesouro Nacional, Letras Financeiras do Tesouro e Notas do Tesouro Nacional) no mercado monetário, também conhecido como mercado aberto.

É importante salientar que os recursos disponíveis no mercado aberto para o financiamento do déficit público são representados pelas poupanças de curtíssimo, curto, médio e longo prazos dos agentes econômicos que, em tese, deveriam ser destinados a investimentos no setor produtivo da economia. Assim, quanto maior o déficit público, menos recursos disponíveis existirão para investimentos, o que compromete as condições de oferta agregada do país.

Das Figuras 3 e 4 depreende-se que o resultado primário, acumulado em 12 meses, foi deficitário em R$ 15,8 bilhões até maio de 2022, depois de ter atingido um déficit de R$ 743,9 bilhões em janeiro de 2020, frente à necessidade de pagamento dos juros da dívida interna e, no período de 12 meses a abril de 2022, R$ 436,1 bilhões. Esses números mostram que, em 2022, o governo teve de financiar não só o resultado do período, mas também os juros, contrariando tudo o que se ensina em termos de finanças, para evitar a bola de neve da dívida.

Como não poderia ser diferente, além do crescimento da dívida, o déficit do resultado nominal (após o pagamento dos juros da dívida), conforme mostra a Figura 5, se mantém em um patamar preocupante, chegando a R$ 432,7 bilhões deficitários no período de 12 meses até abril de 2022. Em função desse resultado negativo nas contas do governo, que aliás é histórico, a economia brasileira deixou de fazer investimentos no setor produtivo nesse montante, o que pode representar algo em torno de R$ 1,2 trilhão a menos na atividade econômica, ou seja, a economia brasileira poderia estar com um PIB acima dos R$ 10 trilhões em 2022.

Nesse cenário, torna-se imperativo o governo adotar uma política fiscal contracionista, ou seja, reduzir drasticamente suas despesas e aumentar a arrecadação, para poder atingir um resultado primário satisfatório, para não comprometer em demasia a retomada do crescimento da economia.

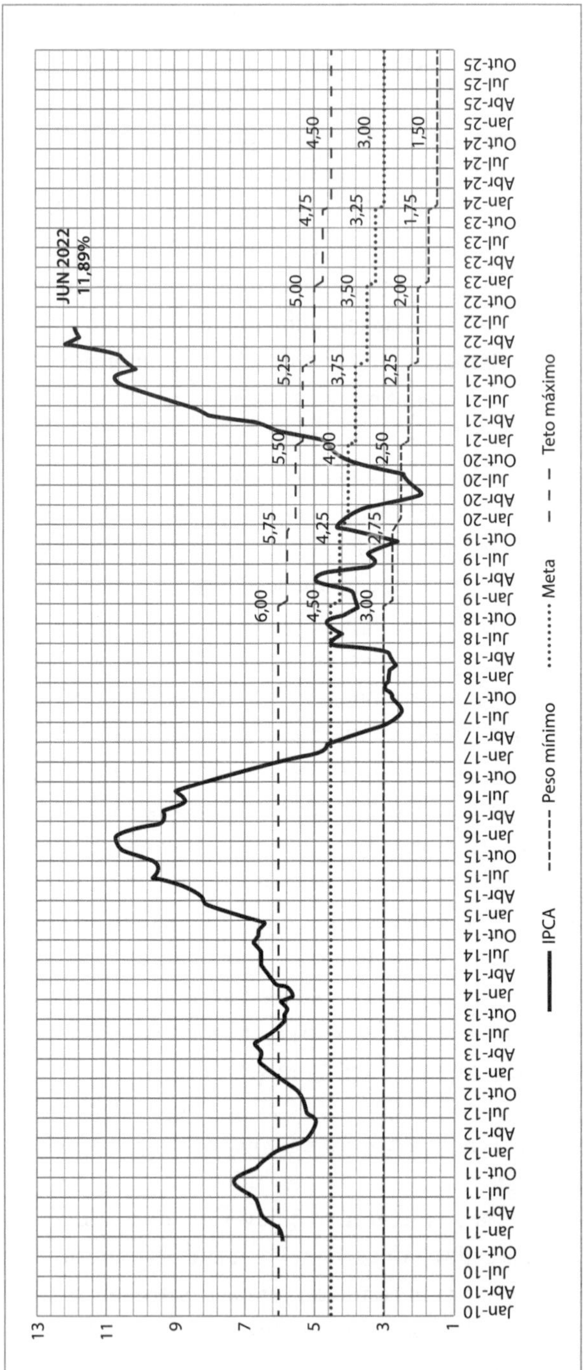

FIGURA 3 Resultado primário (acumulado em 12 meses, em R$ milhões).

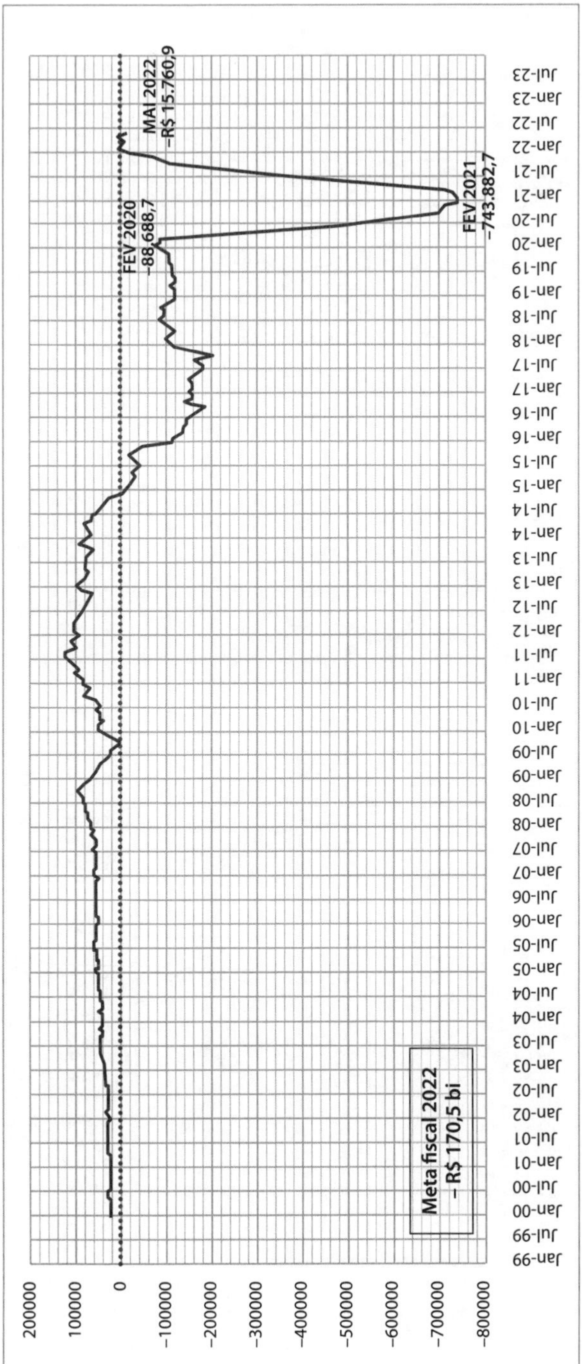

FIGURA 4 Juros da dívida interna (acumulado em 12 meses, em R$ milhões).

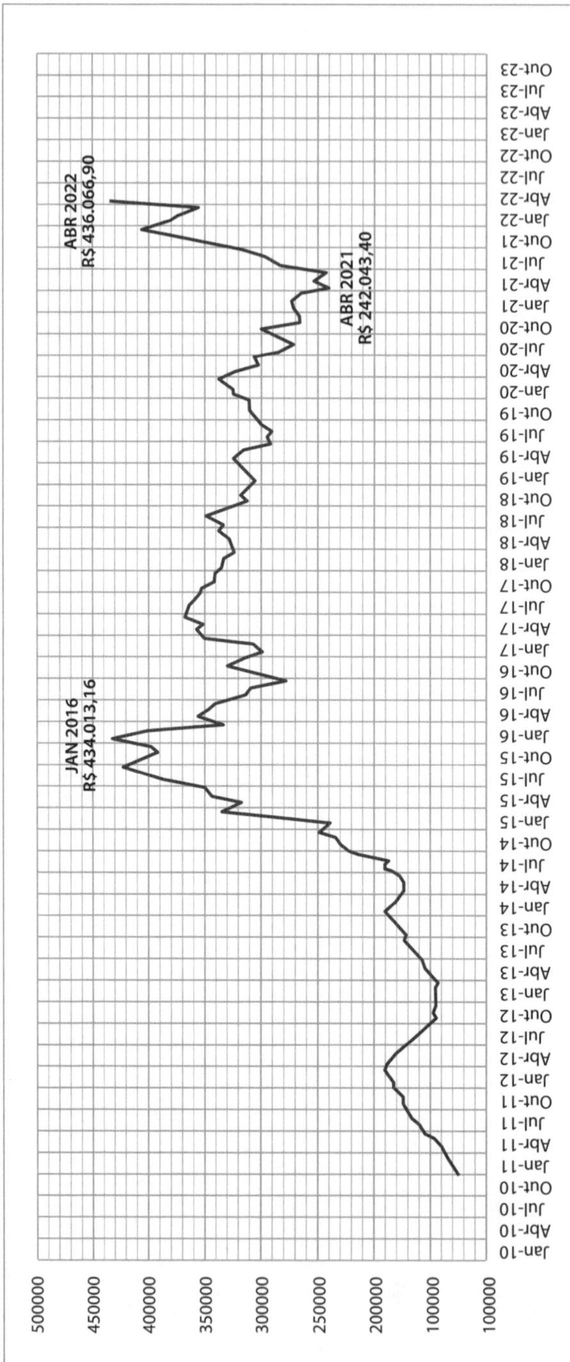

FIGURA 5 Resultado nominal (acumulado em 12 meses, em R$ milhões).

Taxa de câmbio

A taxa de câmbio representa a quantidade de moeda nacional (reais) necessária para adquirir uma unidade de moeda estrangeira (normalmente dólar norte-americano). Sua cotação vem da relação de oferta e demanda no mercado de câmbio, conduzida por estabelecimentos bancários autorizados a operar em câmbio pelo Banco Central do Brasil.

A oferta de divisas depende, basicamente, do volume de exportações e da entrada de capitais estrangeiros (de curto prazo ou de investimentos estrangeiros diretos). A demanda de divisas, por sua vez, depende, em grande parte, do volume de importações e da saída de capitais externos, sob a forma de amortização de empréstimos, pagamento de lucros, juros e *royalties*, aluguéis de equipamentos etc., tudo isso partindo do pressuposto de que não há interferência do Banco Central nesse mercado.

As flutuações no preço da moeda estrangeira significam mudanças constantes no fluxo dessa moeda, ora em direção do país, ora para fora. A entrada de divisas, com a consequente valorização da moeda nacional, pode refletir a competitividade do produto exportável brasileiro, a confiança do investidor estrangeiro na economia do país, em especial do capital produtivo; eventualmente, pode ser reflexo do interesse do capital de curto prazo, também conhecido como capital especulativo, que entra no país em busca de altas rentabilidades dos ativos financeiros, reflexo de uma eventual taxa de juros elevada.

A saída de divisas, desvalorizando a moeda nacional, pode ser, por sua vez, a sinalização de que há uma desconfiança do capital estrangeiro quanto às perspectivas econômicas do país no curto, médio ou longo prazos. Quanto maior o temor quanto à deterioração do cenário econômico e político, maior tende a ser a predisposição das divisas estrangeiras de buscarem novos mercados fora do país.

Daí a importância do conceito de reserva cambial. Como as divisas estrangeiras são monopólio do Estado, que é representado pelo Banco Central do Brasil, as entradas e saídas fazem parte do fluxo cambial controlado pela autoridade monetária. Nesse sentido, uma de suas preocupações é manter um saldo necessário e suficiente para poder atender e honrar os compromissos assumidos pelos residentes em moeda estrangeira. Para economias emergentes, o Fundo Monetário Internacional (FMI) sugere a manutenção de uma reserva cambial em um montante suficiente para a condução da política cambial e monetária, assegurando a capacidade de intervenção, quando for necessária para manter a taxa de câmbio em patamares adequados.

Além das questões de mercado, outro aspecto deve ser considerado com relação à taxa de câmbio. Quando a economia sofre os efeitos da inflação, os custos e os preços dos produtos e serviços produzidos internamente também aumentam. Quando isso ocorre, surge a necessidade de alterar a taxa de câmbio para manter a competitividade dos produtos exportáveis no mercado internacional. Essa alteração permite o ajuste dos preços internos com os externos, após o devido desconto da inflação externa também.

Na análise do comportamento da taxa de câmbio (Figura 6) no Brasil percebe-se, de forma bastante clara, o movimento adotado pelo Banco Central, no sentido de assegurar o real valorizado diante do dólar norte-americano, na tentativa de manter o preço do produto importado (matérias-primas, bens intermediários e finais) competitivo com o nacional, para garantir o abastecimento doméstico e assim evitar a pressão sobre preços. Essa política, entretanto, prejudicou os exportadores por tornar o produto exportável mais caro, impactando diretamente na balança comercial, além dos impactos do esfriamento na economia mundial.

O melhor monitoramento que se pode fazer acerca da taxa de câmbio é pelo comportamento do balanço de pagamentos, que reflete em suas contas todo o movimento de divisas estrangeiras no país. O grau de exposição ou de agravamento das contas externas pode ser detectado por esse importante instrumento, cujos padrões são definidos pelo FMI. Fugindo do padrão do manual do FMI vigente, e resgatando um conceito utilizado no passado, o balanço de pagamentos pode ser dividido em duas partes: conta em transações correntes (também conhecida como conta em conta-corrente) e conta compensatória.

A conta em transações correntes mostra a capacidade que o país tem de gerar divisas estrangeiras, por meio do movimento da balança comercial (exportação e importação), da balança de serviços (fretes, viagens internacionais, seguros, financeiros, computação e informação, *royalties* e licenças, aluguel de equipamentos, entre outros), da renda (lucros e dividendos, juros, salários) e das transferências unilaterais (doações e contribuições).

A antiga conta compensatória é composta por duas rubricas: conta de capital e conta financeira. A conta de capital registra o movimento de transferências de patrimônio dos imigrantes e a compra, venda e alienação de ativos não produzidos ou não financeiros, como cessão de marcas e patentes. A conta financeira engloba os movimentos dos investimentos diretos (capital produtivo), aplicações em carteira (ativos financeiros e empresariais), operações com derivativos e outros movimentos, como créditos comerciais, empréstimos e operações de regularização.

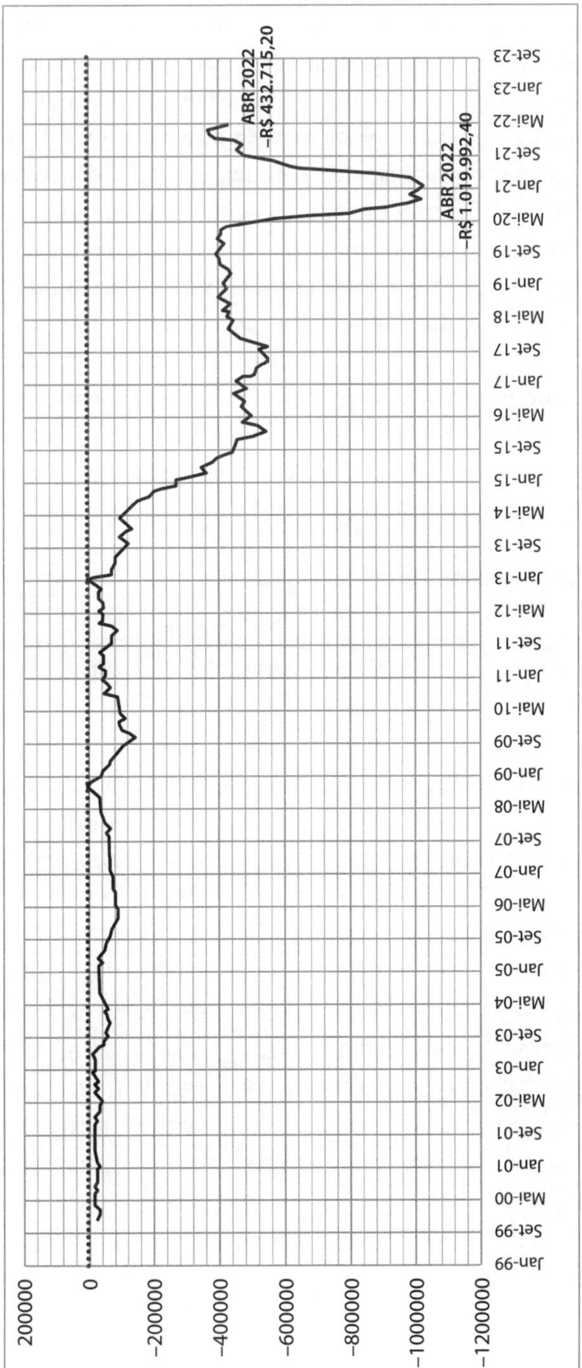

FIGURA 6 Taxa de câmbio livre (Sisbacen PTAX800 – US$ venda no final do mês).

O saldo em transações correntes indica se houve poupança externa positiva ou negativa. Se for deficitário, significa que o país comprou mais bens e serviços do exterior do que vendeu, indicando que houve uma poupança externa positiva. Em outras palavras, significa que a poupança externa está sendo transferida para o país que apresentou o déficit em transações correntes, aumentando, assim, as obrigações financeiras com o exterior. Do ponto de vista da reserva cambial, significa que mais divisas saíram do que entraram, tornando-a, dessa maneira, vulnerável, aumentando a possibilidade de uma moratória. As contas capital e financeira servem para, quando o saldo em transações correntes for deficitário, compensar esse déficit, neutralizando assim o comprometimento da reserva cambial. Dessa forma, o saldo final, conhecido como saldo do balanço de pagamentos, necessariamente deverá ser, na pior das hipóteses, igual a zero. A Tabela 1 mostra o comportamento das contas externas do Brasil desde 2003.

TABELA 1 Balanço de pagamentos (em US$ milhões)

Ano	Balança comercial	Serviços	Rendas	Transf. unilaterais	Saldo de transações correntes	Conta capital	Conta financeira	Erros e omissões	Saldo BoP
2003	23.749	(4.720)	(18.135)	2.867	3.760	83	5.529	(876)	8.496
2004	32.538	(4.321)	(20.107)	3.236	11.347	(213)	(6.776)	(2.114)	2.244
2005	43.426	(7.883)	(25.553)	3.558	13.547	187	(8.721)	(694)	4.320
2006	45.119	(9.410)	(26.985)	4.306	13.030	180	17.454	(95)	30.569
2007	38.483	(13.103)	(29.002)	4.029	408	249	89.979	(3.152)	87.484
2008	23.802	(16.851)	(41.806)	4.224	(30.641)	152	31.775	1.682	2.969
2009	24.958	(19.574)	(34.983)	3.338	(26.261)	237	73.005	(330)	46.651
2010	18.491	(30.156)	(67.055)	2.896	(75.824)	242	125.112	(430)	49.101
2011	27.625	(37.166)	(70.475)	2.984	(77.032)	256	137.879	(2.466)	58.637
2012	17.420	(40.168)	(54.308)	2.838	(74.218)	208	92.853	57	18.900
2013	389	(46.372)	(32.539)	3.683	(74.839)	322	67.877	714	(5.927)
2014	(6.629)	(48.107)	(52.170)	2.725	(104.181)	232	111.431	3.351	10.833
2015	17.670	(36.946)	(42.910)	2.751	(59.434)	461	56.714	3.828	1.569
2016	45.037	(30.447)	(41.080)	2.944	(23.546)	274	25.652	6.857	9.237
2017	64.028	(33.851)	(42.572)	2.632	(9.762)	379	10.323	4.152	5.093

Fonte: Banco Central do Brasil.

A análise da tabela mostra que até 2007 o saldo da balança comercial cresceu de forma significativa, principalmente pela grande participação das *commodities* agrícolas e do minério de ferro nas exportações, em razão do rápido e intenso crescimento da economia chinesa. Entretanto, a crise financeira norte-americana de 2008 expôs as fragilidades da economia brasileira, fazendo com que o país voltasse à sua antiga característica de um país deficitário em suas transações correntes, principalmente pela falta de competitividade dos produtos manufaturados.

Esses aspectos deixam clara a alta dependência que o país apresenta com relação ao capital estrangeiro, conforme será visto mais à frente. Tanto o investimento estrangeiro direto (IED) como o capital de curto prazo têm sido fundamentais para permitir o fechamento das contas externas do país. Para o IED, o que chama a atenção é o tamanho do mercado consumidor brasileiro que, apesar da fragilidade da economia, ainda apresenta um grande potencial de demanda (demanda reprimida). Nesse sentido, o país tem contado, na média, com o ingresso de capital produtivo em torno de US$ 60 bilhões anuais, o que representa uma grande ajuda para compensar o déficit em transações correntes. Como resolver essa fragilidade das contas externas?

Estimular investimentos produtivos para dar maior competitividade aos produtos manufaturados exportáveis, criar mecanismos para agregar valor às *commodities* agrícolas, estimular investimentos na infraestrutura e à produção de serviços, reduzindo a dependência externa, criar mecanismos que possam atrair o IED não só para produzir para o mercado doméstico nacional, como também transformar o setor produtivo brasileiro em plataforma de produção mundial. Em suma, buscar saldos superavitários em transações correntes para eliminar a dependência do capital estrangeiro.

TAXA BÁSICA DE JUROS

A taxa básica de juros representa uma das mais importantes variáveis macroeconômicas e que serve como instrumento de política monetária e fiscal. Ela corresponde à menor taxa de juros vigente em uma economia, normalmente a adotada quando um banco empresta a outro, em operações de um dia (*overnight*), que são as operações lastreadas por títulos públicos federais. Ao elevar a taxa básica de juros, o Banco Central tem como objetivo frear o consumo da sociedade para conter a pressão sobre preços, ou atrair capital estrangeiro especulativo para ajustar suas contas externas.

De acordo com o Banco Central do Brasil, a Taxa Selic, a taxa de juros referencial da economia brasileira, é a "taxa média dos financiamentos diários, com lastro em títulos federais, apurados no Sistema Especial de Liquidação e Custódia (Selic). O Comitê de Política Monetária do Banco Central do Brasil (Copom) define a meta da Taxa Selic e seu eventual viés. A taxa de juros fixada na reunião do Copom é a meta para a taxa Selic, a qual vigora por todo o período entre reuniões ordinárias do Comitê. Se for o caso, o Copom também pode definir o viés, prerrogativa dada ao presidente do Banco Central para alterar, na direção do viés, a meta para a Taxa Selic a qualquer momento entre as reuniões ordinárias".

Deixando de lado o formalismo da definição, pode-se dizer que a Taxa Selic é como um termômetro da atividade econômica do país, ou o reflexo do desequilíbrio. Quanto maior a taxa de juros, maior o desequilíbrio observado no tripé macroeconômico, sinalizando que os componentes estruturais da economia exigem medidas corretivas urgentes. Nessa condição estrutural da economia, podem-se citar problemas relacionados ao bem-estar social (educação, saúde, segurança e infraestrutura em transportes), capacidade adequada de produção, produtividade, competitividade, pesquisa e desenvolvimento e instituições maduras. Essas ações são importantes para dar sustentação ao crescimento e desenvolvimento do país. Resumidamente, a taxa de juros tende a ser maior quanto maior for a distância entre o ritmo da economia e as condições estruturais.

Outro conjunto de fatores, mais relacionados com o chamado risco soberano ou risco-país, subjetivamente podem estar assimilados na taxa de juros, pois retratam o clima da atividade econômica. A leitura das atas das reuniões do Copom, que definem as taxas metas Selic para cada período, evidencia preocupações em torno de alguns temas, como:

- Ambiente político.
- Postura do investidor estrangeiro e sua percepção sobre o cenário.
- Interferência do Estado na dinâmica de mercado.
- Inflação monetária.
- Balanço de pagamentos.
- Atraso burocrático das instituições.
- Conversibilidade da moeda.
- Cumprimento dos contratos.
- Custo de mão de obra e produtividade.
- Disponibilidade de créditos de curto prazo.
- Disponibilidade de créditos de longo prazo e capital de risco.

A Figura 7 mostra de forma clara que o governo tentou, forçosamente, reduzir a taxa de juros a partir de 2011, até atingir o patamar de 7,25% ao ano. No entanto, esse foi um movimento artificial, como se o governo tivesse a intenção de, reduzindo a taxa de juros, fazer melhorar todas as condições estruturais da sociedade. Essa atitude desequilibrou ainda mais a economia, levando a taxa de juros ao patamar mais alto em 2015.

A partir de março de 2020, em função da pandemia de Covid-19, que levou governos a decretarem isolamento social e a suspender algumas atividades, a perspectiva de uma crise estimulou o Copom (Comitê de Política Monetária) a manter a trajetória de queda da taxa básica de juros. Após sucessivos cortes, a taxa de juros Selic chegou ao patamar de 2% ao ano em agosto de 2020.

Analistas defendiam, à época, que havia espaço para uma queda ainda mais agressiva. Diziam que o Brasil já tinha uma ociosidade grande na economia, que aumentou com a pandemia, principalmente pela diminuição da demanda por produtos e serviços. Defendiam, assim, muito estímulo. Segundo eles, uma redução maior dos juros até o encerramento do ano seria uma das formas de o Banco Central impulsionar a recuperação da atividade econômica. Entre os fatores que justificavam o corte na Selic estava a inflação abaixo da meta do Banco Central, de 4%.

Entretanto, frente à fragilidade estrutural da economia brasileira, associada aos reflexos da economia externa (não se pode deixar de salientar que o Brasil é altamente dependente do setor externo, seja no que diz respeito à importação de bens e principalmente serviços e ao capital especulativo e ao investimento direto no país). Esse grau de dependência acabou refletindo diretamente sobre o setor produtivo da economia, aumentando seus custos de produção e afetando a oferta agregada.

RELAÇÃO DE CAUSA E EFEITO

Combinando o comportamento do tripé macroeconômico e da taxa de juros, percebe-se que esses indicadores estão intimamente relacionados. Daí o comentário de que bastam poucos indicadores (quatro para ser mais preciso) para entender o que ocorre na atividade econômica e, por consequência, ter a capacidade de prognosticar o que pode acontecer no futuro, dentro da racionalidade de comportamento do governo como um todo. As relações apresentadas a seguir partem do princípio de que nenhuma externalidade significativa ocorra, a ponto de modificar o comportamento natural das relações econômicas.

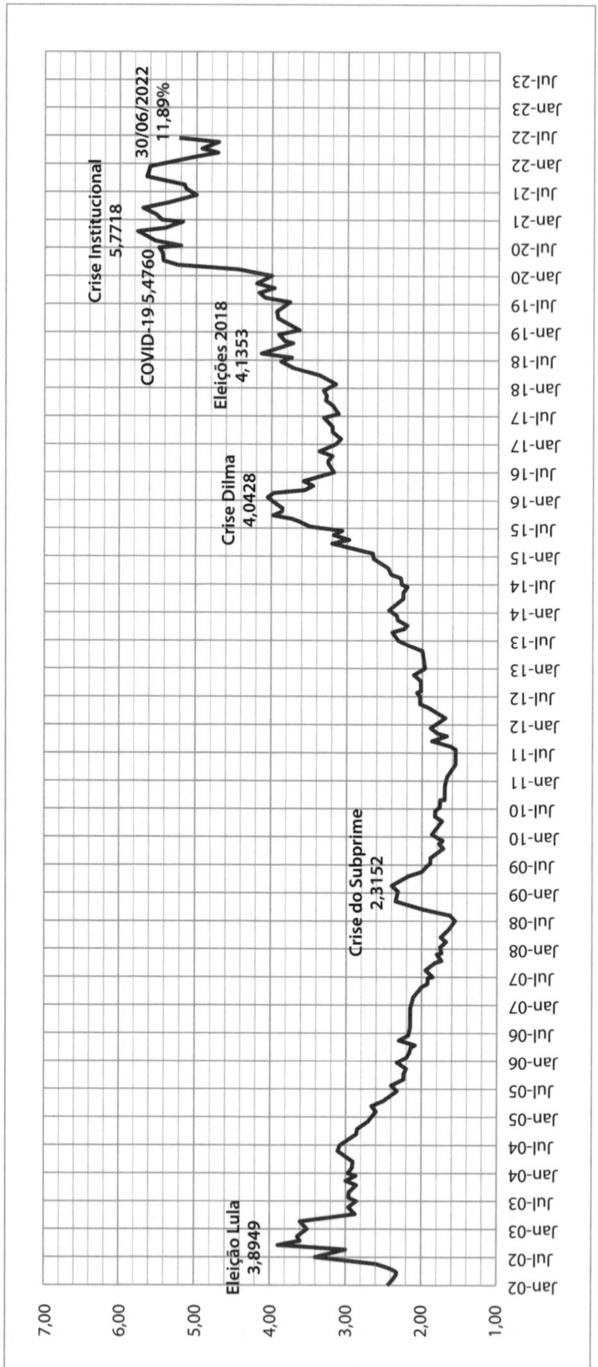

FIGURA 7 Taxa de juros meta Selic (% ao ano).

Fonte: Banco Central do Brasil.

A Figura 8 apresenta, de forma simplificada, a relação básica entre os agentes econômicos (famílias, governo, empresas e o setor externo), pelo papel que cada um deles desempenha na atividade econômica e a forma como interagem:

- **Famílias:** fornecem recursos produtivos (capacidade empresarial, capital, mão de obra e recursos naturais) às empresas em troca de renda (lucros, juros, salários e aluguéis). Essa renda será utilizada no consumo de bens e serviços produzidos pelas empresas, no pagamento de impostos, taxas e contribuições, no pagamento de bens e serviços importados, direta ou indiretamente, e a parte da renda que não for utilizada constituirá a poupança das famílias. Essa poupança poderá ser negativa se as famílias dispenderem mais do que a renda.
- **Governo:** agente econômico cujo papel é zelar pelo bem-estar da sociedade que ele representa. Para tanto, realiza despesas de custeio (manutenção da máquina de governo) com pessoal, de investimentos públicos (educação, saúde, segurança e infraestrutura em transportes) e transferências (subsídios, aposentadorias, pensões e programas sociais). Essas despesas são suportadas pela arrecadação. Da mesma forma que as famílias, se o governo gastar menos do que arrecada, ele também contribuirá para a formação da poupança nacional, por meio da chamada poupança de governo. Caso gaste mais do que arrecade, sua poupança também será negativa.

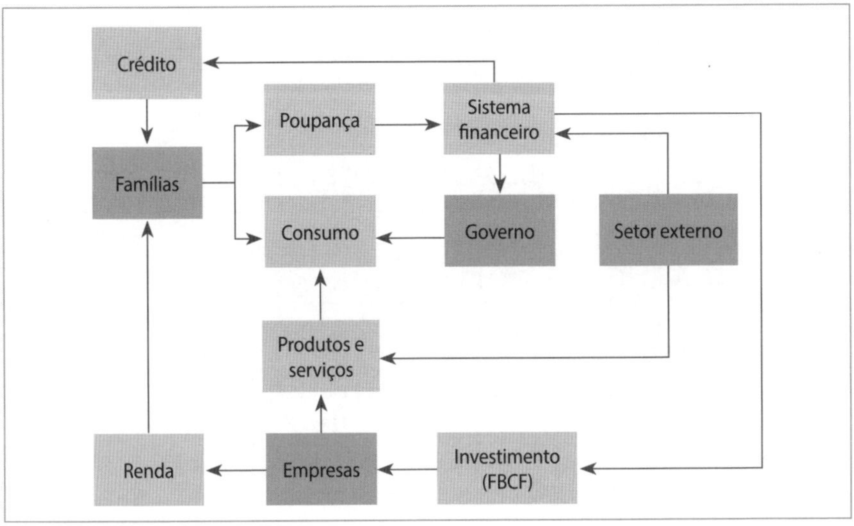

FIGURA 8 Fluxo da atividade econômica.

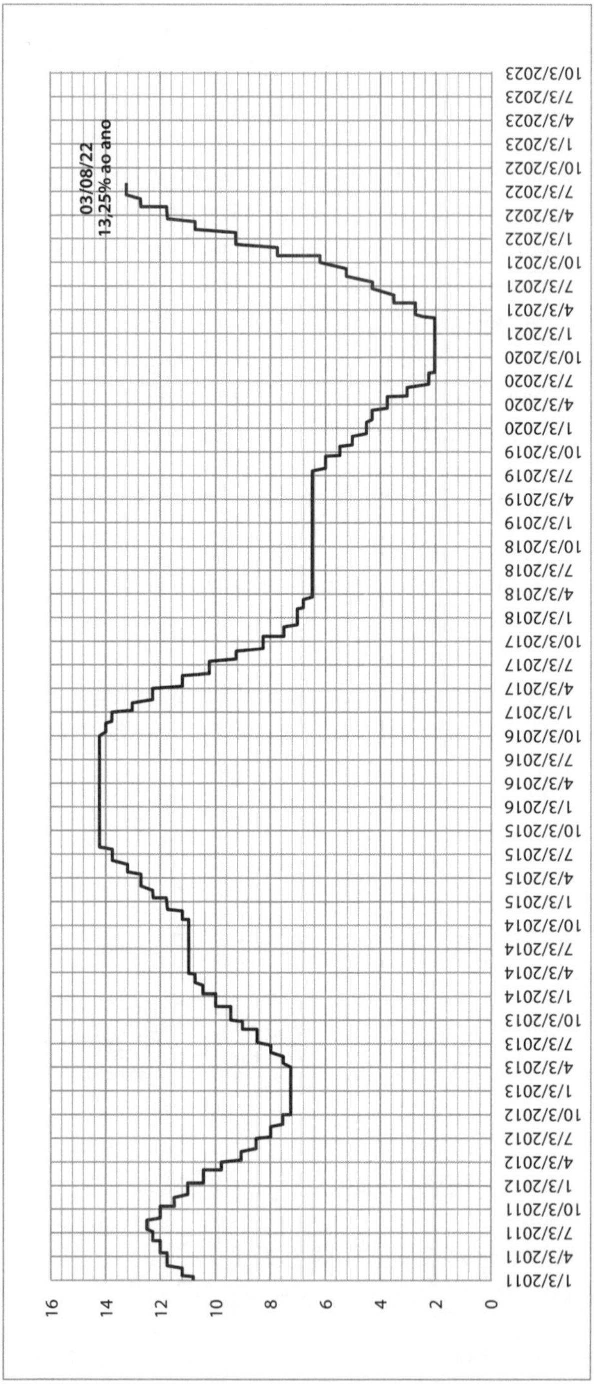
03/08/22
13,25% ao ano
16
14
12
10
8
6
4
2
0
1/3/2011
4/3/2011
7/3/2011
10/3/2011
1/3/2012
4/3/2012
7/3/2012
10/3/2012
1/3/2013
4/3/2013
7/3/2013
10/3/2013
1/3/2014
4/3/2014
7/3/2014
10/3/2014
1/3/2015
4/3/2015
7/3/2015
10/3/2015
1/3/2016
4/3/2016
7/3/2016
10/3/2016
1/3/2017
4/3/2017
7/3/2017
10/3/2017
1/3/2018
4/3/2018
7/3/2018
10/3/2018
1/3/2019
4/3/2019
7/3/2019
10/3/2019
1/3/2020
4/3/2020
7/3/2020
10/3/2020
1/3/2021
4/3/2021
7/3/2021
10/3/2021
1/3/2022
4/3/2022
7/3/2022
10/3/2022
1/3/2023
4/3/2023
7/3/2023
10/3/2023

FIGURA 9

- **Setor externo:** pode ser tratado como se fosse um mercado complementar ao doméstico, no que diz respeito tanto à demanda como à oferta de bens e serviços, e à movimentação de recursos monetários. Importam-se produtos e serviços não produzidos ou não disponíveis no mercado interno, mas que constituem necessidades e desejos dos agentes econômicos nacionais, e exportam-se os chamados excedentes de produção. Como foi comentado anteriormente, à medida que as importações superam as exportações, tem-se a poupança externa.
- **Instituições financeiras:** instituições intermediadoras de recursos, que tomam recursos de quem os tem sobrando (poupadores) para emprestar a quem deles necessita (tomadores). Os recursos captados podem ser utilizados para operações de financiamento e empréstimo às famílias, empresas, ao setor externo e, principalmente, ao governo. Esses recursos também podem ser utilizados para fomentar a economia, ou seja, para investimentos.

Conhecidos os papéis dos agentes econômicos, a relação de causa e efeito na economia pode ser vista da seguinte forma, em uma sequência de reações que atitudes dos agentes econômicos repercutem na economia: a lógica econômica pode ser entendida tomando como exemplo o que ocorre com a economia brasileira nos últimos anos. Medidas populares do governo, como incentivo ao consumo, facilidades creditícias e represamento dos preços administrados, travaram o processo de crescimento, comprometendo a atividade econômica no horizonte de médio e longo prazos.

A ânsia de controlar o processo inflacionário levou o governo a intervir na formação de preços, em especial dos administrados, como energia elétrica e combustíveis. Em linhas gerais, essa ação, em vista do aumento dos custos de produção, comprometeu as margens das empresas envolvidas, aumentando seu nível de endividamento. Esse represamento na tarifa de energia elétrica, com o estímulo ao consumo, fez a sociedade demandar mais energia, exigindo não só o aumento de produção na ponta geradora que se encontrava em sua capacidade máxima, mas também recorrer a fontes não usuais e mais caras, como as termelétricas, comprometendo a rentabilidade do setor como um todo.

O estímulo ao consumo, além do represamento de alguns preços, foi dado pela rápida expansão na concessão de créditos por parte das instituições financeiras, bem como pelos benefícios fiscais oferecidos a determinados setores, que reduziram os preços de seus produtos, estimulando ainda mais o consumo, em especial da nova classe média. Facilidades na aquisição de moradias, bem como de bens duráveis, acabaram comprometendo a renda do trabalhador. Dívidas de médio e longo prazos significam menos capacidade de consumir no futuro, o que impacta a atividade produtiva da economia, podendo gerar desemprego ao longo do tempo. Outra leitura importante é que, à medida que a sociedade está endividada, terá uma baixa capacidade de poupar.

Estímulos e benefícios concedidos pelo governo aumentaram os gastos do governo que, diante das isenções tributárias concedidas a determinados ramos da atividade econômica, comprometeram o atingimento da meta fiscal, chegando a uma situação preocupante de déficit primário nas contas públicas. Em outras palavras, o governo foi incapaz de gerar resultado para pagar um único centavo dos juros da dívida interna, aumentando ainda mais a necessidade de financiamento da dívida pública.

O financiamento da dívida pública se faz com a emissão de títulos públicos (Letras do Tesouro Nacional), colocados no mercado monetário ou aberto. Ao colocar esses papéis no mercado, o governo está reduzindo os recursos disponíveis para investimentos no setor produtivo da economia, com o agravante da baixa capacidade de poupar, que impedem a adequação e a expansão das condições de produção, o que faz aumentar ainda mais a distância entre o desejo de consumir e a capacidade de produzir, que desemboca na elevação dos preços na economia.

A necessidade de recursos para financiar o déficit público e para investimentos nas indústrias faz aumentar a dependência do capital estrangeiro, tanto de curto prazo como IED. Em uma solução de curto prazo, a autoridade monetária pode elevar a Taxa Selic para atrair o capital estrangeiro e estimular as pessoas a postergarem seu consumo e aumentarem seus níveis de poupança. Só que medidas dessa natureza, no curto prazo, impactam o consumo total na economia, podendo desencadear um processo recessivo de médio prazo.

Em suma, o déficit fiscal compromete a poupança nacional para a formação bruta de capital fixo, que, por sua vez, compromete a adequação das condições de produção ao aumento vegetativo da população e à elevação da renda da sociedade, que repercutirá sobre a elevação no nível geral de preços. Para evitar essa pressão sobre preços, a autoridade monetária eleva a taxa de juros para esfriar a demanda agregada, mas, por outro lado, por uma questão de custo de oportunidade, desestimula os investimentos no setor produtivo. Para minimizar os efeitos de um excesso de demanda, o governo pode facilitar a entrada de produtos importados, que podem desestimular ainda mais os investimentos privados.

REFERÊNCIAS

Banco Central do Brasil. Disponível em: www.bcb.gov.br.

Brasil. Ministério da Fazenda. Secretaria do Tesouro Nacional. Disponível em: https://www.gov.br/tesouronacional/pt-br.

Instituto Brasileiro de Geografia e Estatística. Disponível em: www.ibge.gov.br.

Nogami O. Não seja o pato do mercado financeiro: as aventuras do pato rico. São Paulo: Avercamp; 2004.

Nogami O, Passos CR. Princípios de economia. 7. ed. São Paulo: Cengage Learning; 2014.

CAPÍTULO 4

O investidor e a bolsa de valores

Walter Cestari

Este capítulo aborda o mercado de capitais, concentrando os conceitos básicos do funcionamento da bolsa de valores, a fim de oferecer os conhecimentos essenciais para a compreensão dos investimentos em títulos e valores mobiliários, especificamente no mercado de ações. Também apresenta elementos utilizados para a reflexão no processo de decisão, assim como melhor interpretação de oportunidades e riscos.

INTRODUÇÃO

O sistema financeiro pode ser definido como o conjunto de instituições e instrumentos que possibilitam a transferência entre poupadores e tomadores de recursos disponíveis na economia. Esse fluxo não ocorre sempre com as mesmas características operacionais, em razão do tipo de investimento, dos prazos e dos riscos envolvidos.

A forma eficiente para estabelecer as condições de liquidez para o funcionamento do sistema é denominada mercado financeiro. O mercado financeiro, de acordo com suas características, pode ser segmentado em mercados específicos. O mercado monetário é aquele no qual se concentram as operações de controle da oferta de moeda em circulação e das taxas de juros. O mercado de câmbio é aquele em que ocorrem as operações de troca de moedas por reais. O mercado de crédito é aquele em que atuam as instituições financeiras na intermediação do fluxo de recursos para consumo ou capital de giro. O mercado de capitais é aquele em que se efetuam a distribuição e a circulação de valores mobiliários com o propósito de viabilizar o financiamento e a capitalização das empresas.

MERCADO DE CAPITAIS

O desenvolvimento econômico é um processo de expansão contínua da renda nacional. Esse processo depende de investimentos nas empresas para o seu crescimento, aumento do nível de emprego e renda e, consequentemente, ampliação da capacidade de poupança. O mercado de capitais tem a finalidade de canalizar recursos dos agentes econômicos para as empresas por meio de operações com valores mobiliários em mercado de bolsa ou balcão.

Na estrutura do sistema, o Conselho Monetário Nacional é o órgão que formula as diretrizes gerais de funcionamento das instituições financeiras, e o Banco Central do Brasil atua como autoridade supervisora, além de executar a política monetária. Cabe à Comissão de Valores Mobiliários (CVM) a regulação e supervisão do mercado de capitais, incluindo as companhias abertas, bolsas e corretoras de valores mobiliários. A CVM estabelece regras de transparência e divulgação de informações, visando à proteção dos investidores e manutenção das melhores práticas no mercado de valores mobiliários.

Participam do mercado as instituições do sistema de distribuição de títulos e valores mobiliários, as corretoras, distribuidoras e bancos de investimento, as bolsas e, como administradoras de recursos de terceiros, os fundos e clubes de investimentos.

Mercado primário e mercado secundário

O mercado primário é aquele em que as empresas emitem títulos e valores mobiliários, como as ações, para captar dos investidores recursos destinados ao caixa ou para projetos de investimentos. Ocorre a primeira negociação com a ação, e o dinheiro da venda fica com a empresa. O mercado secundário é aquele no qual os investidores negociam e transferem entre si os valores mobiliários emitidos pelas empresas. A empresa não participa da operação, e a transferência dos recursos e da propriedade dos títulos é realizada por meio da bolsa de valores, por intermédio das corretoras. A compra e a venda desses títulos definem as condições de liquidez e o valor de mercado das ações e, portanto, da empresa emissora.

Valores mobiliários

Conforme a legislação, são considerados valores mobiliários, quando ofertados publicamente, quaisquer títulos ou contratos de investimento coletivo que gerem direito de participação, de parceria ou remuneração, inclusive resultante da prestação de serviços, cujos rendimentos advêm do esforço do empreendedor ou de terceiros. Como exemplo, pode-se citar ações, debêntures, contratos futuros, de opções, cotas de fundos ou de clubes de investimentos.

Ações

Ação é a menor fração do capital social da companhia. Somente as ações das companhias abertas registradas na CVM podem ser negociadas publicamente no mercado de bolsa. As ações emitidas pelas empresas classificam-se em ordinárias ou preferenciais. As ações ordinárias, além de proporcionarem ao possuidor participação nos resultados da empresa, conferem direito a voto nas assembleias. As ações preferenciais concedem ao acionista prioridade no recebimento de dividendos e, normalmente, não dão direito a voto.

O investimento em ações concede ao proprietário direito de participação nos lucros e outros, como fiscalização, informação e preferência na subscrição (compra) de novas ações por aumento do capital social, assim como direito de venda (*tag along*) ao novo controlador, por ocasião da transferência do controle da companhia. A distribuição de dividendos ou juros sobre capital próprio gera benefícios diretos para o investidor, pois são pagos em dinheiro. As bonificações, desdobramentos (*split*) e grupamentos (*inplit*) alteram a quantidade de ações possuídas na proporção definida pela companhia. Já o direito de subscrição pode ou não ser exercido pelo acionista.

Os dividendos devem ser no mínimo iguais a 25% do lucro anual da empresa. Além da distribuição de dividendos, a empresa pode remunerar seus acionistas por pagamento de juros com base em reservas de lucros retidos em exercícios anteriores. A bonificação em ações corresponde à distribuição gratuita de ações aos acionistas de forma proporcional às possuídas e resulta do aumento de capital, por incorporação de reservas. A bonificação em dinheiro significa que a empresa concede uma participação adicional ao acionista, além dos dividendos. O direito de preferência na aquisição de ações (subscrição), em quantidade proporcional às possuídas, não é obrigatório. O acionista poderá vender esse direito a terceiros em bolsa.

Empresa de capital aberto

A empresa de capital aberto é aquela em que os valores mobiliários de emissão própria estão registrados na CVM, distribuídos entre o público e negociados no mercado de bolsa.

Quando a empresa necessita captar recursos para novos investimentos ou reestruturar a composição de seus passivos financeiros, a abertura de capital por meio da emissão de ações é uma alternativa aos financiamentos bancários. A distribuição das ações pode ocorrer pelo processo de oferta pública ou oferta privada. Na oferta pública inicial (ou IPO, *initial public offering*), é realizado o registro na CVM, o que inclui a entrega da documentação pertinente, como balanços, estatuto, atas da assembleia, prospectos e demais publicações. Quando não é efetuado esse registro e a colocação das ações ocorre para quem já é acionista, denomina-se oferta privada (*private placement*).

A venda das ações aos investidores é realizada no chamado mercado primário, quando as ações são negociadas pela primeira vez e os recursos financeiros são direcionados ao caixa da empresa. Para isso, a empresa contrata os serviços de um banco, corretora ou distribuidora de valores que atuaram na organização da operação. Em geral, as instituições financeiras se associam e formam consórcios (*pools*) para a colocação das ações no mercado e assumem diversas funções. A instituição financeira coordenadora faz a análise da empresa, define o montante da operação, o tipo e o preço das ações a serem emitidas, organiza o consórcio e fica responsável pelo registro junto à CVM.

A bolsa desenvolveu uma infraestrutura de serviços de apoio à oferta pública. Mediante os parâmetros definidos, a bolsa valida os pedidos de reserva de compra e venda das ações pelos investidores e processa a locação das ações para eles. Concluída essa etapa e obtido o registro na CVM pelo banco coordenador, ocorre o início da negociação da ação no mercado de bolsa.

MERCADO DE BOLSA

Mercado de bolsa e mercado de balcão

As operações com os títulos e valores mobiliários no mercado de capitais abrangem o mercado de bolsa e o mercado de balcão, este podendo ser denominado mercado de balcão organizado, quando fiscalizado pela CVM ou não organizado em diferente situação.

No mercado de bolsa, as negociações são abertas e realizadas regularmente pelo público e instituições por meio de um sistema que possibilita o encontro de ofertas de compra e de venda, criando as condições de liquidez, tendo como contraparte a bolsa, respeitadas as normas e os procedimentos estabelecidos. No mercado de balcão organizado, a operação também é registrada em sistema de negociação, mas compreende apenas as partes envolvidas.

A CVM autoriza o funcionamento desses mercados e exige padrões mínimos de segurança e transparência no sistema de negociação. A bolsa deve manter normas operacionais, bem como aplicar penalidades se houver descumprimentos. A bolsa também deve ter mecanismos de ressarcimento de prejuízos caso os investidores se sintam lesados pela atuação da corretora.

Conceito e funções

As bolsas são ambientes organizados para a negociação de títulos e valores mobiliários, e sua função principal é proporcionar liquidez aos investidores na realização das transações. Utilizando sistemas eletrônicos para o registro de ordens de compra e venda, as bolsas criam as condições de transparência e segurança no processo das negociações, contribuindo para a eficiência do mercado. Nela operam as instituições vinculadas, corretoras de valores por meio das quais os investidores têm acesso ao sistema de negociação para comprar ou vender suas ações.

Além disso, o funcionamento das bolsas oferece condições de beneficiar a economia e a sociedade em geral. Por exemplo, mobilizando poupanças para a atividade produtiva, facilitando o crescimento das companhias, gerando emprego, ou redistribuindo renda, pois oferece oportunidade de as pessoas se tornarem sócias das empresas e, ao adquirir ações, compartilhar do lucro da empresa pela distribuição dos dividendos ou ainda pela formação de preços e aumento do valor de mercado.

A presença de novos acionistas e as exigências da CVM e da bolsa, com regras cada vez mais rígidas, como o registro da empresa no segmento de Novo Mercado Bovespa, obrigam as companhias abertas a aperfeiçoar seus padrões de administração, aprimorando os princípios de governança corporativa, o que resulta em maior eficiência na gestão empresarial.

Participantes

O investimento em ações é aberto para grandes e pequenos investidores. O investidor pode adquirir uma quantidade de ações de acordo com sua capacidade financeira. Por menor que seja a participação do investidor, a bolsa abre a possibilidade de uma fonte de renda adicional também aos pequenos poupadores.

Participam do mercado vários tipos de pessoas físicas e jurídicas, entre eles as empresas que buscam recursos para seus investimentos e as pessoas interessadas em aplicar recursos excedentes para obter ganhos, assim como as instituições financeiras que aproximam compradores e vendedores e fazem a intermediação das operações na bolsa. Quanto à forma de atuação, existem os investidores que utilizam o mercado para obter rendimento em longo prazo e os especuladores que apostam na oscilação de preços, buscando lucro no curto prazo.

Negociação

Para negociar ações em bolsa, o investidor escolhe uma corretora, faz a abertura de uma conta, define as ações que serão adquiridas e especifica o preço, a quantidade a ser negociada e o prazo de validade da ordem. Após a execução da ordem em bolsa, a corretora emite a nota de corretagem, na qual constam os valores negociados e o custo da transação, e informa ao cliente as condições da liquidação financeira da operação.

O objetivo básico da regulamentação das operações na bolsa é permitir que os preços reflitam as reais condições de oferta e procura, permitindo fechar o negócio ao melhor preço possível. A divulgação imediata das operações possibilita a avaliação e transparência das condições do mercado.

As operações são realizadas mediante as ordens dadas pelos clientes da corretora e de acordo com o tipo de ordem. A prioridade na execução das ordens é fundamental para oferecer aos clientes um tratamento equitativo, pelo qual os direitos dos investidores são respeitados. O tipo de ordem passada para a corretora tem influência na locação aos investidores das ordens executadas. Por exemplo: sendo do mesmo tipo, a ordem do cliente tem preferência sobre as ordens dos profissionais do mercado, como os sócios e funcionários da corretora. Quando existirem ordens de outros clientes que sejam da mesma condição, a locação será por ordem cronológica.

Os tipos de ordens de compra ou venda podem ser por preço, como no caso do preço limitado ou a mercado, e podem ser por prazo de validade, para o dia ou até sua execução. A ordem limitada só será executada por preço igual ou superior ao estabelecido, o que significa que poderá não ser executada caso a cotação no mercado não atinja o preço. A ordem a mercado deverá ser executada pela corretora imediatamente, o que garante sua execução, mas oferece o risco de falta de controle sobre o preço. O acompanhamento das operações pode ser feito, em tempo real, pelos terminais da bolsa, por serviços eletrônicos de informação ou por *sites* das corretoras via internet.

A NOVA BOLSA B3

Histórico

A bolsa de valores de São Paulo (Bovespa) foi fundada em 1891. Com a reforma do sistema financeiro nacional em 1965 e do mercado de capitais em 1966, a Bovespa passou a assumir a característica institucional de bolsa de valores e surgiram as sociedades corretoras.

Em 1972, a Bovespa implantou o pregão automatizado e as informações passaram a ser divulgadas de forma eletrônica e imediata. Em 1990, em paralelo ao pregão viva-voz, foi introduzido o sistema eletrônico de negociação, e em seguida foi instituída uma moderna câmara de compensação, liquidação e custódia dos títulos.

Em 2000 ocorreu a integração das demais bolsas de valores brasileiras em uma só bolsa, e a Bovespa passou a concentrar toda a negociação com ações. Ainda no início da década, a Bovespa lançou o Novo Mercado, com o objetivo de melhorar a prática de governança corporativa nas empresas.

Em 30 de setembro de 2005, encerrou-se o pregão viva-voz, passando a funcionar na forma de mercado eletrônico. Em 2007, a bolsa se transformou em empresa com fins lucrativos, e as sociedades corretoras, antes detentoras dos títulos patrimoniais da bolsa, passaram a ser acionistas. Em seguida, a Bovespa abriu o capital por meio de uma oferta pública e passou a ter suas ações negociadas no Novo Mercado.

Em 2008, ocorreu a fusão da Bolsa de Valores de São Paulo (Bovespa) e da Bolsa de Mercadorias e Futuros (BM&F), passando a denominar-se BM&FBOVESPA.

Em 2017 aconteceu a fusão da BM&FBOVESPA com a Central de Custódia, Liquidação Financeira e Registro de Títulos (Cetip S.A.), criando uma única empresa sob a razão social B3 S.A. (Brasil, Bolsa, Balcão).

Atividades

A B3 consolida os mercados de bolsa e balcão organizado e a infraestrutura do sistema em uma única instituição, reúne os mercados de renda variável e fixa, derivativos, *commodities* e outros nos segmentos de bolsa e balcão. Tem como objetivos a administração de mercados organizados de títulos e valores mobiliários, como ações, debêntures, contratos derivativos referenciados em ações, índices, taxas de juros, mercadorias e moedas, oferecendo aos participantes do mercado uma solução completa de negociação, registro e serviços pós-negociação, sistemas de liquidação e custódia de títulos.

Tipos de negócios com ações

- **Mercado à vista:** mercado em que se realizam operações de compra e venda das ações com prazo de liquidação física e financeira em três dias úteis (D+3).
- **Mercado a termo:** compra e venda das ações com prazo de liquidação previamente fixado pelas partes. Exemplos: 30, 60, 90 dias.
- **Mercado de opções:** compreende as operações relativas à negociação de cessão de direitos de compra ou venda. Nesse mercado, negocia-se o direito de comprar ou de vender uma ação, por um preço fixo em uma data futura. Quem adquirir o direito deve pagar um prêmio ao vendedor, tal como o preço pago na compra de seguro.

Pregão eletrônico

No pregão ocorre o processo de negociação com os títulos por meio de sistema eletrônico administrado e fiscalizado pela bolsa. As atividades se desenvolvem por intermédio de terminais instalados nas mesas de operações das instituições autorizadas (corretoras). As ordens de compra e venda executadas deverão ser confirmadas aos clientes verbalmente ou por escrito.

Para ter acesso ao sistema de negociação, os clientes deverão estar cadastrados na corretora, que será responsável pela veracidade das informações e deverá atuar no melhor interesse de seus clientes visando manter a integridade do mercado e elevados padrões éticos.

No processo de negociação eletrônica são utilizados códigos para a realização das operações. Cada ação é representada por quatro letras, seguidas de um número. As letras correspondem à identificação da empresa, e o número, ao tipo da ação. Por exemplo, a ação PETR3 significa que a ação é da Petrobras do tipo ordinária.

O sistema eletrônico permite a negociação das ações pela internet. É o chamado *home broker*, semelhante aos serviços bancários de *home banking*. Para o investidor ter acesso ao sistema, é necessário estar cadastrado em uma corretora. Para quem nunca utilizou o serviço, algumas instituições colocam à disposição do investidor simuladores de compra e venda de ações no mercado.

Todas as ofertas e operações realizadas na bolsa são analisadas pelo sistema de supervisão de mercado com o objetivo de identificar operações irregulares, manipulação de preços, práticas não equitativas e uso de informações privilegiadas. O mecanismo de ressarcimento de prejuízo deve ser acionado pelo investidor quando ele se sentir prejudicado. Caso a reclamação seja julgada procedente, o investidor será indenizado.

Segmentação dos negócios

Uma das funções da bolsa é a listagem das empresas emissoras e a admissão das ações à negociação.

A companhia listada terá suas ações negociadas no segmento básico, podendo solicitar a admissão em um dos segmentos especiais, como o Novo Mercado, que abrange as companhias de governanças corporativas. O capital social das empresas listadas no Novo Mercado é composto apenas por ações ordinárias, com direito a voto.

O segmento chamado Nível 2 é similar ao Novo Mercado, porém as empresas mantêm as ações preferenciais, que não oferecem direito a voto aos acionistas, mas asseguram a elas o direito de vender suas ações ao novo acionista por 100% do preço pago pelas ações ordinárias do acionista controlador.

No segmento Nível 1, as empresas devem adotar práticas que favoreçam a transparência e o acesso às informações e devem manter no mínimo 25% das ações em circulação no mercado.

O segmento Bovespa Mais tem como objetivo tornar o mercado acionário acessível a pequenas e médias empresas. É adequado para empresas que pretendem interagir com o mercado de capitais para aumentar sua visibilidade e despertar o interesse dos investidores.

ÍNDICES DE AÇÕES

Os índices agem como termômetros que mostram a avaliação de preços de um conjunto de ações. O índice Dow Jones surgiu na Bolsa de Nova York a partir da constatação de que os preços das ações oscilavam em ciclos de alta ou baixa. Na tentativa de projetar a tendência, criou-se uma média dos preços de uma quantidade representativa de ações, que passou a ser acompanhada diariamente. Existe uma grande variedade de índices, cada um utilizando determinada metodologia. O Dow Jones é composto por 30 companhias, que são chamadas *blue chips*, conjunto das ações mais negociadas e emitidas por empresas de grande porte, com grande liquidez no mercado.

O índice Bovespa (Ibovespa) é uma média ponderada de preços de ações, selecionadas por um critério de negociabilidade, apurado a cada quatro meses. Para compor o Ibovespa a ação deverá ter um número de negócios e volume financeiro mínimo e estar entre as ações que representem em conjunto 85% dos negócios realizados no pregão. A bolsa calcula o índice em tempo real, considerando os preços praticados no mercado à vista com as ações componentes da carteira. Sua divulgação é feita em seu *site* na internet, retransmitida *on-line*, facilitando o acompanhamento pelos investidores.

Existem no mercado brasileiro outros índices, como IBrX100,50, Valor Bovespa, Governança Corporativa, Sustentabilidade, Setoriais, entre outros, cada qual com o objetivo de medir o comportamento de uma carteira teórica de ações conforme suas respectivas metodologias.

GLOBALIZAÇÃO

O processo de globalização consolidou uma forma de colocação de direitos sobre títulos representativos de ações de empresas brasileiras nas bolsas americanas, chamados de ADR (*American depositary receipts*). No Brasil foi regulamentada a negociação com recibos de depósito de ações conhecidos como BDRs. Os BDRs são certificados representativos de ações emitidas por companhias com sede no exterior, como Microsoft, Facebook, entre outras. A compra e venda dos BDRs na bolsa ocorrem da mesma forma que as demais ações.

A emissão dos BDRs deve ser realizada por instituições financeiras brasileiras denominadas depositárias, que têm as funções de coordenação no lançamento dos títulos e com responsabilidades aplicáveis à distribuição pública.

RISCOS E OPORTUNIDADES

Visão geral

Ao aplicar suas economias, o investidor deve conhecer o que se pode esperar de cada tipo de aplicação no mercado financeiro e o nível de risco envolvido na operação. Uma vez definido o valor a ser aplicado, o prazo e o perfil de risco do investidor, o profissional do mercado deverá informar ao cliente as diferentes oportunidades de investimento. Antes de investir em bolsa, o investidor deverá se informar sobre os seguintes aspectos da empresa da qual deseja comprar ações: desempenho histórico da companhia, resultados financeiros, atos societários e identificação dos controladores e administradores, na mídia e nos *sites* da CVM, das companhias e das corretoras. No caso de compra das ações na abertura de capital (IPO) da empresa, analisa-se o prospecto do lançamento. É importante a definição do perfil de risco de cada investidor, pela instituição financeira, por meio da análise do perfil do investidor (*suitability*). Todo investidor deve ser informado de forma clara sobre o retorno previsto e as possibilidades de ele não ocorrer. Se a aplicação for em fundos de investimentos, o cliente deverá ser informado sobre o regulamento, assim como a composição da carteira, e receber o prospecto para conhecer todos os detalhes do investimento, assim como os custos e os riscos envolvidos. No caso do não cumprimento das regras, o investidor tem o direito de reclamar sem sofrer qualquer tipo de constrangimento ou ameaça, dirigindo-se à instituição financeira, à bolsa ou à CVM.

Tipos de risco

Não é fácil prever quanto o investimento vai render, porém o risco estará sempre presente e sob várias formas. Alguns tipos de risco são:

- **Risco de mercado:** decorre das condições da economia, influenciando os preços de forma positiva ou negativa.
- **Risco de liquidez:** relacionado com a facilidade ou não de vender as ações.

- **Risco operacional:** por problemas de falha humana, por má gestão profissional ou por falha de equipamentos do sistema.

Relação risco-retorno

Diversos são os motivos que podem fazer que o retorno esperado de um investimento seja diferente do retorno realmente obtido. O risco de um investimento pode ser considerado parâmetro da incerteza, quanto ao retorno e à probabilidade de não acontecer o esperado. Na bolsa são encontradas ações com retornos esperados diferentes; portanto, deve-se esperar que os riscos envolvidos sejam diferentes. Quanto maior for o risco da ação, maior deverá ser o seu retorno. Ao contrário, quanto menor o risco, menor a taxa de retorno esperada. A diversificação consiste na prática de aplicar em diferentes investimentos para reduzir o risco, ou seja, "não colocar todos os ovos em uma única cesta", pois, enquanto alguns investimentos estão em queda, outros podem registrar valorização. Por exemplo, se uma empresa do setor de alimentos for autuada por falta de padrões de higiene, as vendas cairão e o preço de suas ações também. Entretanto, é possível que outras empresas venham a se beneficiar. Portanto, tem-se diferentes impactos pelo mesmo fato. O acionista que detiver ações apenas da empresa fiscalizada terá uma perda maior do que outro que tenha uma carteira diversificada com outras ações.

Apenas a diversificação não é suficiente para eliminar todo o risco. Existem fatos que afetam o mercado como um todo. Por exemplo, uma recessão econômica provoca queda geral do nível de preços das ações na bolsa. Quando isso acontece, o risco é não diversificável, chamado de risco sistêmico.

No investimento em ações, o investidor não tem como antecipar qual será a rentabilidade da aplicação. Mas, se a escolha for feita com critério, mediante análises eficientes, boas técnicas de investimento e diversificação do risco, a aplicação poderá proporcionar um retorno maior que o de renda fixa.

VOLATILIDADE E TENDÊNCIAS

Em momentos de crise, a tendência é que os preços das ações da bolsa recuem. É uma oportunidade para quem acredita que o mercado deverá se recuperar. Com o mercado em pânico, o Ibovespa chegou a recuar mais de 10% em um único pregão, e algumas ações de companhias de grande porte se desvalorizaram notavelmente. Além disso, seus preços ficaram muito baixos, favorecendo a compra.

Mesmo com a queda do preço posteriormente, aquele momento de compra da ação segue a máxima de que o segredo é "comprar na baixa e vender na alta". É difícil encontrar o chamado "fundo do poço" em cenários de incertezas, mas as oportunidades aparecem e, com elas, o risco. É importante estar atento ao noticiário do mercado e principalmente às informações e avaliações técnicas. O investimento em bolsa deve ser considerado de médio e longo prazos. No curto prazo, os preços das ações estão sujeitos às oscilações, portanto o risco aumenta. Os recursos aplicados em bolsa devem estar disponíveis por longo prazo, ou seja, o investidor não deve aplicar dinheiro do qual precise de imediato, pois o grau de incerteza sempre acompanha o mercado.

Ao investidor conservador recomenda-se investir uma menor parte de seu capital no mercado de ações. Se desejar uma maior quantia e não tiver tempo de fazer o acompanhamento do mercado ou não se sentir seguro para aplicar individualmente, a recomendação é que aplique em um fundo de ações, pois são administrados por instituições financeiras com capacitação técnica e condições profissionais de gestão de riscos. O investimento que é bom para um indivíduo pode não ser para outro. Varia de acordo com a disposição de enfrentar os riscos das flutuações de preços e deve estar alinhado com as condições de vida das pessoas.

ANÁLISE DE INVESTIMENTO EM AÇÕES

Existem dois tipos de análises utilizadas no mercado de ações, chamadas de escolas fundamentalista e gráfica – esta última também conhecida como análise técnica. A análise fundamentalista estuda os fundamentos macroeconômicos, setoriais e econômico-financeiros da empresa. A análise gráfica estuda a série histórica dos preços das ações no mercado visando identificar a tendência de como os preços deverão se comportar.

O conhecimento dessas técnicas ajuda o investidor a obter melhor resultado da aplicação no mercado de ações. Enquanto as informações da escola fundamentalista fornecem elementos para decidir qual empresa está mais indicada para comprar suas ações, a análise dos gráficos indica quando é o melhor momento para efetuar as operações de compra e venda.

PRINCÍPIOS BÁSICOS (RECOMENDAÇÕES)

- Defina uma estratégia, estabeleça um valor a ser aplicado em ações, o qual deverá ser uma parcela de seu capital disponível para esse tipo de aplicação.
- Procure informações com profissionais de mercado sobre as diferentes oportunidades e riscos no investimento em ações. Conheça o mercado.
- Diversifique suas aplicações de acordo com seu perfil (conservador, moderado ou agressivo), adequado à sua capacidade de suportar riscos. A relação risco-retorno sempre será proporcional.
- Busque conhecimento; procure saber sobre a empresa da qual deseja comprar ações. Propostas de ganhos elevados podem ocultar riscos desconhecidos.
- Prefira investir em empresas com potencial de crescimento e qualidade de gestão. Conheça quem são os administradores da empresa.
- Rentabilidade passada não é garantia de rentabilidade futura.

RESUMO

O capítulo apresentou as informações fundamentais para o investidor que deseja conhecer o funcionamento da bolsa de valores. A conscientização do processo operacional leva a um melhor entendimento das aplicações no mercado de ações e torna-se uma alternativa de investimentos para o planejamento financeiro pessoal. O texto menciona a criação da nova bolsa, chamada B3 S.A., resultante da fusão entre a BM&FBOVESPA e a Cetip em 2017.

QUESTÕES PARA REFLEXÃO

1. Quais os motivos para a empresa abrir o capital?
2. Qual a principal função da bolsa de valores?
3. Como são realizadas as operações na bolsa?
4. Quais os riscos e as oportunidades existentes?

CAPÍTULO 5

Mercado financeiro e governança corporativa

Eduardo Montenegro Dotta
Elizabeth Krauter
Emilio Otranto Neto
José Carlos Luxo
Patrícia Oda
Ricardo Humberto Rocha

Neste capítulo, é apresentada uma visão geral do mercado financeiro e as principais questões de governança corporativa.

INTRODUÇÃO

O planejamento financeiro pessoal e a gestão do patrimônio, para que ocorram de forma eficiente, requerem uma série de conhecimentos que vão desde o cenário político e econômico até as questões sucessórias e tributárias, como gestão de riscos e seguros, ou seja, uma gama de conhecimentos que muitas vezes obrigarão o indivíduo a consultar um especialista, seja ele o gerente de banco, seja um planejador financeiro. Assim, entender a estrutura e o funcionamento do Sistema Financeiro Nacional (SFN) e conhecer e acompanhar as práticas de governança corporativa passam a ser fundamentais para que se possa responder algumas questões importantes, como: qual é o órgão de instância máxima no SFN? A quem se deve recorrer se tiver um problema relacionado aos investimentos? Como essa estrutura de regulação influencia os tipos de investimento e os variados produtos oferecidos pelos diversos agentes financeiros? Qual contribuição as *fintechs* de crédito poderão proporcionar ao mercado financeiro brasileiro? Qual é a importância da governança corporativa nas decisões de investimento?

Este capítulo tem como desafio ajudar a responder tais questões.

GLOBALIZAÇÃO FINANCEIRA

O processo de globalização financeira atual é fruto de diversos desdobramentos que aconteceram após o final da Segunda Guerra Mundial e teve início com o chamado Acordo de Bretton Woods (Estados Unidos)[1]. Entre 1944 e 1971, o mundo financeiro global apresentava pequenas flutuações entre as taxas de câmbio praticadas pelos principais países ricos, em virtude do padrão dólar-ouro estabelecido no Acordo de Bretton Woods. Entretanto, após a decisão do governo americano, em meados de 1971, de abandonar o "padrão-ouro" e adotar o regime de câmbio flutuante, as taxas de câmbio entre as principais moedas mundiais passaram a ter grande oscilação (flutuação), que no mercado financeiro é denominada volatilidade. Assim, a partir de 1973, a palavra "volatilidade" passou a fazer parte do vocabulário das finanças bancárias, e, simultaneamente, uma das respostas oferecidas pelo próprio mercado financeiro para mitigar um padrão mais elevado de risco foi o desenvolvimento de diversos contratos derivativos financeiros, quer sejam negociados pelas bolsas de futuros, quer sejam pelos denominados contratos negociados nos mercados de balcão, no mercado internacional denominados OTC (do inglês, *over the counter*).

Para os Estados Unidos, uma das consequências da flutuação do dólar foi um processo crônico inflacionário que obrigou o Banco Central norte-americano a adotar uma política monetária austera (elevação da taxa de juros), com graves consequências não apenas para a economia local, mas também para os países emergentes, especificamente os latino-americanos, que a partir de 1982 viriam anunciar uma série de moratórias de suas dívidas externas em dólar, com graves efeitos sobre os balanços dos bancos norte-americanos, obrigando o Tesouro daquele país a adotar um plano de reestruturação do setor financeiro em 1989, conhecido como Plano Brady – em referência ao idealizador desse plano, o Secretário do Tesouro dos Estados Unidos na época (de 1988 a 1993), Nicholas F. Brady.

O Plano Brady foi adotado para mitigar o chamado risco sistêmico, evitando a falência generalizada de instituições bancárias norte-americanas que eram credoras dos países emergentes endividados em dólar. Com o desdobramento do plano Brady, iniciou-se uma série de discussões visando debater os riscos

---

1 Durante o final da Segunda Guerra Mundial, representantes de 44 países se reuniram em Bretton Woods, New Hampshire, nos Estados Unidos, para discutir a criação de um sistema monetário internacional estável para o pós-guerra. O resultado desse encontro foi a assinatura do Acordo de Bretton Woods em julho de 1944.

assumidos pelo Sistema Financeiro dos Estados Unidos, e essas discussões se tornaram as precursoras do denominado Acordo da Basileia. Tal acordo foi firmado em 1988, na cidade de Basileia (Suíça), por iniciativa do Comitê de Basileia e ratificado posteriormente pelos Bancos Centrais de mais de 100 países. Esse acordo, também denominado Basileia I, teve como objetivo central criar exigências mínimas de capital que deveriam ser respeitadas por bancos comerciais, como precaução contra o risco de crédito, ou seja, basicamente consistia em um conjunto de regras prudenciais, visando mitigar os riscos que o sistema financeiro global gerenciava.

Sugere-se ao leitor que navegue pelo *site* do Banco de Compensações Internacionais – BIS (Bank for International Settlements, www.bis.org) e verifique sua importância na condução de regras adotadas pela maioria dos Bancos Centrais em caráter mundial e sua contribuição para a construção de um sistema financeiro global mais saudável.

CRISES GLOBAIS

A partir dos anos 1990, com o fim da chamada "cortina de ferro", os fundos de investimento estrangeiros (denominados nos Estados Unidos de *mutual funds*, *pension funds*, *hedge funds*, entre outros) passaram a buscar oportunidades de investimentos nos chamados mercados emergentes. Essa busca por retorno acima do custo de oportunidade, em um primeiro momento, acarretou uma expressiva entrada de capitais para essas economias, com consequências sobre ativos de mercado de capitais, que tiveram forte valorização. Além disso, provocaram a apreciação das moedas domésticas desses países, que passaram a receber expressivos volumes de recursos em dólares norte-americanos.

Os investidores, ao identificar que seus objetivos de retorno em relação ao risco já haviam sido alcançados, ou que os fundamentos dessas economias não justificavam o risco assumido, rapidamente deslocavam seus recursos para outros ativos, adicionando uma forte volatilidade a esses mercados, principalmente no que diz respeito à taxa de câmbio, provocando saídas expressivas de dólares e, consequentemente, ocasionando situações de crise cambial em alguns períodos.

Destacam-se, nesse sentido, as crises: no México, em 1994; na Tailândia e demais Tigres Asiáticos, em 1997; na Rússia, em 1998; no Brasil, em 1999; na Turquia, em 2000; na Argentina, em 2001; finalmente, a denominada crise do subprime em 2008. Há autores que defendem a tese de que a crise da Zona do

Euro no final de 2009 que se estendeu para 2010 foi uma consequência da crise norte-americana (Estados Unidos) de 2008.

Nesse contexto, é importante que o leitor perceba que, embora a regulação do sistema financeiro em caráter global venha exigindo maior transparência na gestão dos riscos e maior exigência de capital, local ou globalmente, essas iniciativas não são suficientes para evitar novas crises, mas, de certa forma, preparam os agentes financeiros para melhor qualificação técnica e maior exigência de capital próprio.

ARQUITETURA DO SISTEMA FINANCEIRO NO BRASIL E SUAS IMPLICAÇÕES NA GESTÃO DE PATRIMÔNIO

O desenho atual do sistema financeiro brasileiro vem sendo aperfeiçoado desde 1964, quando foram criados o Conselho Monetário Nacional (CMN) e o Banco Central do Brasil (www.bcb.gov.br). Nesse sentido, nos últimos 60 anos, o sistema financeiro brasileiro, denominado tecnicamente de Sistema Financeiro Nacional (SFN), passou por uma série de aperfeiçoamentos, em última instância, tentando mitigar o risco sistêmico e protegendo, na medida do possível, os investidores. Isso foi possível após um intenso aprendizado que envolveu uma série de crises bancárias, principalmente durante as décadas de 1980 e 1990, com considerável número de instituições que tiveram sua falência (tecnicamente denominada de liquidação extrajudicial) decretada pelo Banco Central do Brasil.

Desde 1995, algumas iniciativas do agente regulador no Brasil acabaram possibilitando maior segurança aos depositantes, como a criação do Fundo Garantidor de Créditos (cuja consulta ao *website* é fortemente recomendada, www.fgc.org.br), com um processo de saneamento de instituições, ou seja, com vistas a assegurar a liquidez e solvência do SFN e com ênfase nos bancos de controle público por meio do Programa de Estímulo à Reestruturação e ao Fortalecimento do Sistema Financeiro Nacional (PROER).

Outro ponto que deve ser ressaltado é o grande número de planos econômicos que ocorreram no Brasil nos últimos 38 anos, sempre com o objetivo de debelar processos inflacionários crônicos, como os planos: Cruzado (1986), Bresser (1987), Verão (1989), Collor (1990) e Real (1994). De todos esses planos citados, o Plano Real foi o que apresentou com sucesso um efetivo combate ao processo inflacionário, ao levar em conta que uma das questões centrais no combate à inflação, além da transparência e simetria de informações para a sociedade, é o controle das contas públicas. O desajuste fiscal tem sido, ao longo dos anos, um dos grandes componentes de um processo inflacionário que, atualmente, comparado ao passado recente, é baixo, mas responsável por um processo de indexação que dificulta uma série de questões econômicas e acaba inibindo um desempenho melhor da economia brasileira. Portanto, é importante visualizar a arquitetura do sistema financeiro e como ela se relaciona com as diversas opções de investimento, tendo em mente que a inflação e a indexação da economia, no caso brasileiro, são fatores a serem acompanhados atentamente ao se tomar a decisão de alocação de recursos no mercado local.

RENDA, POUPANÇA E FUNÇÃO DOS BANCOS

Os principais participantes de qualquer processo produtivo de uma economia são os trabalhadores (recursos humanos), os empresários (capacidade empresarial), a terra (recursos naturais) e o capital (recursos financeiros). As famílias (trabalhadores) e as empresas (unidades produtoras) são chamadas de agentes econômicos. A capacidade empresarial, a terra e o capital são chamados, genericamente, de fatores de produção.

A renda representa a remuneração que os participantes de uma economia recebem. Por exemplo, o salário é a renda dos trabalhadores, pois é a retribuição que recebem por um trabalho realizado ou serviço prestado a alguém. É importante saber que cada fator de produção possui um tipo de remuneração:

- Trabalho → salário.
- Capital → juros.
- Terra → aluguel.
- Empresário → lucro.

De acordo com Assaf Neto (2015), a poupança é a parcela da renda que não foi consumida pelos agentes econômicos. É a existência de poupança que faz surgir o processo de intermediação financeira, ou seja, relacionar os doadores (agentes econômicos superavitários) com os tomadores de recursos (agentes econômicos deficitários). A intermediação financeira é a principal função exercida pelos bancos.

O MULTIPLICADOR DA BASE MONETÁRIA: A CRIAÇÃO DE MOEDA PELOS BANCOS

Como intermediários financeiros, os bancos têm a capacidade de criar moeda (meios de pagamento), pois os depósitos recebidos geram empréstimos que, por sua vez, podem resultar em novos depósitos em outros bancos. A esse efeito financeiro dá-se o nome de multiplicador da base monetária.

O que acontece na realidade é que os bancos emprestam a alguns de seus clientes recursos que pertencem a outros, ou seja, estão emprestando aos tomadores recursos que pertencem aos aplicadores e não a eles (os próprios bancos). Não é difícil imaginar o tamanho do problema gerado caso todos os clientes de um banco resolvessem retirar suas aplicações ao mesmo tempo. É por isso que, além de controlar a emissão da moeda, os governos centrais, por intermédio dos Bancos Centrais, controlam rigorosamente a quantidade de recursos que os bancos podem emprestar; é o que os especialistas chamam de recolhimento (ou depósito) compulsório.

O recolhimento compulsório funciona da seguinte maneira: o Banco Central determina um valor percentual sobre os depósitos à vista (saldo disponível nas contas-correntes nos bancos) que, obrigatoriamente, todos os bancos devem depositar em uma conta específica, monitorada pelo Banco Central. Dessa forma, é possível ao Banco Central gerenciar a capacidade dos bancos de realizarem empréstimos. Existe também o compulsório sobre os depósitos a prazo, que são aqueles relacionados aos investimentos em renda fixa e realizados por meio das aplicações financeiras em Caderneta de Poupança e Certificado de Depósito Bancário (CDB), entre outros.

OFERTA *VERSUS* DEMANDA: O FUNCIONAMENTO DA ECONOMIA

A economia se movimenta pelo livre comércio das mercadorias. No entanto, para que se estabeleçam essas relações de troca entre os agentes econômicos, é necessário que haja equilíbrio entre as necessidades das famílias – "demanda" dos consumidores – em relação ao que existe para ser comprado – "oferta" das empresas.

As necessidades humanas podem ser ilimitadas, mas a quantidade de recursos para satisfazê-las é limitada e insuficiente, ou seja, de acordo com a teoria econômica, os insumos são escassos (os insumos podem ser *commodities* agrícolas, *commodities* metálicas, petróleo, gás natural etc.). Assim, torna-se necessário escolher entre as necessidades imediatas e as que podem esperar para serem satisfeitas no futuro. Assim como as famílias (consumidores), que nem sempre podem adquirir tudo o que têm vontade, pois lhes falta renda, as empresas (produtores) também enfrentam o problema da escassez de recursos que podem ser investidos na produção, e suas decisões devem considerar três problemas econômicos fundamentais:

1. **O que e quanto produzir:** existe uma diferença temporal entre o momento em que os produtores decidem produzir determinada mercadoria e sua produção efetiva (oferta). Além disso, é necessário decidir quanto produzir de cada tipo de mercadoria que será ofertada ao mercado.
2. **Como produzir:** os produtores devem escolher métodos de produção com custos compatíveis ao preço que o mercado consumidor está disposto a pagar por seus produtos.
3. **Para quem produzir:** qual será o mercado consumidor, público-alvo das mercadorias produzidas.

Portanto, as diferenças entre a demanda e a oferta de mercadorias podem levar a alterações nos preços dos produtos. Essas movimentações no comportamento dos preços são comuns em todas as economias, sejam elas desenvolvidas, sejam em desenvolvimento, e não se caracterizam, necessariamente, como inflação. O que define a inflação em um país é a ocorrência de aumentos contínuos e generalizados nos preços dos produtos e serviços, levando à perda do poder aquisitivo do consumidor.

No Brasil, a inflação oficial, ou seja, que é utilizada pelo Banco Central, é o Índice de Preços ao Consumidor Ampliado (IPCA), calculado pelo Instituto Brasileiro de Geografia e Estatística (IBGE), cuja consulta ao *website* é fortemente recomendada (www.ibge.gov.br).

O GOVERNO INTERFERINDO NA ECONOMIA: AS POLÍTICAS ECONÔMICAS

Governar e administrar corretamente um país é tarefa difícil e frequentemente exaustiva e persistente. Existem inúmeros objetivos econômicos e sociais a serem atingidos, muitas vezes concorrentes entre si, como maiores níveis de emprego, estabilidade de preços (controle inflacionário), melhor distribuição de renda, crescimento econômico, entre outras variáveis. Para isso, o governo atua na economia por meio de políticas macroeconômicas, utilizando, por exemplo, a política fiscal, a política monetária e a política cambial.

Política fiscal

A política fiscal diz respeito ao orçamento público. Assim como qualquer outro orçamento, é necessário haver equilíbrio entre receitas e despesas do governo. As receitas do orçamento público são formadas pela arrecadação de tributos (impostos, contribuições e taxas), e as despesas são os gastos do governo (gastos com pessoal, de custeio, com previdência social, entre outros). É por isso que comumente os economistas denominam que a política fiscal é dividida em política tributária e política de gastos.

Quando a arrecadação é maior que os gastos, é dito que houve superávit público. Caso contrário, isto é, quando a arrecadação não consegue cobrir os gastos, diz-se que houve déficit público. No Brasil, geralmente o governo é deficitário, ou seja, gasta mais do que arrecada, e, como consequência, provoca crises fiscais recorrentes.

Nesse sentido, os governos deficitários precisam conseguir recursos extras, e, em caso de déficits públicos crônicos, uma das maneiras de conseguir isso é pedir empréstimos a outros governos ou organismos internacionais, como o Fundo Monetário Internacional (FMI), o Banco Mundial (World Bank), o Banco Interamericano de Desenvolvimento (BID) e entidades afins. Outra forma que os governos utilizam para conseguir recursos financeiros e que é mais utilizada em todas as economias é a emissão de títulos de dívida pública (interna e/ou externa), mas que, na prática, não gera recursos suficientes para amortização parcial da dívida corrente, e sim única e exclusivamente para rolar seu passivo (obrigações) e cobrir o furo (déficit) de caixa.

De acordo com Assaf Neto (2015), um título de dívida pública funciona da seguinte maneira: o governo toma determinado volume de recursos e em contrapartida emite um documento (título ou papel), se comprometendo a honrar essa dívida estabelecida conforme o título no futuro. Na emissão desses papéis (títulos públicos), ficam determinadas as condições gerais, ou seja, os valores, os prazos e as taxas de juros para a devolução dos recursos aos investidores desses títulos. Esses títulos públicos passam, então, a ser negociados no mercado financeiro como opções de investimento em renda fixa.

Política monetária

A política monetária refere-se às atuações do governo para controlar a quantidade de moeda em circulação no país. Quando existe excesso de moeda, é provável que ocorra aumento na demanda de produtos e serviços, o que pode levar a aumento nos preços finais dos produtos e serviços. Como já citado neste capítulo, se essa situação persistir por longos períodos consecutivos, teremos caracterizado um processo inflacionário. Por outro lado, quando há escassez de moeda, as famílias tendem a consumir menos, o que poderia levar a redução no nível geral dos preços de produtos e serviços. Porém os produtores (empresas), como sabem que venderão menos (demanda será menor), aumentam os preços no intuito de manter certo nível na margem de ganho (lucratividade). Novamente, se isso acontecer por períodos sucessivos, haverá um processo inflacionário em andamento. Como é possível perceber, a quantidade de moeda circulando no ambiente econômico (economia real) tem influência direta na vida das famílias (consumidores), sendo bastante complexo determinar a quantidade ideal de moeda para uma economia, pois isso depende de fatores nem sempre explícitos.

O Banco Central tem papel importante na execução da política monetária, por exemplo, aumentando ou diminuindo a taxa de depósitos compulsórios, entre outras ações. Quando essa taxa é alta, menos dinheiro circula na economia, pois o multiplicador da base monetária fica menor (quantidade de dinheiro que poderá ser emprestada pelos bancos), assim a capacidade de criação de moeda dos bancos é reduzida.

Outra maneira de atuar na política monetária é controlar a oferta de crédito. Para isso, o Banco Central estabelece regras mais rígidas (de acordo com o nível de Basileia que está sendo utilizado no Brasil) para a liberação de empréstimos pelos bancos, e assim diminui a quantidade de moeda em circulação.

Política cambial

As operações de importação e exportação requerem a existência de uma adequada taxa de câmbio, em virtude da diferença de moedas entre os países que participam do comércio exterior. Economicamente, isso significa que os produtos brasileiros (exportadores) se tornam mais acessíveis aos compradores internacionais (importadores), quando o poder de compra do dólar aumenta em relação ao real (desvalorização da moeda brasileira) e vice-versa. Geralmente a variação da taxa de câmbio é ocasionada por meio da oferta e demanda da moeda estrangeira (p. ex., o dólar americano – USD$). Assim, na hipótese de a oferta de dólar ser maior que sua demanda, a taxa de câmbio em reais sofreria queda, ou seja, uma valorização do real, perante o dólar americano.

A política cambial é a forma como o governo influencia as relações de troca (denominadas tecnicamente de câmbio ou taxas de câmbio) entre o real e as moedas de outros países (usualmente, USD$ ou euro – EUR$), ou seja, é o instrumento cambial geralmente utilizado pelo governo para atuar no comércio internacional. A manutenção de uma adequada taxa de câmbio (definida como o custo da moeda estrangeira em reais) pode evitar distúrbios internos com outros fatores econômicos, como pressões inflacionárias, a concorrência elevada de produtos importados contra produtos brasileiros, entre outros.

Uma das maneiras que o governo utiliza para controlar a taxa de câmbio, que geralmente flutua de acordo com a oferta e demanda do dólar americano, é utilizar as reservas internacionais, por meio de operações no mercado de câmbio e de acordo com a política cambial adotada pelo Governo Federal. Quando o governo precisa desvalorizar o câmbio (desvalorizar o real) para estimular as exportações, por exemplo, o Banco Central pode realizar operações de compra de dólares no mercado de câmbio, a preços acima de R$ 5,00 por USD$ 1,00, o que fará que a cotação do dólar aumente e, consequentemente, como já dito, estimulará mais as exportações.

O SISTEMA FINANCEIRO NACIONAL

A função principal do SFN é promover um ambiente favorável ao ciclo de intermediação financeira. O SFN é formado por todas as instituições financeiras (públicas e privadas) do país e pode ser subdividido em três grandes grupos: os órgãos normativos, as entidades supervisoras e os operadores.

Os órgãos normativos são aqueles que estabelecem as políticas e regras de funcionamento para o mercado financeiro e suas instituições. São órgãos normativos do SFN o Conselho Monetário Nacional (CMN), o Conselho Nacional de Seguros Privados (CNSP) e o Conselho Nacional de Previdência Complementar (CNPC).

As entidades supervisionadoras são aquelas que executam as políticas determinadas pelos órgãos normativos (CMN, CNSP e CNPC) e regulam (fiscalizam) o funcionamento do SFN. São entidades supervisionadoras do SFN o Banco Central do Brasil (Bacen), a Comissão de Valores Mobiliários (CVM), a

Superintendência de Seguros Privados (SUSEP) e a Superintendência Nacional de Previdência Complementar (PREVIC).

Os operadores do SFN são todas as instituições financeiras ou equiparadas, bem como autorizadas a operar pelas entidades supervisionadoras, e que fazem operações de intermediação financeira ou demais instituições participantes. Podem ser bancárias ou não bancárias e são geralmente classificadas nos seguintes grandes grupos: bancos e caixas econômicas; *fintechs*; administradoras de consórcios; cooperativas de crédito; corretoras e distribuidoras; instituições de pagamentos; demais instituições não bancárias; bolsa de valores; bolsa de mercadorias e futuros; seguradoras e resseguradores; entidades abertas de previdência; sociedades de capitalização; entidades fechadas de previdência complementar (fundos de pensão).

PRINCIPAIS INSTITUIÇÕES DO SISTEMA FINANCEIRO NACIONAL

Conselho Monetário Nacional (criado pela Lei nº 4.595, de 31 de dezembro de 1964)

Atualmente, o CMN é composto por três representantes: o Ministro da Fazenda, que é o presidente do conselho, o Ministro do Planejamento e o Presidente do Banco Central. É função primordial do CMN "formular todas as políticas de moeda e crédito, com o objetivo de atender aos interesses econômicos e sociais do país", ou seja, o CMN deve fornecer diretrizes para as políticas econômicas do país. Além disso, cabe ao CMN legislar sobre as instituições financeiras, e suas diretrizes são frequentemente apresentadas na forma de resoluções.

Entre suas várias atribuições, destaca-se a regulamentação das taxas de juros praticadas em nossa economia. Baseando-se na meta de inflação definida pelo CMN, o Comitê de Política Monetária (Copom) estabelece, periodicamente, a famosa "meta Selic", que nada mais é que a taxa básica de juros da economia. O Copom é um órgão que faz parte da estrutura organizacional do Banco Central do Brasil, sendo formado por um colegiado de diretores e presidente do Bacen.

Banco Central do Brasil (criado pela Lei nº 4.595, de 31 de dezembro de 1964)

O Banco Central do Brasil (Bacen ou BCB) é o responsável por executar as políticas definidas pelo CMN, bem como supervisionar o cumprimento de suas resoluções. Além das funções e atribuições do Bacen citadas anteriormente, como controlar a quantidade de moeda que circula na economia, e atuar nas políticas monetária e cambial, assegurando a estabilidade da economia, também é responsabilidade do Banco Central controlar e fiscalizar todos os outros bancos, atuando como autoridade monetária. É conhecido tecnicamente como o "banco dos bancos".

O Banco Central (www.bcb.gov.br) regula a quantidade de recursos recolhida compulsoriamente, fiscaliza as operações realizadas pelas instituições financeiras e também atua como doador de recursos para aquelas que não conseguem "fechar o caixa" (zerar suas posições de caixa), assim zelando pela solidez do SFN.

De acordo com a Lei Complementar nº 179 de 24 de fevereiro de 2021, que dispõe sobre a autonomia do Banco Central do Brasil, estabeleceu-se que o Bacen é autarquia de natureza especial caracterizada pela ausência de vinculação a Ministério, de tutela ou de subordinação hierárquica, pela autonomia técnica, operacional, administrativa e financeira, pela investidura a termo de seus dirigentes e pela estabilidade durante seus mandatos, bem como pelas demais disposições constantes dessa lei complementar ou de leis específicas destinadas à sua implementação.

Comissão de Valores Mobiliários (criada pela Lei nº 6.385, de 7 de dezembro de 1976)

A Comissão de Valores Mobiliários (CVM), assim como o Bacen, é uma entidade que age sob orientação do CMN e tem como objetivos fiscalizar, normatizar, disciplinar e desenvolver o mercado de valores mobiliários no Brasil. Nesse sentido, a CVM é pautada pelos seguintes resultados:

- Estimular a formação de poupança e sua aplicação em valores mobiliários.
- Assegurar o funcionamento eficiente e regular do mercado de capitais.
- Proteger os investidores.
- Assegurar o acesso do público a informações tempestivas e de qualidade.
- Condenar efetiva e tempestivamente os responsáveis por infrações.

De acordo com o Mapa Estratégico da CVM (recomenda-se acessar o site: www.cvm.gov.br), existem dois pilares fundamentais, conforme descrito a seguir:

- **Primeiro pilar:** propósito – "Zelar pelo funcionamento eficiente, pela integridade e pelo desenvolvimento do mercado de capitais, promovendo o equilíbrio entre a iniciativa dos agentes e a efetiva proteção dos investidores".
- **Segundo pilar:** visão – "Ser reconhecida pela sociedade como instituição essencial, dotada de credibilidade e capaz de regular de maneira eficiente o funcionamento do mercado, proteger os investidores e contribuir positivamente para o desenvolvimento do país".

A CVM também é responsável por supervisionar o funcionamento das bolsas de valores e dos fundos de investimento no país, visando à proteção dos investidores e fomentando o desenvolvimento do mercado de capitais brasileiro. Portanto, a CVM possui um papel fundamental para o desenvolvimento do mercado de capitais, por meio da regulação, normatização e fiscalização, bem como proteção dos investidores. Assim, por meio do mercado de capitais, as companhias (empresas), denominadas sociedades anônimas (S/A), poderão realizar a captação de recursos pela emissão de títulos e valores mobiliários, com a finalidade de investimentos operacionais, ou seja, investimentos em estoques, máquinas, equipamentos, instalações ou até mesmo aquisições de outras empresas, por meio da combinação de negócios.

Títulos e valores mobiliários são aqueles que as companhias (S/A) podem emitir no mercado de capitais, como ações, debêntures, notas comerciais, entre outros títulos de renda fixa e renda variável.

INSTITUIÇÕES FINANCEIRAS

Instituições financeiras captadoras de depósitos à vista

Bancos comerciais

São instituições financeiras públicas ou privadas que têm como objetivo principal realizar as intermediações financeiras de curto e médio prazos, proporcionando os recursos necessários para financiar o comércio, a indústria, as empresas prestadoras de serviços, as pessoas físicas e terceiros em geral. Na denominação social (nome) de um banco comercial deve constar, obrigatoriamente, a expressão "banco" (Resolução CMN nº 2.099, de 1994).

Caixa Econômica Federal (CEF)

É uma instituição financeira sob a forma de empresa pública, vinculada ao Ministério da Fazenda. Foi criada em 1.861 e está regulada pelo Decreto-lei nº 759, de 12 de agosto de 1969, conforme destacado no site da Caixa Econômica Federal: www.caixa.gov.br.

A CEF, assim como os bancos comerciais, pode captar depósitos à vista, realizar operações ativas e efetuar prestação de serviços. Possui o monopólio das operações de empréstimo sob penhor de bens pessoais, bem como da venda de bilhetes da loteria federal. O que distingue a CEF dos demais bancos comerciais é que ela prioriza a concessão de empréstimos e financiamentos a programas e projetos nas áreas de assistência social, saúde, educação, trabalho, transportes urbanos e esportes.

A CEF centraliza o recolhimento e a posterior aplicação de todos os recursos oriundos do Fundo de Garantia do Tempo de Serviço (FGTS) e integra o Sistema Brasileiro de Poupança e Empréstimo (SBPE) e o Sistema Financeiro da Habitação (SFH).

Cooperativas de crédito

As cooperativas de crédito são oriundas da associação de funcionários de uma mesma empresa ou grupo de empresas, de profissionais de determinado segmento, de empresários, ou mesmo da livre admissão de associados em uma área determinada de atuação. Os eventuais lucros auferidos com suas operações – prestação de serviços e oferecimento de crédito aos cooperados – são repartidos entre os próprios associados.

Estão autorizadas a realizar operações de captação por meio de depósitos à vista e a prazo somente de associados, de empréstimos, repasses e refinanciamentos de outras entidades financeiras, e de doações. Podem conceder crédito somente a associados, por meio de desconto de títulos, empréstimos, financiamentos, e realizar a aplicação de recursos no mercado financeiro (Resolução CMN nº 3.106, de 2003).

Essas instituições devem adotar em sua denominação social a expressão "cooperativa" obrigatoriamente, e é vedada a utilização da palavra "banco".

Demais instituições financeiras

Bancos de investimento

São bancos privados ou públicos, que em geral não possuem contas correntes e que captam recursos por meio de depósitos a prazo, tanto no mercado interno quanto no mercado externo. São especializados em operações financeiras de médio e longo prazos e devem adotar em sua denominação social, obrigatoriamente, a expressão "banco de investimento". Possuem destacada atuação nas operações realizadas no âmbito do mercado de capitais.

Bancos múltiplos

Em 1988, o CMN, por meio da Resolução nº 1.524, permitiu que bancos comerciais, bancos de desenvolvimento, sociedades de crédito imobiliário e sociedades de crédito, financiamento e investimento se organizassem em uma única instituição financeira. Dessa forma, os conglomerados financeiros puderam se organizar na forma de uma única instituição, chamada de banco múltiplo. Assim como os bancos comerciais, na denominação social (nome) de um banco múltiplo deve constar, obrigatoriamente, a expressão "banco" (Resolução CMN nº 2.099, de 1994).

Banco Nacional de Desenvolvimento Econômico e Social (BNDES)

Foi criado em 1952 como uma empresa pública federal, vinculada atualmente ao Ministério do Desenvolvimento, Indústria, Comércio e Serviços, e tem como objetivo apoiar empreendimentos que contribuam para o desenvolvimento do país, conforme destacado no site do BNDES: www.bndes.gov.br.

O Sistema BNDES é formado por três empresas: o BNDES e suas subsidiárias – a BNDES Participações S.A. (BNDESPAR), que atua no mercado de capitais, e a Agência Especial de Financiamento Industrial (FINAME), dedicada ao fomento da produção e da comercialização de máquinas e equipamentos.

Realiza financiamentos de longo prazo a custos competitivos, para o desenvolvimento de projetos de investimentos e a comercialização de máquinas e equipamentos novos, fabricados no país, bem como para o incremento das exportações brasileiras. A parceria com instituições financeiras que têm agências estabelecidas em todo o país permite a disseminação do crédito, permitindo maior acesso aos recursos do BNDES.

FINTECHS DE CRÉDITO – A REVOLUÇÃO DO CONCEITO DE INSTITUIÇÃO FINANCEIRA E A CONCORRÊNCIA BANCÁRIA

> "Os negócios de um banqueiro, seus negócios propriamente ditos, não começam quando ele utiliza seu próprio capital; eles só começam quando ele utiliza capital dos outros."
> (Walter Bagehot, citado por Carlos da Rocha Guimarães, em *Repertório Enciclopédico do Direito Brasileiro*, v. 5, p. 314).

Neste tema, será tratada a revolução do conceito de instituição financeira, originalmente prevista pelo artigo 17 da Lei nº 4.595/1964, por meio da edição da Resolução CMN nº 4.656/2018 (conforme alterada pela Resolução CMN nº 5050/2022), que rege a constituição e o funcionamento das denominadas "*fintechs* de crédito". Assim, também será abordado se as *fintechs* de crédito possuem a capacidade de estimular a concorrência bancária e quais os efeitos para o SFN.

O conceito de instituição financeira – a intelecção do artigo 17 da Lei nº 4.595/1964

No Brasil, o conceito de instituição financeira deriva da disposição do artigo 17 da Lei nº 4.595/1964, que define como instituição financeira qualquer pessoa jurídica, pública ou privada, cuja atividade principal ou acessória seja a coleta, intermediação ou aplicação de recursos financeiros próprios ou de terceiros, em moeda nacional ou estrangeira, e a custódia de valores de terceiros.

A Lei nº 7.492/1986, em seu artigo 1º, também adota disposição semelhante, estabelecendo que uma instituição financeira pode ser tanto pessoa jurídica de direito público quanto privado, e que suas atividades podem incluir captação, intermediação ou aplicação de recursos financeiros, ou a administração de valores mobiliários.

A doutrina que interpreta o conceito legal do artigo 17 da Lei nº 4.595/1964 é clara: não é banqueiro aquele que empresta recursos próprios, mas sim aquele que realiza a intermediação financeira. Carvalho de Mendonça (*apud* Carlos da Rocha Guimarães, *in Repertório Enciclopédico do Direito Brasileiro*, v. 5, p. 314), afirma que o banco é o estabelecimento que recebe dinheiro de terceiros para emprestá-lo a outros, utilizando capital de terceiros, não o próprio.

A ideia central decorrente de ambos os dispositivos legais é que instituição financeira é a entidade que realiza a captação de recursos – em atividade bancária passiva – para repassá-los – em atividade bancária ativa – a outros, desempenhando a denominada intermediação financeira. Esse conceito tradicional de intermediação financeira está diretamente ligado à formação dos mercados financeiros e de capitais, que surgiram devido à troca de riquezas entre indivíduos que poupavam mais do que outros, gerando recursos disponíveis para concessão de crédito.

A Resolução nº 4.656/2018 do Conselho Monetário Nacional – o surgimento do marco regulatório das *fintechs* de crédito e o "novo conceito de instituição financeira"

A Resolução nº 4.656/2018 do CMN (conforme alterada pela Resolução 5050/2022 do CMN) criou as Sociedades de Crédito Direto (SCD) e as Sociedades de Empréstimo entre Pessoas (SEP), definindo os mecanismos de funcionamento dessas instituições. Essas *fintechs* operam exclusivamente por meio eletrônico, o que representa uma inovação significativa no SFN.

O termo "*fintech*", que deriva do idioma inglês *financial technology*, surgiu da união das palavras *financial* (financeiro) e *technology* (tecnologia). As *fintechs* correspondem a *startups* – empresas/empreendimentos inovadores – que trabalham para criar e otimizar serviços do sistema financeiro, podendo estar voltadas para operações de crédito, de meios de pagamento, de câmbio, entre outros segmentos de negócios financeiros.

Nesse sentido, destaca-se que a Resolução nº 4.656/2018 do CMN tem como principais diretrizes a supressão do banco intermediário, até então necessário, e a criação de mais dois segmentos de instituições financeiras: as SCD e as SEP. Assim, tanto a SCD quanto a SEP são instituições financeiras caracterizadas como "*fintechs* de crédito", e suas operações se dão integralmente via plataformas eletrônicas (artigos 7º e 11º da Resolução CMN nº 4.656/2018).

As SEP, por exemplo, viabilizam a operação de crédito entre particulares, sem que a *fintech* assuma o risco de inadimplência. O investidor é remunerado pelo *spread* bancário, enquanto a SEP se limita a uma função de intermediação de serviços, sem assumir obrigações diretas nas operações de crédito (artigos 14 e 15 da Resolução nº 4.656/2018). Nesse sentido, a SEP, além de não assumir o risco de inadimplemento da operação firmada, é remunerada por tarifa, pois não é parte direta na operação de crédito – está configurada como prestadora de serviços das partes da operação. A SEP nessa engenharia de isolamento de risco de crédito não pode, consequentemente, se coobrigar ou prestar garantias às operações, não pode ofertar crédito com recursos próprios nem utilizar recursos de terceiros à garantia de dívidas ou obrigações a ela inerentes.

É importante destacar que as SEP estão limitadas ao empréstimo de até R$ 15.000,00 (quinze mil reais), na operação entre o mesmo credor e devedor. O foco do regulador com essa disposição foi, na visão dos autores, limitar a exposição de risco de ambas as partes da operação, limitando a alavancagem, seja do investidor no limite de capital emprestado, seja do endividamento do tomador. Logo, a referida incumbência, direcionada à SEP, encontra-se prevista no art. 30 da Resolução nº 4.656/2018, que assim dispõe: "Para a realização das operações de empréstimo e de financiamento de que trata o art. 16, a sociedade de empréstimo entre pessoas deve selecionar potenciais devedores com base em critérios consistentes, verificáveis e transparentes, contemplando aspectos relevantes para avaliação do risco de crédito (...)."

Já para as SCD, foi criado um modelo em que não há a intermediação financeira, ou seja, a SCD é uma instituição financeira que operacionaliza crédito, exclusivamente em sua plataforma eletrônica, mediante, contudo, recursos próprios. A SCD, no *design* regulatório da Resolução nº 4.656/2018, não pode captar recursos no mercado para financiar a sua operação, nem participar do capital de instituições financeiras. O foco claramente foi de retenção do risco de crédito na operação da SCD, evitando alastrar os efeitos de eventual inadimplência a outros participantes do mercado, visto que as operações somente ocorrem com capital próprio da *fintech*. Essa afirmação é amparada, conforme artigo 10 da Resolução nº 4.656/2018: "É vedado à SCD: I – captar recursos do público, exceto mediante emissão de ações; e II – participar do capital de instituições financeiras". Assim, conforme dispõe o artigo 7º da Resolução nº 4.656/2018: "As sociedades de crédito direto têm por objeto a realização de operações de empréstimo, de financiamento e de aquisição de direitos creditórios exclusivamente por meio de plataforma eletrônica, com utilização de recursos financeiros que tenham como origem: I – capital próprio; ou II – repasses e empréstimos originados do Banco Nacional de Desenvolvimento Econômico e Social – BNDES para concessão de crédito, em conformidade com o objeto social da sociedade de crédito direto."

Portanto, a aluída previsão, da possibilidade de empréstimos de recursos próprios, sem uma prévia operação de captação em mercado, representou uma ruptura com o conceito tradicional de instituição financeira vigente no Direito Brasileiro.

Em relação ao eventual risco sistêmico desse modelo de negócios das *fintechs*, os órgãos reguladores do governo estabeleceram alguns mitigadores, como é possível observar no inciso IX, §2º, do artigo 26 do regulamento anexo da Resolução nº 394/76 do CMN: "É vedado às instituições financeiras: a) realizar operações que não atendam aos princípios de seletividade, garantia, liquidez e diversificação de riscos". E conforme o art. 4º: "a SCD deve selecionar potenciais clientes com base em critérios consistentes, verificáveis e transparentes, contemplando aspectos relevantes para avaliação do risco de crédito, como situação econômico-financeira, grau de endividamento, capacidade de geração de resultados ou de fluxos de caixa, pontualidade e atrasos nos pagamentos, setor de atividade econômica e limite de crédito". Para as SEP, observam-se também os seguintes mitigadores de risco: "Art. 30. Para a realização das operações de empréstimo e de financiamento de que trata o art. 8º, a SEP deve selecionar potenciais devedores com base em critérios consistentes, verificáveis e transparentes, contemplando aspectos relevantes para avaliação do risco de crédito, como situação econômico-financeira, grau de endividamento, capacidade de geração de resultados ou de fluxos de caixa, pontualidade e atrasos nos pagamentos, setor de atividade econômica e limite de crédito".

É importante destacar também que o mutuante, inclusive pessoa física, pode ser o credor direto da operação de crédito, assumindo o risco e sendo remunerado por ele, o que representa mudança significativa no sistema financeiro brasileiro. Isso permite que pessoas físicas ou jurídicas participem diretamente de operações de crédito, por meio do modelo de *peer to peer lending* (artigo 16 da Resolução nº 4.656/2018).

Compreende-se que o regulador, além de atento à realidade do mercado financeiro global, ao estruturar a SCD – sem a intermediação financeira –, soube capturar a existência de um nicho de mercado relevante para a ampliação da oferta de crédito, exigindo por outro lado a possibilidade de propagação de risco sistêmico ao SFN, dado que as SCD via retenção de risco em sua operação acabam se responsabilizando de forma isolada pelo crédito concedido.

As *fintechs* de crédito, ademais, de forma assemelhada às demais instituições financeiras, devem seguir o princípio da seletividade na concessão de empréstimos, utilizando critérios consistentes e transparentes que captem o risco de crédito do mutuário, com base na sua (i) situação econômico-financeira; (ii) grau de endividamento; (iii) pontualidade nos pagamentos efetuados; (iv) setor econômico explorado; e (v) limite de crédito almejado.

Dessa forma, ainda que tenham limitação regulatória na propagação de risco de não pagamento, devem seguir – guardadas as proporções da sua operação quando comparada aos bancos comerciais – normas de regulação prudencial e de sustentabilidade que evitem a alavancagem de risco exacerbada por parte das *fintechs* de crédito; não somente de risco de crédito, mas também nas demais formas de riscos, com operacionais, de fraude e de segurança cibernética.

As *fintechs* de crédito e a concorrência bancária

Quando se fala de concorrência no mercado de crédito, especialmente em valores menores, como os explorados pelas *fintechs* de crédito, observa-se que o mercado brasileiro é altamente concentrado em grandes bancos comerciais. A baixa concorrência geralmente leva a custos de crédito mais altos, como aponta um estudo do Banco Central (recomenda-se a leitura *Estudos Especiais do Banco Central: concorrência bancária e custo do crédito*).

Considerando o mercado de crédito brasileiro, especialmente o que envolve menores valores, correspondente à atual fatia majoritária explorada pelas *fintechs* de crédito, encontra-se hoje, como já citado, o mercado extremamente concentrado nos principais bancos comerciais existentes. Com efeito, é notória a concentração bancária no Brasil, em especial quando se trata da concessão de crédito ao consumo (composto por pessoas físicas e também jurídicas de menor porte), espaço hoje preenchido pelos principais bancos e seus braços de financeiras. É importante destacar, nesse ponto, que se excetuam aqui financiamentos de grande porte para grandes companhias (segmento *corporate*) e até mesmo o denominado *middle market* (segmento de médias empresas), que envolve a concessão de empréstimos estruturados para empresas de médio porte, mas com *ticket* médio de operação não tão pequeno quando comparado com as operações usuais das *fintechs* de crédito.

É fato, também, que, havendo pouca concorrência em qualquer mercado, menos incentivos existirão para menores ganhos em cada operação, o que acaba ocorrendo também no mercado de crédito, ainda que seja possível a competição com reduzido número de participantes – de fato competindo – em um mercado relevante, como o de crédito no Brasil. Além do ponto de vista concorrencial, outros fatores acabam interferindo na composição do custo final de cada operação de crédito, como: (i) demanda por liquidez; (ii) prazos envolvidos na operação principal; (iii) expectativas inflacionárias; (iv) riscos (mercado, crédito, descasamento de taxas de juros); (v) direcionamento forçado do crédito; (vi) custos administrativos e tributários; e (vii) externalidades; sendo certo que, quanto maior o custo da obtenção de crédito, menor a disseminação dos recursos em mercado.

Por cada um dos fatores destacados, é possível afirmar que: (i) quanto maior a demanda por liquidez, maior a necessidade de recursos no mercado (falta dinheiro na praça), consequentemente maiores os juros (custo de acesso à liquidez); (ii) quanto mais longas as operações, maiores os juros para remunerar o risco do emprestador (credor), aliado ao maior tempo que ele ficará sem os recursos emprestados, aumentando os juros; (iii) quanto maiores as expectativas inflacionárias, maiores os juros para embutir o custo de depreciação da moeda; (iv); quanto mais risco estiver envolvido na operação formalizada (ex.: maior risco de um devedor específico não pagar, ou maiores riscos no cenário macroeconômico – implicando a redução de solvência de todos os pagantes de mercado), maiores os juros para remunerar esses prêmios de risco; (v) o direcionamento forçado do crédito que obriga os bancos comerciais a destinarem parte de seus recursos captados para setores que não são do seu *core business* (do seu foco de atuação) também tende a encarecer os juros das demais operações; (vi) quanto maiores os custos da operação de empréstimo (custo de cobrança, custos administrativos, custos tributários etc.), maiores os juros praticados; e (vii) a interferência de externalidades, como decisões judiciais que acabam aumentando o custo de operações de crédito (ações revisionais de contratos), também acaba impactando no custo das operações futuras.

Devido ao grande potencial de crescimento do mercado de crédito no Brasil, observou-se no mercado financeiro, logo após a vinda da Resolução nº 4.656/2018, um número crescente de pedidos de autorização de funcionamento de *fintechs* de crédito, junto ao Bacen, inclusive por sociedades empresárias ou grupos econômicos que já operavam no segmento de *factoring*, fundos de investimentos em direitos creditórios, entre outros, ilustrando a boa receptividade da norma criada pelo governo. Tal afirmação é corroborada pela declaração do Diretor de Organização do Sistema Financeiro e Resolução do Banco Central do Brasil, Sr. João Manoel Pinheiro de Mello, em palestra no *Seminário de Fintechs e Blockchain: Oportunidades para os Mercados Financeiros*, na Fundação Getulio Vargas (FGV), Rio de Janeiro, em 2019. Esse diretor afirmou nesse evento que há mais de 20 pedidos para autorização de SCD no Departamento de Organização do Sistema Financeiro do BC. Destacou, também, que a autoridade monetária já concedeu licenças a dez (10) SCD e quatro (4) SEP. “Se você olhar ao redor do mundo, a concessão de licenças bancárias, isso é algo inédito, num período tão curto de tempo", afirmou esse diretor.

Assim pondera-se, pois, com menos barreiras de entrada no mercado considerado – uma vez que a regulação para as *fintechs* é mais acessível que a dos bancos –, a tendência é surgirem mais participantes na oferta de crédito. Nesse sentido, havendo mais participantes e mais concorrência – inclusive entre as próprias *fintechs*, com menor custo de atuação, maior agilidade, e com a possibilidade de melhor acesso a informações dos tomadores de crédito –, abre-se caminho para menores taxas de juros nas operações, com ganhos para todo o mercado e o SFN. Por outro lado, seria possível alegar que os usuários tradicionais dos bancos comerciais terão receio em utilizar os serviços disponibilizados pelas *fintechs* de crédito. Tal ponderação, contudo, tende, na visão dos autores deste capítulo, se dissipar cada vez mais, uma vez que o risco da operação de crédito não é assumido pelo tomador, mas pela instituição concedente, ou no caso das SPE, pelo mutuante, não havendo para o mutuário diferença racional se o dinheiro emprestado proveio de uma grande instituição ou de um novo *player* de mercado. Fosse o debate direcionado a serviços de depósito, custódia de títulos e valores, entre outros serviços em que há risco para o contratante, compreende-se que o receio quanto à tradição e segurança da instituição tende a levar mais tempo para ser anulado, mas, em se tratando de crédito, o pensamento é que não, bastando que a taxa seja atraente e o serviço bom ao tomador.

Portanto, não se pode perder de vista que os bancos tradicionais não estão assistindo parados a essa revolução no SFN. Vale dizer que essas instituições também têm se movimentado, até mesmo estabelecendo parcerias com as *fintechs* e aprimorado seus serviços, principalmente com novas ferramentas tecnológicas e melhor atendimento aos clientes. Ou seja, as *fintechs* acabam estimulando o aperfeiçoamento dos demais participantes do mercado de crédito, em prol da evolução do sistema financeiro. Recomenda-se a leitura de matéria da FEBRABAN – disponível em https://noomis.febraban.org.br/temas/fintechs-e-startups/parcerias-entre-bancos-e-fintechs-promovem-inclusao-financeira.

CONCLUSÃO

A Resolução CMN nº 4.656/2018 trouxe inovações importantes ao conceito de instituição financeira no Brasil, permitindo a criação de entidades que operam sem intermediação financeira tradicional. Além disso, as *fintechs* de crédito têm o potencial de aumentar a concorrência bancária, melhorar a oferta de crédito e reduzir os custos das operações.

Também é possível concluir que as *fintechs* de crédito, de forma assemelhada às demais instituições financeiras, devem seguir o princípio da seletividade na concessão de empréstimos, utilizando critérios consistentes e transparentes que captem o risco de crédito do mutuário, com base na sua: (i) situação econômico-financeira; (ii) grau de endividamento; (iii) pontualidade nos pagamentos efetuados; (iv) setor econômico explorado; (v) limite de crédito almejado.

Dessa forma, ainda que tenham limitação regulatória na propagação de risco de não pagamento, devem seguir – guardadas as proporções da sua operação quando comparada aos bancos comerciais – normas de regulação prudencial e de sustentabilidade que evitem a alavancagem de risco exacerbada por parte das *fintechs* de crédito; não somente de risco de crédito, mas também nas demais formas de riscos, com operacionais, de fraude e de segurança cibernética.

As *fintechs* de crédito, operando com custos menores e maior agilidade, têm o potencial de aumentar a concorrência no mercado brasileiro. Com mais participantes, pode haver redução nas taxas de juros e melhoria geral na qualidade dos serviços prestados aos consumidores, beneficiando todo o SFN.

Portanto, ao se tratar dos principais aspectos ligados ao conceito de instituição financeira e sua evolução com edição da Resolução CMN nº 4.656/2018, que regulamentou a atuação das *fintechs* de crédito no Brasil. Como visto e já destacado neste capítulo, a intermediação financeira não é mais elemento essencial à caracterização de uma operação de crédito bancário, podendo ser realizadas operações com recursos próprios, sem contar com uma prévia captação de recursos.

É possível também analisar, ainda que sumariamente, os principais elementos que interferem na melhor oferta de crédito ao mercado, com foco destacado para o estímulo da concorrência, além dos demais fatores que acabam compondo a formação do custo de capital no Brasil.

Ao estudar a estrutura regulatória atribuída para as *fintechs* de crédito, é possível verificar que essas operações com menor custo que as instituições financeiras tradicionais, por serem também operações menores, tendem a ter mais agilidade na concessão de crédito e com possível maior acuidade na análise cadastral dos tomadores, podendo, se assim de fato for, implicar menor risco nas operações. Em outro giro, as *fintechs* tendem a se proliferar mais rapidamente que os bancos tradicionais, que atualmente estão em número reduzido, reproduzindo uma maior concentração de mercado.

Analisando cada um dos fatores tratados neste tema, é possível concluir que a atuação das *fintechs* de crédito no SFN têm a capacidade de não somente estimular a concorrência – entre as próprias *fintechs* e entre elas e as instituições tradicionais – mas de melhorar a oferta de crédito, em termos de custo e qualidade do serviço, promovendo relevante aprimoramento nas formas de relacionamento e no abastecimento de recursos com aqueles que desses necessitam para suas necessidades e projetos pessoais ou mesmo empresariais.

GOVERNANÇA CORPORATIVA

Governança corporativa diz respeito ao sistema pelo qual as organizações são dirigidas, monitoradas e incentivadas, envolvendo os relacionamentos entre sócios, conselho de administração, diretoria, órgãos de fiscalização e controle e demais partes interessadas. Os princípios e as práticas de governança corporativa aplicam-se a qualquer tipo de organização, independentemente do porte, da natureza jurídica ou do tipo de controle.

As boas práticas de governança corporativa alinham os interesses com a finalidade de otimizar o valor econômico de longo prazo da organização, facilitando seu acesso a recursos e contribuindo para a qualidade da gestão da organização, sua longevidade e o bem comum.

Existem diversos conceitos de governança corporativa na literatura. Neste capítulo, será adotado o conceito de que governança corporativa é o conjunto de mecanismos internos e externos à empresa, que visam fazer que as decisões corporativas sejam tomadas com a finalidade de maximizar a geração de valor de longo prazo para o negócio. Entre os mecanismos internos, destacam-se o conselho de administração, o sistema de remuneração, a estrutura de propriedade e a estrutura de capital. Entre os mecanismos externos, destacam-se a proteção legal aos investidores, a possibilidade de aquisição hostil, o grau de competição no mercado e a fiscalização dos agentes de mercado. Esses mecanismos tendem a influenciar a qualidade do sistema de governança, levando a melhores decisões, por meio de um processo decisório mais estruturado e menos sujeito a conflitos de interesse.

Os quatro princípios básicos de governança corporativa são: transparência, equidade, prestação de contas e responsabilidade corporativa. A transparência consiste na disponibilização de informações para as partes interessadas. As informações não devem se restringir ao desempenho econômico-financeiro, mas devem contemplar os demais fatores que norteiam a ação gerencial e conduzem à preservação e otimização do valor da organização.

A equidade consiste no tratamento justo de todos os sócios e demais partes interessadas (*stakeholders*), considerando seus direitos, deveres, necessidades, interesses e expectativas. A prestação de contas (*accountability*) diz que os sócios, administradores, conselheiros e auditores devem prestar contas de sua atuação de modo claro, conciso, compreensível e tempestivo, assumindo as consequências de seus atos e omissões. Por fim, a responsabilidade corporativa diz que os sócios, administradores, conselheiros e auditores devem zelar pela sustentabilidade das organizações.

Breve histórico da governança corporativa no Brasil

No Brasil, o movimento pelas boas práticas de governança corporativa surgiu como uma necessidade de as empresas se adaptarem às exigências e aos padrões internacionais. O aumento de investimentos estrangeiros no mercado de capitais reforçou a necessidade de as empresas modernizarem sua gestão, adotando práticas de governança corporativa.

O Instituto Brasileiro de Governança Corporativa (IBGC) surgiu em 1999, sucedendo o Instituto Brasileiro de Conselheiros de Administração (IBCA), fundado em 1995. O IBGC é uma organização sem fins lucrativos, que tem o objetivo de promover os princípios de governança corporativa no país. Entre suas atribuições, está a publicação do *Código das Melhores Práticas de Governança Corporativa*. Em 2015, foi publicada a 5ª edição do Código, que tem como premissa a ética. "Honestidade, integridade, responsabilidade, independência, visão de longo prazo e preocupação genuína com os impactos causados por suas atividades são fundamentais para o sucesso duradouro das organizações" (IBGC, 2015, p. 16).

Outro marco importante no Brasil foi a criação, em 2000, pela BM&FBOVESPA (atualmente essa bolsa de valores denomina-se B3 – Brasil, Bolsa e Balcão), dos segmentos de listagem com níveis diferenciados de governança corporativa. A adesão a quaisquer dos níveis se faz por um contrato entre a empresa, seus controladores, administradores e a bolsa de valores B3.

Além do mercado tradicional, segmento que não conta com regras diferenciadas, foram criados três segmentos diferenciados de governança corporativa: nível 1 (N1), nível 2 (N2) e novo mercado (NM). Cada segmento tem um conjunto de regras de governança corporativa que vão além das obrigações fixadas pela Lei das Sociedades por Ações – nº 6.404, de 1976.

As empresas listadas no nível 1 devem adotar práticas que favoreçam a transparência e o acesso às informações pelos investidores. Para isso, divulgam informações adicionais às exigidas em lei. A empresa listada no nível 1 se compromete a manter, no mínimo, 25% das ações em circulação no mercado (*free float*).

As empresas registradas no nível 2 precisam atender a todas as exigências do nível 1, além de oferecer direitos adicionais aos acionistas minoritários. No caso de venda de controle da empresa, é assegurado aos detentores de ações o mesmo tratamento concedido ao acionista controlador (*tag along* de 100%). O novo mercado, além de todas as exigências do nível 2, exige a emissão exclusiva de ações ordinárias com direito a voto.

Ao lançar esses segmentos diferenciados, a BM&FBOVESPA, na época, buscou assegurar direitos e garantias aos acionistas e divulgação de informações mais completas, reduzindo o risco.

Governança corporativa e investimentos

A governança corporativa é um processo cultural. É um modo de pensar, agir, comportar-se. A adoção de melhores práticas de governança corporativa torna os negócios menos expostos a riscos. Um bom sistema de governança aumenta a confiança dos investidores e fortalece o mercado de capitais.

A adesão das empresas aos princípios básicos de boa governança corporativa é um fator cada vez mais importante nas decisões de investimento. Diversas pesquisas acadêmicas e levantamentos quantitativos realizados no Brasil e no exterior demonstram que boas práticas de governança corporativa têm um impacto positivo nos resultados e no valor das empresas, como:

- Existe geralmente alta correlação positiva entre a qualidade da governança corporativa e o desempenho operacional e o valor de mercado da empresa.
- Os investidores costumam pagar um prêmio significativo por empresas com boa governança.
- Empresas com melhores níveis de governança tendem a ser mais rentáveis, mais bem avaliadas pelo mercado, e pagam maiores dividendos.

- Mudança de qualidade da governança do pior para o melhor nível tende a resultar em expressivo aumento do valor de capitalização de mercado da empresa.

RESUMO

O capítulo apresentou referências que devem ser levadas em consideração pelos investidores. A atitude permanente do investidor deve ser a de conhecer e acompanhar todas as práticas das companhias e exigir, por meio de seu direito de voto e outras ações de pressão, que seu capital investido seja protegido e que o desempenho da companhia seja sempre otimizado.

NOTA

A relação das empresas listadas nos segmentos diferenciados de governança corporativa está disponível no *site* da antiga BM&FBOVESPA, atualmente denominada B3 – no site www.b3.com.br.

QUESTÕES PARA REFLEXÃO

1. Qual a principal função do SFN?
2. Quais as principais diferenças entre banco comercial e cooperativa de crédito?
3. Qual a importância da governança corporativa nas decisões de investimento?
4. Como as *fintechs* podem melhorar a oferta de crédito no mercado brasileiro?
5. Quais são os quatro princípios básicos da governança corporativa?

REFERÊNCIAS

Assaf Neto A. Mercado financeiro. 13. ed. São Paulo: Atlas; 2015.

Bagehot W. Repertório Enciclopédico do Direito Brasileiro. v. 5. Rio de Janeiro: Borsoi; 2000.

Banco Central do Brasil. Disponível em: www.bcb.gov.br. Acesso em: out. de 2024.

Banco Central do Brasil. Estudos Especiais do Banco Central – Concorrência bancária e custo do crédito – Estudo Especial nº 64/2019.

Banco Nacional de Desenvolvimento Econômico e Social. Disponível em: www.bndes.gov.br

Bank for International Settlements. Implications of fintech developments for banks and bank supervisors. 2018. Disponível em: https://www.bis.org/bcbs/publ/d431.pdf. Acesso em: out. de 2024.

Caixa Econômica Federal. Disponível em: www.caixa.gov.br. Acesso em: out. de 2024.

Coelho WE. Empréstimo de dinheiro por particulares: quando se caracteriza operação privativa dos bancos. Revista de Direito Mercantil, Industrial, Econômico e Financeiro. 1981;41:69-73.

Comissão de Valores Mobiliários. Disponível em: www.cvm.gov.br. Acesso em: out. de 2024.

Dotta EM. Responsabilidade Civil dos Administradores e Gestores de Fundos de Investimento. São Paulo: Almedina; 2018.

Fintechs de crédito são 'sucesso absoluto', diz diretor do BC. Seu Dinheiro. 11 de outubro de 2019. Disponível em: https://www.seudinheiro.com/2019/fintech/fintechs-de-credito-sao-sucesso--absoluto-diz-diretor-do-bc/. Acesso em: out. de 2024.

Fortuna E. Mercado financeiro: produtos e serviços. 21. ed. Rio de Janeiro: Qualitymark; 2017.

Instituto Brasileiro de Geografia e Estatística. Disponível em: www.ibge.gov.br. Acesso em: out. de 2024.

Instituto Brasileiro de Governança Corporativa. Código das melhores práticas de governança corporativa. 4. ed. São Paulo: IBGC; 2009.

Instituto Brasileiro de Governança Corporativa. Código das melhores práticas de governança corporativa. 5. ed. São Paulo: IBGC; 2015.

Mankiw NG. Macroeconomics. 4. ed. Nova Iorque: Worth Publishers; 2000.

Mompean A. Parcerias entre bancos e fintechs promovem inclusão financeira. Febraban Tech. 29 de setembro de 2018. Disponível em: https://noomis.febraban.org.br/temas/fintechs-e-startups/parcerias-entre-bancos-e-fintechs-promovem-inclusao-financeira. Acesso em: out. de 2024.

Nusdeo F. Curso de Economia – Introdução ao Direito Econômico. 3. ed. São Paulo: Revista dos Tribunais; 2014.

Oliveira MC. Moeda, juros e instituições financeiras: regime jurídico. Rio de Janeiro: Forense; 2006.

Saddi J. Crise e regulação bancária: navegando mares revoltos. São Paulo: Textonovo; 2001.

Silveira AM. Governança corporativa no Brasil e no mundo: teoria e prática. 2. ed. Rio de Janeiro: Elsevier; 2015.

http://www.cade.gov.br/servicos/perguntas-frequentes/perguntas-gerais-sobre-defesa-daconcorrencia

http://www.exame.abril.com.br/negocios/dino/aplicacao-em-emprestimos-com-garantia-reduz--o-risco-e-possibilita-retorno-de-ate-400-do-cdi-para-o-investidor-na-modalidade-p2p-lending/

https://www.insper.edu.br/conhecimento/conjuntura-economica/regulamentacao-de-fintechs/

https://www.istoedinheiro.com.br/a-guerra-das-fintechs-tera-apenas-um-vencedor-o-cliente/

CAPÍTULO 6

A autorregulação dos mercados financeiro e de capitais e seu impacto no dia a dia do investidor

André Eduardo Demarco
Bruno dos Santos Fernandes
Daniel Walter Maeda Bernardo
Guilherme Benaderet
José Orlando dos Santos Junior
Lucy Aparecida Sousa
Priscilla Roncy Sorrentino
Vinícius Corrêa e Sá
Patrícia Oda
Ricardo Humberto Rocha

Neste capítulo, André Eduardo Demarco, Bruno dos Santos Fernandes, Daniel Walter Maeda Bernardo, Guilherme Benaderet, José Orlando dos Santos Junior, Lucy Aparecida Sousa, Priscilla Roncy Sorrentino e Vinícuis Corrêa e Sá apresentam a autorregulação nos mercados financeiros e de capitais.

Este capítulo não tem a pretensão de esgotar o tema, dada a sua amplitude e até certo ponto complexidade, porém sua relevância no dia a dia não permite deixar de abordá-lo. A intenção principal deste capítulo é mostrar ao leitor e ao investidor, de uma forma geral, a importância da autorregulação, sua elevância e seus vários nichos de atuação.

O capítulo está dividido em cinco tópicos principais: histórico e conceito da autorregulação; autorregulação da atividade do analista de valores mobiliários e a APIMEC; autorregulação dos assessores de investimento e a ANCORD; autorregulação da BSM; e, finalmente, autorregulação voluntária e a ANBIMA. Salienta-se ainda que os autores atuam profissionalmente em entidades do mercado de capitais, instituições financeiras e/ou na própria autarquia e, assim, apresentam os aspectos mais relevantes desse tema.

HISTÓRICO E CONCEITO DA AUTORREGULAÇÃO

Como será visto adiante, a autorregulação é um importante mecanismo oferecido pelo próprio mercado em regime de cooperação aos reguladores, para a busca geral de um ambiente de confiança com previsibilidade e segurança maiores, que incentive o investimento e promova o crescimento sustentável do mercado como um todo.

Assim, o conhecimento da estrutura e do funcionamento desses mecanismos de autorregulação é condição importante para um planejamento financeiro pessoal eficiente, pois, em casos de problemas ou quando da necessidade de apresentação de uma reclamação ou denúncia que envolva eventuais prejuízos sofridos, por exemplo, tais canais podem se mostrar um veículo alternativo muito eficiente para sua solução.

No mundo, a autorregulação é uma realidade bastante antiga, e as primeiras iniciativas de que se tem notícia nesse sentido remontam aos tempos da Idade Média, na qual as comunidades de comerciantes e artesãos já estabeleciam suas próprias regras, associadas a padrões mínimos de qualidade dos produtos que produziam ou comercializavam ou, ainda, a regras de negociação.

Mais especificamente no mercado financeiro e de capitais, um marco inicial importante para a autorregulação pode ser atribuído à criação, em 1934, pelo Securities Exchange Act, nos Estados Unidos, da figura das bolsas de valores como entidades autorreguladoras. Embora, mesmo lá, algumas iniciativas de autorregulação na negociação de valores mobiliários existam desde o século XVIII (por exemplo, como no Buttonwood Agreement).

Em 1938, o conceito de autorregulação foi estendido aos intermediários que atuavam em mercado de balcão organizado (fora de bolsas de valores), o que resultou na criação da National Association of Securities Dealers (NASD), que, em julho de 2007, após associação com a divisão de supervisão de intermediários da New York Stock Exchange, passou a se denominar Financial Industry Regulatory Authority (FINRA).

O Brasil seguiu caminho semelhante ao trilhado pelos americanos ao implantar o regime da autorregulação por meio da Lei nº 6.385/1976 que, ao criar a Comissão de Valores Mobiliários (CVM) e dispor sobre o conceito de valores mobiliários, também estatuiu, em seu art. 17, parágrafo único, que: "às Bolsas de Valores e às entidades de mercado de balcão organizado incumbe, como órgãos auxiliares da Comissão de Valores Mobiliários, fiscalizar os respectivos membros e as operações nelas realizadas".

Depois disso, a autorregulação vem evoluindo no país, ininterruptamente, seja em termos de profundidade (pois a atuação autorreguladora das entidades administradoras de mercado[1], por exemplo, tem se aprimorado cada vez mais), seja em termos de abrangência (já que mais e mais segmentos de mercado têm aderido a esse modelo).

Nesse sentido, e para ficar apenas nos exemplos trazidos pelo regulador do mercado de capitais, vale mencionar a edição da Resolução CVM nº 135/2022, que disciplinou um novo e mais moderno regime de autorregulação às entidades administradoras de mercado; a Instrução CVM nº 388/2003, que passou a prever a autorregulação da atividade de análise de valores mobiliários, assim como a Instrução CVM nº 483/2010 (revogada pela atual Resolução CVM 20), que a aprimorou; e a Instrução CVM nº 497/2011, que de igual forma instituiu similar regime para a atividade dos assessores de investimentos (hoje substituída pela Resolução CVM nº 178). Mas o que viria a ser essa atividade de autorregulação, especialmente no mercado financeiro e de capitais?

De início, é necessário voltar a lembrar que a grande e essencial matéria-prima que alicerça todo o funcionamento e crescimento sustentável do mercado financeiro e de capitais é, em última instância, a confiança. É com base nela que os investidores, como agentes geradores de demanda por excelência desse mercado, decidem investir, depositar seu dinheiro e esperar um retorno financeiro.

Vale ressaltar que essa confiança não deve ser entendida erroneamente como uma eventual percepção, pelos investidores, de que um investimento não possa gerar perdas financeiras, até porque a possibilidade de perdas, no caso de aplicações em mercados de risco, faz parte essencial do negócio.

Confiança significa, sim, a convicção por parte do investidor, quando da aplicação em determinado ativo financeiro, de que ele tem conhecimento adequado e suficiente de suas características e riscos, ou, em outras palavras, de que eventuais perdas partirão de hipóteses e ocorrências cuja possibilidade era (ou ao menos deveria ser) de seu conhecimento. Ou, vale dizer, a segurança de que esse investidor não estará sujeito a perdas decorrentes de surpresas incogitáveis, que nunca lhe foram apresentadas nem poderiam ser por ele calculadas ou antevistas.

---

1 O termo "entidade administradora de mercado" é o usualmente utilizado, hoje, para designar as entidades responsáveis pelos ambientes de negociação de valores mobiliários como a B3 (Brasil, Bolsa, Balcão), entidade oriunda da fusão entre BM&FBOVESPA e Cetip, pois é essa a terminologia adotada pela regulação a ela aplicável (no caso, a Instrução CVM nº 461/2007).

É também essa preciosa matéria-prima que a autorregulação procura preservar, pois o fundamento de todas as suas ações é, de fato, a busca pela manutenção de um ambiente de confiança, sob pena de permitir a instalação de crises que levem à ruptura do mercado autorregulado e, em última análise, também de seus participantes.

Dessa forma, a autorregulação muito se assemelha à própria regulação, pois aquela busca, para preservar essa confiança, muito daquilo que esta também persegue: confiabilidade nos agentes, eficiência do sistema e da estrutura do mercado, fomento à competitividade, transparência e, não menos importante, a instituição de barreiras a fraudes, assimetrias informacionais e conflitos de interesse.

Apesar do exposto, é claro que a autorregulação se diferencia muito da regulação propriamente dita em diversos aspectos, até mesmo porque, se a regulação emana dos entes estatais por seu próprio conceito, a autorregulação em geral representa uma iniciativa de segmentos da própria sociedade e, assim, encontrará seu berço sempre em entes privados.

Uma distinção importante diz respeito à própria abrangência de atuação: conquanto o alcance dos entes reguladores do mercado financeiro e de capitais (notadamente o Banco Central do Brasil e a CVM) possuam escopo e competência mais amplos, os entes autorreguladores costumam apresentar escopo mais focado em certas atividades específicas exercidas no mercado.

Outra diferença notável diz respeito aos regimes jurídicos e operacionais que a eles se aplicam, tanto na esfera das entidades reguladoras ou autorreguladoras que colocam em prática essas atividades, quanto no campo da atividade que elas exercem.

Isso porque, enquanto de um lado tem-se um ente regulador a quem, por lei, cabe a missão institucional de regular e supervisionar determinado mercado, de outro existe uma entidade privada, usualmente regida por um estatuto próprio e que pode, inclusive, vir a atuar em outras atividades.

Nesse contexto, é fato que os entes estatais, pela natureza das exigências legais que lhes são próprias (como a do concurso público para a contratação de pessoas, ou a de licitação para a compra de produtos e contratação de serviços), estão sujeitos a uma rigidez muito maior do que seria de se esperar de uma entidade privada; por isso, em cenários que demandem grande agilidade, o apoio e a cooperação conjunta de autorreguladores e reguladores podem se mostrar de especial valia para a obtenção de certos objetivos.

Mas não é apenas em desafios pontuais que a maior flexibilidade dos autorreguladores pode colaborar. Na estrutura das normas editadas pelos entes reguladores e autorreguladores, não raro se encontra uma divisão marcante entre ambos, com aspectos mais principiológicos e conceituais centrados nas normas editadas pelo ente regulador, e outras normas, mais detalhadas e prescritivas e com caráter mais instrumental ou orientador, no escopo da autorregulação.

Isso não ocorre por acaso: as regras mais conceituais, por não demandarem esforços tão constantes de atualização, são preferidas pelos reguladores, enquanto normas mais detalhadas e prescritivas, também importantes para conferir segurança jurídica e previsibilidade ao mercado, são deixadas à autorregulação, que terá mais flexibilidade para adaptar essas normas, mutáveis por sua própria natureza, às constantes inovações de mercado.

A abordagem das normas de autorregulação, de toda forma, não difere no essencial da que o regulador também adota, pois ela costuma repartir suas regras em dois prismas distintos e complementares. O primeiro disciplina as condições de acesso dos profissionais e empresas àquele segmento de mercado autorregulado (ou seja, envolve um processo de admissão ou credenciamento do participante); e o segundo lhes impõe a obediência a uma série de exigências relacionadas a questões de conduta, operacionais, de estrutura mínima e prestação de informações a investidores, cuja comprovação é costumeiramente exigida do participante quando do acesso ao sistema.

Notadamente, no caso da autorregulação, as condições de acesso são fortemente calcadas em processos de certificação profissional, para as pessoas naturais[2]; e em processos de diligência que incluem verificação documental e de estrutura mínima, atestada inclusive por meio de visitas à empresa candidata, para as pessoas jurídicas.

É importante atentar para o fato de que a flexibilidade da autorregulação mais uma vez oferece sinergias, pois aos entes reguladores seria sem dúvida altamente onerosa, por exemplo, a manutenção, por conta própria, de uma estrutura de exames de certificação que exigem constante atualização de conteúdos e escopo, assim como uma infraestrutura de aplicação das provas que por vezes chega a se estender pelo país inteiro.

---

2 Esse é o caso da APIMEC, que exige dos candidatos ao exercício da atividade de análise de valores mobiliários a aprovação no exame de certificação CNPI, em qualquer de suas modalidades; e da ANCORD, que demanda dos candidatos ao credenciamento como assessores de investimentos a aprovação em exame promovido periodicamente pela associação.

Outra vantagem que tem se mostrado sistematicamente importante para o desenvolvimento do mercado é a proximidade dos entes autorreguladores com o mercado que eles acompanham na prática.

É importante destacar, antes de tudo, que essa proximidade é inevitável, pois a autorregulação sempre representará uma iniciativa tomada pelo próprio mercado, que, em determinadas circunstâncias, decidiu por se autodisciplinar. Nesse sentido, é fato que algumas vezes certas iniciativas do autorregulador encontram paralelo nas preocupações do próprio regulador com quem mantém interação, levando a um processo recíproco e contínuo de troca de experiências, informações e percepções que por vezes chegam a impactar até mesmo a própria regulação daquele mercado.

Assim, não se pode dizer que a relação entre regulador e autorregulador envolva exclusivamente uma mera relação de subordinação (embora alguns atos de certos autorreguladores devam ser submetidos sim ao regulador, para uma garantia mínima de consistência e coerência no caminhar de ambos), mas sim e muito mais uma relação de cooperação e coordenação conjunta de esforços que, pela intersecção parcial de suas missões, partem de preocupações coincidentes.

Esse aspecto da cooperação também é muito importante para dissipar outra confusão muito comum que se pode associar com a dinâmica de relacionamento entre reguladores e autorreguladores, especialmente para aqueles definidos como autorreguladores legais e infralegais.

Os autorreguladores legais são aqueles cuja legitimidade foi dada por uma lei em seu sentido estrito. O exemplo mais concreto do mercado brasileiro é o das entidades administradoras de mercado organizado, como a atual B3 (Brasil, Bolsa, Balcão), entidade oriunda da fusão entre BM&FBOVESPA e Cetip.

Já os autorreguladores infralegais são aqueles cuja legitimidade de atuação é conferida pelo respectivo regulador que tenha competência em sua área de atuação. Alguns dos exemplos mais conhecidos são os da Associação dos Analistas e Profissionais de Investimento do Mercado de Capitais (APIMEC), que se encarrega da autorregulação prevista na atual Resolução CVM nº 20/2021 (analistas de valores mobiliários); e da Associação Nacional das Corretoras e Distribuidoras de Títulos e Valores Mobiliários, Câmbio e Mercadorias (ANCORD), que fica a cargo da certificação, do credenciamento e da educação continuada dos assessores de investimentos previsto na Resolução CVM nº 178/2023, juntamente com a BSM (B3 Supervisão de Mercado), que autorregula a atividade.

Por fim, os autorreguladores voluntários são os que surgem por iniciativa própria de um segmento de mercado que pretende se autodisciplinar, sem que conte, assim, com uma autorização legal ou regulamentar de qualquer espécie. Um exemplo de destaque nesse sentido é o da Associação Brasileira das Entidades dos Mercados Financeiro e de Capitais (ANBIMA), responsável por diversos segmentos no mercado financeiro e de capitais como o de fundos de investimento, ofertas públicas, gestão de patrimônio, e o de serviços qualificados no mercado de capitais (como a custódia de ativos, por exemplo), entre outros.

Exposta essa diferenciação, para os autorreguladores legais e infralegais, dada a natureza de sua origem, não se pode assumir que o regulador, nesses casos, tenha optado por uma espécie de "delegação" da competência que lhe foi atribuída pela lei.

Assim, por exemplo, o fato de as entidades administradoras de mercado terem competência atribuída pela lei para fiscalizar as operações cursadas em seus ambientes não retira da CVM a competência legal equivalente de também supervisionar tais operações. De igual forma, o trabalho exercido pela APIMEC ou pela BSM sobre os profissionais por ela autorregulados não retira da CVM a prerrogativa de realizar qualquer fiscalização sobre esses profissionais. Naturalmente, a missão institucional atribuída a um ente regulador pela lei não pode ser delegada, pois ela é indelegável por sua própria natureza.

Isso não impede, entretanto, que a lei (no caso dos autorreguladores legais) ou a regulação de um ente estatal (para os autorreguladores infralegais) também passe a contar com o poder de fiscalizar e punir – e, aqui, em cooperação de esforços com o regulador, e não em substituição dele – participantes de mercado de um determinado segmento, sob as condições que a lei ou a regulação, conforme o caso, determinar.

É claro que, no caso de uma autorregulação voluntária, essa coordenação conjunta de esforços, assim como o mencionado intercâmbio de experiências e informações fica – embora não inviabilizada em seu todo – de certa maneira prejudicada, a menos que esse autorregulador e o regulador do segmento assim convencionem, como por meio de um convênio assinado entre as partes, por exemplo.

Isso porque, entre outros pontos, todas as modalidades de autorregulação que se originam da lei ou da regulação preveem de uma forma ou outra, entre outros aspectos, um regime de prestações de contas periódicas ao regulador competente que incentiva a troca de experiências mencionada anteriormente, o que não vem a ocorrer com a modalidade voluntária, por exemplo, salvo, de novo, se assim ambos deliberarem por vontade própria.

É notória a vantagem de um acerto entre o regulador e o autorregulador voluntário nesse sentido, pois com a interação e coordenação de esforços assim combinada passam ambos a contar com um alinhamento nos esforços de fiscalização e nas expectativas de parte a parte, o afastamento de redundâncias desnecessárias de atuação e, no mais, um aproveitamento inteligente da atuação do autorregulador pelo regulador, trazendo a essa dimensão de autorregulação todos os benefícios já descritos típicos dos aurorreguladores legais e infralegais.

Há ainda outros contrapontos que não podem ser esquecidos nas iniciativas de autorregulação. Um decorrente dessa proximidade do autorregulador com o mercado é a possibilidade de conflitos de interesse daí decorrentes, pois, como alguns chegam a cogitar, toda a contribuição dada pelos trabalhos de um autorregulador poderia em tese ser perdida se, por exemplo, o trabalho de supervisão exercido for comprometido por influências antagônicas dos próprios participantes da entidade; ou, de outro lado, se as regras de acesso instituídas passassem a operar mais como barreira à concorrência do que, propriamente, como instrumento de salvaguarda da higidez e capacidade dos participantes candidatos ao acesso pretendido.

Para direcionar tal questão, a saída invariavelmente pensada pela regulação é a exigência de segregação e independência, nas entidades autorreguladoras, da atividade destinada à supervisão e fiscalização do mercado em relação a quaisquer outras atividades que ela exerça. Por essa razão, o art. 50 da Resolução CVM nº 135/2022, por exemplo, dispõe que a estrutura de autorregulação das entidades administradoras de mercado devem "ser funcionalmente autônomas dos órgãos de administração" e, ainda, "possuir autonomia na gestão dos recursos previstos em orçamento próprio".

Na mesma linha, o art. 4º, parágrafo único, da Resolução CVM nº 20/2021 exige uma "estrutura de autorregulação que conte com capacidade técnica e independência" como condição à admissibilidade de uma entidade como autorreguladora das atividades reguladas por essas normas.

Assim, ao fim de tudo, já é possível conceituar a autorregulação. Seria ela, então, um arranjo, instituído por entidade privada representativa de determinada área de mercado, que procure, por meio da adesão de seus participantes a regras próprias, reforçar a confiança no segmento por ela autorregulado. E, na prática, no que toda essa estrutura de autorregulação pode contribuir para as demandas de investidores?

No caso de reclamações ou denúncias decorrentes de problemas na relação de um investidor com um prestador de serviços (banco, corretora, analistas ou assessores de investimento, sem prejuízo de outros exemplos), a autorregulação pode servir de veículo bastante útil para o esclarecimento de dúvidas, o direcionamento e a adequada solução de um problema ou mesmo o conhecimento de questões que a levem a aprimoramentos de seu trabalho de supervisão ou das normas por ela editadas.

Além disso, justamente para viabilizar um melhor atendimento, os autorreguladores possuem mecanismos peculiares de atendimento que podem se mostrar especialmente eficazes no tratamento de problemas. Esse é o caso, por exemplo, do atual mecanismo de ressarcimento de prejuízos, regulado pelo art. 124 da Resolução CVM nº 135/2022, atualmente administrado pela entidade de fiscalização das operações cursadas e participantes de mercado que operam na B3 (Brasil, Bolsa, Balcão) (no caso, a BSM – Supervisão de Mercados). Segundo previsto nas normas da CVM, tal mecanismo se propõe ao "ressarcimento de prejuízos decorrentes da ação ou omissão de pessoa autorizada a operar, ou de seus administradores, empregados ou prepostos, em relação à intermediação de negociações realizadas na bolsa ou aos serviços de custódia".

Assim, sempre que, por exemplo, determinada ordem de compra ou venda de um ativo não for executada por um comprovado erro operacional cometido pela corretora, por exemplo, o investidor terá direito ao ressarcimento do prejuízo que lhe foi imposto por essa falha do prestador de serviços.

É interessante perceber que, mais uma vez, não é outro o objetivo desse mecanismo que não conferir maior confiabilidade à estrutura do mercado de valores mobiliários, que seria fatalmente desprestigiada em um caso em que, como exemplificado, ordens de um investidor não fossem respeitadas ou seguidas por sua corretora de forma apropriada, precisa e tempestiva.

AUTORREGULAÇÃO DA ATIVIDADE DO ANALISTA DE VALORES IMOBILIÁRIOS E A APIMEC

Antecedentes

A APIMEC é credenciada pela CVM, desde 2010, para o exercício da atividade de autorregulação do analista de valores mobiliários, também conhecido como analista de investimento. Esse *status* foi fruto de um processo que se alicerçou na credibilidade da associação, fundada em 1971, e iniciou com a introdução da certificação voluntária Certificado Nacional do Profissional de Investimento (CNPI), posteriormente tornada obrigatória para a atividade do analista pela Instrução CVM nº 388/2003.

Nos termos da Instrução CVM nº 388/2003, a APIMEC passou a ser entidade certificadora dos analistas, cuja certificação deve ser obtida por exames com conteúdo programático adequado à atividade, e por um período de transição a CVM admitiu a certificação por experiência. Obtida a certificação CNPI, o analista deveria se registrar na CVM para o exercício da atividade, pagando taxa de registro à autarquia. A CVM era responsável direta pela supervisão da atividade do analista, com base na Instrução CVM nº 388/2003, e a APIMEC, como certificadora, tinha a missão de aplicar exames, emitir o CNPI para os candidatos aprovados e requerer que os analistas certificados fossem signatários do Código de Ética da Associação. A APIMEC poderia ser convocada pela CVM a se manifestar sobre casos envolvendo analistas de valores mobiliários, orientando a autarquia, com sua visão especializada e pautada pelo código de ética.

Em 2008 a CVM lançou uma audiência pública para nova instrução dos analistas, que deveria aprofundar o processo em direção à autorregulação, ou seja, além da certificação a entidade autorreguladora deveria exercer diretamente a atividade de supervisão da atividade do analista, prestando contas, por meio de relatórios e comunicados, à CVM. Depois de quase dois anos ouvindo o mercado e consolidando as sugestões, a CVM lançou a Instrução CVM nº 483/2010, que revogou a Instrução CVM nº 388/2003 e entrou em vigor em outubro de 2010, e a APIMEC obteve o *status* de entidade credenciadora, podendo cobrar taxa de supervisão para cobrir os custos da nova responsabilidade de supervisão.

Ao longo do período de audiência pública, a APIMEC foi se preparando para requerer a condição de credenciadora: estudou o funcionamento de entidades que já exerciam a atividade de autorregulação; acompanhou as sugestões dos analistas e entidades do mercado; fez debates internos; contou com voluntários e contratou consultores para elaboração do Código de Conduta e do Código de Processos e redesenhou a estrutura da associação para receber a nova atividade.

O destaque da reestruturação organizacional foi a introdução dos "organismos de autorregulação", a saber: o Conselho de Supervisão do Analista (CSA) e os Comitês Consultivos dos Analistas (CCA e CCAT).

O CSA é a instância de decisão e julgamento sobre processos envolvendo os analistas regulados, ou seja, é o "judiciário". Por outro lado, tem também a missão de analisar, aprovar e publicar normativos internos propostos pela

Superintendência, para aprimorar os procedimentos da autorregulação. Para garantir boa governança e evitar viés corporativista, o Conselho de Administração da APIMEC propôs que o CSA fosse majoritariamente composto por membros externos, representantes de outros segmentos do mercado financeiro e de capitais, o que foi posteriormente aprovado pela CVM.

Quanto aos CCA e CCAT, compostos por analistas, respectivamente fundamentalistas e técnicos (grafistas), a ideia foi aproximar os regulados das instâncias regulatórias, debatendo aprimoramento de regras, conteúdos programáticos dos exames de certificação, melhores práticas de análise e o "estado da arte" da análise de investimento. Em 2021 a APIMEC unificou os Comitês CCA e CCAT, criando o Comitê Consultivo de Autorregulação – CCA.

O que trouxe a Instrução CVM nº 483/2010

A instrução começou definindo o que é analista de valores mobiliários: "Pessoa natural que, em caráter profissional, elabora relatórios de análise destinados à publicação, divulgação ou distribuição a terceiros, ainda que restrita a clientes". De acordo com a Instrução CVM nº 483/2010, a atividade de analista de valores mobiliários pode ser exercida nas seguintes modalidades:

i. Autônoma.
ii. Vinculada a instituição integrante do sistema de distribuição ou pessoa natural ou jurídica autorizada pela CVM a desempenhar a função de administrador de carteira ou de consultor de valores mobiliários.
iii. Vinculada a pessoa jurídica que tenha em seu objeto social exclusivamente a atividade de análise de valores mobiliários.

Os analistas de valores mobiliários devem ser certificados pela entidade credenciadora. A certificação da APIMEC (CNPI) está dividida em três categorias:

- CNPI para o analista fundamentalista, mediante aprovação em exames CB e CG1.
- CNPI-T para o analista técnico, aprovação em exames CB e CT1.
- CNPI-P para o analista pleno (fundamentalista e técnico), aprovação em exames CB, CG1 e CT1.

As certificações CNPI, CNPI-T ou CNPI-P têm validade de 5 anos, e o profissional credenciado deverá optar entre duas modalidades de educação continuada para manutenção da certificação:

- Exames com conteúdo programático, denominados Conteúdo de Reciclagem (CR) para o analista fundamentalista e Conteúdo de Reciclagem Técnico (CRT) para o analista técnico.
- Comprovação de participação em cursos, seminários, congressos, cursos de especialização e pós-graduação. A análise dos eventos e a pontuação dos créditos são definidas em regulamento.

Assim definidas as características e atividades do analista e respectivos requerimentos de certificação, ficou relevante o entendimento e mapeamento do que seja "relatório de análise". A expressão "relatório de análise" significa quaisquer textos, relatórios de acompanhamento, estudos ou análises sobre valores mobiliários específicos ou sobre emissores de valores mobiliários determinados que possam auxiliar ou influenciar investidores no processo de tomada de decisão de investimento.

Exposições públicas, apresentações, reuniões, conferências telefônicas e quaisquer outras manifestações não escritas, cujo conteúdo seja típico de relatório de análise, foram também equiparadas a relatórios de análise para os fins da regulação da atividade.

Conforme estabelecido no normativo da CVM, os analistas autônomos e as instituições às quais os analistas estão vinculados são responsáveis pelo envio dos relatórios de análise à APIMEC, em três dias úteis da data em que tais relatórios forem distribuídos. Esse envio é feito por meio de *link* disponibilizado no portal da APIMEC (www.apimec.com.br) ou pelo *e-mail* supervisao@apimec.com.br.

A área de Supervisão inicialmente verifica a adequação e a consistência das declarações obrigatórias do relatório, referentes à independência de opinião e eventuais conflitos de interesse, declarações essas conhecidas como *disclaimer*. Destaca-se que as declarações devem ser redigidas de forma positiva, ou seja, só devem ser descritas quando realmente existirem tais situações.

Uma vez verificadas as declarações obrigatórias, é feita a análise de conteúdo, tendo como parâmetros as disposições do normativo da CVM e do Código de Conduta e respeitada a livre opinião do analista. Como são recepcionados muitos relatórios diariamente, a seleção dos relatórios de análise segue esta metodologia:

- Relatórios de ofertas públicas – são analisados todos os relatórios.
- Relatórios fundamentalistas – são selecionados de tal modo que, após determinado período de tempo, todos os analistas credenciados tenham seus relatórios analisados.
- Relatórios técnicos e demais relatórios – são selecionados de forma amostral e aleatória.

Por iniciativa da Supervisão ou a pedido da CVM, em razão de suspeita de irregularidades, qualquer relatório pode ser analisado ou revisto, uma vez que estes permanecem no banco de dados por até 5 anos.

Identificadas irregularidades formais ou de conteúdo, a área de Supervisão entra em contato com o analista e/ou instituição empregadora para solicitar explicações e fazer recomendações. Identificadas infrações objetivas, relativamente à Instrução CVM nº 483/2010 e ao Código de Conduta, o analista pode sofrer penalidades, na forma de advertência e multas. Em casos que requerem análise aprofundada ou julgamento no CSA, são instaurados processos administrativos, que seguem as disposições do Código de Processos da APIMEC.

As inovações da Instrução CVM nº 598/2018

A CVM editou, em 03 de maio de 2018, a Instrução CVM nº 598, que revogou a ICVM nº 483 e introduziu um novo marco regulatório sobre a atividade de analista de valores mobiliários. Uma das principais alterações trazidas pela nova norma foi a previsão da necessidade de credenciamento de analistas de valores mobiliários constituídos sob a forma de pessoas jurídicas. Dentre as demais alterações trazidas, destacam-se:

- As equipes de análise devem ser formadas por, no mínimo 80% de analistas de valores mobiliários credenciados. Caso ocorra o desenquadramento, as instituições financeiras e as Casas de Análise terão 90 dias, contados do início do desenquadramento, para recompor o percentual de analistas de valores mobiliários credenciados exigido por este artigo. Anteriormente, pela ICVM nº 483, o percentual mínimo era de 70% e o prazo para regularização era de 180 dias.

- Vedação a que os analistas de valores mobiliários pessoa natural obtenham ou mantenham registro como agente autônomo de investimento.
- Previsão de que as entidades responsáveis pelo credenciamento de analistas de valores mobiliários autorizadas pela CVM também possam determinar a retificação de valores mobiliários autorizadas pela CVM ou a cessação da divulgação de comunicações de cunho institucional e publicitário que apresentem incorreções ou impropriedades que possam induzir o investidor a erro.

Subsequentemente, em 5 de outubro de 2018, o Colegiado da CVM reconheceu por unanimidade a APIMEC como entidade autorreguladora das atividades de Analista de Valores Mobiliários Pessoa Jurídica, conforme estabelecido na Instrução CVM nº 598/2018. Assim, a APIMEC, que já desempenhava a atividade de certificação, credenciamento e supervisão do Analista de Valores Mobiliários Pessoa Natural, com a referida autorização completou a atividade de autorregulação da atividade de Análise de Valores Mobiliários.

Nesse contexto amplo, a APIMEC atualizou os Códigos de Conduta e dos Processos, que disciplinam os julgamentos de casos de desvio de conduta, os quais os analistas pessoas naturais e pessoas jurídicas, casas de análise e instituições integrantes do sistema de distribuição precisam aderir para obter o credenciamento para o desempenho da atividade de análise de valores mobiliários.

Em 2021, a CVM editou a Resolução CVM nº 01, de 6 de agosto de 2020, que estabelece a nomenclatura de atos a serem expedidos pela CVM. Sendo assim, a Instrução CVM nº 598/2018 foi revogada pela Resolução CVM nº 20, de 25 de fevereiro de 2021, sem trazer mais inovações.

O papel do analista

Como já foi mencionado, o exercício da atividade de analista de valores mobiliários requer certificação profissional. Assim, ele deve obter a certificação apropriada ao seu perfil e, em caso de estar atuando como analista, manter seu credenciamento junto à APIMEC em dia, quanto ao pagamento de taxa de fiscalização e ao Programa de Educação Continuada (PEC). Uma vez obtido o credenciamento, é possível pedir licenciamento por até 3 anos, ficando suspensas as obrigações quanto aos referidos taxa de supervisão e PEC.

O analista precisa atender às demandas de transparência nos casos de conflitos de interesse e respeitar os períodos de impedimento de negociação de valores mobiliários dispostos na Resolução CVM nº 20/2021, em especial os valores emitidos por emissores que são objeto de sua análise; em outras palavras, companhias "cobertas" pelo seu trabalho de analista.

O analista também precisa estar atento às disposições do Código de Conduta da APIMEC, que reforçam determinações da Resolução CVM nº 20/2021 e dispõem sobre cuidado com o manejo de informação, explicitação de fontes utilizadas, procedimento em reuniões com investidores e clientes e garantia da independência de opinião, diante dos interesses do empregador, da companhia emissora e de terceiros.

Em algumas instituições, as regras internas são complementares ou mais rigorosas que as dispostas na Resolução CVM nº 20/2021 e no Código de Conduta da APIMEC, cabendo ao analista estudar todos os normativos e manuais internos, não podendo alegar desconhecimento deles em caso de análise e julgamento de irregularidades em sua atuação.

Por fim, ele deve participar ativamente da autorregulação, contribuindo em períodos de audiência pública de normativos e participando em fóruns criados pela APIMEC para democratização e legitimação do processo. Cabe ressaltar a criação do CCA instituido pela APIMEC para ouvir as demandas e proposições dos regulados, compostos exclusivamente por analistas e com reuniões periódicas.

Os relatórios semestrais de autorregulação, elaborados pela APIMEC e enviados à CVM, estão disponíveis na página da entidade credenciadora na internet. Lá constam estatísticas sobre certificação e supervisão, alterações de regulamentação e resultados de processos administrativos, informações estas que atualizam os analistas sobre a regulação da atividade, assim como podem nortear seu procedimento para evitar situações passíveis de enquadramento em infrações objetivas ou instauração de processos.

Os benefícios aos investidores

No marco regulatório do mercado de capitais brasileiro e nas práticas da CVM, a autorregulação é um reforço para a regulação emanada dos poderes Legislativo e Executivo. Dentro desse princípio, e sendo bem desenvolvida na prática, a autorregulação traz muitos benefícios aos investidores.

O primeiro benefício a destacar é a qualificação dos analistas de valores mobiliários. Todo relatório de análise deve ter um analista responsável credenciado na APIMEC. A manutenção do referido credenciamento exige que o analista cumpra o PEC, ou seja, estar atualizado com regras, conceitos técnicos e melhores práticas do mercado. Com isso, espera-se que a qualidade do processo de recomendação de investimento esteja sempre dentro das melhores práticas nacionais e internacionais.

O segundo benefício é decorrente da atividade de supervisão do trabalho do analista, por parte da entidade de autorregulação. Além de fazer cumprir as determinações na Resolução CVM nº 20/2021 e do Código de Conduta quanto à transparência de situações de conflitos de interesse e manejo da informação, trata-se de uma atividade preventiva que orienta e adverte o investidor, desde que este leia o *disclaimer* dos relatórios.

O terceiro benefício, ainda de supervisão, é da esfera repressiva, ou seja, tendo acontecido irregularidade ou ilícito, o investidor e demais participantes do mercado lesados podem fazer queixas e denúncias à Supervisão da APIMEC, e confiar em verificação administrativa especializada ou julgamento no CSA, rápido, especializado e equilibrado.

Por fim, cabe ainda destacar, entre outros benefícios, a contribuição para a educação financeira e transparência do mercado. Os normativos e estatísticas da autorregulação estão disponíveis para consulta, assim como o resultado dos julgamentos. A APIMEC promove também seminários de autorregulação, abertos a analistas, investidores, acadêmicos, governo, mídia e demais interessados.

AUTORREGULAÇÃO INFRALEGAL DOS ASSESSORES DE INVESTIMENTO E A ANCORD

A Resolução CVM nº 178, de 2023, trata da atividade dos assessores de investimento, profissionais responsáveis pela capilaridade do mercado, atuando como prepostos de uma ou mais instituições integrantes dos mercados financeiro e de capitais, sejam elas corretora, distribuidora ou banco de investimento. Já a Resolução CVM nº 179/2023 trata da transparência da remuneração desses profissionais.

O assessor de investimento é a principal fonte de captação de investidores (clientes) para o mercado de capitais no Brasil. Ele tem como atividades captar investidores, levar a eles informações e recomendações dos produtos oferecidos pelo intermediário ao qual está vinculado e realizar as operações ordenadas por esses investidores captados.

Grande parte desses profissionais está em localidades que certamente o mercado não atingiria apenas com o esforço comercial das corretoras. Assim, o assessor de investimento acaba sendo o canal entre investidor e corretora não somente no momento da captação desse investidor, mas também ao longo de sua vida dentro do mercado, muito por conta da proximidade e até mesmo de círculo de relacionamento.

Cabe salientar que o assessor de investimento, até pouco tempo atrás, chamado de agente autônomo de investimento, é derivado dos profissionais que possuíam o Registro Geral de Autônomos (RGA), extinto em 2001 com a entrada em vigor da Resolução do Conselho Monetário Nacional 2.838, de 30 de maio de 2001, que passou à CVM o papel de reguladora da atividade. Ainda em 2001, a CVM baixou a Instrução CVM nº 355/2001, que tratava da atividade e abordava os aspectos a serem observados pelos profissionais interessados na atividade, bem como das limitações e deveres para o exercício dela.

Durante mais de duas décadas a Instrução CVM nº 355/2011 foi alterada algumas vezes, e sua última alteração se deu pela Resolução CVM nº 178/2023, que entrou em vigor em 1º de junho de 2023. Para a publicação da Resolução CVM nº 178/2023, assim como realizadas nos demais normativos da autarquia, a CVM colocou em audiência pública a minuta da referida resolução, para que o mercado pudesse colaborar com a aplicação e adequação às melhores práticas.

Em 2011, na publicação da Instrução CVM nº 497 foi criada a figura da entidade credenciadora e autorreguladora, que passou a ser a responsável por certificar, credenciar e autorregular tanto os assessores de investimento e suas respectivas sociedades quanto os intermediários contratantes, atuando como órgão auxiliar da CVM, atividades até então exercidas pela ANCORD. Já em 2016, as atividades foram desmembradas, ficando a supervisão sob responsabilidade da BSM (B3 – Supervisão de Mercado).

Essa supervisão apenas não se aplica aos assessores de investimento que atuam exclusivamente na distribuição de cotas de fundos de investimento, nos quais estes acabam por ter de se enquadrar nas exigências relativas aos códigos de autorregulação da ANBIMA. A seguir, serão vistos alguns aspectos sobre a atividade do assessor de investimento.

Assessor de investimento é a pessoa natural, registrada na forma da Resolução CVM nº 178/2023, para realizar, sob a responsabilidade e como preposto do intermediário integrante do sistema de distribuição de valores mobiliários, as atividades de:

- Prospecção e captação de clientes.
- Recepção e registro de ordens e transmissão dessas ordens para os sistemas de negociação ou de registro cabíveis, na forma da regulamentação em vigor.
- Prestação de informações sobre os produtos oferecidos e sobre os serviços prestados pelos intermediários pelos quais tenha sido contratado.

Salienta-se que, quando da prospecção e captação de clientes, o assessor de investimento deve identificar todos os intermediários aos quais atue, já com relação à prestação de informações, incluindo as atividades de suporte, orientação e recomendações de investimento, inerentes à relação comercial do assessor com os clientes. É importante notar a inclusão da recomendação, trazida na norma atual, que faz toda a diferença na relação do assessor de investimento com seus clientes. Tal recomendação deverá sempre ser compatível com as políticas, regras e procedimentos específicos dos intermediários, referentes ao dever de verificação da adequação do investimento ao perfil do cliente.

Algumas novidades trazidas pela Resolução CVM nº 178/2023:

- Fim da exclusividade de vínculo, ao menos normativa, porém possibilitando que as partes formalizem um contrato de exclusividade entre elas.
- Fim da obrigação da constituição da pessoa jurídica de assessoria, como sociedade simples e com atividade exclusiva, possibilitando a entrada de novos sócios não assessores, inclusive sócios pessoas jurídicas, desde que não atuem na atividade de assessoria de investimentos. Com isso, possibilitando que se adote qualquer tipo societário previsto em lei.
- Possibilidade de inclusão de atividades complementares, desde que não conflitantes, relacionadas aos mercados financeiro, de capitais, securitário, de previdência e capitalização, sempre respeitando a legislação e regulamentação aplicáveis.
- Possibilidade de a pessoa jurídica de assessoria ter assessores de investimento como empregados ou contratados.
- Toda pessoa jurídica de assessoria deve ter um Diretor responsável, que será o ponto de contato entre a empresa e seus intermediários contratantes, regulador, autorregulador e entidade credenciadora.

Tais novidades fazem que a nova regulação seja um marco para o mercado de assessoria de investimentos e o mercado de capitais. Dos itens apresentados, cabe destacar a possibilidade de contratação de assessores, como empregados ou contratados, este último podendo ser por meio de uma Pessoa Jurídica Unipessoal, desde que tenha entre seus objetos a atividade de assessoria de investimentos, assim seu único sócio passa a atuar por meio da pessoa jurídica de assessoria contratante. Algumas vedações da atividade:

- Receber de clientes ou em nome de clientes, ou a eles entregar numerário, títulos ou valores mobiliários ou outros ativos, ressalvado o recebimento de remuneração por serviços complementares e não conflitantes.
- Ser procurador ou representante de clientes perante qualquer intermediário, para quaisquer fins.
- Contratar com clientes ou realizar, ainda que a título gratuito, serviços de administração de carteira de valores mobiliários, consultoria ou análise de valores mobiliários, uma vez que tais atividades são realizadas por profissionais também registrados junto à CVM e atuam sob outras regulações da referida autarquia.
- Atuar como preposto de intermediário com o qual não tenha contrato.
- Delegar a terceiros, total ou parcialmente, a execução das atividades de assessoria, entre outras.

Mais informações sobre a atividade de assessores de investimento podem ser encontradas na Resolução CVM nº 178/2023 e demais conteúdos produzidos pela Entidade Credenciadora, ANCORD e pelos *sites* www.cvm.gov.br ou www.ancord.org.br. Diante do exposto, para exercer a atividade de assessor de investimento, o interessado deve ter concluído o ensino médio e fazer o exame de certificação para assessor de investimento, aplicado pela ANCORD, mediante seus parceiros. Com a aprovação no exame de certificação, os profissionais devem se credenciar na entidade credenciadora, que posteriormente informa à CVM, validando seu registro na autarquia.

Depois de registrado na CVM, o assessor de investimento precisa se vincular a um ou mais intermediários, seja corretora, distribuidora ou bancos de investimento. Somente com o referido vínculo o assessor de investimento poderá atender os investidores (clientes).

É importante salientar que toda essa estrutura de regulação e autorregulação foi criada para que o investidor tenha a total transparência que um mercado organizado exige, como é o caso dos mercados financeiro e de capitais. Além de trazer maior transparência e confiabilidade, a autorregulação atua na evolução dos profissionais que trabalham no mercado.

Diante da regulação e autorregulação aplicadas aos assessores de investimento, a norma exige do profissional a constante qualificação e atualização de seus conhecimentos, para que possa cada vez mais atender seus investidores (clientes), da melhor forma possível, por meio de um PEC, inclusive para que o assessor possa levar educação financeira de qualidade aos brasileiros presentes nos quatro cantos do país.

Diante do exposto neste capítulo, vale a reflexão sobre quais seriam os benefícios da autorregulação e o que traz de valor agregado para os investidores.

A autorregulação prevê melhora na atuação dos profissionais que atuam sob sua responsabilidade, uma vez que os profissionais são levados a buscar o aperfeiçoamento e a qualificação no que tange a suas atividades, além de ter de cumprir com todas as obrigações que a atividade exige. Hoje, no Brasil, são mais de 23 mil profissionais credenciados a exercer a atividade de assessor de investimento, porém cerca de 5 mil profissionais ainda não atuam no mercado por não estarem vinculados a um intermediário.

Durante os últimos anos o mercado de assessores de investimento tem evoluido muito, e isso se deve ao aprimoramento e à profissionalização dos profissionais e suas estruturas, além da proximidade que a autorregulação e a ANCORD, como entidade credenciadora, exercem no mercado, permitindo a troca contínua de conhecimento e esclarecimentos, tudo em prol do investidor e de um mercado cada vez mais sólido.

A BSM E A SUA AUTORREGULAÇÃO

A "autorregulação" é uma modalidade de ação regulatória exercida pelos agentes privados que atuam em determinado mercado e que se destina a esses mesmos agentes. Nesse sentido, a autorregulação tem por pressuposto implícito que a regulação é benéfica para o grupo, o que, de imediato, apresenta este aparente paradoxo: uma vez que a regulação de determinada atividade provoca relativo cerceamento de sua liberdade, por que os próprios agentes haveriam de tomar a iniciativa de se autorregular?

Os agentes se auto-organizam porque são os maiores interessados na qualidade da regulação de sua atividade, e, por serem os maiores conhecedores do ramo em que atuam, conseguem, efetivamente, estabelecer padrões de qualidade e normas de conduta frequentemente muito mais eficientes do que o Estado seria capaz de estabelecer. Em termos mais específicos, pode-se afirmar que a iniciativa de determinada coletividade se autorregular tem como objetivos:

I. Proteger os participantes de determinada indústria da intervenção estatal, ou de uma regulação estatal que seja executada de modo distorcido e com o intuito de privilegiar programas de interesse do governo em prejuízo do público e da indústria, realizando espécie de regulação privada "preventiva".
II. Estabelecer regras de boa convivência entre os próprios participantes, garantindo segurança jurídica e previsibilidade de suas relações, inclusive quando se tratar de controvérsias e punições.
III. Aumentar a credibilidade da atividade, atraindo mais investimentos para o setor.

Verifica-se que os objetivos da autorregulação podem ser benéficos ao mercado, apresentando-se como alternativa relevante ao aperfeiçoamento do mercado de capitais e de sua estrutura regulatória. No entanto, determinadas fragilidades inerentes a essa iniciativa – principalmente no que tange à dificuldade de se compatibilizar o intento lucrativo de seus participantes com o desempenho de uma atividade regulatória isenta de conflitos de interesses – devem ser remediadas sob pena de transformá-la em falha de mercado.

A autorregulação pode ser imposta por lei, denominando-se autorregulação legal; ou facultativa, denominando-se autorregulação voluntária, e pode ser executada de inúmeras formas.

Regulação e autorregulação: princípios e fundamentos

No bojo do propósito da criação da CVM estava o objetivo de "assegurar o funcionamento eficiente e regular o mercado de valores mobiliários", conforme lê-se na exposição de motivos da Lei nº 6.385 de 7 de dezembro de 1976 ("Lei 6.385"), redigida pelo então ministro da fazenda Mario Henrique Simonsen, e encaminhada pelo presidente Ernesto Geisel por meio da Mensagem nº 203, de 2 de agosto de 1976.[3]

Para exercer o seu mandato legal, a CVM fundamenta a sua atividade regulatória e de *enforcement* em um conjunto de princípios que estabelecem os marcos de qual o seu alcance e suas limitações, apontando para a sociedade o

3 Cf. Brasil. Governo Federal. Mensagem Nº 203, de 2 de agosto de 1976. Brasília, DF: Ministério da Fazenda; 1976. Disponível em: https://www.gov.br/cvm/pt-br/acesso-a-informacao-cvm/institucional/sobre-a-cvm/EM197Lei6385.pdf. Acesso em 6 de junho de 2022.

que se pode esperar da autarquia enquanto reguladora do mercado de valores mobiliários brasileiro.

Nesse sentido, o mercado de valores mobiliários precisa se pautar pela eficiência, o que pressupõe a liberdade e competitividade entre os seus diferentes atores econômicos. Além disso, deve ser um mercado no qual os investidores, detentores diretos e indiretos da poupança popular possam confiar, devendo haver uma proteção adequada desses investidores, bem como a harmonização dos interesses de todos os que nele transacionam. O exercício da atividade regulatória da CVM, portanto, objetiva assegurar essa eficiência e essa confiabilidade, condições consideradas fundamentais para promover o crescimento e o desenvolvimento desse mercado. Por essa razão, a CVM procura primar pela defesa do interesse público ao mesmo tempo que busca a confiabilidade, a eficiência, a competitividade e a liberdade no mercado de valores mobiliários.[4]

Autorregulação legal

Nessa modalidade de autorregulação, determinadas entidades privadas têm poderes e deveres expressamente delegados por lei para o desempenho de certas atividades, atuando como órgão auxiliar do ente estatal, editando normas a que seus membros devem submeter-se, além de fiscalizar seu cumprimento.

No mercado de capitais, são entidades dessa espécie as bolsas de valores, mercadorias e futuros que, apesar de terem surgido da livre iniciativa organizacional dos agentes, receberam tratamento legislativo em função da importante função econômica do mercado secundário (de conferir liquidez aos papéis transacionados em seu recinto ou sistema de negociações) para o mercado de capitais, que torna fundamental que tais recintos – as bolsas – funcionem adequadamente.

Assim, frente à crônica limitação de recursos estatais e seguindo o exemplo de sua congênere americana, a Securities and Exchange Commission (SEC), a lei optou por delegar às bolsas determinadas atividades no âmbito do mercado de valores mobiliários. Operando sob supervisão da CVM, às bolsas, nos termos do parágrafo 1º do art. 17 da Lei nº 6.385/1976, "incumbe, como órgãos auxiliares da Comissão de Valores Mobiliários, fiscalizar os respectivos membros e as operações com valores mobiliários nelas realizadas". É importante notar que supervisão não se confunde com subordinação hierárquica, pois a excessiva

4 Conforme atestado pela própria CVM: Cf. Brasil. TOP – O mercado de valores mobiliários brasileiro/Comissão de Valores Mobiliários. Rio de Janeiro: Comissão de Valores Mobiliários; 2014. p. 63-8.

interferência usurparia o caráter privado da entidade e o próprio objetivo da iniciativa, caracterizando "captura" estatal de entidade privada.

A estrutura das bolsas e dos mercados de balcão foi regulamentada inicialmente pela Instrução CVM nº 461/2007, posteriormente atualizada e modernizada pela Resolução CVM nº 135/2022. A ICVM nº 461 foi editada no contexto da desmutualização da BOVESPA e BM&F – reestruturação societária em que as referidas bolsas deixaram de ser associações sem fins lucrativos para se tornarem sociedades de capital aberto – frente à preocupação de que o intento lucrativo prejudicasse as atividades regulatórias dessas entidades. Visando especificamente minimizar eventuais conflitos de interesses que poderiam advir, a referida Instrução impôs a segregação das atividades empresariais das atividades regulatórias; estabeleceu regras especiais de fiscalização das negociações de valores mobiliários de emissão da respectiva entidade administradora (autolistagem); e sujeitou suas regras e procedimentos à aprovação da CVM.

Por outro lado, a CVM nº 135/2022 foi editada no contexto da clareza a ser dada na separação entre as funções de entidade administradora de mercado e as diferentes funções de infraestruturas de mercado de registro, liquidação e depósito centralizado. As questões de autorregulação como serviço e suas diferentes possibilidades de estabelecimento, mas sempre como um dever a ser apresentado pelas entidades administradoras de mercado, foram as grandes inovações do regramento, que tem como pano de fundo a reorganização do mercado já imaginando um cenário de competição organizada e que se evite uma arbitragem regulatória ou um ambiente que permita a aplicação de regras de forma diferenciada aos *players* que se estabeleçam e decidam prestar serviços ao mercado.

Autorregulação voluntária

A autorregulação voluntária funda-se em bases contratuais, ou seja, seus membros se reúnem e submetem-se a determinadas regras de livre e espontânea vontade, e podem retirar-se livremente, caso se sintam prejudicados ou simplesmente não desejem mais integrá-la. Por tal motivo, em atenção ao princípio constitucional da livre associação, tal entidade só poderá sofrer qualquer tipo de intervenção estatal se descumprir a lei ou realizar práticas que prejudiquem o mercado, tal como o acobertamento de atividades ilegais ou práticas anticompetitivas, ocasião em que logicamente o Estado deverá intervir.

Suas atividades podem ser desempenhadas mediante o estabelecimento de padrões de conduta diferenciados: (i) a certificação, por meio da concessão de selos de qualidade; (ii) a conferência de classificações; (iii) o monitoramento de seus agentes; (iv) o aconselhamento; (v) a arbitragem.

Constantemente as entidades de autorregulação optam pela cumulação dessas atividades, o que logicamente permite maior eficácia regulatória. O estabelecimento de normas ou a concessão de selos de qualidade sem o devido monitoramento de seu cumprimento, por óbvio, pode tornar-se pouco efetivo.

O caminho da regulação de mercado

Em primeiro lugar, a definição de autorregulação é conhecida como subtipo de regulação constituída pela identidade dos reguladores e regulados, ou seja, o próprio regulado estabelece suas regras. O conceito de autorregulação dos mercados é amplo, tornando propensas algumas análises equivocadas a respeito, entre as quais duas se destacam:

1. "Autorregulação é a novidade que vai resolver todos os problemas."
2. "Autorregulação vai aumentar ainda mais os já elevados custos de supervisão."

Autorregulação não é novidade para as fundações, uma vez que estas possuem código de conduta para seus funcionários e os submete ao exame de certificação, o que na prática já é um exemplo da regulação de mercado. Adicionalmente, autorregulação se manifesta na maior parte dos produtos de investimentos, visto que já são autorregulados pela B3 e pela ANBIMA.

Assim, o assunto não é novidade para o sistema. Inclusive, em 2008, o prêmio da Abrapp (Associação Brasileira das Entidades Fechadas de Previdência Complementar) agraciou a tese que mostrava o quanto a autorregulação dos serviços de custódia beneficiava os fundos de pensão.

O movimento beneficiou o mercado como um todo ao permitir uma regulação a custos menores. Adicionalmente, em teoria, as entidades de mercado, por estarem diariamente envolvidas com as atividades, teriam posição privilegiada para identificar "*gaps*" de regulação. A importância de reguladores voltados ao setor financeiro, por sua vez, retrata o risco de contágio inerente a esse segmento. A autorregulação visa à minimização do contágio, o risco de que um problema numa instituição se alastre às outras, devido à quebra de confiança. Entendido que a autorregulação já faz parte do cotidiano do setor, pode-se explorar, na prática, como ela se manifesta. As normas de autorregulação são mais detalhadas ou adentram em mais detalhes que as normas do regulador do governo.

Adicionalmente, um dos consensos estabelecidos no pensamento econômico é o funcionamento especial do sistema financeiro, quando comparado aos demais setores. A existência de mudanças, extraordinariamente rápidas em razão das inovações financeiras, torna necessárias alterações rápidas nas regras, em decorrência de seu caráter extremamente dinâmico. Quando se trata de alterações ágeis nas regulamentações, o esforço, via governo, pode não ser a melhor alternativa, visto que pode gerar regulações excessivamente custosas ou levar um tempo maior para entrar em vigor.

Muitos associam regulação a custo, mas é sabido que o custo maior vem da perda de confiança pelo mercado quando uma grave falha ocorre. Evidentemente, os custos de regulamentação não devem exceder os seus benefícios gerados. Por contarem com participantes do mercado na elaboração de suas regras, a autorregulação é muito mais atenta aos custos de execução do que o regulador do governo.

Quando se refere ao mercado financeiro e de capitais, notadamente um setor regido por relações de confiança entre os agentes, o assunto ganha destaque à medida que crises nessas relações são capazes de causar danos irreversíveis ao mercado.

A escolha da autorregulação voluntária não se dá por acaso, já que essa regulação é ainda mais cautelosa com relação à análise custo-benefício, uma vez que, para seu sucesso, é necessário que as fundações livremente decidam aceitar essas regras. Assim, a preocupação com gastos é uma realidade constante. Igualmente, as regras elaboradas pretendem sanar problemas do sistema, beneficiando principalmente seus participantes e atuando na diminuição do risco sistêmico.

A busca por um ambiente regulatório mais seguro conduziu as instituições à autorregulação, evidentemente gerando um benefício para o mercado. Mas isso não significa que seja a "cura para todos os problemas". Assim, o principal benefício da autorregulação em diversos mercados foi o de tornar mais fluido o intercâmbio de informações do regulador com o mercado, favorecendo melhorias regulatórias apropriadas e com prazo para adequação realizável.

Uma vez que os agentes dos mercados de capitais são os maiores interessados na qualidade da regulação de sua atividade e são os maiores conhecedores do ramo em que atuam, lhes é muito mais conveniente a autorregulação por essa garantia de que o ordenamento está de acordo com o que precisam, de forma que a credibilidade acerca da atividade é aumentada, o que atrai mais investimentos para o setor. Além disso, devido a esse contato mais direto das entidades autorreguladoras com os setores interessados, é facilitada a possibilidade de constatar mudanças e se adaptar a elas.

Outro atributo positivo desse tipo de regulação autônoma é a possibilidade de serem estabelecidas regras de boa convivência entre os próprios participantes, garantindo segurança jurídica e previsibilidade de suas relações, uma vez que são capazes de estabelecer normas de conduta de forma consideravelmente mais eficiente do que o Estado seria capaz.

Toda estrutura regulatória deve considerar três objetivos fundamentais: a proteção dos investidores; a garantia de um mercado justo, eficiente e transparente; e a redução do risco sistêmico, objetivos que também devem ser seguidos pelas entidades autorregulatórias. Entretanto, o potencial conflito de interesses é um dos grandes desafios na relação entre a entidade autorreguladora e quem é regulado, pois as entidades reguladoras também são organismos privados e representam interesses específicos de determinados segmentos. Por isso, a atividade autorreguladora também é "supervisionada" para os riscos de mercado serem evitados e os objetivos da regulação serem seguidos, por mais independentes do poder público que sejam.

Independentemente de seus prós e contras, a autorregulação está baseada na autonomia de vontade das partes de adotarem esse método e apresenta mais vantagens do que desvantagens, dada sua proximidade do mercado e sua vocação para a orientação às melhores práticas e cumprimento das normas em vigor.

O *enforcement* e sua relevância no contexto do mercado de valores mobiliários

Historicamente, uma das principais reações da sociedade, quando da notícia de ocorrência de fraudes financeiras e da imagem de oportunismo corporativo que fica impressa no imaginário popular quando eclodem crises nesse setor, é o protesto e exigência de que os chamados "crimes do colarinho branco" sejam punidos, práticas abusivas sejam coibidas e os investidores sejam, efetivamente, protegidos.[5] Nesse cenário, o papel do *enforcement* nos mercados financeiro e

5 Tal realidade é sumarizada com precisão por Luigi Zingales: "*One way a government can affect people's trust is through a rigorous enforcement of existing rules. We know from psychology that salient events tend to weight heavily in people's mind. Thus, while highly publicized individual cases of fraud can*

de capitais ganha destaque e as entidades responsáveis pela regulação e autorregulação desses mercados assumem um forte protagonismo.

Nesse sentido, em alguns países as instituições responsáveis pela higidez desses mercados concluíram pela necessidade de contar com uma capacidade de resposta às fraudes e outras condutas ilícitas que transmitisse segurança e credibilidade à sociedade, havendo uma renovada consideração do *enforcement*, em conjunto com outras estratégias à disposição dos reguladores, destacando-se seu papel de prevenir a recorrência de condutas ilícitas por participantes do mercado por meio da percepção dos custos e riscos envolvidos na infringência das normas que regulamentam os mercados.[6]

Tal abordagem é fundamental no contexto de um mercado de valores mobiliários ainda imaturo, com uma gama de investidores pouco acostumados com as complexidades inerentes desse mercado e que ainda precisa consolidar a confiança em transferir os seus recursos superavitários para investimento nesse mercado. Conforme demonstram estudos realizados no mercado brasileiro[7], a decisão de investir em valores mobiliários envolve um forte fator psicológico,

---

have a negative effect on trust, highly publicized cases of enforcement can have a positive effect. In a cross--section of countries, Aghion et al. (2008) show that higher mistrust leads to a higher demand for government intervention. But a similar relationship also exists in the time series. After every major crisis, the demand for government intervention increases. For example, after the 1929 crisis, there was a large demand for intervention. The same is true after the Enron and WorldCom scandals. And the same is true today. Lack of intervention is perceived as indifference, while some intervention can engender hope that the system will improve and so raise the level of trust. It is hard to prove causality, but the passage of Sarbanes Oxley was followed by an increase in the general trust towards the stock market". Cf. Zingales L. The Future of Securities Regulation (January 29, 2009). Chicago Booth School of Business Research Paper No. 08-27; FEEM Working Paper No. 7.2009 p. 8. Disponível em: http://ssrn.com/ abstract=1319648. Acesso em: 1º de jun. de 2022.

6 No Brasil, é possível mencionar a crise especulativa de 1971, antecedente histórico importante na motivação da criação da CVM e na estrutura de regulação hoje existente no Brasil. Nesse sentido, vale a citação dos próprios autores da lei sobre o assunto: "A esses reclamos por uma reforma da lei de sociedade por ações vieram juntar-se, em 1971, os das vítimas e dos observadores do 'boom' vivido pelas Bolsas de Valores durante o final de 1970 e o 1º semestre de 1971, quando milhares de investidores perderam suas economias, em pouco tempo, na voragem das cotações artificiais e das maquinações de alguns empresários e intermediários inescrupulosos. E tudo sem defesa eficiente do público investidor, e sem que nenhuma sanção ocorresse, num processo oposto ao que seria de desejar-se para a criação de um forte mercado de capitais de risco. A experiência de 1971 convenceu a muitos da necessidade de atribuir-se a um órgão especializado do Governo Federal a competência para policiar o mercado, que a Lei nº 4.728/65 cometera ao Banco Central". Cf. Bulhões Pedreira JL, Lamy Filho A. A Lei das S.A. – Pressupostos, elaboração, modificações. 3. ed. v. 1. Rio de Janeiro: Editora Renovar; 1997. p. 128-131.

7 O principal estudo que aponta para esse fator é a "Pesquisa Nacional do Grau de Educação Financeira da População Brasileira", desenvolvida pelo Governo Federal por meio da Estratégia Nacional de Educação Financeira – ENEF em 2008. Esse estudo está disponível no seguinte endereço: https://www.vidaedinheiro.gov.br/wp-content/uploads/2017/04/PlanoDiretorENEF1.pdf. Acesso em: 11 de maio de 2022.

sendo muito mais influente esse fator quanto menor o grau de educação do investidor. Nesse sentido, o *enforcement* no mercado de valores mobiliários tem o importante papel de garantir que a ilicitude será coibida, para assegurar que os investidores confiem na seriedade desse mercado.[8]

Dissuadir ou persuadir? As estratégias de *enforcement*

A literatura especializada no estudo da regulação destaca, tradicionalmente e em termos abrangentes, duas principais estratégias de *enforcement* de atuação por agências ou órgãos reguladores: a primeira delas é a chamada estratégia de "*deterrence*" ou "estratégia de dissuasão"; a segunda estratégia é conhecida como estratégia de "*compliance*", abordagem que visa alcançar os objetivos regulatórios por meio do aconselhamento e da persuasão.

Na primeira estratégia, é enfatizada uma ação mais enérgica por parte do regulador, na qual um estilo mais confrontador é adotado para a punição do infrator. Tal abordagem parte do pressuposto de que os regulados são agentes racionais, capazes de responder a incentivos negativos, de modo que à medida que infratores sejam detectados com maior frequência e, efetivamente punidos por seu comportamento irregular, os regulados terão a percepção crescente das consequências da violação das normas regulamentares, sendo, portanto, dissuadidos em adotar práticas ilícitas.

Já a segunda estratégia destaca a cooperação em lugar da confrontação. Nesse sentido, busca-se a prevenção de um dano e não a punição de um infrator, sendo que uma medida mais enfática e enérgica que resulte na punição de um regulado seria adotada em último caso. Nesse sentido, os defensores dessa abordagem destacam que, por meio do aconselhamento e da persuasão, é possível alcançar as finalidades últimas da regulação do mercado ao invés de enfatizar a violação das regras.[9]

---

8 Esse papel de destaque do *enforcement* está alinhado com as melhores práticas internacionais, conforme consta nos princípios elaborados pela International Organization of Securities Commissions (IOSCO): "*Principles for the Enforcement of Securities Regulation 10 The Regulator should have comprehensive inspection, investigation and surveillance powers. 11 The Regulator should have comprehensive enforcement powers. 12 The regulatory system should ensure an effective and credible use of inspection, investigation, surveillance and enforcement powers and implementation of an effective compliance program*". Cf. IOSCO. Objectives and Principles of Securities Regulation, May 2017, p. 6. Disponível em: https://www.iosco.org/library/pubdocs/pdf/IOSCOPD561.pdf. Acesso em: 2 de jun. de 2022.

9 Cf. Gunningham N. Compliance, Deterrence and Beyond. RegNet Research Papers, Regulatory Institutions Network. n. 87, 2015. p. 1-3.

Os diferentes reguladores em diversas jurisdições adotam uma dessas estratégias de forma preponderante ou elaboram uma abordagem que pode ser considerada "mista", não sendo encontrada, na prática, a adoção de uma estratégia em sua forma pura. De fato, as evidências demonstram que um equilíbrio entre ambas as estratégias é o caminho mais adequado, uma vez que as entidades envolvidas na supervisão de mercados devem ser capazes de dissuadir os notórios infratores, encorajar os regulados de boa-fé e que cumprem com a regulação de forma voluntária e, ainda, premiar os que adotam práticas que vão além da regra estabelecida.[10]

Autorregulação e *enforcement* nos modelos tradicional e inteligente de regulação

Um recurso heurístico que ajuda a visualizar a distribuição de medidas baseadas em ambas as estratégias indicadas é o modelo piramidal, em cuja base estariam as medidas de aconselhamento e persuasão e, nas camadas superiores da pirâmide, estariam progressivamente as medidas de dissuasão, sendo as ações mais duras destinadas aos infratores mais contumazes.

Em uma abordagem regulatória tradicional (*responsive regulation*), os espaços dessa pirâmide, da base ao topo, são desempenhados pelo regulador estatal. Nessa abordagem, o regulador deve partir da premissa de que os regulados estão de boa-fé, pressupondo o desejo desses regulados em cumprir a regulamentação. A partir do momento no qual essa premissa se prova ser, progressivamente, menos verdadeira, o regulador estatal deveria adotar uma postura gradativamente dissuasória, evitando-se partir de medidas persuasórias para medidas dissuasórias mais duras de forma muito direta.

Já em uma abordagem regulatória inteligente (*smart regulation*), a função estatal passa a ser compartilhada com outras instituições privadas, sejam elas os membros do próprio mercado, considerando seus vários ecossistemas, além de entidades autorreguladoras desses diferentes mercados. Nessa abordagem, o regulador estatal outorga responsabilidades e obrigações às entidades privadas,

10 "*Regulated enterprises have a variety of motivations and capabilities. This suggests that regulators must invoke enforcement strategies which simultaneously deter egregious offenders, encourage virtuous employers to comply voluntarily, and reward those who are going 'beyond compliance'. Thus good regulation means adopting different responsive enforcement strategies depending upon whether one is dealing with leaders, reluctant compliers, the recalcitrant or the incompetent. However, the dilemma for regulators is that it is rarely possible to be confident in advance as to the motivation of a regulated firm*". Cf. Gunningham N. Compliance Ob. Cit., p. 4.

compartilhando o ônus regulatório com tais participantes de mercado, atuando em casos mais graves e que exijam o aparato estatal para serem resolvidos e, ainda, legitimando a atuação dos agentes privados e autorreguladores, reforçando suas medidas ou lhes emprestando o poder estatal nos casos necessários, como em casos de requisição de informações. É precisamente dentro dessa abordagem de *smart regulation* que a BSM, como entidade autorreguladora do mercado de valores mobiliários, atua. Legitimada por seu regulador estatal, a BSM pode atuar de forma mais próxima aos agentes de mercado pelos quais é responsável e, assim, sem descartar a adoção de medidas dissuasórias, buscar estratégias de orientação, aconselhamento, persuasão e investir mecanismos educativos, de modo a alcançar os propósitos regulatórios de uma forma ampla, sem ter de focalizar nos casos de violação da regra.[11]

Em uma perspectiva analítica acerca da atividade sancionadora desempenhada pela BSM, ter uma clara dimensão de seu enfoque de atuação é fundamental, de modo a delimitar as aproximações e diferenças de como a CVM conduz suas atividades de *enforcement.*

O que é a BSM Supervisão de Mercados?

A BSM Supervisão de Mercados, associação civil que tem a B3 como mantenedora, foi criada em 2007. Sua função, conforme o nome indica, é supervisionar e fiscalizar os mercados organizados administrados pela B3, a B3 e seus participantes autorizados com acesso a seus mercados. Mais recentemente a BSM tem se posicionado estrategicamente e de forma independente, se colocando à disposição de outras administradoras de mercado e operadoras de infraestruturas de mercados para prestação de seus serviços de autorregulação, supervisão e fiscalização. Além de sua função de auxiliar o regulador conforme mencionado neste texto dado pela Lei nº 6.385, a BSM é contratada pela B3 para administrar o Mecanismo de Ressarcimento de Prejuízos (MRP) a investidores elegíveis que operem mercado de bolsa nos limites estabelecidos nas regras do MRP.

11 Em linha com as lições de Neil Gunningham, a autorregulação no mercado de valores mobiliários brasileiro busca estratégias para lidar com cada tipo de supervisionado. Medidas de orientação para aqueles que se mostram aderentes às regras estabelecidas, medidas educacionais e de aconselhamento para os supervisionados que, por desconhecimento, se encontram em desacordo com a regulamentação, medidas mais enfáticas para os recalcitrantes (termos de compromisso e cartas de alerta) e sanções punitivas para os infratores. Cf. Gunningham N. Compliance Ob. Cit., p. 4/9.

Mandatos e pilares de atuação

- Executar a autorregulação, monitoramento, supervisão e fiscalização para os mercados organizados administrados pela B3.
- Supervisionar e fiscalizar os participantes com direito de acesso aos mercados organizados administrados pela B3.
- Realizar as ações necessárias para preservar a integridade do mercado, com atividades de orientação e, quando necessário, por meio de medidas de *enforcement*.
- Administrar o MRP a investidores que operem mercado de bolsa.

Para cumprir os mandatos e objetivos, atua-se com base em três pilares:

- **Conhecimento, orientação e formação de profissionais:** atua-se para levar orientação ao mercado, compartilhando conhecimento e auxiliando os participantes da B3 e todo o mercado na adoção das melhores práticas para seus processos e controles. Também se propõe a formar profissionais nas áreas de controles, *market surveillance* e *compliance*.
- **Integridade do mercado:** monitora-se todas as operações e ofertas realizadas nos mercados organizados administrados pela B3, auditando continuamente seus participantes e atuando para coibir práticas irregulares.
- **Proteção dos investidores e participantes de mercado:** além de atuar para a manutenção da integridade do mercado, de forma que seja transparente e justo, existe o canal de atendimento a investidores e a administração do MRP, que visa ressarcir investidores eventualmente prejudicados pela ação ou omissão de participantes da B3. Também é função proteger os participantes de mercado de serem expostos a situações de descumprimento das regras ou ser utilizados como meio para práticas irregulares de operações.

E quais são as normas do mercado?

O mercado conta com uma estrutura normativa bastante complexa. O trabalho da BSM está amparado em alguns pilares. Um deles é a supervisão dos participantes dos mercados organizados administrados pela B3. Ela serve para certificar o cumprimento das normas, além de verificar quaisquer infrações. Há também o monitoramento de toda e qualquer oferta ou negócio realizado nos ambientes de negociação e pós-negociação da B3. Isso é feito de modo a evitar que não haja irregularidades.

Outro pilar relevante é o de mediações e ressarcimento de prejuízos. Ele assegura um pagamento aos investidores que forem prejudicados, dentro dos critérios de elegibilidade estabelecidos, por participantes dos mercados organizados administrados pela B3. Por fim, há a aplicação de medidas de orientação, penalização ou persuasão. Elas são voltadas aos infratores.

Além desses fatores, a BSM é autorizada e tem o dever de emitir cartas de recomendação, cartas de alerta e/ou processos disciplinares administrativos em relação aos seus supervisionados. A BSM atua principalmente em prol do desenvolvimento do mercado de capitais e da sua integridade, preservando sua credibilidade e confiança de seus participantes e usuários. Por exemplo, ela:

- Oferece e aplica medidas educadoras para os participantes do mercado.
- Busca por constantes otimizações nas normas que regem seu funcionamento.
- Realiza iniciativas voltadas ao fortalecimento das relações com órgãos reguladores e organizações internacionais.

É possível acompanhar o relatório de atividades da BSM em seu *site* oficial. Assim, é possível ter mais informações sobre tudo o que acontece na empresa.

O que é o ressarcimento de prejuízos?

Somos responsáveis pela administração do MRP, destinado a assegurar aos investidores o ressarcimento de prejuízos decorrentes da ação ou da omissão de participantes dos mercados de Bolsa em relação à intermediação de negociações realizadas ou aos serviços de custódia.

Para atender a demanda crescente de solicitações de ressarcimento, foi criada a área de processos de ressarcimento, formada por equipe de profissionais qualificados e com dedicação integral e especializada, com propósito de buscar: empoderamento e treinamento das equipes; padronização de documentos; reorganização de atividades; e proximidade com as partes envolvidas, reclamantes e reclamadas. Também há o investimento em simplificação nos processos e melhorias nos procedimentos, no atendimento, na inteligência de dados e na consolidação de teses utilizadas nas decisões.

Acredita-se que a proximidade com as partes envolvidas, participantes e investidores (reclamadas e reclamantes, respectivamente), para buscarem a solução por meio das equipes de atendimento e de ouvidoria no nível dos participantes, treinadas para serem mais presentes e efetivas junto aos investidores, trouxe a solução de conflitos de forma mais benéfica para todo mercado, previamente ao acionamento do MRP.

Como solicitar o ressarcimento?

Caso um participante se sinta prejudicado, ele deve dirigir uma reclamação ao MRP. No processo, é necessário:

- Certificar-se da validade de sua reclamação. Para isso, deve consultar os regulamentos manuais da B3, além de saber se seu caso é ou não atendido pelo MRP. Essa dúvida pode ser tirada com a própria equipe do MRP.
- Verificar o prazo. Após o prejuízo ocorrer, o participante tem 18 meses para apresentar a reclamação. Se o período for ultrapassado, ela não será analisada.
- Usar o sistema MRP Digital para apresentar a reclamação.
- Incluir as informações certas no documento, como os dados dos responsáveis pelo prejuízo, nome da instituição envolvida, valor, descrição do ocorrido e a forma de recebimento do ressarcimento. Ele será pago em dinheiro ou em valores mobiliários.
- Anexar seus documentos pessoais, como CPF, documento de identificação, comprovante de titularidade etc.

Quem analisará?

O Diretor de Autorregulação da BSM será responsável por analisar a reclamação e, consequentemente, por arquivá-la, deferi-la ou indeferi-la. O participante ainda pode apresentar um recurso caso sua solicitação seja indeferida. Nesse caso, ela estará sob julgamento do Conselho de Autorregulação, que dará a decisão final. Ao investidor cabe apresentar recurso da decisão do Diretor de Autorregulação, desde que fundamentada, para a CVM, que por sua vez dará a decisão final.

Por que é importante a autorregulação da BSM?

Conhecer a BSM é importante para o investidor por diversos motivos. Um deles é saber a quem recorrer em caso de prejuízos e denúncias que deseja realizar. Além disso, é preciso conhecer as normas e regulamentações que guiam o mercado de capitais, e a BSM é uma grande fonte de esclarecimentos para dúvidas que surjam em relação às regras de mercado.

Por fim, a autorregulação é responsável pela manutenção do dinamismo dos ambientes da B3. Afinal, a BSM busca por seu desenvolvimento, educando, compartilhando e trocando conhecimento, investindo em pessoas e processos em benefício da integridade do mercado. Desse modo, estar atento à BSM permite que o investidor tenha amparo, informação e educação. Como visto, quem deseja entender ainda mais sobre a BSM pode encontrar mais materiais em seu *site* oficial. Todos são convidados a se tornarem BSMers e trabalharem para um mercado de capitais cada vez mais integro, forte e simples.

A autorregulação voluntária e a ANBIMA

O Dicionário Houaiss define "regular" como "estabelecer regras, ordem e moderação, conter, moderar, reprimir, regulamentar". E que a regulação é o "ato ou efeito de regular". A autorregulação, embora não seja um verbete desse dicionário, seria, então, o ato de estabelecer regras, ordens, moderação e repressão para si mesmo. O termo impõe uma pergunta: por que alguém estabeleceria ordens para si próprio e regularia as próprias atividades?

Ao pensar que esse sujeito que coloca limites a si mesmo não é uma pessoa física, e sim uma associação, uma entidade ou uma instituição que representa vários participantes, a questão se torna bem mais compreensível: o objetivo é incentivar comportamentos adequados e oferecer segurança àquele ecossistema. Ao estabelecerem regras que devem ser seguidas por todos os participantes, esses sujeitos estão promovendo um ambiente de segurança e previsibilidade. Se todos conhecem as regras, comprometem-se a atuar em conformidade com elas e são fiscalizados, criando as condições propícias para o crescimento sustentável de determinada atividade ou mercado.

Um dos exemplos de autorregulação mais antigos e conhecidos dos brasileiros é o Conselho Nacional de Autorregulamentação Publicitária (Conar), cujo embrião surgiu no fim da década de 1970. A ideia era que os próprios participantes do mercado de publicidade criassem um código de ética, de adesão facultativa, a ser seguido por todos os aderentes. Combatia-se, assim, a veiculação de anúncios e campanhas publicitárias enganosas, ofensivas, abusivas ou que levassem à concorrência desleal entre os anunciantes. Desde então, o conselho veda a veiculação de campanhas publicitárias que ferem o código de ética, evitando inúmeros conflitos com consumidores e com a sociedade como um todo, ganhando a confiança de consumidores e anunciantes e mantendo um ambiente competitivo, mas saudável.

Nos mercados financeiro e de capitais, preocupação semelhante também existe e a autorregulação está presente, embora seja menos conhecida do público em geral. O mercado conta com uma autorregulação que visa manter a confiança de todos os agentes, tanto instituições quanto investidores. A confiança, como se sabe, é fundamental para todos os tipos de negociação, e ainda mais relevante quando se trata do sistema financeiro. Quando ela não existe ou é rompida, as consequências podem ser desde a estagnação dos mercados até uma crise sistêmica.

No mercado de capitais, a mais antiga autorregulação no Brasil é exercida pela bolsa de valores. Em 1976, a Lei das Sociedades Anônimas (Lei nº 6.404/1976) estabeleceu que as bolsas devem fiscalizar os seus membros e as operações que eles realizam – atualmente, essa atividade é exercida pela BSM, autorreguladora da B3. Outros exemplos incluem a autorregulação da atividade dos analistas de valores mobiliários, feita pela APIMEC, e dos assessores de investimento, desempenhada pela ANCORD. Em ambos os casos, a necessidade de autorregulamentação está disposta por normas da CVM.

Mas há também a autorregulação voluntária, a exemplo do que ocorre com o Conar: nela, não há lei que estabeleça a necessidade de uma entidade que crie códigos, estabeleça normas e fiscalize o cumprimento destas. A iniciativa da criação desse mecanismo é totalmente voluntária e surge por ação do próprio mercado. É esse o caso da ANBIMA, cuja atuação de normatização e fiscalização dos associados nasceu de forma voluntária, em 1998. Vinte e cinco anos depois, existem seis códigos em vigência, seguidos por 300 instituições associadas e 1.287 outras não filiadas à ANBIMA, mas que escolheram seguir voluntariamente um ou mais códigos (que serão chamados, neste texto, de instituições aderentes ou aderentes).

Para explicar como a ANBIMA chegou a esse patamar e como funciona a sua atividade de autorregulação, é interessante contar um pouco sobre a história da Associação. A ANBIMA nasceu, oficialmente, em 2009, a partir da fusão de duas entidades do mercado: Associação Nacional dos Bancos de Investimento (ANBID) e a Associação Nacional das Instituições do Mercado Financeiro (ANDIMA). No entanto, as duas instituições já contavam, juntas, com um histórico de mais de 40 anos de atuação no mercado.

A ANBIMA congrega bancos, gestoras, corretoras, distribuidoras e administradoras de recursos. "Fortalecer a representação do setor e apoiar a evolução de um mercado de capitais capaz de financiar o desenvolvimento econômico e social local e influenciar o mercado global" é a sua missão.

A associação baseia sua atuação em quatro pilares: informar, autorregular, educar e representar. No primeiro, ela desempenha um importante papel de *hub* de informações sobre os segmentos que representa, notadamente mercado de capitais e fundos de investimento. A ANBIMA tem a maior base de dados desses dois segmentos. As informações são consolidadas na forma de relatórios, *rankings*, índices e estatísticas disponibilizados para os mais variados públicos.

Amparada na crença de que um mercado forte se faz com profissionais qualificados e com investidores conscientes, a associação também atua fortemente junto a esses dois grupos. As certificações profissionais da ANBIMA (CPA-10, CPA-20, CEA, CFG, CGA e CGE) são bastante conhecidas no mercado financeiro e exigidas para o exercício de determinadas funções. No conjunto, somam mais de 500 mil pessoas certificadas em todo o Brasil. Além de atestar a capacitação por meio das certificações, a ANBIMA oferece um cardápio de cursos de atualização para os profissionais. Também são oferecidos materiais educativos e cursos para o investidor, seguindo a premissa de que o investidor bem-informado faz escolhas mais conscientes.

No pilar de representação é mantida a interlocução com todos os *stakeholders* do ecossistema, tendo por objetivo a defesa dos interesses do mercado. O trabalho de *advocacy* inclui diálogo com os três poderes, reguladores, instituições parceiras nacionais e internacionais, estendendo-se a toda a sociedade civil. O pilar de autorregulação é justamente o foco deste texto. Em linhas gerais, são regras criadas pelo mercado, para o mercado e em favor dele. Essas regras são consolidadas na forma de códigos de autorregulação e melhores práticas, de adesão voluntária. Atualmente, seis códigos estabelecem as melhores práticas de mercado nas áreas de administração de recursos, ofertas públicas, prestação de serviços qualificados (como os serviços de custódia e controladoria), distribuição de produtos, negociação de instrumentos financeiros e certificação. Além deles, há os códigos de ética e de processos, de adesão compulsória para quem opta por qualquer um dos seis primeiros.

Como tudo começou

A autorregulação da ANBIMA nasceu, oficialmente, em dezembro de 1998, quando foi publicado o Código de Ofertas Públicas pela então ANBID. Ele foi resultado de um processo iniciado anos antes, quando as lideranças da associação buscavam melhorar o ambiente de negociação, de forma que o mercado pudesse colaborar para o aprimoramento das regras norteadoras das operações.

Por um lado, o Plano Real (1994) havia debelado a hiperinflação e trazido estabilidade monetária para o país. E, ainda, as privatizações atraíam novos investidores e empresas para o Brasil. Por outro, havia uma certa estagnação, e a ideia era oferecer condições para que o mercado de capitais cumprisse o seu papel de prover recursos de longo prazo para as empresas.

Para além dos requisitos legais e normativos, o Código estabelecia as melhores práticas para os coordenadores de ofertas públicas de valores mobiliários – e, como se sabe, o papel dos coordenadores é bastante relevante, pois trazem novas companhias para o mercado e colaboram para que elas atinjam uma maturidade condizente com as exigências dos investidores. A partir dos anos 2000, com a emergência do tema da governança corporativa, essas exigências se tornaram ainda maiores – passou-se a demandar mais transparência das companhias e tratamento equitativo entre os acionistas. Portanto, ao melhorar as práticas dos coordenadores de ofertas, a instituição colaborava para a evolução do mercado como um todo.

Vale lembrar que as leis e os normativos dos reguladores (como CVM e Banco Central) estão acima da autorregulação. Assim, a autorregulação nunca pode contrariá-los e, sim, complementá-los. A autorregulação é de adesão voluntária, diferentemente das leis e normas editadas por entes públicos, que não têm caráter facultativo e devem ser cumpridas pelos agentes a que se destinam. As leis e normas geralmente são mais principiológicas (estabelecem princípios) e comumente abarcam um escopo mais amplo, pois são regras que permanecem, em sua maioria, por longos períodos e alterações exigem processos mais burocráticos. Já a autorregulação pode estabelecer regras principiológicas, mas com mais especificações, aproveitando-se de estruturas mais céleres e dinâmicas que acompanham as tendências de mercado. Outro ponto importante é que a autorregulação de maneira alguma substitui as atividades de normatização, fiscalização e punição dos entes públicos – no caso dos mercados financeiro e de capitais, a CVM, o Conselho Monetário Nacional (CMN) e o Banco Central (BC), mas também a Superintendência de Seguros Privados (Susep) e a Superintendência Nacional de Previdência Complementar (Previc).

Apesar da independência entre regulação e autorregulação, elas podem ser vistas como atividades complementares, pois uma reforça a atuação da outra. Um exemplo está nas normas que disciplinam o acesso de participantes a determinado mercado. A autorregulação, por exemplo, pode estabelecer o cumprimento de requisitos adicionais para o exercício da atividade das entidades aderentes, como a realização de exames para obter determinadas certificações que darão acesso ao mercado – dessa forma, a autorregulação reforça a norma, ao garantir que só terão acesso ao mercado os participantes realmente capacitados para tanto. O mesmo aconteceu com relação ao Código de Ofertas Públicas e com todos os códigos posteriormente criados pela ANBIMA: eles reforçavam a importância de cumprir as normas da CVM e estabeleciam critérios adicionais. No jargão do mercado, a ANBIMA "subiu a régua".

Embora a autorregulação não seja um selo de qualidade dos valores mobiliários, fundos de investimento ou dos participantes do mercado, ela indica que determinada instituição que aderiu à ANBIMA ou a algum de seus códigos está alinhada com as boas práticas do mercado e é supervisionada. Os participantes entenderam o propósito do primeiro código da associação e a ele aderiram – vale dizer que, para aderir a determinado código, não é necessário que o participante seja também associado da ANBIMA, ou seja, há aderentes não associados.

Após o primeiro código, outros vieram, e cada um revelava uma necessidade do mercado. Um dos marcos nos mercados financeiro e de capitais foi o Código de Fundos de Investimento, que estabelecia princípios sobre a constituição e o funcionamento dos fundos por parte de administradores, gestores e distribuidores. Também abordava aspectos relacionados à publicidade e divulgação de material técnico e buscava dar mais transparência aos investidores em relação à aplicação dos seus recursos. Como o passar do tempo e a evolução do mercado, o código foi modificado e passou a incluir critérios para marcação a mercado, política de voto adotada pelos gestores e adequação ao perfil do investidor (*suitability*), gestão de liquidez, entre outros temas. Esse código, lançado em 2000 pela ANBID, teve vida longa: ficou em vigência até 2019, quando foi substituído pelo Código de Administração de Recursos de Terceiros.

No início do milênio, uma das questões que se apresentavam mais importantes nos mercados financeiro e de capitais era a qualificação dos profissionais envolvidos na distribuição de produtos financeiros. Os gerentes de bancos costumavam conhecer melhor produtos relacionados ao crédito ou à conta-corrente, mas frequentemente os investidores se sentiam insatisfeitos com as orientações e informações relativas a produtos de investimento. Para lidar com essa questão, em 2002 foi desenvolvido o Código Programa de Certificação Continuada, cujo objetivo era aumentar a capacitação técnica dos profissionais que atendiam os investidores. Esse código também foi adaptado e modificado ao longo do tempo, incorporando as evoluções do mercado. Atualmente, está em vigor o Código de

Certificação, que estabelece princípios e padrões de conduta aos profissionais certificados quando eles estão prospectando ou vendendo produtos de investimento, prestando assessoria aos gerentes de contas de investidores e fazendo gestão profissional de recursos de terceiros. O código inclui a obrigatoriedade de ter profissionais devidamente certificados, para comprovar determinada qualificação técnica para certas funções.

Em 2005, a ANBID criou uma comissão de *private banking*, cujos trabalhos resultaram na edição, em 2006, do Código de Private Banking, que estabelecia parâmetros e melhores práticas para os serviços prestados a clientes de alta renda. De forma semelhante ao Código de Fundos de Investimento, ele definia critérios para publicidade e divulgação de produtos de investimento e adequação ao perfil do investidor (*suitability*), sempre considerando as especificidades desse público investidor. O código deixou de vigorar no final de 2018, tendo sido incorporado ao Código de Distribuição de Produtos de Investimento.

Em 2010, o Código para as Atividades Conveniadas entrou em vigor, trazendo normas para a atuação da ANBIMA nos convênios celebrados com instituições públicas, que, como detalhado mais adiante, prosperaram bastante. Esse código foi revogado em 2019 e substituído por um manual. No mesmo ano, também foi lançado o Código de Serviços Qualificados ao Mercado de Capitais, voltado para atividades como a custódia, escrituração e controladoria de ativos e passivos. O objetivo era promover as melhores práticas para a prestação desses serviços, padronizando práticas e processos, oferecendo padrões éticos e práticas equitativas e propiciando transparência no desempenho dessas atividades.

O desenvolvimento da indústria de gestão de recursos de terceiros requereu também um olhar mais amplo para os fundos de investimento, que contemplava o patrimônio como um todo. Para suprir essa lacuna, em 2013 entrou em vigor o Código de Gestão de Patrimônio, que estabelecia princípios e regras para a atividade de gestão de patrimônio, trazendo a necessidade de a instituição compreender o perfil do cliente e verificar a adequação do investimento ao perfil do investidor (*suitability*), assim como estabelecer regras para a seleção e alocação desse patrimônio em carteira administrada ou fundos exclusivos. Esse código ficou em vigor até 2019, quando também foi incorporado ao Código de Administração de Recursos de Terceiros.

Os desafios trazidos para comunicar adequadamente aos investidores de varejo as principais características dos produtos de investimento levou à criação de um código para esse segmento: o Código de Varejo, que entrou em vigor em

2016. O código abordava as melhores práticas para a distribuição de produtos, definia critérios para publicidade, divulgação de produtos de investimento e adequação ao perfil do investidor (*suitability*), buscava manter a transparência e promover a qualificação dos profissionais que atendiam esse público. Foi revogado em dezembro de 2018 e substituído pelo então Código de Distribuição de Produtos de Investimento.

Em 2017, um novo código entrou em vigência: o Código de Negociação de Instrumentos Financeiros, criado a partir do Código Operacional do Mercado, oriundo da antiga ANDIMA. Ele estabelece regras para as negociações com títulos e valores mobiliários de renda fixa, derivativos de balcão e ofertas públicas de distribuição de Certificado de Operações Estruturadas (COE), feitas pelo telefone ou por meio digital. Isso porque as transações efetuadas na bolsa ou ofertas públicas seguem o Código de Ofertas Públicas.

Embasando a atuação de todos os associados da ANBIMA, há o Código de Ética, cujo texto estabelece os padrões de conduta que devem ser seguidos pelas instituições participantes - englobando todos os associados ANBIMA ou instituições que aderiram a qualquer um dos códigos. O Código de Ética aborda pontos como a necessidade de exercer as atividades com boa-fé, probidade, transparência, responsabilidade e lealdade, a adoção de condutas social e politicamente responsáveis e a orientação das atividades em prol do interesse dos investidores e clientes.

Mudando o foco

Como visto, vários códigos passaram por mudanças e substituições ao longo dos anos, já que o mercado é dinâmico e existe a necessidade constante de atualização e a elevação do patamar das práticas das instituições, sempre tendo em vista a melhoria contínua. Quando determinado patamar é alcançado ou há uma revisão das melhores práticas, é necessário também alterar as regras.

Isso acontece porque a ANBIMA acompanha as discussões e a regulação sobre os mercados financeiro e de capitais não só no Brasil, mas também no mundo. Ela participa ativamente, por exemplo, do Comitê Consultivo de Membros Afiliados (AMCC, na sigla em inglês) da Organização Internacional das Comissões de Valores Mobiliários (IOSCO). Um dos focos desse acompanhamento é identificar debates internacionais e tendências que podem chegar ao mercado brasileiro.

Um exemplo de como essas questões internacionais podem ter consequência nas atividades da associação está relacionado às profundas modificações feitas nos códigos em 2019. Em grande medida, essas alterações decorreram das discussões entre reguladores e autorreguladores em nível mundial, mas também pela própria reflexão da associação a respeito de suas atividades. Foi um processo longo de reflexão, aprendizado e troca de experiências. Em âmbito internacional, as reflexões começaram após a eclosão da crise de 2008. Embora o Brasil tenha passado ileso no que diz respeito à estabilidade do mercado financeiro, diferentemente do que ocorreu nos Estados Unidos, os questionamentos sobre a regulação e a autorregulação também chegaram por aqui. Nos anos que sucederam à crise, os debates giravam em torno do fato de que muitos profissionais que cometeram atividades ilícitas ou antiéticas em determinadas instituições continuavam cometendo os mesmos erros e atos ilícitos em outras instituições – estas eram punidas, enquanto os profissionais ficavam ilesos. Por isso, a conduta profissional foi ganhando centralidade para os reguladores e autorreguladores.

Na ANBIMA, essas discussões e a preocupação com o constante aprimoramento do mercado e da autorregulação mostraram a importância de mudar o foco. Assim, o viés, até então em produtos e serviços, migrou para as atividades, incluindo supervisão das condutas profissionais, mesmo que indiretamente, pois o monitoramento dessas práticas recai sobre a instituição contratante, signatária dos códigos e responsável pela sua observância. Em termos concretos, essa preocupação foi percebida no aumento, por exemplo, das exigências para o processo de adesão dos participantes do mercado (associados e aderentes) aos códigos. Esse processo passou a contemplar a análise de currículo dos profissionais e dos gestores e o levantamento de pendências em processos administrativos ou judiciais.

As mudanças foram implementadas a partir de 2019. Se antes os códigos focavam em produtos ou serviços, nesse momento começaram a ser desenhados com o enfoque na atividade. Por conta disso, foram descontinuados os Códigos de Fundos de Investimento e de Gestão de Patrimônio, substituídos pelo Código de Administração de Recursos de Terceiros, que passou a concentrar as atividades de administração, gestão e distribuição de fundos de investimento e carteiras administradas. O mesmo aconteceu com os códigos de Varejo e de Private Banking, substituídos pelo Código de Distribuição de Produtos de Investimento, ou seja, mudou-se o foco do tipo de investidor para a atividade de distribuição como um todo, visando aumentar a transparência no relacionamento com os investidores, a padronizar os procedimentos e garantir a qualificação das instituições e de seus profissionais.

Em 2021, a ANBIMA reformulou o Código de Processos, com o objetivo de modernizar e agilizar a condução das investigações e dos processos por descumprimentos dos códigos de autorregulação. O código, criado em 2007, assegura às instituições participantes o amplo direito de defesa e do contraditório e a participação nos julgamentos. Também estabelece os critérios para instauração de Procedimentos para Apuração de Irregularidades (PAI) e para celebração de termos de compromisso e aplicação de penalidades – que, como será pontuado mais adiante, são formas de que a associação dispõe para garantir o cumprimento de suas regras por parte dos associados e aderentes aos seus diversos códigos.

Como são criados os códigos

Os códigos de autorregulação e melhores práticas da ANBIMA são criados a partir da contribuição dos próprios profissionais de mercado. Reunidos nas comissões temáticas da associação, eles constroem as regras a partir de suas experiências, o que contribui para que elas estejam alinhadas às práticas do dia a dia das instituições. Assim, pode-se dizer que são regras criadas pelo mercado, para o mercado e em favor do mercado, já que o objetivo final é sempre assegurar o aprimoramento das atividades. Após um grande processo de discussão, o texto proposto segue para audiência pública, período em que qualquer pessoa ou instituição pode encaminhar sugestões. São feitos ajustes, se necessário, e a versão final é publicada, com ampla divulgação.

Supervisão e *enforcement*

A autorregulação não inclui apenas a elaboração de regras e códigos: para a ANBIMA é necessária uma supervisão para verificar o alinhamento dos associados e aderentes às regras e orientá-los para as melhores práticas. Em outras palavras, sem a supervisão, seria impossível saber se os participantes estão efetivamente cumprindo o que foi combinado ou não, tampouco atuar de forma educativa para aprimorar os procedimentos.

O cárater primordial da supervisão da ANBIMA é educativo. Até por isso, normalmente não são aplicadas penalidades nos primeiros meses após a entrada em vigor de uma nova regra. Privilegiam-se ações educativas para que as instituições possam tirar dúvidas e receber orientações sobre a necessidade ou não de ajustes para estarem adequadas às exigências. Também são realizados treinamentos e *workshops* para orientar sobre aspectos específicos ou mudanças importantes nos códigos.

A ANBIMA adota o modelo de supervisão baseada em risco. Suas atividades são norteadas pelo mapeamento dos riscos do mercado, com a seleção dos mais relevantes, seja porque podem ocasionar perdas materiais ou reputacionais mais elevadas, seja porque são considerados mais prováveis, isto é, leva-se em conta a probabilidade de ocorrência de determinado evento e o impacto potencial que ele pode causar.

Há várias formas de a supervisão iniciar suas atividades para fiscalização: por rotina, por evento episódico, por tema, a partir de denúncias, entre outras. Por rotina, verificam-se periodicamente regras ou práticas das instituições, por serem temas com impacto contínuo em seus segmentos. A supervisão episódica é iniciada por algum evento divulgado ao mercado, identificado por meio de fatos relevantes, notícias ou qualquer forma de divulgação. A temática, como o nome já sugere, parte de um tema que é elencado como prioritário e precisa ser avaliado para todos os participantes. Além de atividades rotineiras, supervisões temáticas ou episódicas, a supervisão também pode partir de uma denúncia, já que os códigos preveem que as próprias instituições autorreguladas denunciem eventuais suspeitas de descumprimento por parte de outras instituições, cabendo à área de supervisão a apuração do caso.

Nesse ponto, é importante um detalhamento da estrutura e governança da associação. Além do corpo técnico, formado por profissionais da ANBIMA, a supervisão de mercados conta com comissões de acompanhamento integradas por representantes das instituições associadas. Esses grupos orientam os trabalhos da área técnica, analisam e instauram processos sancionadores. Essas comissões diferem das comissões que existem na área de representação institucional, pois são voltadas à supervisão. Enquanto as comissões de representação discutem questões do dia a dia dos mercados e o aprimoramento das regras, as comissões de supervisão focam no cumprimento das regras. Também aprovam a emissão de cartas de recomendação dirigidas às instituições participantes da autorregulação.

Os conselhos de regulação e melhores práticas são formados por pessoas nomeadas pela diretoria e profissionais de outras entidades do mercado – estes últimos sempre em maior quantidade, o que proporciona independência para a tomada de decisões. Isso porque os conselhos julgam os processos envolvendo possíveis descumprimentos por parte das instituições que seguem os códigos de autorregulação. Eles também são os responsáveis por aceitar ou não a celebração de termos de compromissos apresentados pelas instituições, e emitem pareceres de orientação sobre os procedimentos e possíveis irregularidades no atendimento a esses códigos. Cada código tem uma comissão e um conselho, e atualmente são seis as comissões e conselhos de supervisão: Distribuição de Produtos de Investimentos, Administração de Recursos de Terceiros, Certificação, Ofertas Públicas, Negociação de Instrumentos Financeiros e Serviços Qualificados.

A garantia da aplicação das regras (expressão que a concisão da língua inglesa resume em uma única palavra, *enforcement*) vem da possibilidade de punição daqueles que as descumprirem. Há medidas graduais que podem ser tomadas nesses casos, a começar pelos pedidos de esclarecimento, pelos quais são solicitadas mais informações sobre os processos ou práticas das instituições. Há também as cartas de prevenção e de alerta, que envolvem, respectivamente, abordagem educativa e ajustes de conduta de menor impacto, bem como a aplicação de multas, nos casos de descumprimentos objetivos dos códigos. Esses instrumentos servem de aviso para que os procedimentos sejam ajustados e são usados conforme as particularidades de cada caso.

Já os PAI são investigações abertas para apurar indícios de descumprimento às regras dos códigos. Novamente, se a infração tiver pequeno potencial de dano e for de fácil reparação, a empresa recebe uma carta de recomendação da ANBIMA, na qual constam instruções para corrigir sua conduta de acordo com o que diz o código. Essas cartas são divulgadas ao mercado e, ao adotar as medidas sugeridas, a instituição não se sujeita à punição.

Caso o descumprimento seja constatado no PAI e a infração possa gerar danos significativos, são instaurados os Processos de Regulação e Melhores Práticas de caráter sancionador, que podem culminar na aplicação de penalidades no julgamento dos processos (advertência, multa, proibição do uso do Selo ANBIMA e desligamento do quadro associativo). Ao longo desse processo, as instituições podem, a qualquer tempo, propor a assinatura de um termo de compromisso, que busca corrigir o descumprimento das regras de autorregulação. A celebração do termo de compromisso não implica confissão de culpa, mas suspende os processos em andamento até que as ações prometidas sejam cumpridas.

Os termos de compromisso assinados e as multas lavradas são divulgados ao mercado, e os recursos obtidos são direcionados para iniciativas de educação, envolvendo investidores ou profissionais de mercado. Em nenhuma hipótese o dinheiro resultante das penalidades é usado para despesas correntes ou outras iniciativas da associação que não sejam de educação. Isso reforça o caráter educativo da supervisão e afasta qualquer hipótese de uso da autorregulação para fins arrecadatórios.

Durante muitos anos, o corpo técnico da ANBIMA que atua na área de Supervisão de Mercados foi organizado pelas atividades de cada um dos códigos. Esse modelo foi reformulado a partir de 2022, passando a ser organizado pela natureza das atividades.

A visão de futuro

A despeito do sucesso de muitos anos que a ANBIMA obteve pelo seu trabalho de autorregulação, notou-se a necessidade de contínuo aperfeiçoamento das atividades. Num cenário de aumento do número de instituições que integram a autorregulação e de investidores, de novas dinâmicas de negócios e de novas possibilidades de uso de dados de forma mais analítica, no fim de 2022, conforme comentado, a área de supervisão da ANBIMA passou por mudanças. Ela foi modernizada e passou a operar com uma nova estrutura, dividida em quatro núcleos que atuam de forma transversal e colaborativa, construídos pela natureza de cada uma das atividades que exercem: Gestão de Dados e Tendências, Ações Preventivas, Ações Investigativas e Sancionadoras e Apoio e Controle Jurídico.

O projeto foi chamado de Supervisão do Futuro, contou com o apoio de uma consultoria internacional e mantém as atividades de supervisão desde sempre realizadas, mas também incorpora uma abordagem preventiva, o acompanhamento de tendências e a ampliação do uso de tecnologia, visando dar maior assertividade às atividades.

No Núcleo de Gestão de Dados e Tendências, são gerados indicadores a partir da detecção de tendências e de possíveis riscos, com o uso intensivo de tecnologia, como ferramentas de *machine learning*. Já o Núcleo de Ações Preventivas, como o nome sugere, atua de forma próxima às instituições supervisionadas por meio de visitas, realização de *lives*, eventos e outras ações para ajudá-las a prevenir eventuais violações dos códigos de autorregulação – a intenção é tornar as regras da ANBIMA mais claras para o próprio mercado, facilitando o cumprimento da autorregulação. O Núcleo de Ações Investigativas e Sancionadoras atua para identificar irregularidades e descumprimento das regras de autorregulação, e o foco de sua atuação passou a ser a conduta dos supervisionados. Por fim, o Núcleo de Apoio e Controle Jurídico apoia todas as frentes da supervisão. Com isso, a supervisão da ANBIMA passou a atuar com base em algumas premissas: abordagem preventiva, acompanhamento de tendências, governança de dados, proximidade com as instituições, ampliação do uso de tecnologia, maior assertividade nas ações investigativas e retroalimentação da autorregulação. O projeto nasceu da evolução do mercado e do aumento no número de operações e de instituições que seguem os códigos de autorregulação. Em um mercado tão dinâmico, a autorregulação da ANBIMA trabalha para antecipar tendências, não só na supervisão, mas desde o início do processo, na construção das regras hoje seguidas por quase todas as instituições presentes no mercado brasileiro.

No modelo atual, os resultados do acompanhamento do mercado retroalimentam as atividades de supervisão e busca-se gerar mais benefícios para os supervisionados.

O reconhecimento do regulador

Ao longo dos 26 anos de atuação como autorreguladora, a ANBIMA se tornou uma referência para o mercado financeiro e de capitais brasileiro. A sua atividade de supervisão obteve também o reconhecimento do regulador, que utiliza as informações coletadas e analisadas pela ANBIMA para exercer as suas atividades fiscalizatórias e sancionadoras.

Essa colaboração se dá por meio de acordos e convênios firmados entre as duas instituições, que seguem, basicamente, três modelos. Em um deles, é acordado que a ANBIMA realize um trabalho de análise prévio ao trabalho a ser feito pela CVM, buscando sinergias e celeridade. Em outro, consta que a CVM usará as informações e resultados provenientes do trabalho de fiscalização que a ANBIMA já faz em suas rotinas para a condução de suas atividades e responsabilidades conferidas por lei. Por último, há modelo de compartilhamento de ferramentas e/ou dados da ANBIMA também do interesse do regulador. Em todos os modelos há identificação de que as atividades fiscalizatórias e sancionadoras da ANBIMA e da CVM são complementares, de forma que as ferramentas e o trabalho da associação podem ser usados pela autarquia.

A colaboração se mostra profícua para ambas as partes. Para os associados da ANBIMA, a prestação de informações à entidade os dispensa de enviar informações duplicadas (para a associação e o regulador), reduzindo os custos de observância às normas. Da parte da CVM, os convênios otimizam os recursos da autarquia, que pode direcionar esforços para as frentes de atuação que considerar mais relevantes. Desde que o primeiro convênio entre as duas foi firmado, em 2008, vários outros vieram – e outros potencialmente serão firmados.

Esse primeiro convênio previu a participação da ANBIMA na concessão de registro de ofertas públicas. Em síntese, a ANBIMA analisa a documentação da operação já com verificações regulatórias e autorregulatórias. Em 2008, o fluxo de análise era feito pela ANBIMA, e a concessão de registro pela CVM ocorria após uma revisão. Mais recentemente, o fluxo foi revisitado para que, após análise da ANBIMA, haja o registro automático na CVM. Em ambos os fluxos, o acordo proporcionou a redução do prazo para análise das ofertas, e essa economia de tempo pode fazer uma grande diferença para os emissores, porque o mercado brasileiro costuma funcionar por meio de janelas de oportunidade. A agilidade evita que determinado emissor estruture uma oferta, mas que não consiga viabilizá-la caso, eventualmente, durante o período de análise, as condições do mercado mudem de forma significativa.

Em 2018, foi assinado o Convênio para Aproveitamento da Autorregulação de Fundos de Investimento, com várias frentes de atuação, no modelo de compartilhamento dos resultados de supervisão: marcação a mercado, aderência das carteiras aos regulamentos, distribuição de cotas de fundos de investimento e apontamentos de inconsistências das informações de PL e cotas. Como se percebe, o convênio com a CVM sobre fundos de investimento trata de assuntos fundamentais para manter a higidez do mercado e são de interesse das duas instituições: abarcam a precificação correta e tempestiva, o cumprimento dos mandatos, a preocupação com a distribuição dos produtos e a adequada contabilização dos fundos.

Vale ressaltar que, em ambos os acordos (sobre Ofertas Públicas e sobre Fundos de Investimento), há a previsão de a ANBIMA ser um facilitador nas habilitações para a autorização do exercício de certas atividades, como a administração de carteiras e coordenação de ofertas públicas. Para que uma pessoa física ou jurídica possa administrar ou gerir carteiras de investimento, é preciso obter autorização da CVM, bem como para que coordenadores possam atuar em ofertas. Por meio dos acordos, a ANBIMA faz a análise de documentação e conferência de estruturas, submetendo suas conclusões à CVM, que decide pela aprovação ou não. Do lado da ANBIMA, o processo de adesão aos seus Códigos também pode ser realizado no mesmo procedimento, ou seja, com ganhos de prazo para os agentes de mercado.

Considerando que tanto a autorregulação da ANBIMA quanto a regulação da CVM tratam das mesmas atividades e que ambas podem impor penalidades aos participantes do mercado por questões semelhantes, outra frente de colaboração entre as duas entidades diz respeito à atividade sancionadora, outro foco de convênio. Este prevê que ambas as entidades poderão considerar, caso julguem conveniente, a celebração de termos de compromisso que já tenham sido assinados com a outra ou levar em conta as penalidades já aplicadas. Também há a previsão da troca de informações referentes a processos de investigação, desde que com anuência dos investigados ou indiciados. Esse convênio está em vigência desde 2008.

Outra parceria entre as duas entidades compreende a implementação e divulgação, por parte da ANBIMA, do Índice de Hedge Funds ANBIMA (IHFA), composto por fundos multimercados. Cabe à ANBIMA calcular e divulgar diariamente o índice, assim como manter atualizadas e acessíveis as metodologias de cálculo utilizadas para as apurações. A CVM, por sua vez, viabiliza o acesso diário da ANBIMA às informações públicas sobre todos os fundos multimercados. ANBIMA e CVM também acordaram parceria para o acompanhamento de influenciadores de investimento.

O papel dos influenciadores de investimento vem se tornando muito relevante – eles são uma das fontes de informação mais usadas pelos investidores para a tomada de decisão. O acordo de cooperação entre a ANBIMA e a CVM prevê o intercâmbio de experiências e análises de dados relativas aos influenciadores, assim como a realização de estudos, publicações e encontros relacionados ao tema. A associação faz o acompanhamento das atividades dos influenciadores por meio de uma ferramenta de gestão de informações que monitora as redes sociais. Essa mesma ferramenta é compartilhada com o regulador.

Em 26 anos, a autorregulação da ANBIMA mostrou-se dinâmica e à altura dos desafios. Isso foi possível por várias razões, como o trabalho em sintonia com a própria regulação e a participação ativa dos representantes de mercado, que evita que as regras se descolem da realidade do dia a dia das instituições. Com isso, ganham todos: o mercado tem preservada a sua integridade e o investidor pode contar com a existência de regras pensadas para a sua proteção.

QUESTÕES PARA REFLEXÃO

Histórico e conceito da autorregulação

1. A autorregulação é positiva ao mercado? Se sim, em que circunstâncias, respeitadas que condições?
2. Quais são as limitações dos autorreguladores? Os reguladores podem suprir essas limitações?
3. No que o trabalho de autorregulação pode favorecer investidores do mercado, na prática?

Autorregulação do analista de valores mobiliários e a APIMEC

1. A autorregulação da atividade do analista traz benefícios para os investidores? Se sim, quais são?
2. Qual o significado do "Relatório de Análise", de acordo com a regulação da atividade do analista de valores mobiliários, e quais eventos são a ele equiparados?
3. O analista de valores mobiliários, ao elaborar o relatório de análise, deve considerar os interesses dos seus empregadores na sua recomendação de investimento?

Autorregulação infralegal dos assessores de investimento e a ANCORD

1. Qual a definição de assessor de investimento e qual sua importância para o mercado de capitais?
2. Quais são os passos necessários para exercer a atividade de assessor de investimento?
3. A estrutura de autorregulação criada para regular a atividade do assessor de investimento oferece benefícios para o investidor? Se sim, quais são?

Autorregulação da BSM

1. Qual é a entidade contratada pela B3 para administrar o MRP, e de que forma ocorre o ressarcimento?
2. O trabalho da BSM está amparado em quantos pilares? Quais são eles?

3. Quem é o responsável por analisar a reclamação por ressarcimento de prejuízos e qual o organismo ao qual o participante pode apresentar recurso caso sua solicitação seja indeferida?

Autorregulação voluntária e a ANBIMA

1. Descreva as principais características e diferenças da autorregulação infralegal e voluntária.
2. Qual a importância dos convênios CVM/ANBIMA para o mercado?
3. Por se tratar de autorregulação voluntária, os códigos de autorregulação da ANBIMA podem contrariar os normativos dos reguladores (como CVM e Banco Central)?

REFERÊNCIAS

ANBIMA. Disponível em: https://www.anbima.com.br.
ANCORD. Disponível em: https://www.ancord.org.br.
APIMEC. Disponível em: https://www.apimec.com.br.
B3. Disponível em: https://www.b3.com.br.
BACEN. Disponível em: https://www.bcb.gov.br.
BSM. Disponível em: https://www.bsmsupervisao.com.br.
Calabró LF. Teoria Palco-Plateia: a Interação entre Regulação e Autorregulação do Mercado de Bolsa. 182 f. Tese [Doutorado em Direito] - Universidade de São Paulo, 2010.
Calado LR. Regulação e Autorregulação do Mercado Financeiro. 1. ed. São Paulo: Saint Paul; 2009.
CVM. Disponível em: https://www.gov.br/cvm.
Trindade M, santos AM. Regulação e Auto-Regulação no Brasil e a Crise Internacional. 2009.
Yazbek O. Regulação do Mercado Financeiro e de Capitais. Rio de Janeiro: Elsevier; 2007. p. 211.

CAPÍTULO 7

Política e economia: para compreender e não se perder

Carlos Alberto Furtado de Melo

Neste capítulo, é demonstrado que política e economia não são atividades que se possam dissociar.

INTRODUÇÃO

De modo geral, as pessoas arrogam para si elevada importância; é natural e humano. Assim, a várias profissões e atividades laborais, praticadas em cada fase histórica, atribui-se importância central, como se o mundo dependesse só daquilo que o sujeito faz em sua vida. Com efeito, todas as profissões são importantes – não se pode conceber um mundo sem médicos, farmacêuticos, juízes, advogados, engenheiros, arquitetos, pedreiros, carpinteiros, professores, cientistas, pesquisadores; sempre será necessária a execução de tarefas aparentemente humildes, mas fundamentais. Basta que uma cidade não tenha quem recolha seu lixo por apenas alguns dias para que o caos se instale. Mesmo as atividades ligadas ao espírito, como a arte, a religião e a estética, têm seu papel. Todas as profissões são importantes.

No entanto, o indivíduo tem, sim, uma tendência natural a acreditar que aquilo que faz é de fato o mais importante a ser feito em uma sociedade; ele se valoriza, evidentemente. A valorização pessoal e mesmo certo grau de vaidade são inevitáveis, e, na medida certa, não há mal nenhum nisso. Se isso implicar dar-se a devida importância e realizar bem o seu papel, será mesmo ótimo, todos ganharão. Em certo limite, como disse um economista clássico, vícios privados podem levar a benefícios públicos. Como tudo na vida, há um ponto ótimo, um ponto de equilíbrio nisso tudo.

Logo, o problema não reside no fato de o sujeito dar importância a si e ao seu trabalho. Provavelmente, caro leitor ou leitora, sua profissão é realmente importante, e orgulhar-se dela é muito positivo. O erro está em não perceber a complexidade do todo, de como somos dependentes uns dos outros. De algum modo, também é importante captar a essencialidade que cada parte possui para o processo; para o tempo em que se vive, tudo parece fazer sentido se colocado em uma perspectiva que integra as partes em vez de desprezá-las. Há, com efeito, uma espécie de sistema, no qual interfaces se estabelecem. Essa "visão sistêmica" é fundamental desde sempre, ainda mais neste mundo moderno, mais ainda no mundo das finanças, em que partículas, na maioria das vezes invisíveis, ao final dão forma ao conjunto que se enxerga.

Economia, matemática, finanças, sociologia, política, antropologia e história são atividades desse tipo, que se complementam. Ainda que, por exemplo, economistas, de um lado, e historiadores, de outro, relutem em admitir, se compreenderá melhor a economia ao se conhecer a história; por sua vez, perceber a escassez e assimilar a situação dos números e das finanças de um tempo também fazem com que se compreendam a história e o momento em que se vive. Assim, isso tudo permitirá perceber as questões sociológicas que brotam (ou brotaram) desse contexto e, junto disso, a política que resultou de um processo sempre complexo.

Sim, a política é resultado de muitas coisas, é a fusão de vários elementos: influenciou ou influencia a economia, as finanças, a matemática, a sociedade de um determinado tempo. E, por sua vez, também é resultado de tudo isso: é influenciada pelo bom ou pelo mau momento econômico, é afetada pelos humores da sociedade e dos mercados; responde a estímulos que vêm dos agentes econômicos, das ruas, da cultura. Enfim, se você pretende compreender minimamente e de um modo razoável alguma parte em especial do processo social e econômico, é inevitável que também olhe para além dos horizontes apenas mais próximos de sua atividade profissional. É importante que você não se feche em um quarto às vezes tão pequeno quanto escuro.

UM POUCO DA HISTÓRIA DE ALGUNS ERROS RECENTES

O raciocínio anterior é apenas enganosamente simples, está longe de ser óbvio. Infelizmente, gerações recentes de homens e mulheres importantes têm ignorado isso. É muito provável que o mundo desta segunda década do século XXI – e nas que virão na sequência – seja resultado da ausência dessa percepção de complementaridade e complexidade. Daí a grande confusão e as crises vividas e que, provavelmente, perdurarão por alguns anos.

Pelo menos desde meados dos anos 1970 até a crise financeira internacional de 2007-2008, uma grande parcela da humanidade preferiu ignorar essa relação complementar entre atividades distintas. O divórcio que, em virtude disso, se estabeleceu entre economia e política, expressa isso. De algum modo, consolidou-se uma forma de pensar que acreditava que a política era irrelevante, que as relações econômicas, estas sim, seriam soberanas e determinantes de todo o resto. É irônico pensar que tanto um marxismo vulgar quanto um liberalismo superficial, por meio do que se chamou "economicismo", preferiram acreditar na autonomia da economia em relação à política, na pouca importância de conhecer e compreender processos sociais (sociologia) e culturais (valores e crenças de uma sociedade, de um povo) – aí considerados suas virtudes e seus vícios que foram se consolidando ao longo da história de determinada comunidade: na racionalidade específica de seus homens e mulheres; no comportamento de seus profissionais, de seus agentes econômicos; nas decisões (ou omissões) de seus dirigentes políticos.

O fato é que uma boa parte dos economistas e, por paradoxal que pareça, mesmo uma parcela de cientistas políticos, imaginou haver uma racionalidade padrão, universal e invulnerável, e que seus princípios (econômicos, pelo menos) estavam dados para todo o planeta, que não haveria especificidades ou diferenças que fossem ou pudessem ser – sempre do ponto de vista econômico – significativas. Economistas acreditaram demais em seus livros-texto, desde sempre muito importantes e eficazes para compreender e ensinar modelos econômicos, mas eventualmente incapazes de transformar a realidade do mundo em algo uno, absoluto, universal, como se esses modelos fossem leis da física – as quais, por sinal, também possuem enorme parcela de incerteza.

INSTITUIÇÕES, DE ONDE SURGEM?

Durante mais ou menos 30 anos, o máximo que se fez foi considerar o importante papel das instituições, como reguladoras e moderadoras das atividades econômicas – o que, com efeito, elas são –, sem, no entanto, admitir que as instituições são resultado das pessoas, dos indivíduos e de seus interesses às vezes em conflito; que o perfil desses indivíduos e a natureza dessas divergências poderiam interferir muito no cálculo de racionalidades econômicas e na confecção de modelos. O mau entendimento do conceito de instituições – em uma visão simplista e superficial a seu respeito – induziu ao erro de crer que instituições são elementos concretos, como o minério de ferro ou o chumbo, que brotam do chão, de composição inalterável de país para país (nem mesmo os minérios são assim).

Instituições são fundamentais para o desenvolvimento econômico, como ensinou o Nobel de Economia Douglass North, mas elas precisam ser compreendidas em sua complexidade: instituições são sempre arranjos políticos. Ou seja, o resultado daquilo que a política – sua capacidade de consenso ou sua tendência ao dissenso – é capaz de realizar. As instituições são resultado da sociedade que se tem, ainda que em um estágio posterior possam contribuir para a transformação social; são fruto do que os indivíduos acreditam, embora em seu processo histórico possam agir para transformar as crenças e os indivíduos.

Instituições são, portanto, resultado de pessoas e da política, da natureza e da qualidade política que essas pessoas conseguem fazer. Às vezes, agentes econômicos não consideram essa realidade, por isso acabam não compreendendo os porquês do bom ou mau funcionamento de instituições específicas ou da política em geral. Considere-se o caso dos Bancos Centrais, para um exemplo simples: eles têm um papel predominante na organização dos mercados e da economia em geral, mas dependem do acerto político que a sociedade foi capaz de forjar em relação ao seu papel e à sua atuação. Não haverá Banco Central autônomo ou independente sem que a política entenda isso e sem que a sociedade assim decida. Logo, não há desenvolvimento econômico e social sem boas instituições, assim como não há boas instituições se não houver boa política, feita a partir da qualidade da ação das pessoas que formam um país, uma comunidade, um grupo social. A dependência entre todos esses elementos é inescapável. Notem que uma guerra, por exemplo, que no limite é uma decisão política – ou a política por outros meios – pode comprometer enormemente o desempenho econômico de um país, ou, antes, até alterá-lo. Mas nem é necessário um exemplo tão radical: as relações de poder entre os mais variados grupos sociais, que definem impostos, taxas, regras e normas, também dependem disso.

VONTADE POLÍTICA, SIMPLISMO E PRECONCEITO

Muitas vezes se ouve dizer que esta ou aquela decisão não é tomada por "falta de vontade política", que as coisas não ocorrem do melhor modo apenas e somente porque os políticos não querem. Há dois aspectos nesse raciocínio. O primeiro é novamente paradoxal: ora, muitos daqueles que desprezam a importância da política, de repente e contraditoriamente, lhe dão esse caráter absoluto que ela simplesmente não tem; na política, nada se faz absolutamente como resultado da vontade de quem quer que seja. Na política, os fatos normalmente decorrem dos conflitos de interesse, de sua negociação ou não. Logo, o segundo aspecto desse raciocínio da "vontade política" é o seu simplismo, não raro desinformado e repleto de preconceito.

Em uma mesma sociedade convivem inúmeros grupos sociais, com interesses e visões de mundo absolutamente distintos. O conflito é inevitável e, em um ambiente normal, tende a ser equacionado pela política. Sim, política é uma atividade tão necessária quanto nobre. Por meio de sua ação, as divergências são negociadas e conciliadas, quando não progressivamente superadas. Aliás, o conflito de grupos e interesses não apenas é normal, como já mencionado, mas também legítimo. Na sociedade moderna e democrática, esses grupos são ainda mais numerosos, e os interesses, mais diversificados.

Claro que esses grupos, mesmo eventualmente minoritários, têm direitos e não podem ser apenas ignorados. Um regime democrático, por sinal, não é um ambiente simplesmente numérico, não se tratando apenas da vontade da maioria. Democracia também é um regime de qualidade. Maiorias contam, mas não é apenas essa relação quantitativa que define o processo. Indivíduos e grupos, por minoritários que sejam, também possuem direitos e devem ser considerados. Em uma sociedade complexa e diversificada, um mesmo indivíduo pode fazer parte da "maioria" para determinada questão, mas, ao mesmo tempo, ser "minoria" para outra. Como os interesses são múltiplos, somos a todo momento "maioria" e "minoria" concomitantemente.

Por isso, essa relação delicada e instável precisa ser sempre levada em conta. Além disso, grupos sociais têm ramificações e interfaces com outros grupos; criam coalizões estratégicas, mobilizam recursos e externam poder. Logo, nada depende exclusivamente de "vontade política" – embora essa "vontade" também seja um elemento importante e desejável. Tudo, antes, depende de cálculos, articulações, conciliação e, no limite, força para – pelos métodos democráticos e legais e, sobretudo, quando inevitável – impor a vontade de um grupo sobre o outro. Isso demanda mobilização social, formação de opinião e, claro, a observação de leis e direitos.

No caso do Brasil atual, é comum ouvir que reformas estruturais são fundamentais para que o país se desenvolva economicamente. As reformas tributária, trabalhista, previdenciária ou política, que foram exigidas com tanta naturalidade, dependem da superação de obstáculos políticos, pois compreendem conflitos de interesse e, não raro, até vetos cruzados que os grupos se impõem mutuamente. Uma reforma tributária, por exemplo, além de dizer respeito ao interesse de cada indivíduo e empresa do país, diz respeito também ao papel, autonomia e orçamentos de 5.651 municípios, 27 estados e do Governo Federal e todos os seus diversos ministérios. Além disso, tais reformas passam por 513 deputados e 81 senadores, distribuídos por não menos que 32 partidos com representação no Congresso Nacional. Falar em simples "vontade política" demonstra, assim, tanto incompreensão como desconhecimento daquilo chamado de "sistema político".

Trata-se de um todo complexo e, evidentemente, repleto de problemas e defeitos, exigindo aperfeiçoamentos que tampouco serão realizados sem conflito e sem capacidade de articulação, coordenação e negociação. Para resolver os problemas da sociedade, seria importante que os sistemas políticos fossem capazes de, antes, resolver seus próprios problemas. Isso não se dá por gesto de "vontade", menos ainda pela ação de um só indivíduo pleno de força, poder e liderança política.

A QUESTÃO DA LIDERANÇA POLÍTICA

Liderança política é, antes de tudo, um conceito impreciso. Comumente, o líder político é confundido com o herói, portador de superpoderes e carisma, capaz de desamarrar todos os nós que prendem o potencial de um povo, de um país e de sua economia; forte para remover os mais pesados obstáculos e desafiar as forças contrárias. De um modo tão romântico quanto ingênuo e perigoso, chega-se a acreditar que tudo depende desse indivíduo. É um erro que em várias ocasiões deu luz a ditadores, tiranetes e imposturas de todo tipo. Não é assim.

É evidente que o indivíduo tem sua importância, que sua ação conta na arena dos jogos políticos, que sua participação individual compõe o mosaico da política. No entanto, como qualquer outra circunstância, em se tratando de sociedade, essa ação individual só terá sentido real e efetivo se colocada em um contexto em que possa se conciliar à ação de inúmeros outros indivíduos, em que possa interagir, somar e multiplicar. Conjuntos de indivíduos com disposição e habilidades políticas são mais importantes, seguros e mesmo mais comuns que ocasiões em que apenas um sujeito assume o papel de condutor do processo político de um país. Pode-se dizer que a ideia do "salvador da pátria" é uma mistificação, tão ingênua quanto perigosa.

Um país depende muito mais da clareza histórica e da qualidade política de suas elites do que do aparecimento de um sujeito dotado de dons políticos especiais. E por "elites" não se quer dizer a elite "econômica" ou "financeira" de um país. Mas, sobretudo, aqueles que se dispõem de um modo mais decisivo e com maior qualidade a agir em um sistema político – grupos sociais capazes de pensar o país, a nação, o processo histórico, econômico, político e social. Podem ser intelectuais, profissionais liberais, artistas, operários, sindicalistas, ativistas ambientais ou participantes dos demais movimentos sociais. O certo é que, quando se fala em "liderança política", está se falando da força vital de uma sociedade, capaz de realmente contribuir e fazer diferença.

O Brasil, como se pode perceber, passa por uma crise nesse campo. As lideranças que o Brasil já teve – e não foram poucas – envelheceram, morreram, afastaram-se da política. Isso se deu em grande medida pelo próprio desconhecimento e preconceito com a política, sobre os quais foi falado anteriormente. Por vários motivos, as elites se distanciaram do cotidiano da política; as diversas instituições – partidos, federações de empresários, sindicatos e universidades – perderam qualidade de participação. A inteligência mesmo diante dos desafios parece que desapareceu, ao mesmo tempo que novos setores ocuparam o espaço institucional da política, basicamente grupos de interesse corporativo, setoriais e/ou fisiológicos. Viveu-se e ainda se vive – e, na verdade, não apenas no Brasil – um processo de seleção adversa para a política, e isso, é claro, atinge brutalmente a qualidade da liderança.

Esta talvez seja uma das questões mais sérias e importantes do presente: primeiro, é preciso não depositar todas as esperanças de um país nas mãos de uma única pessoa; depois, é necessário descobrir um novo e arejado espaço para a participação que possa atrair novamente os melhores quadros, as melhores inteligências, os mais bem-intencionados indivíduos de que o país dispõe. Mas, para isso, urge encontrar novos mecanismos de representação, reavivando, antes, a importância e a centralidade da política.

O CASO BRASILEIRO

Desde sempre, o governo brasileiro possui uma enorme participação na economia do país. Ele centraliza muitas e importantes decisões: define impostos, alíquotas, isenções; investe em políticas públicas e sociais – programas como o

Bolsa Família, por exemplo, são capazes de despertar importantes dinâmicas econômicas locais, fazendo o dinheiro, que antes não existia, circular, permitindo investimentos privados e criando empregos. Também investe em (ou deveria investir) e/ou controla ou cria projetos de investimento em logística e infraestrutura que, no limite, favorecerão a produção nacional.

Para que se tenha ideia da magnitude de sua importância, pode-se considerar que apenas em termos de arrecadação de impostos o governo detém algo em torno de 38% da renda nacional. Nesse quesito, algo superior a um terço, mas não só – é preciso considerar todos os demais aspectos mencionados no parágrafo anterior. Em qualquer lugar do mundo, esse é um percentual mais que significativo. Não há setor privado que, individualmente, possa se comparar ao governo, em termos de proporção, centralidade e capacidade de intervenções. Há certo consenso em determinadas escolas de economia e negócios que, de todo modo, ainda que detenha parcela tão significativa de recursos, o setor público na maior parte das vezes gasta mal, é lento e ineficiente. Para algumas dessas correntes, o governo deveria agir apenas em setores com evidentes falhas de mercado, ocupando espaços deixados por desinteresse do setor privado e, ainda assim, quando inevitável.

No entanto, na cultura brasileira, nunca foi exatamente assim. Pelo contrário, setores privados recorrem ao Estado para que este, em seu lugar, corra riscos, invista e propicie a particulares, depois, o proveito dessa ação. São inúmeros os casos assim no Brasil. A universidade pública, ocupada em grande medida pela elite do país, é apenas um exemplo. Investimentos em infraestrutura – que poderiam e até deveriam ser feitos por particulares – são muitas vezes efetuados pelo setor público de modo a atender à pressão e ao lobby de grupos de interesse. Essa situação a literatura chamou de patrimonialismo: um modo de relacionamento em que setores particulares submetem o Estado aos seus interesses, em que os bens e recursos públicos são apropriados – por grupos privados, sejam eles empresariais, políticos, corporativismos ou sociais – de modo a restringi-los e/ou subtraí-los do uso e interesse coletivos.

Enfim, mas não se trata apenas disso, há mesmo uma mentalidade nacional de que é o Estado – e não o particular – o responsável pelo desenvolvimento nacional, e essa responsabilidade não deve se dar apenas por meio de posturas e adoção de regras, mas de maneira direta. Isso dá enorme importância ao setor público e, por decorrência, à disputa de poder pelo seu controle: a política.

A política definirá a natureza dos governos, os quais determinam a atuação do Estado e seu grau de interferência na vida do indivíduo, em todos os níveis da Federação: União, estados e municípios. Logo, o debate político - e mais, a ação dos políticos - passa a ser central, em uma economia na qual o setor público tem tal magnitude e centralidade. A decisão de aumentar impostos, tarifas - ou, por outro lado, diminuir suas alíquotas -, isso tudo está na política e afeta os interesses dos indivíduos, sejam eles investidores ou não. A capacidade de os governantes se expressarem, transmitirem (ou não) confiança e credibilidade, além das possibilidades de ação que essa confiança traz em termos de previsão do futuro e, assim, segurança para investir ou desistir de investir, são decisivas em qualquer lugar do mundo.

Acreditar, portanto, que determinada racionalidade econômica - ainda que testada em vários cantos do mundo, ou mesmo recheada de evidências empíricas - pudesse se impor sobre a política apenas porque é economicamente racional é de um simplismo atroz, tão improdutivo quanto prejudicial. Enganador, também, porque faz com que se abandonem todas as preocupações que se devem ter com a construção de uma sociedade, com a qualidade de suas instituições. E, como resultado, se perceba ao longo do tempo como isso tudo pode comprometer o desempenho da própria economia, o emprego, o consumo, o bem-estar de todos.

Foi mais ou menos o que se deu no mundo e também no Brasil das últimas décadas. Uma visão ortodoxa e unilateral de economia, aliada ao que o economista brasileiro Marcos Lisboa chamou de o "fetiche da macroeconomia", fez, ao longo do tempo, que determinados avanços econômicos se perdessem em virtude da má qualidade da política que, sim, tem importância em qualquer contexto social e econômico. Isso quer dizer que, de alguma forma, por conta da qualidade da política que se faz - e, nesse sentido, entende-se "todo" o sistema político e não apenas o partido que eventualmente ocupa o governo -, os indivíduos podem ganhar ou perder no mundo da economia; suas finanças, de alguma forma, serão afetadas - positiva ou negativamente, não interessa -, em razão da política.

É importante atentar para isso, aceitar isso, pensar tendo isso em mente. O raciocínio econômico não pode estar desvencilhado de contextos sociais mais amplos, tampouco flutuar acima da construção tenaz e contínua de prováveis cenários políticos - os quais podem ou não ocorrer, requerendo manutenção constante, mas que não podem ser dispensados para quem almeja agir no campo do planejamento do investimento econômico e financeiro.

UM ROTEIRO SIMPLES

Ninguém precisa de doutoramento em ciência política para compreender – satisfatoriamente, pelo menos – a dinâmica e o cotidiano da política concreta. Análise política é, antes de tudo, sensibilidade para o jogo de interesses dos diversos grupos sociais, a compreensão dos anseios, da vaidade, da grandeza e da miséria que residem em todo ser humano. É preciso se abrir e, sobretudo, fugir de preconceitos, valores pessoais e "verdades" preconcebidas.

Sem a pretensão de "dar conselhos", criar regras ou manuais, é possível estabelecer princípios e atitudes simples para quem se interessa, quer e precisa acompanhar e compreender a política que se faz no dia a dia. Claro que um conhecimento mais estruturado e acurado ajuda e muito, mas existem questões simples que estão ao largo das grandes obras clássicas ou de importantes *papers* acadêmicos sobre política que qualquer pessoa, com boa vontade, pode acompanhar. Alguns pontos básicos são:

- Dispa-se de juízos de valor, pelo menos quando a questão for compreender atores políticos e seus interesses concretos. Lembre-se de que não é a sua visão que está sob questão, nem se trata de fazer um julgamento sobre a índole ou o caráter dos atores políticos. Objetivamente, o momento da análise não se destina a isso. O que importa é o que o ator fez e por que o fez; os objetivos e os valores dele.
- Busque conferir quantos interesses estão em volta de uma mesma questão e como eles se manifestam; quais forças políticas, partidárias ou sociais os representam. Analise como essa questão se "assenta" no Estado – poderes Executivo, Legislativo e Judiciário – considerando todo o jogo dinâmico entre esses poderes e os valores concretos em uma dada sociedade, em um determinado tempo histórico.
- Grupos de interesses – religiosos, sindicalistas, empresários, intelectuais, movimentos sociais e partidos políticos – são legítimos, mas em uma democracia madura não deveriam submeter o interesse coletivo. Busque perceber e diferenciar esses interesses, compreender suas narrativas e construir um entendimento mais amplo e complexo do problema ao perceber a multiplicidade desses interesses, a dificuldade e o tipo de alinhamento da liderança política diante deles.
- Despreze adjetivos: eles qualificam, mas não explicam; busque o que houver de substantivo em determinada questão. Descarte clichês, lugares-comuns

e opiniões ressentidas. Posturas extremadas devem ser ouvidas, mas recorde que normalmente as coisas do mundo se assentam no meio-termo.

- Leia, assista, escute e considere todas as opiniões. Não adote gurus únicos e exclusivos. Procure, antes, considerar opiniões divergentes e argumentos opostos, aspectos a favor e contra sobre os mais diversos pontos da pauta política.
- Jamais se limite a uma única fonte de informação: jornais, *sites*, *blogs*, redes sociais, tudo isso é importante. Saiba selecionar dentro do princípio da equidade e do pluralismo de opinião e busque sua própria síntese.
- Havendo necessidade e recursos, busque, sim, a opinião de especialistas e consultores. Avalie em um amplo cardápio de ofertas quem pode lhe ajudar, busque aí também a coerência, tanto quanto a multiplicidade de pontos de vista. Faça isso, mas saiba que eles nunca tomarão decisões por você. No limite, a responsabilidade será sempre e exclusivamente sua – e de sua equipe, dependendo da complexidade de sua condição.
- Tenha calma, não se feche, permita que o fluxo de ideias e conhecimentos se mantenha ativo. Mantenha-se permanentemente ativo.
- Tenha confiança, não guarde rancores. Acredite que ao longo dos anos tudo tende a melhorar. A humanidade já foi pior do que é hoje. Confie na história que homens e mulheres fazem e "nem sempre sabem que estão fazendo", como diria um analista clássico.

RESUMO

Um pequeno apanhado sobre a importância da política para a economia em geral e para o planejamento econômico em especial. O texto busca esclarecer um pouco o desgaste da política, que processo trouxe até aqui. Pretende também eliminar confusões, descartar clichês e lugares-comuns. Por fim, propõe uma postura prática diante do cotidiano da política.

QUESTÕES PARA REFLEXÃO

1. Qual é a importância da política para o dia a dia da economia? E, se de fato ela é importante, o que fez que fosse tão desprezada nos últimos anos?
2. Instituições são fundamentais, mas é essencial compreender que "elas não nascem do chão"; elas brotam da sociedade e dos valores que essa sociedade possui. Não se deve, portanto, idealizar as instituições. É necessário

compreender a relação existente entre as instituições e a política em uma busca de saber quem, afinal, influencia quem. Procure compreender a cultura e a história que deram vida a essas instituições. Existem questões específicas de cada país que não podem ser desprezadas, tampouco aspectos de instituições de outras nações podem ser, necessariamente, universalizados.

3. Toda sociedade necessita de lideranças políticas com qualidade. Mas é um erro pensar nessa categoria "liderança" no singular, como tarefa ou resultado de um único indivíduo – o que pode ser muito perigoso ao despertar o populismo e a figura de "salvadores da pátria". É importante compreender que a obrigação da formação de lideranças políticas de qualidade repousa antes de tudo na própria sociedade e na disposição de todos os indivíduos em fazer parte da política, oferecendo o melhor que possuem (intelectual, moral e eticamente). Sendo assim, procure compreender o momento histórico em que se vive, a disposição da sociedade diante da política; a presença maior ou menor de lideranças políticas – sua natureza e sua qualidade.

REFERÊNCIAS

Aristóteles. Ética a Nicômaco. v. II. Tradução de Leonel Vallandro & Gerd Bornheim da versão inglesa de W.D. Ross. São Paulo: Abril Cultural; 1979. (Coleção Os Pensadores)

Aristóteles. Política. Tradução, introdução e comentários de Mário da Gama Kury. Brasília: Editora da UnB; 1997.

Cardoso FH. O modelo político brasileiro e outros ensaios. 2. ed. São Paulo: Difusão Européia do Livro; 1973.

Cortella MS, Ribeiro RJ. Política: para não ser idiota. 9. ed. Campinas: Papirus 7 Mares; 2011.

Maquiavel N. O príncipe. Tradução de Antonio Caruccio-Caporale. Porto Alegre: L&PM Editores; 2011.

Marques M, Oliveira F. Introdução ao risco político. São Paulo: Elsevier Academic; 2014. ePub.

Marx K. O 18 Brumário e Cartas a Kugelmann. 7. ed. Tradução de Leandro Konder. São Paulo: Paz e Terra; 2002.

North D. Institutions, Institutional Change and Economic performance. Cambridge University Press; 1990.

Ribeiro JU. Política: quem manda, por que manda, como manda. Rio de Janeiro: Nova Fronteira; 1981.

Tocqueville A. A democracia na América: leis e costumes. São Paulo: Martins Fontes; 1998.

Tocqueville A. Lembranças de 1848. São Paulo: Companhia das Letras; 1991.

Tocqueville A. O Antigo Regime e a Revolução. Traduzido por Yvonne Jean. 2. ed. Brasília: Editora da UnB; 1982.

Weber M. Parlamentarismo e governo numa Alemanha reconstruída. 2. ed. São Paulo: Abril Cultural; 1980.

CAPÍTULO 8

Ativos virtuais e tokenização no Planejamento Financeiro: a nova fronteira da diversificação

Luiz Calado
Fábio Moraes
Marcos Antonio Ferreira

O *bitcoin* e a tokenização de ativos deixaram de ser meras inovações tecnológicas para se tornarem elementos concretos no mercado financeiro global. Esse novo cenário traz implicações diretas sobre a forma como o planejamento financeiro e a gestão de patrimônio devem ser conduzidos. Neste capítulo, examinamos os ativos virtuais como alternativas modernas de reserva de valor, a dinâmica particular da volatilidade dos criptoativos e a necessidade de adoção de práticas de gestão de risco mais sofisticadas. Analisamos ainda as principais aplicações da tokenização, seus desafios regulatórios e as perspectivas para o futuro. Mais do que apresentar conceitos, propomos uma abordagem prática e crítica sobre como esses instrumentos podem ser integrados de maneira estratégica e responsável ao planejamento financeiro, de forma a atender às novas demandas de um mercado em transformação.

INTRODUÇÃO

O surgimento da criptoeconomia trouxe uma transformação silenciosa, mas profunda, para o planejamento financeiro moderno. O que começou como um experimento tecnológico – redes descentralizadas e o primeiro ativo digital, o bitcoin – evoluiu para uma nova classe de ativos, hoje considerada por investidores e instituições em todo o mundo.

Em 2018, data da última edição deste livro, o mercado de criptoativos ainda era periférico. Desde então, sua relevância cresceu rapidamente, impulsionada pela regulamentação em países como o Brasil e pela incorporação de produtos ligados a ativos digitais nos portfólios dos principais bancos e gestoras. Atualmente, os fundos de criptoativos HASH11 e QBTC11 já somam mais de 130 mil cotistas, ultrapassando os 108 mil cotistas do BOVA11, principal ETF que replica o Índice Ibovespa, de acordo com a ABCripto (2025). A Méliuz (CASH3) adotou uma estratégia ousada: alocar até 10% do caixa em *bitcoin* como reserva de valor. Esses dados evidenciam o crescente interesse dos investidores brasileiros e até empresas abertas nacionais pelo setor.

As criptomoedas, outrora consideradas investimentos de nicho, consolidaram-se como alternativas relevantes nas carteiras dos investidores brasileiros. Aproximadamente 16% da população brasileira – o que corresponde a cerca de 25 milhões de pessoas – já investiu ou investe em criptoativos, volume que representa uma quantidade 2,3 vezes superior à de investidores em ações, de acordo com dados da Paradigma (2025). Esse movimento posiciona as criptos como opções de investimento mais populares do que o dólar, os títulos públicos, o ouro e as próprias ações, situando-os atrás apenas dos imóveis, fundos de investimento e da poupança. A tendência de expansão é expressiva: 20% dos brasileiros afirmam ter a intenção de investir em criptoativos nos próximos dois anos, proporção que salta para 42% entre os jovens de 16 a 24 anos. Além disso, 54% da população já declara conhecer o *bitcoin* — índice que alcança 80% na faixa etária entre 18 e 24 anos (Paradigma, 2025). Entre o público feminino, a adesão aos ativos digitais também se destaca: segundo a ANBIMA (2025), os criptoativos já aparecem empatados em popularidade com investimentos tradicionais, como imóveis e planos de previdência privada, embora ainda permaneçam atrás de fundos de investimento, poupança e títulos de dívida. Esses indicadores demonstram que a criptoeconomia ganhou relevância no cenário nacional e se configura como um fenômeno de transformação no padrão de investimentos.

É importante notar que a adequada gestão de investimentos em criptoativos exige, além de disciplina e controle emocional em cenários de queda, uma análise criteriosa do risco de mercado. Como expõe Calado (2018a), em momentos de baixa, a manutenção de uma estratégia consistente, a diversificação de ativos e a avaliação contínua dos fundamentos são práticas indispensáveis para a proteção e o crescimento do patrimônio. Adicionalmente, Calado (2018b) apresenta uma abordagem metodológica para o cálculo do retorno do *bitcoin*, incorporando o risco de perda de capital investido. Para tanto, o autor utiliza diferentes indicadores, como o índice de Sharpe, o *downside risk* e o índice de Sortino, de modo a oferecer uma visão mais robusta sobre o desempenho ajustado ao risco. Essas análises contribuem para fundamentar decisões de investimento mais racionais e alinhadas ao perfil de risco dos investidores.

Considerando os dados existentes, parece claro que, do ponto de vista de gestão de patrimônio, ignorar o fenômeno dos criptoativos pode significar perder uma peça cada vez mais relevante do cenário financeiro moderno. No entanto, incorporá-los de forma responsável é uma arte que envolve educação financeira, adaptação de estratégias clássicas e, muitas vezes, humildade para navegar num mercado volátil e em rápida evolução. O papel do planejamento financeiro, nesse contexto, é duplo: aproveitar as vantagens que a nova fronteira dos criptoativos oferece – em diversificação e potencial de valorização – e mitigar os riscos, assegurando que o patrimônio siga protegido e alinhado com seus objetivos de longo prazo. Com conhecimento, disciplina e visão de futuro, os criptoativos podem deixar de ser apenas uma aposta ousada para se tornarem um componente integrado e bem-vindo no mosaico do planejamento financeiro contemporâneo.

HISTÓRICO

Desde sua criação, o *bitcoin* vem sendo discutido como uma possível reserva de valor alternativa aos ativos tradicionais, como o ouro e o dólar. Apesar da volatilidade histórica, seu suprimento limitado e características de resistência à censura e descentralização conferem propriedades que se assemelham às de ativos considerados "porto seguro". Nesse contexto, é fundamental analisar o comportamento do *bitcoin* em ciclos econômicos distintos e compará-lo com a performance de outros ativos de reserva, considerando aspectos como escassez, liquidez, aceitação de mercado e proteção contra inflação.

Criado em 2009 por um desenvolvedor ou grupo de desenvolvedores sob o pseudônimo de Satoshi Nakamoto, o *bitcoin* é uma moeda digital descentralizada, baseada em uma rede *blockchain* que registra todas as transações de forma pública e imutável (Nakamoto, 2009). Sua proposta fundamental é permitir a transferência de valor sem a necessidade de intermediários financeiros tradicionais, combinando tecnologia criptográfica avançada com mecanismos de consenso distribuído. Essa arquitetura confere ao *bitcoin* características únicas de escassez programada – com emissão máxima limitada a 21 milhões de unidades –, além de segurança e transparência operacional.

Além desses fatores, é importante reconhecer que o *bitcoin*, diferentemente dos ativos tradicionais, ainda se encontra em processo de amadurecimento. Sua adoção institucional crescente, o aumento da aceitação como meio de pagamento em algumas economias e o interesse por parte de fundos de investimento reforçam seu potencial de consolidar-se como uma reserva de valor no longo prazo. No entanto, sua volatilidade ainda elevada e a incerteza regulatória apontam riscos que precisam ser cuidadosamente ponderados.

A criptoeconomia é a aplicação de tecnologias como *blockchain*, criptografia e redes distribuídas para criar ativos digitais que podem representar moedas, propriedades, contratos e outros direitos. Mais do que inovação tecnológica, a criptoeconomia inaugurou uma nova lógica de mercado: transações mais diretas, redução de intermediários e ativos virtuais com liquidez global. Essa nova arquitetura, que permitiu a criação de criptomoedas, como o *bitcoin*, também abriu espaço para a tokenização de ativos reais – imóveis, ações, créditos –, ampliando as possibilidades de investimento e acesso a novos mercados.

No planejamento financeiro pessoal, o *bitcoin* pode desempenhar um papel complementar, compondo uma parcela estratégica do portfólio destinada à proteção patrimonial e gerar retorno. Sua inclusão, contudo, deve ser feita com parcimônia e alinhada ao perfil de risco e aos objetivos de longo prazo do investidor, reconhecendo que, embora apresente atributos semelhantes aos de reservas de valor tradicionais, ainda carrega características de ativo emergente em evolução. O Bitcoin ainda não é uma reserva de valor consolidada, mas já é um ativo que não pode ser ignorado.

Os criptoativos possuem características específicas que os diferenciam dos investimentos tradicionais, exigindo análise atenta por parte de planejadores financeiros e investidores. Embora, em alguns casos, possam replicar ativos tradicionais e, portanto, serem avaliados parcialmente com metodologias já consolidadas – como aquelas aplicadas a imóveis, fundos de investimento e práticas de regulação e autorregulação, conforme discutido por Calado (2009, 2010 e 2012) –, os ativos virtuais introduzem novas dinâmicas de risco e liquidez que demandam abordagens complementares e criteriosas.

INTEGRANDO ATIVOS VIRTUAIS NA CARTEIRA DE INVESTIMENTOS

Diante dessas características singulares, a inclusão de criptoativos em uma carteira de investimentos deve ser feita de forma estratégica e cuidadosa. Um dos desafios iniciais é definir o papel que os criptoativos irão desempenhar no portfólio, já que alguns deles não se enquadram perfeitamente nas classificações tradicionais de ações, renda fixa ou *commodities*. Em planejamento patrimonial, tem se tornado comum tratar aqueles que não se assemelham ou derivam de ativos tradicionais como uma categoria à parte – geralmente dentro do segmento de investimentos alternativos ou de alto risco – cuja função principal pode ser diversificar risco e buscar ganhos acima da média, sem comprometer a estabilidade do núcleo do portfólio.

Uma consideração essencial ao integrar criptomoedas é a correlação dessas com os demais ativos da carteira. Historicamente, o *bitcoin* exibiu baixa correlação com o mercado de ações, o que sugere potencial de diversificação. Isso significa que, em muitos períodos, os movimentos de preço do *bitcoin* não seguem os das bolsas tradicionais, contribuindo para reduzir o risco total quando inserido em uma carteira mista. No entanto, essa correlação pode variar ao longo do tempo: em momentos de estresse ou choque de liquidez global, já se observou que criptoativos e ações podem se mover na mesma direção (Calado, 2018b). Investir em criptoativos requer uma abordagem de risco diferenciada. Indicadores tradicionais, como o índice de Sharpe, precisam ser complementados por métricas que capturem melhor os riscos assimétricos típicos do setor, como o *downside risk* e o índice de Sortino (Calado, 2018b). Essas métricas ajustam o retorno pelo risco efetivamente suportado pelo investidor, considerando não apenas a volatilidade total, mas especialmente as perdas potenciais, e oferecem uma visão mais realista para decisões de alocação e rebalanceamento de carteiras envolvendo ativos digitais. Em suma, ao integrar criptomoedas, o investidor deve monitorar periodicamente a correlação e o impacto delas no risco do portfólio, ajustando exposições conforme o cenário.

Outro ponto prático de integração é escolher a via de investimento em criptoativos que melhor se alinhe à estratégia do investidor. Há diversas formas de obter exposição: a compra direta de criptomoedas por meio de *exchanges* é a maneira mais evidente, dando posse efetiva dos ativos virtuais. Alternativamente, para aqueles que preferem simplicidade ou uma camada extra de tutela, existem fundos de investimento e ETFs de criptomoedas disponíveis em mercados regulados (no Brasil, por exemplo, há ETFs que replicam índices de criptomoedas listados na B3). Essas opções indiretas permitem acesso ao desempenho do mercado cripto sem a necessidade de gerenciar chaves privadas ou preocupar-se com a custódia individual dos ativos – fatores críticos que discutiremos adiante. Independentementemente do meio escolhido, é recomendável integrá-los gradualmente, talvez iniciando com quantias modestas, e acompanhar de perto o comportamento desse componente dentro da carteira, reavaliando periodicamente sua contribuição para os objetivos de longo prazo.

Por fim, a gestão ativa e o rebalanceamento ganham importância extra quando há criptoativos na alocação. Conforme Calado (2018a), os mercados em queda são uma parte necessária de qualquer economia, especialmente quando há um mau investimento, como tem sido nos últimos anos. A redistribuição de recursos gera liquidez, porém tem havido muita distorção nos últimos anos no espaço da criptomoeda. É preciso haver um realinhamento baseado na utilidade real, não apenas promessas (Calado, 2018a). Assim, dado que os preços podem subir ou cair muito rapidamente, a porcentagem que as criptomoedas representam na carteira pode se desviar substancialmente do planejado original em questão de meses (ou até dias, em casos extremos). Por conta dessa situação, o planejamento financeiro deve estabelecer políticas claras de rebalanceamento – por exemplo, realizar lucros parciais e realocar em outras classes após altas muito acentuadas, ou aumentar a posição em momentos de queda, caso isso esteja alinhado ao perfil de risco do investidor. Esse rebalanceamento disciplinado ajuda a manter o risco sob controle, garantindo que a exposição a cripto não ultrapasse os limites adequados para o investidor, e, inversamente, que oportunidades de comprar em baixa sejam aproveitadas de forma racional. Em síntese, integrar criptoativos exige planejamento ativo: é incorporar um elemento dinâmico à carteira, que pode aprimorar a performance ajustada ao risco se bem manejado, mas que demanda monitoramento e ajustes mais frequentes do que ativos tradicionais.

CUSTÓDIA

Independentemente do percentual alocado em criptoativos, um aspecto crucial do qual o planejador financeiro e o investidor não podem descuidar é a custódia e a segurança desses ativos. Diferentemente de ações ou títulos tradicionais, que normalmente ficam custodiados em instituições financeiras com diversos mecanismos de proteção, as criptomoedas geralmente exigem que o próprio investidor decida como armazená-las com segurança. Tomar decisões informadas sobre custódia é parte do planejamento com criptoativos, pois erros nesse quesito podem levar a perdas irreversíveis.

Em linhas gerais, há duas abordagens: utilizar custodiantes de terceiros ou optar pela autocustódia. No primeiro caso, o investidor mantém suas criptomoedas em plataformas especializadas, como *exchanges* confiáveis, corretoras ou fundos que fazem a custódia em nome dos clientes. Essa via traz conveniência – geralmente a interface é amigável e facilita movimentações –, mas envolve transferir a responsabilidade de guarda para uma entidade externa. É fundamental selecionar empresas sólidas e reguladas, que adotem as melhores práticas de segurança, para mitigar riscos de *hacks* ou insolvência da plataforma. A história recente mostrou casos de *exchanges* menos idôneas ou mal gerenciadas que faliram ou sofreram ataques (FTX e Bybit), deixando clientes no prejuízo. Portanto, ao optar por terceiros, o investidor deve avaliar a reputação, auditorias, seguros e medidas de segurança (como armazenamentos a frio e políticas de gerenciamento de chaves) oferecidas pela instituição custodiante.

Já a autocustódia coloca a responsabilidade diretamente nas mãos do investidor, que passa a deter as chaves privadas de acesso às suas criptomoedas. A autocustódia pode ser feita através de carteiras digitais de diferentes tipos. As *hot wallets* são softwares ou aplicativos conectados à internet, nos quais o usuário armazena suas chaves e pode realizar transações de forma ágil. A vantagem é a facilidade e rapidez para movimentar os fundos – ideal para quem faz *trades* frequentes ou utiliza as criptos no dia a dia. Em contrapartida, por estarem *online*, essas carteiras estão mais expostas a riscos de ataque *hacker* e *malware*. O usuário precisa tomar cuidados redobrados, como utilizar senhas fortes, autenticação de dois fatores e, às vezes, dispositivos dedicados, já que qualquer brecha de segurança em seu equipamento pode comprometer os ativos. Por outro lado, existem as *cold wallets*, que armazenam as chaves privadas de forma *offline* – tipicamente em dispositivos físicos similares a *pen-drives* USB ou mesmo em documentos impressos (*paper wallets*). Como não ficam conectadas à internet, as carteiras frias praticamente eliminam o vetor de ataque remoto, sendo consideradas a forma mais segura de guarda de longo prazo. Investidores e consultores costumam recomendá-las para quantias substanciais ou criptoativos que serão mantidos por longos períodos sem necessidade de movimentação frequente. O ponto negativo é a menor praticidade: para movimentar fundos de uma *cold wallet*, é necessário conectar o dispositivo ou importar a chave para um ambiente *online*, um processo menos imediato – o que pode ser pouco conveniente em situações que exijam agilidade.

Em muitos casos, a melhor prática de segurança envolve combinar métodos: por exemplo, manter um montante limitado em uma *hot wallet* (suficiente para negociações ou usos corriqueiros) e guardar o saldo principal em uma carteira fria *offline*. Essa segmentação balanceia acessibilidade e proteção. Além disso, é imperativo fazer *backup* seguro das chaves privadas ou frases-semente - idealmente em múltiplos locais físicos seguros - e nunca as compartilhar. Do ponto de vista de planejamento financeiro, orienta-se documentar adequadamente as instruções de acesso às carteiras, pois em caso de falecimento ou incapacidade do investidor, os herdeiros precisarão de tais informações para recuperar os ativos (diferentemente de uma conta bancária tradicional, em que o banco poderia intermediar o processo, nas criptos somente quem detém as chaves pode movimentá-las). Por fim, educar-se continuamente sobre medidas de segurança - desde reconhecer tentativas de *phishing* até atualizar *firmware* de dispositivos de *hardware wallet* - faz parte da responsabilidade de quem adentra esse universo. Em suma, custódia e segurança não devem ser tratadas como um detalhe técnico, mas sim como pilar central do planejamento com criptoativos, tão importante quanto decidir o quanto investir.

TOKENIZAÇÃO: A REVOLUÇÃO QUE COLOCOU *BLOCKCHAIN* NO JOGO DO MERCADO

Imagine um ecossistema em que se pode comprar um pedaço de um prédio de luxo em Nova York, investir em uma coleção de arte digna de museu ou ter sua fatia de um parque de energia solar - tudo isso sem sair do sofá e com seu café na mão. Bem-vindo à era da tokenização, em que ativos físicos e digitais ganham uma versão em *blockchain*, acessível para qualquer investidor com conexão à internet (e bom senso).

Vamos deixar uma coisa clara: a ideia de democratizar investimentos não é nova. FIIs e ETFs já fizeram um bom trabalho nisso. Mas a *blockchain* elevou esse conceito a um novo patamar. Com menos burocracias, taxas obscuras e limites altos de entrada, os ativos tokenizados abrem as portas para pequenos investidores que nunca imaginaram comprar uma fatia de um Picasso ou diversificar internacionalmente.

O processo de tokenização converte direitos sobre ativos reais, tangíveis (como um imóvel ou uma obra de arte) ou intangíveis (como direitos autorais de uma música ou uma patente) em tokens digitais registrados em *blockchain*. Cada token representa uma fração de um ativo, como imóveis, *royalties* musicais, precatórios, direitos esportivos, ouro ou outros metais. Com isso, qualquer pessoa pode se tornar sócia de uma *startup* promissora ou de um projeto de energia renovável. Esses ativos podem ser negociados 24 horas por dia, sete dias por semana, permitindo que até quem tem a rotina mais corrida consiga investir no horário que for mais conveniente.

Com previsões ousadas de atingir US$ 24 trilhões até 2027 (BCG, 2022), a tokenização não é só tendência: é o popstar das finanças. Bancos como BB, BTG, Nubank e Citi e gestoras de ativos como a BlackRock e Hashdex já estão explorando formas de transformar ativos tradicionais em tokens digitais para melhorar eficiência e, claro, trazer um brilho de inovação para seus portfólios. *Startups* também têm protagonizado essa revolução (Calado, 2025).

A tokenização tem se consolidado como uma alavanca de transformação estrutural nos mercados financeiros. Em sua carta anual, Larry Fink, CEO da BlackRock, destacou que a tokenização é um caminho necessário para democratizar o acesso aos investimentos, resgatando os 400 anos de história dos mercados de capitais e reafirmando sua função essencial de transformar poupança em progresso (BlackRock, 2025). Para Fink, a tecnologia tem o potencial de desbloquear mercados privados ainda restritos, promovendo inclusão financeira, inovação e eficiência. Com a tokenização, ativos ilíquidos ganham liquidez, estruturas de investimento tradicionalmente caras se tornam mais acessíveis, e milhões de pessoas passam a ter a oportunidade de participar de um sistema financeiro mais aberto, transparente e seguro. Esse movimento não é apenas uma tendência, mas um convite para redesenhar a arquitetura financeira com propósito, escala e impacto real.

Com alcance global, os tokens permitem que qualquer pessoa conectada à internet participe do mercado financeiro, rompendo barreiras geográficas. Esse avanço é especialmente relevante para investidores brasileiros, que ainda possuem pouca diversificação internacional – apenas 2,5% do patrimônio médio está alocado em mercados globais. Durante o evento Global Insights (ANBIMA, 2024a), Giuliano De Marchi, diretor para a América Latina da JP Morgan Asset Management, destacou a importância da internacionalização como uma estratégia indispensável para fortalecer as carteiras de investimento no Brasil.

Para analistas de ações e profissionais de relações com investidores (RI), a tokenização não é apenas uma novidade tecnológica: é um bilhete para o futuro. Mas atenção, não basta apenas comprar a passagem – é preciso saber pilotar o avião. Avaliar ativos tokenizados, entender suas nuances e traduzi-los em estratégias de investimento e relatórios envolventes é essencial para sobreviver nesse novo mercado. Se antes você precisava explicar para investidores sobre o desempenho de uma empresa que faz tijolos, agora terá que descrever como aquele token fracionado de uma fazenda de cacau na Colômbia pode revolucionar o mercado de chocolate. Bem-vindo ao novo normal.

A verdadeira revolução, no entanto, reside nas ferramentas hoje disponíveis para analistas de investimentos e profissionais de RI. A tríade formada por *blockchain*, inteligência artificial (IA) e finanças descentralizadas (DeFi) está remodelando profundamente o mercado, conforme destaca Calado (2025). Essas tecnologias oferecem recursos inéditos para análise, automação e tomada de decisão estratégica. Entre os principais avanços, o autor sinaliza:

1. Dados alternativos para decisões: a obtenção de *insights* sobre o mercado nunca foi tão acessível. Tecnologias como imagens de satélite e análise de sentimentos em redes sociais permitem identificar tendências - como o desempenho de safras agrícolas ou a percepção pública de uma marca - com velocidade e precisão sem precedentes.
2. Contratos inteligentes: a burocracia manual dá lugar à automação. Contratos inteligentes eliminam a necessidade de processos tradicionais, como o envio de planilhas e e-mails para lembretes de dividendos ou votações, automatizando pagamentos, registros e condições contratuais de forma segura e transparente.
3. IA para previsões: a IA é capaz de processar volumes massivos de dados em alta velocidade, liberando analistas e gestores para focarem na elaboração de estratégias mais sofisticadas, em vez de se dedicarem apenas à revisão detalhista de relatórios.

Apesar de suas vantagens, a adoção dessa tecnologia ainda enfrenta desafios, como a volatilidade de preços e a falta de clareza regulatória. A regulação ainda é um campo nebuloso em muitos países. China e Índia, por exemplo, continuam balançando entre talvez e não quando o assunto é cripto e tokenização (Calado, 2025).

Cabe destacar também a ANBIMA e seu posicionamento inovador. A instituição disponibiliza em seu site uma área dedicada às finanças descentralizadas (DeFi), com materiais educativos e análises aprofundadas sobre o mercado. Esses esforços ajudam a esclarecer pontos críticos para investidores e preparam o terreno para um mercado mais maduro. Além disso, iniciativas como o Pitch Day: Soluções para Automatizar Tarefas (ANBIMA, 2024b) mostram o compromisso da ANBIMA em explorar o potencial de tecnologias emergentes para transformar o mercado financeiro. Durante este evento, José Carlos Doherty, Diretor Executivo da associação, destacou que a associação abriu suas portas para a sociedade em geral, promovendo maior participação por meio da Rede de Inovação da ANBIMA e, mais recentemente, da Rede de Tokenização. Essas redes promovem discussões abertas e colaborativas sobre temas como inovação e o futuro da tokenização, reforçando o papel da entidade como uma facilitadora do progresso no mercado financeiro brasileiro.

Tokenização de ativos não é uma moda passageira – é o novo idioma dos mercados globais. E, como em qualquer linguagem, aqueles que aprendem primeiro têm a chance de se destacar. Então, respire fundo, ajuste o foco e prepare-se para surfar a onda mais emocionante que o mercado financeiro já viu.

Entretanto, do ponto de vista prático, o impacto da tokenização no planejamento ainda depende de alguns fatores em evolução. A segurança jurídica é um deles – ao comprar um token, o investidor precisa ter garantias de que ele de fato corresponde ao direito sobre o ativo real subjacente. Isso requer estruturas legais bem definidas e confiáveis (contratos, custodiantes do ativo real, auditorias), para que a tokenização cumpra sua promessa sem aumentar o risco de fraude ou disputa de propriedade. Reguladores ao redor do mundo estão estudando como enquadrar esses tokens (se como valores mobiliários, quotas de investimento coletivo etc.), e a adesão às normas é fundamental para que planejadores possam incluir tokens nos portfólios dos clientes com tranquilidade. Além disso, a qualidade do lastro precisa ser avaliada: no planejamento, deve-se avaliar a seriedade da instituição emissora dos tokens, com ativos reais segregados e auditados, evitando projetos duvidosos que prometem tokenizar ativos inexistentes ou superfaturados.

A tokenização, embora ofereça benefícios, também apresenta desafios como:

- Ausência de padrões para itens tokenizados reconhecidos globalmente.
- Tokenização envolve o armazenamento e a transferência de ativos digitais, que podem ser vulneráveis à ameaças cibernéticas. Garantir medidas de segurança robustas é crucial para proteger os ativos tokenizados contra o acesso não autorizado ou roubo.
- O status legal dos contratos inteligentes e tokens digitais pode variar entre as jurisdições, tornando a conformidade com as regulamentações um desafio. A tokenização deve aderir a estruturas regulatórias específicas que regem ofertas de valores mobiliários e transações financeiras.

Em resumo, a tokenização de ativos desponta como uma nova fronteira de diversificação, alinhada ao próprio tema dos criptoativos. Ela permite repensar a construção de carteiras, mesclando ativos digitais e tradicionais de forma mais fluida. Para o investidor e o gestor de patrimônio, isso se traduz em potencial de explorar oportunidades antes inacessíveis, otimizar liquidez e personalizar ainda mais as estratégias de alocação. Ainda que em fase inicial, acompanhar essa tendência e entender seus mecanismos é importante, pois ela poderá, num futuro próximo, fazer parte do arsenal de ferramentas de um planejamento financeiro moderno e eficaz.

UMA DEMANDA ANTIGA: A BUSCA DO MERCADO CRIPTO POR REGULAÇÃO E AUTORREGULAÇÃO

Em artigo publicado no Seu Dinheiro há quase uma década, Marina Gazzoni (2018) apresenta a visão de Luiz Calado, então presidente da Associação Brasileira de Criptoeconomia (ABCripto), sobre a necessidade de regulação e autorregulação no mercado de criptomoedas. Na entrevista, Calado defende que ambos os mecanismos devem caminhar conjuntamente, pois os próprios agentes de mercado têm uma percepção privilegiada dos riscos e são capazes de estabelecer normas que sirvam de referência para a futura regulação oficial, como já ocorre no mercado financeiro brasileiro com a atuação da Anbima. Ele enfatiza, ainda, que a existência de uma regulação mínima é essencial para reduzir incertezas, fortalecer a confiança no setor e atrair investidores institucionais, que tendem a operar apenas em ambientes mais bem regulamentados. Essa visão foi determinante para a criação da autorregulação da ABCripto, para a elaboração do Projeto de Lei que regulamenta o mercado de criptoativos no Brasil e para a abertura dos Editais de Consulta Pública do Banco Central.

A ABCRIPTO, Associação Brasileira de Criptoeconomia, que reúne empresas inovadoras do setor e *players* tradicionais como Itaú, Nuclea, KPMG, Deloitte, Visa e Mastercard, tem desempenhado um papel relevante nesse cenário. Desde a época em que Luiz Calado presidiu a associação, a regulação e a autorregulação estiveram no centro das estratégias (Calado, 2025). Recentemente, a associação deu um passo importante ao criar suas próprias regras tanto para o mercado de tokenização (ABCRIPTO, 2024a) quanto para coibir práticas de lavagem de dinheiro (ABCRIPTO, 2024b), um movimento que reflete o compromisso do setor com a transparência e a responsabilidade.

O arcabouço regulatório em torno dos criptoativos ainda está em formação, tanto no Brasil quanto no cenário internacional. Iniciativas como a Lei n. 14.478/2022 no Brasil, que estabeleceu parâmetros básicos para prestadores de serviços de ativos virtuais, e a regulação de *stablecoins* pelo G20 ilustram o esforço crescente para oferecer maior segurança jurídica ao mercado. Conhecer as regras aplicáveis, as entidades supervisoras e as obrigações de *compliance* é indispensável para proteger os investidores e garantir que a introdução de criptoativos em estratégias financeiras esteja alinhada às melhores práticas de governança e transparência.

Por fim, o ecossistema dos ativos digitais continua evoluindo rapidamente. As *stablecoins*, que buscam combinar a estabilidade do valor fiduciário com a eficiência das redes *blockchain*, já desempenham papel central em transações digitais. As moedas digitais emitidas por bancos centrais (CBDCs) prometem alterar profundamente a forma como circula o dinheiro, trazendo novas dinâmicas para o sistema financeiro tradicional. Paralelamente, a expansão da DeFi, com plataformas que oferecem empréstimos, investimentos e seguros sem intermediários tradicionais, pressiona por uma reconfiguração dos serviços financeiros. Conhecer essas tendências é essencial para antecipar riscos e identificar oportunidades no planejamento financeiro pessoal e patrimonial.

RESUMO

Este capítulo buscou refletir sobre a importância de compreender e incorporar o mercado de ativos digitais no planejamento financeiro contemporâneo. O avanço dos criptoativos e da tokenização amplia as possibilidades de diversificação e geração de valor, mas também impõe desafios que exigem análise criteriosa, sólida gestão de riscos e postura responsável. No contexto da gestão patrimonial, o verdadeiro desafio não está apenas em conhecer essas inovações, mas em saber aplicá-las de forma estratégica, alinhando-as ao perfil de risco, aos objetivos e ao horizonte de cada investidor. Avaliar corretamente os riscos, manter a disciplina emocional diante da volatilidade e ajustar portfólios de forma dinâmica a um ambiente em constante transformação serão competências cada vez mais determinantes para o sucesso no mercado financeiro. Mais do que seguir tendências, o papel do planejador e do investidor é integrar o conhecimento de forma crítica e responsável, assegurando que as escolhas financeiras estejam sempre ancoradas em prudência, segurança e visão de longo prazo.

QUESTÕES PARA REFLEXÃO

1. Seu planejamento financeiro inclui uma estratégia clara para exposição a ativos virtuais?
2. Suas decisões de investimento em ativos digitais consideram a eficiência tributária e de capital? Você avalia o diferencial tributário entre investimentos realizados em corretoras brasileiras e estrangeiras?
3. Você possui fontes de geração de renda passiva em ativos virtuais (*staking*, rendimentos de tokens, *pools* de liquidez etc.)?
4. Em quanto tempo você conseguiria liquidar (vender) seus ativos virtuais e converter esse patrimônio em moeda corrente, se necessário? Existem valores bloqueados em *staking* ou *pools* de liquidez?
5. Já pensou em como sua família lidaria com a sucessão dos seus investimentos em ativos virtuais em caso de falecimento?

REFERÊNCIAS

ABCRIPTO. Associação Brasileira de Criptoeconomia. Tokenization in Brazil. 2025. Disponível em: https://backend.abcripto.com.br/media/files/documentsDownloadSection/ABcripto-Tokenization-in-Brazil-EN.pdf. Acesso em: 27 abr. 2025.

———. Código de Autorregulação da Atividade de Tokenização e Oferta de Tokens. 2024a. Disponível em: https://abcripto.com.br/autorregulacao. Acesso em: 27 abr. 2025.

———. Código de Autorregulação de Prevenção à Lavagem de Dinheiro e Financiamento ao Terrorismo. 2024b. Disponível em: https://abcripto.com.br/autorregulacao. Acesso em: 27 abr. 2025.

ANBIMA. Associação Brasileira das Entidades dos Mercados Financeiro e de Capitais. Internacionalização: uma nova fronteira para o mercado de capitais. [YouTube]. 2024A. Disponível em: https://www.youtube.com/watch?v=8yio-20aFRE&list=PLIh0KncZ2r1MDVSpm-Vpx_n_99rze9eKog. Acesso em: 27 abr. 2025.

———. Pitch day: Soluções para automatizar tarefas e impulsionar a análise de perfis | Jornada de IA 2024. [YouTube]. 2024b. Disponível em: https://www.youtube.com/watch?v=b3wD-jog_SF0&t=630s. Acesso em: 27 abr. 2025.

———. Tokenização de Ativos - Conceitos iniciais e experimentos em curso. 2024c. Disponível em: https://www.anbima.com.br/data/files/02/30/82/CB/68001810C27A8F08882BA2A8/Tokenizacao%20de%20ativos.pdf. Acesso em: 27 abr. 2025.

———. Raio X do investidor brasileiro: 2025. São Paulo: ANBIMA, 2025. Disponível em: https://www.anbima.com.br/pt_br/especial/raio-x-do-investidor-brasileiro.htm. Acesso em: 27 abr. 2025.

BCG Boston Consulting Group; ADDX. The future of asset tokenization: transforming illiquid assets into liquid financial products. 2022. Disponível em: https://addx.co/insights/bcg-addx-report-asset-tokenization-to-grow-50x-into-us-16-trillion-opportunity-by-2030/. Acesso em: 27 abr. 2025.

BlackRock. Larry Fink's 2025 Annual Chairman's Letter to Investors. 2025. Disponível em: https://www.blackrock.com/corporate/investor-relations/larry-fink-annual-chairmans-letter. Acesso em: 27 abr. 2025.

Calado L. Como se sair bem mesmo com mercado de criptomoedas em baixa. 2018a. Disponível em: https://br.investing.com/analysis/como-se-sair-bem-mesmo-com-mercado-de-criptomoedas-em-baixa-200224245. Acesso em: 27 abr. 2025.

———. Fundos de Investimento. Rio de Janeiro: Campus/Elsevier, 2010.

———. Imóveis. São Paulo: Saraiva, 2012.

———. O cálculo de retorno do Bitcoin considerando o risco de perda de capital investido. Investing.com, 2018b. Disponível em: https://br.investing.com/analysis/ o-calculo-de-retorno-do-bitcoin-considerando-o-risco-de-perda-de-capital-investido-200222865. Acesso em: 27 abr. 2025.

———. Regulação e autorregulação do Mercado Financeiro. São Paulo: Saint Paul Editora, 2009.

———. Tokenização: a revolução que colocou blockchain no jogo do mercado. Revista RI, n. 288, fev. 2025. Disponível em: https://www.revistari.com.br/288/2303. Acesso em: 27 abr. 2025.

Gazzoni M. Enquanto a regulação de criptomoedas não sai, a ordem é pensar em regras próprias. Seu Dinheiro, 10 nov. 2018. Disponível em: https://www.seudinheiro.com/2018/criptomoedas/enquanto-a-regulacao-de-criptomoedas-nao-sai-a-ordem-e-pensar-em-regras-proprias/. Acesso em: 27 abr. 2025.

IMF. Technology Behind Crypto Can Also Improve Payments, Providing a Public Good. https://www.imf.org/en/Blogs/Articles/2023/02/23/technology-behind-crypto-can-also-improve-payments-providing-a-public-good.

Nakamoto S. Bitcoin: A Peer-to-Peer Electronic Cash System. 2008. Disponível em: https://bitcoin.org/bitcoin.pdf. Acesso em: 27 abr. 2025.

Paradigma. Pesquisa Nacional das Criptomoedas, 2025. Disponível em: https://criptopelobrasil.com.br/. Acesso em: 27 abr. 2025.

CAPÍTULO 9

Planejamento e organização na vida pessoal

Carlos Caldeira
David Kallás

O capítulo explora a importância do planejamento estratégico na vida pessoal, destacando a necessidade de uma visão de longo prazo e execução disciplinada. A transformação de Dubai serve como exemplo de como um plano bem estruturado pode gerar grandes mudanças. O texto aborda a análise SWOT para avaliar pontos fortes, fracos, oportunidades e ameaças, auxiliando na definição de estratégias. Também discute desafios como procrastinação e falta de gestão do tempo, propondo métodos para melhorar a produtividade. Por fim, enfatiza que alcançar metas exige comprometimento, organização e a adaptação constante dos planos.

INTRODUÇÃO

Estudo de caso: Tia Doris

Eu tenho uma tia chamada Dorinha, que vai pela alcunha de Dory para a maioria dos conhecidos. Tia Dory é uma senhora que gosta de se vestir de azul, em geral, com detalhes em preto e amarelo. Dory já virou um personagem famoso em nossa família. Isso porque quase todo ano uma cena se repete. A Dory faz sua resolução de Ano-Novo. Todo ano, Dory é bastante ousada, fazendo "altos planos": corte e costura, mudar de casa, curso de sânscrito, curso de mergulho, conhecer o caminho de Santiago. O que faz com que Dory seja um personagem do panteão da família é o que acontece quando alguém pergunta para a tia Dory o que ela alcançou do plano que passou. E, todo ano, a Dory diz mesma coisa: "Que plano"?.

Apesar de a história da tia Doris obviamente ser ficção (ou não), ela esconde algumas verdades inconvenientes. Como diria a piada popular, o ser humano, especialmente o ser brasileiro, é um ser de iniciativa, e não um ser de "acabativa". Por que existe tanta dificuldade com planejamento? Quais causas fazem com que os planos não saiam do papel? Para responder a essas questões, as literaturas de estratégia, execução estratégica, hábitos e gestão do tempo serão revisitadas. Este capítulo será organizado em alguns pontos importantes.

PONTO 1: A VISÃO DE LONGO PRAZO E A FORMULAÇÃO DA ESTRATÉGIA

A história de Dubai

A história de Dubai, da forma como é conhecida, data de 1833, quando a tribo Al Maktoun estabeleceu uma comunidade pesqueira na região. A partir de 1892, a extração de pérolas e os negócios marítimos começaram a florescer.

As raízes de Dubai remontam ao início do período minoico. O local onde hoje está Dubai costumava ser um vasto manguezal. Em 3000 a.C., o pântano tinha secado, tornando-se habitável. Acredita-se que os criadores de gado nô-

FIGURA 1 Foto de Dubai em 1966, quando o petróleo foi descoberto.
Fonte: About Dubai, [s.d.].

mades da Idade do Bronze tenham sido os primeiros a instalar-se na área. Em 2500 a.C., eles estabeleceram uma próspera plantação de palmeiras, e foi a primeira vez que o local foi usado com sucesso na agricultura. Em 1971, Dubai se juntou a outros emirados para formar os Emirados Árabes Unidos.

Dubai é hoje uma das cidades mais cosmopolitas do mundo. Lar de quase 200 nacionalidades, a cidade oferece uma experiência verdadeiramente memorável a todos os visitantes. Quer seja nas margens do Creek ou no topo do Burj Khalifa, o edifício mais alto do mundo, Dubai vive e respira uma sensação de possibilidades e inovação.

FIGURA 2 Edifício Burj Khalifa, o edifício mais alto do mundo, em 2010.
Fonte: About Dubai, [s.d.].

Como Dubai se transformou de uma vila pescadora de pérolas para um dos maiores destinos de turismo de negócios do mundo, consolidando-se como um verdadeiro entreposto entre o Oriente e o Ocidente? Nota-se na Figura 3 uma assustadora montagem, com duas fotos tiradas da mesma localidade, com diferença de poucas décadas.

Pode não parecer, mas a resposta a essa questão relaciona-se com o caso da tia Doris. Ambos os casos envolvem visões de futuro, planos e, principalmente, capacidade de execução. A boa notícia é que com método, e muita disciplina, é possível fazer acontecer. A teoria por trás disso chama-se estratégia.

Segundo Rumelt (2012), estratégia é uma combinação coerente de diretrizes e ações destinadas a superar um desafio de alto risco. Diversas correntes e escolas preconizam maneiras diferentes de formular e executar estratégias. Um estudo

FIGURA 3 Fotos de Dubai em 1970 e em meados de 2015, tiradas da mesma posição.
Fonte: Korolkovaite I, 2016.

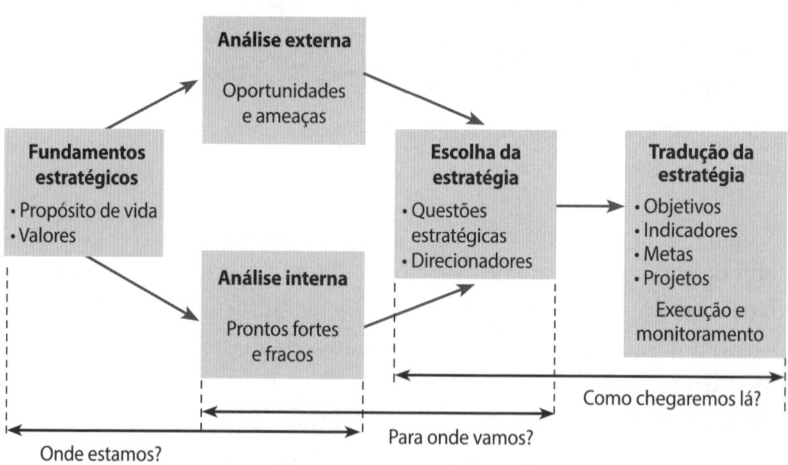

FIGURA 4 Processo de formulação da estratégia na vida pessoal.
Elaborada pelos autores a partir de Kluyver CA; Pearce JA, 2008.

recente envolvendo organizações de grande porte no Brasil identificou as principais ferramentas usadas por profissionais de estratégia. Com base nesses achados, e fazendo o paralelo com o planejamento do ponto de vista pessoal, a seguir será apresentada uma proposta de sequência de atividades e ferramentas.

O processo inicia-se com uma reflexão interna e a definição dos fundamentos estratégicos (ou aspirações), ou a revisão, caso já existam. Tudo começa com o propósito de vida, que é a razão de ser do indivíduo. O sujeito pode querer ser dono de um negócio, um grande *chef* de cozinha, salvar vidas de pessoas ou de animais, ser um grande esportista ou uma pessoa famosa, ou ainda viajar o mundo. Obviamente, não há uma resposta certa aqui. Cada um escolhe o que quer para a sua vida. O importante é conhecer. O propósito de vida servirá como um norte para as demais decisões. Vale ressaltar que, apesar de ter horizonte de longo prazo, o propósito de vida pode mudar. Isso acontece quando se muda de estágios na vida e com acontecimentos como casamento e nascimento de filhos.

Absolutamente alinhados ao propósito de vida estão os valores. Trata-se dos princípios e crenças que estabelecem prioridades morais e éticas para as ações do dia a dia. Os valores revelam o que é importante para o indivíduo, em que ele acredita. Assim como no propósito de vida, o autoconhecimento é essencial para a identificação dos valores.

Uma vez definidos os fundamentos, deve-se partir para uma análise situacional, que aborda dois tipos de análise, para fora e para dentro. A análise externa compreende identificar, em aspectos de diferentes dimensões, oportunidades e ameaças para o cumprimento do propósito de vida. Oportunidades são fatores externos favoráveis, enquanto ameaças são fatores desfavoráveis. As fontes de tendências externas podem vir de fatores políticos, ambientais, sociais, tecnológicos, econômicos e legais, entre outros. A intenção nessa fase não é prever o futuro, mas sim estar atento às mudanças de forma constante. Algumas mudanças são lentas e constantes, enquanto outras são bruscas e inesperadas. Ao identificar as tendências, deve-se ter uma visão de médio e longo prazo. Esse exercício expande o pensamento e apoia a tomada de decisão muitas vezes diária. Exemplos de ameaças são apresentados no Quadro 1.

QUADRO 1 Exemplos de análise externa

Tendência	Impacto	Classificação
Crises econômicas	Reduzem o crescimento econômico e a capacidade de gerar renda por meio de acesso a empregos ou a clientes, retardando a velocidade da acumulação de riqueza e independência financeira	Ameaça
Mudanças de leis e regulamentações	Mudanças constantes nas "regras do jogo" podem impactar negativamente taxação de renda e patrimônio, retardando o alcance da independência financeira	Ameaça
Extremos ambientais	O aumento dos incidentes de extremos climáticos pode dificultar e inviabilizar planos relacionados a turismo em locais com controles restritos (ex.: Fernando de Noronha, Galápagos, Machu Picchu) e representar risco a bens imóveis em localidades de alto risco	Ameaça
Evolução da inteligência artificial	Muitos dos trabalhos operacionais de hoje serão substituídos por máquinas e robôs	Ameaça
Evolução das tecnologias em saúde	O avanço do conhecimento científico e o surgimento de novos tratamentos têm gerado um aumento da expectativa de vida da população	Oportunidade
Acesso à informação e ao conhecimento	Cada vez mais será possível ter acesso aos melhores cursos e universidades sem a necessidade de sair de casa ou conhecer outros idiomas	Oportunidade
Acesso à tecnologia	Cada vez mais o acesso à tecnologia de ponta irá aumentar o conforto e a produtividade nas casas e no trabalho	Oportunidade
Demanda por mão de obra especializada	Setores de ponta manterão a necessidade por mão de obra especializada	Oportunidade

Elaborado pelos autores.

A análise interna compreende um olhar interno para identificar pontos fortes e fracos. Esse olhar deve considerar elementos como recursos. Recursos são os ativos tangíveis e intangíveis que o indivíduo possui. Recursos tangíveis podem ser posses, como bens imóveis e recursos financeiros. Já recursos intangíveis compreendem elementos como conhecimento, credibilidade, reputação e rede de contatos. Você tem uma força quando possui um recurso valioso. Se esse recurso é valioso e raro, essa força pode ser uma fonte de vantagem competitiva. Se, além de valioso e raro, esse recurso é de difícil imitação e explorado de forma organizada, ele pode ser uma fonte de vantagem competitiva sustentável. Além dos pontos fortes, o sujeito deve identificar também os pontos fracos, características suas que estão aquém do desejado e que precisariam ser desenvolvidas, caso seja possível. Note que o que é ponto forte para determinada situação pode ser um ponto fraco para outra. Por exemplo, ser alto pode ser um ponto forte para um atleta de basquete, mas um ponto fraco para um jóquei. Para tanto, é sempre importante realizar essa análise tendo em vista o propósito de vida anteriormente definido.

Obviamente, deve haver um encaixe entre o propósito de vida, a visão de futuro e a análise interna. Aliás, uma das palavras-chave de uma boa estratégia é "coerência". Tudo deve estar coerente entre si. Será que a tia Dorinha realmente possui recursos (tempo, energia e outros) suficientes para aprender sânscrito?

Todas essas informações sobre o ambiente interno e externo coletadas anteriormente são organizadas na matriz SWOT, que representa a foto de um determinado momento. A SWOT foi criada na década de 1960, e as fontes bibliográficas divergem a respeito de quem a criou. Há quem dê os créditos a Kenneth Andrews (1951), professor da Universidade de Harvard, e há quem cite que ela veio de uma pesquisa realizada pelo Stanford Research Institute (agora SRI International), no período de 1960-1970. Essa pesquisa foi financiada por um grupo de empresas para descobrir o que deu errado com o planejamento corporativo e criar um sistema para gerenciar a mudança. A equipe foi dirigida por Robert Stewart, e seus integrantes foram Marion Dosher, Otis Benepe, Birger Lie e Albert S. Humphrey. Neste capítulo, esse conceito originalmente empresarial também será aplicado para o planejamento pessoal.

O acrônimo vem da língua inglesa, das palavras *strengths*, *weaknesses*, *opportunities* e *threats*, que em português capturam os pontos fortes, fracos, oportunidades e ameaças de uma pessoa. A lógica é que a combinação desses elementos enfatiza as competências e recursos necessários para atender às necessidades externas, o que leva à escolha da estratégia. O conceito foi difundido em 1963 na Academia, num congresso de política empresarial realizado nessa mesma universidade, e posteriormente no mundo dos negócios, sendo amplamente utilizado até hoje. As forças e fraquezas têm uma orientação de curto prazo, já as oportunidades e ameaças são de longo prazo. Como já dito, a SWOT é o resumo do diagnóstico interno e externo.

Uma vez o diagnóstico pronto, chega a hora de escolher as estratégias. A primeira ação aqui é a de identificar e responder a grandes questões estratégicas que surgem no decorrer da análise. Algumas são questões existenciais, que precisam ser respondidas nesse momento. Elas podem variar de "será que tenho condições de subir o Everest?" a "desejo mesmo morar no exterior, ficando longe da família por longos períodos de tempo?". A resposta a essas perguntas de forma realista e profunda, tendo como base a análise já realizada, evitará a criação de estratégias e ações que não serão cumpridas. Como consequência, essa atividade gerará ideias de grandes direcionamentos estratégicos, grandes "*do's*" e "*dont's*" que orientarão a escolha das grandes ações. Outra fonte de direcionamentos, ações e estratégias é o cruzamento da matriz SWOT, ilustrado na Figura 5.

Organizar simplesmente as informações do contexto na matriz não basta para o processo de planejamento, pois é apenas uma "foto" do momento. O grande valor do exercício é combinar os elementos da SWOT, na forma de perguntas, cujas respostas devem vir na forma de ações. Podem-se cruzar todos os quadrantes entre si, porém são três os cruzamentos-chave. A seguir estão listadas as perguntas desses cruzamentos para a identificação de possíveis direcionamentos estratégicos e projetos.

- S x O: como combinar os pontos fortes para potencializar as oportunidades?
- S x W: como transformar pontos fracos em fortes?
- W x T: como evitar que os pontos fracos potencializem as ameaças?

Normalmente, o cruzamento "S x O" gera estratégias de ataque, ou seja, para aproveitar oportunidades com base em pontos fortes. Do outro lado, cruzamentos "S x W" e, principalmente, "W x T" geram estratégias de defesa, que servem para se proteger de pontos fracos e ameaças externas.

É muito comum que esse cruzamento gere uma lista preliminar de ações muito extensa. Como formular a estratégia demanda necessariamente fazer escolhas, é imperativo priorizar as ações no tempo.

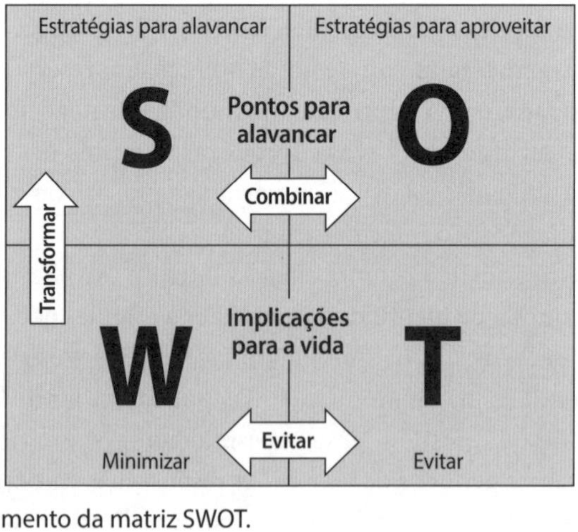

FIGURA 5 Cruzamento da matriz SWOT.

A última etapa do processo de planejamento estratégico é a tradução da estratégia, a ser feita por meio de um "painel de bordo", o que permite uma melhor definição do que será feito no tempo e como esse plano será mensurado. Nesse momento, deverão ser definidos:

a. **Objetivos estratégicos:** devem ser declarações de resultados ou ações de longo prazo que deverão ser feitas. Podem estar distribuídos em diferentes dimensões, como saúde, crescimento e realização profissional, educação e conhecimento, família e aspectos financeiros, como renda e patrimônio.
b. **Indicadores:** é importante ter como mensurar o alcance dos objetivos estratégicos. Isso é feito por meio de indicadores, que são as formas de medir objetivamente o desempenho. Os indicadores podem ser de resultado (ex.: peso em kg) ou de tendência (ex.: número de passos dados por dia). Enquanto o indicador de resultado mede muito bem o alcance dos objetivos, o indicador de tendência aponta se estamos indo na direção desejada.
c. **Metas:** são os valores desejados para os indicadores selecionados no tempo. No caso do exemplo do parágrafo anterior, seria, por exemplo, alcançar 75 kg no mês 1, 73 kg no mês 2 e 70 kg no mês 3 em diante. Ou ainda, dar 8.000 passos por dia. A meta permitirá avaliar se o indivíduo está ou não no caminho certo.
d. **Projetos:** os projetos são a chave da execução. Trata-se do que será feito para sair do peso atual para chegar aos 70 kg desejados. Eles estão altamente relacionados com a estratégia e devem derivar do cruzamento da matriz SWOT. A sessão a seguir abordará mais a fundo os grandes projetos de transformação e sua lógica com o alcance dos resultados.

PONTO 2: OS PROJETOS DE TRANSFORMAÇÃO

Por que os projetos de transformação são importantes? Afinal, o objetivo é mudar a vida ou a condição, correto? A grande verdade é que mudanças precisam de projetos, i.e., iniciativas com começo, meio e fim que mudem uma situação adversa ou indesejável. À guisa de exemplo pessoal, como é possível bater as metas no trabalho? Algumas respostam, em geral, são:

- Trabalhando!
- Esforçando-se!

- Fazendo!
- Suando!

Costumam dizer que só há três "métodos" de bater uma meta. A primeira é a sorte. O detentor da meta nada faz e, *presto*, a meta é batida (se ainda não aconteceu com você, você ainda é muito novo). A segunda metodologia é a do pensamento positivo. Muitos colaboradores pensam que podem bater a meta ao manterem-se energizados. Enquanto se manter de bom astral certamente torna essas pessoas mais desejáveis para se trabalhar em conjunto, nada indica que as metas serão batidas.

Portanto, se efetivamente quiser bater as metas, só resta a terceira metodologia: iniciativas e projetos. Ao observar a Figura 6 isso fica claro.

Como mencionado anteriormente, o grande "norte" é a visão de futuro. Entretanto, na situação atual, é difícil que essa visão de futuro seja alcançada. Afinal, o planejamento está sendo feito justamente por isso. É possível afirmar que se tem uma lacuna de desempenho. Para se alcançar a visão de futuro, faltam recursos, competências ou hábitos essenciais para chegar até a visão. Para sobrepujar essa lacuna de desempenho, é preciso iniciativas ou projetos, assim como representado na Figura 6. Note o leitor que, provavelmente, não há uma

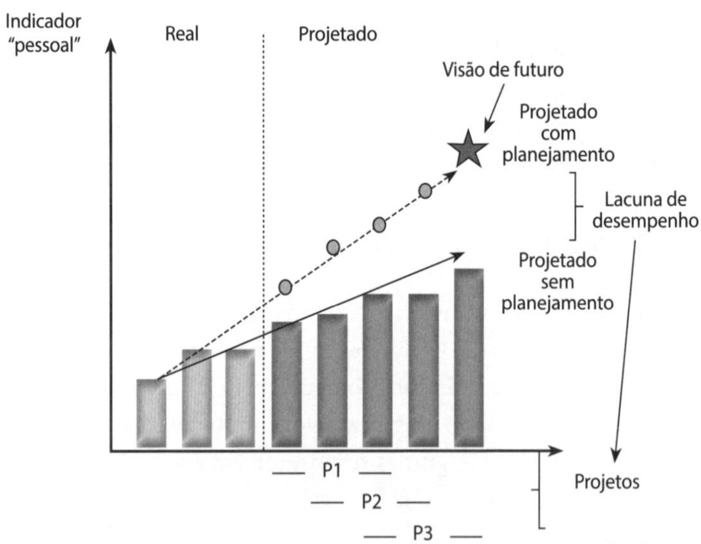

FIGURA 6 Projetos de transformação de longo prazo.
Adaptada de Caldeira C., 2021.

bala de prata, tanto em termos de planejamentos organizacionais, tampouco em termos de planejamentos pessoais. A maior chance de sucesso ocorre ao quebrar um problema complexo em pequenas etapas, ou projetos, de execução e monitoramento mais fácil. Portanto (Caldeira, 2021):

> "Metas e projetos são faces da mesma moeda. Metas são projetos que ainda não foram identificados."

É importante notar que a questão de bons projetos se aplica ao exemplo da tia Dory. A tia Dorinha provavelmente não padece da falta de projetos, mas sim da escolha dos projetos essenciais e da gestão deles. Na literatura da estratégia, esse "processo" de tirar os projetos estratégicos do papel é chamado de execução.

PONTO 3: O "SEGREDO" DA EXECUÇÃO

Tirar os planos do papel é especialmente difícil. É complexo implementar mudanças. A literatura sobre implementação de planos estratégicos para organizações apresenta taxas de insucesso em um intervalo aproximado de 35% e 70%.

TABELA 1 Taxas de insucesso de implementação – estudos selecionados

Estudo	Taxa de insucesso em implementação
Bossidy et al. (2002)	90%
Cândido & Santos (2015)	30% e 70%
Ewenstein et al. (2015)	70%
PMI (2013)	44%
Sull et al. (2015)	66% e 75%

Seleção dos autores.

E por que a taxa de insucesso é tão catastrófica? Uma das pesquisas tenta separar as causas desse desempenho aquém do desejável em implementar mudanças e planejamentos.

TABELA 2 Causas de falha em implementação e execução segundo gestores

Causas	Contribuição para o insucesso
Recursos não disponíveis	20%
Má comunicação da estratégia	14%
Ações não claramente definidas	12%
Responsabilidades não claras	12%
Silos organizacionais	10%
Monitoramento inadequado	8%
Recompensas inadequadas	8%
Liderança despreparada	7%
Liderança descomprometida	5%
Implementação em desacordo com plano	2%
Outros, incluindo (falta de) competências	2%

Adaptada de Mankins MC; Steele R, 2005.

Com base nessas causas genéricas, uma série de livros e artigos tenta criar arcabouços para que seja possível bloqueá-las e melhorar a chance de efetiva execução. Entre esses autores, pode-se citar Kaplan e Norton (2001), Ram Charan (2002), Hrebiniak (2005) e Jim Collins. Recentemente, a metodologia dos OKR (*objectives and key results*) tem ganhado tração, especialmente impulsionada pelo livro de Doerr (2018). Embora cada uma delas tenha dado seu próprio "*spin*" ao tema, é possível, de forma geral, separar as metodologias em cinco grandes blocos/princípios.

TABELA 3 Blocos para execução

Blocos ou princípios (baseados em Kaplan & Norton, 2006)	Obras em que o assunto foi mais explorado
Mobilizar a mudança através da liderança	Kaplan & Norton (2001), Bossidy & Charan (2002)
Traduzir a estratégia	Kaplan & Norton (2001), Hrebiniak (2005), Doerr (2018)
Alinhar a organização à estratégia	Kaplan & Norton (2001), Hrebiniak (2005), Doerr (2018)
Motivar para mudança	Kaplan & Norton (2001), Bossidy & Charan (2002), Hrebiniak (2005)
Gerir a estratégia como um processo contínuo	Kaplan & Norton (2001), Hrebiniak (2005), Collins & Hansen (2011), Doerr (2018)

Elaborada pelos autores.

A seguir, o que cada um dos blocos significa está descrito de forma detalhada:

1. **Mobilizar a mudança através da liderança:** para que a execução tenha sucesso, as organizações precisam de líderes com um novo modelo mental, voltado também para a execução da estratégia, em oposição a um papel puramente operacional. Além disso, toda mudança exige nova cultura, e mudanças de cultura funcionam primordialmente através dos exemplos da liderança.
2. **Traduzir a estratégia em termos operacionais:** transformar a estratégia em algo que possa ser compreendido de maneira operacional, usando mapas, indicadores, metas e iniciativas, conforme já detalhado. A parte da tradução é fortemente enfatizada na metodologia dos OKR. A boa tradução é essencial para a posterior gestão da implementação/execução.
3. **Alinhar a organização à estratégia:** de modo que as atividades que não ajudem e atrapalhem a estratégia sejam gerenciadas e evitadas. Serve para colocar todos no mesmo "norte", evitar os silos organizacionais. Também trata do desdobramento, ou seja, a contribuição de cada um para a execução. Esse ponto é bastante enfocado na metodologia OKR.
4. **Motivar para mudança:** fazer com que a estratégia esteja no coração e na mente de cada um dos colaboradores e outros *stakeholders* envolvidos, de maneira constante. Assuntos como a comunicação e sustentação da comunicação estratégica, bem como a adequação dos incentivos organizacionais, são tratados aqui.
5. **Gerir a estratégia como um processo contínuo:** para que a execução seja bem-sucedida, é necessário um processo de gestão da estratégia, contínuo, ritmado e com responsabilidades definidas. A metodologia dos OKR trabalha com revisões trimestrais, que têm se tornado a norma. Outra questão importante é a integração do processo estratégico com outros processos organizacionais.

E em termos pessoais? Como é possível trazer essa literatura para planos individuais? Acredita-se que os pontos mais importantes sejam:

- **Planejamento realista:** os brasileiros são otimistas incorrigíveis. Voltando ao exemplo da tia Dory, é evidente que ela não conseguirá cumprir suas metas. E uma das causas é o número irreal de metas colocadas em cada ano. Alguma vez você já deixou de cumprir as metas por ter sido ambicioso ou otimista demais no seu plano? Se sim, vale a pena repensar.

- **Necessidade de recursos e competências:** para que muitos projetos saiam do papel, é preciso recursos e competências. Em termos de recursos, desde os mais óbvios, como recursos financeiros (será que a tia Dory tem recursos financeiros para realizar todos os projetos neste ano?), até mesmo recursos como tempo (o que nos levará ao ponto 4 deste capítulo). Isso também se pode afirmar em termos de competências. Organização é essencial. Mas, talvez, a competência seja a competência de manter o ritmo, gerir a mudança, como detalhado a seguir.
- **Gerir a mudança:** talvez a competência mais necessária para uma transformação. O plano vai dar errado. Os projetos vão atrasar. O sujeito vai se animar no começo e perder o gás ao longo das transformações. Haverá distrações no meio do caminho. Um processo de gestão que seja consistente e em um ritmo adequado são essenciais para o sucesso do planejamento.
- **Revisão e aprendizagem:** como mencionado anteriormente, vai dar errado. Ou por inexperiência, ou por falta de competências, ou por falta de informação, os planos darão errado. Se, de um lado, de nada adianta perder a motivação, conforme comentado no ponto anterior, por outro lado de nada adianta continuar com o mesmo plano, sem alteração. Uma parte essencial de qualquer plano é se afastar e se perguntar: está funcionando? Se não está, por quê? Os projetos não foram implementados? Ou os projetos se mostraram errados (para alcançar a visão). Somente fazendo esse tipo de reflexão é possível tirar os planos pessoais do papel.

PONTO 4: A NECESSIDADE DA GESTÃO DE TEMPO

Uma coisa que sempre surge na implementação de estratégias é o tempo. "Mas estou todo compromissado agora, vocês querem que eu faça mais todos esses projetos?" De fato, a gestão do tempo era uma causa tão citada para o problema de execução, que se acabou por incluí-la na metodologia de execução usada nas consultorias. De fato, aí tem-se um paradoxo terrível. Provavelmente, o indivíduo não é mais produtivo, pois faltam projetos. Portanto, fica apagando incêndio. E quanto mais incêndio, menos projeto. Quanto menos projeto, mais incêndio. Isso é tão importante que é um dos maiores ensinamentos de obra importante sobre produtividade.

O melhor exemplo de boa gestão de tempo é o professor chamado Sérgio. Ele é o contraponto da tia Dorinha. Ele tem uma empresa de Advisory, é CMO de uma associação de negócios, é representante de uma empresa de cursos, é o

FIGURA 7 Matriz de importância de desempenho.
Adaptada de Covey SR., 1991.

representante nacional de uma grande empresa de consultoria, faz conteúdo na internet, está escrevendo um livro, tem dois gatos, uma esposa e duas ex-esposas. E faz tudo isso sem suar. Não tem secretária. E ainda dorme 8 horas por dia. O Sérgio é fogo. Como é possível?

A grande dificuldade da gestão do tempo é que é um tipo de mudança de hábitos. Os indivíduos estão acostumados a deixar o cérebro cuidar da gestão do tempo. E, com isso, aprendem duas coisas. A primeira é que o cérebro não é muito bom em fazer gestão do tempo. Ele avisa que esquecemos determinado item apenas quando o sujeito já saiu de casa. Em segundo lugar, o cérebro vai lutar contra a mudança de hábitos de gestão do tempo. Ele não gosta de mudança de hábitos.

Para contrabalançar alguns dos pontos para tentar melhor sua gestão do tempo, será usada a metodologia *getting things done*, pois existe extenso material de apoio para ela.

- **Persistência:** o cérebro irá combater a mudança de hábitos de gestão do tempo, portanto é preciso insistir até que a mudança de hábito aconteça. Anote então na agenda, a cada 3 ou 4 semanas, a pergunta: mudei esse comportamento? Não desanime se tiver regredido em 1 semana. Para a mudança de hábito, a persistência é chave, até que o novo hábito tenha finalmente vencido e se fixe.
- **Reuniões improdutivas:** costumam ser o sabotador número um da produtividade. Um verdadeiro problema nas organizações modernas. Outro dia apareceu a frase em alguma *timeline* pessoal: "Descobri que simplesmente perguntar se existe agenda faz com que uma boa parte das reuniões sejam canceladas". Tente isso. Ou seja, as reuniões improdutivas acontecem por-

que as organizações têm hábitos coletivos ruins. Desafie isso. Pergunte se a reunião tem pauta. Pergunte se é o recurso necessário. Pergunte qual é o resultado que se pretende alcançar. Tente fazer menos reuniões. E tente fazer reuniões que sejam mais produtivas, mesmo que não seja o dono da reunião. Assuma a organização de reuniões muito ruins, mesmo que não sejam suas.

- **Distrações e interrupções:** vive-se num mundo de distrações. Existe sempre algo mais interessante para fazer do que determinada tarefa. Um jogo. Um vídeo engraçado. Um campeonato de *video game* que está sendo jogado no Togo. Aquela mensagem dos *streamings* "o próximo episódio vai começar em 10, 9, 8 segundos...". O grande desafio do trabalhador moderno é evitar as distrações. As interrupções, por outro lado, foram reconhecidas na literatura gerencial há mais de quatro décadas. E continuam sendo um desafio. Para isso, o melhor remédio parece ser novos hábitos e processos. É possível usar o trabalho híbrido para ter menos interrupções? Deve-se perguntar-me constantemente: estou fazendo o que deveria estar fazendo neste momento? Se não estou, escolhi ter mudado as prioridades? E falando em prioridades...
- **Prioridades:** sem uma boa gestão de tempo, existe uma tendência do foco em atividades de pouco valor agregado e mais simples, em oposição a tarefas mais difíceis, de maior valor agregado e com foco no longo prazo. Quem é mestre de gestão do tempo sempre tem na cabeça as prioridades da semana. "O que preciso fazer esta semana para ficar mais próximo da minha visão?" costuma ser uma excelente questão para se automonitorar. Sempre foque primeiro nos projetos.
- **Calendário:** o calendário é um amigo. É ele que dá a capacidade produtiva. Quanto mais hábil o indivíduo for em gerir o calendário, maior será seu sucesso. A unidade certa de planejamento é a semana. Planejar só o dia não lhe dá flexibilidade. Planejar o mês é muito incerto.
- **Não seja otimista:** a gestão do tempo depende disso. Fazer aquela tarefa dura só meia hora, mesmo? Você lembrou do tempo de deslocamento? Você lembrou de colocar pausas? Recentemente o Microsoft Outlook começou a sugerir reuniões de 50 minutos, e não de 1 hora. Além disso, não planeje o dia inteiro. Haverá imprevistos. Planeje cerca de 80% do seu tempo e deixe espaço para replanejamentos.
- **Um sistema:** a maioria das pessoas tem um sistema, mas abandona na primeira chance. Um sistema ajuda na organização, mas exige persistência e perseverança.

Em resumo:

- Ganhar controle para aumentar a produtividade.
- Mudar hábitos precisa de persistência.
- Combater as reuniões improdutivas. Elas são uma das maiores fontes de falta de produtividade.
- Evitar distrações. Vivemos num mundo de interrupção.
- Ter prioridades em mente e reorganizar constantemente o dia/semana.
- Ter um sistema e insistir.

PONTO 5: POR QUE OS INDIVÍDUOS PROCRASTINAM?

A verdade é que a maioria das pessoas procrastina. Mas algumas têm muita dificuldade com isso. A literatura recente foca em descobrir as causas e, em seguida, propor soluções. Um dos melhores artigos é o da autora Alice Boyes (2022). Ela comenta que a procrastinação tem três fontes:

- Falta de hábitos e de um sistema.
- Tendência de evitar emoções negativas.
- Vieses cognitivos.

A falta de hábitos e sistemas já foi discutida na sessão anterior. O artigo de Boyes apenas confirma o que Allen já tinha dito: hábitos são difíceis de mudar, e um sistema pode ajudar nessa mudança. O sistema torna o novo hábito. Mas leva tempo. Outro ponto importante. É preciso adaptar o sistema para o que funciona melhor para o sujeito. A metodologia é para ser suporte, e não camisa de força.

A tendência de evitar emoções negativas afeta o comportamento, sem que o indivíduo perceba. Ansiedade e medo fazem mudar as decisões que seriam tomadas no sistema de gestão do tempo. É preciso identificar quando as emoções estão interferindo. Deve-se separar a tarefa da emoção. Adicionalmente, colocar recompensas que sobrepujem as emoções. É importante começar com as tarefas que despertam menos emoções e gradualmente se treinar para as mais "emocionantes".

E, finalmente, os vieses cognitivos ajudam na procrastinação. Alguns deles já foram comentados, como a tendência de subavaliar a complexidade das tarefas. Outros são mais sutis. Por exemplo, pessoas que têm necessidade de afirmação podem interpretar comentários sobre o seu trabalho de forma errada. Outro exemplo complexo é quando se junta a emoção. Por vezes mensagens escritas são interpretadas de forma errada, pois o gatilho emocional atrapalhou a cognição. Algumas dicas são: aceitar o erro e aceitar que a perfeição pode levá-lo a estados de emoções negativas.

CONCLUSÃO

Neste capítulo, a literatura de estratégia, execução, gestão do tempo e os seus conceitos foram incorporadas para o planejamento pessoal. Alguns itens são comuns tanto às organizações quanto às pessoas. A necessidade de uma visão de longo prazo para organizar as mudanças também foi abordada, bem como o poder dos projetos como indutores dessas mudanças. Além disso, propôs-se entender por que as mudanças e a execução são tão difíceis e como gerenciar melhor o tempo para abrir estações para projetos. As questões para reflexão a seguir pretendem ajudar a fixar as ideias e mudar os hábitos.

QUESTÕES PARA REFLEXÃO

1. O que é possível aprender com o caso da tia Dory? E de Dubai?
2. Por que estabelecer uma visão de longo prazo é importante?
3. Quais são os segredos da execução?
4. Quais são os principais elementos de uma boa gestão de tempo?
5. Quais são as causas da procrastinação?

REFERÊNCIAS

About Dubai. Visit Dubai. Disponível em: https://www.visitdubai.com/en/explore-dubai/about-dubai. Acesso em: out. de 2024.

Allen D. Getting Things Done: The Art of Stress-Free Productivity. Penguin Books; 2010.

Andrews PWS. Industrial analysis in economics. Oxford studies in the price mechanism. 1951; 139-72.

Barney JB. Resource-based theories of competitive advantage: A ten-year retrospective on the resource-based view. J Manag. 2001;27(6):643-50.

Bossidy L, Charan R, Burck C. Execution: The discipline of getting things done. Random House; 2002.

Boyes A. How to Stop Procrastinating. Harvard Business Review. Maio de 2022. Disponível em: https://hbr.org/2022/05/how-to-stop-procrastinating. Acesso em: out. de 2024.

Caldeira C. Customer Experience Management: Gestão Prática da Experiência do Cliente. 1. ed. São Paulo: Alta Books; 2021.

Cândido CJ, Santos SP. Strategy implementation: What is the failure rate? J Manag Organ. 2015; 21(2):237-62.

Collins J. Good to Great-Why some companies make the leap and others don't. Sage Publications Ltd.; 2001.

Collins J, Hansen MT. Great by Choice: Uncertainty, Chaos and Luck-Why some thrive despite them all. Random House; 2011.

Covey SR. The 7 habits of highly effective people. Nova Iorque: Simon & Schuster; 1991.

Descubra a história de Dubai. Visit Dubai. 21 de fevereiro de 2024. Disponível em: https://www.visitdubai.com/pt/articles/history-of-dubai. Acesso em: out. de 2024.

Doerr J. Measure what matters: OKRs: The simple idea that drives 10x growth. Penguin UK; 2018.

Duhigg C. O poder do hábito: por que fazemos o que fazemos na vida e nos negócios. Rio de Janeiro: Objetiva; 2012.

Ewenstein B, Smith W, Sologar A. Changing change management. McKinsey Digital. 2015.

Hrebiniak LG. Making strategy work: leading effective execution and change. FT Press; 2005.

Kallás D, Caldeira C. Execução estratégica – Mensuração e gestão da estratégia. In: Abdalla MM, Conejero MA, Oliveira MA, organizadores. Administração estratégica: da teoria à prática no Brasil. São Paulo: Atlas; 2019. p. 143-58.

Kallás D, Caldeira CA, Bortoleto FC. What are the Skills and Functions Required of the CSO to Implement Strategy in Large Organizations? Brightline Project Management Institute. 18 de junho de 2020. Disponível em: https://www.brightline.org/resources/what-are-the-skills-and-functions-required-of-the-cso-to-implement-strategy-in-large-organizations/. Acesso em: out. de 2024.

Kallás D, Coutinho A. Gestão da estratégia: experiências e lições de empresas brasileiras. Campus; 2005.

Kaplan RS, Norton DP. Alignment: Using the balanced scorecard to create corporate synergies. Harvard Business Press; 2006.

Kaplan RS, Robert NPDKS, Kaplan RS, Norton DP. The strategy-focused organization: How balanced scorecard companies thrive in the new business environment. Harvard Business Press; 2001.

Kluyver CA, Pearce JA. Estratégia: uma visão executiva. Pearson Prentice Hall; 2008.

Korolkovaite I. 31 Before-And-After Pics Showing How Famous Cities Changed Over Time. Bored Panda. 8 de julho de 2016. Disponível em: https://www.boredpanda.com/how-famous-city-changed-timelapse-evolution-before-after/. Acesso em: out. de 2024.

Mankins MC, Steele R. Turning great strategy into great performance. Harv Bus Rev. 2005.

Mintzberg H, Ahlstrand B, Lampel JB. Strategy safari. Pearson UK; 2020.

Project Management Institute. Why good strategies fail: Lessons for the C-suite. PMI; 2013.

Rumelt R. Good Strategy/bad strategy: the difference and why it matters. Illustrated edition. Crown Business; 2011.

Rumelt RP. Good strategy/bad strategy: the difference and why it matters. Strategic Direction. 2012;28(8).

Sull D, Homkes R, Sull C. Why strategy execution unravels – And what to do about it. Harv Bus Rev. 2015;93(3):57-66.

CAPÍTULO 10

Fundos de investimento

Marcelo de Libero d'Agosto

Neste capítulo, apresenta-se uma visão geral dos fundos de investimento.

INTRODUÇÃO

No Brasil, os fundos de investimento são uma alternativa popular de aplicação de recursos, com números significativos. De acordo com dados da Associação Brasileira das Entidades dos Mercados Financeiro e de Capitais (ANBIMA) – a entidade que representa os interesses dos bancos, empresas de administração de recursos, corretoras e distribuidoras de valores mobiliários –, existem no país mais de 15 mil carteiras, que ultrapassam o montante total de R$ 9,0 trilhões sob responsabilidade dos gestores de recursos.

Um mesmo aplicador pode ter posições em diversos fundos. Sendo assim, não é possível conhecer com exatidão a quantidade de pessoas que investem na modalidade. Contudo, estimativas com base na análise das informações sobre a quantidade de cotistas por fundo, disponibilizadas pela Comissão de Valores Mobiliários (CVM) – entidade que regula o mercado de capitais no Brasil –, indicam que cerca de 2 milhões e meio de pessoas investem em uma ou mais das carteiras atualmente existentes.

Além disso, segundo estatísticas da Federação Nacional de Previdência Privada e Vida (FENAPREVI), 13 milhões de pessoas participam de planos de previdência individuais, cujas reservas são obrigatoriamente aplicadas em fundos de investimento. O investidor nesse tipo de plano tem a flexibilidade de escolher a carteira mais conveniente para as aplicações e pode administrar ativamente as posições, trocando de fundo caso julgue adequado.

A caderneta de poupança ainda é a aplicação mais popular no Brasil. Segundo os dados contabilizados pelo Fundo Garantidor de Créditos (FGC) e divulgados pelo Banco Central (BC), existiam 61 milhões de contas poupança com saldo superior a R$ 100 em junho de 2017. Em seguida aparecem as aplicações em depósitos bancários a prazo. Considerando apenas as operações com saldo superior a R$ 5 mil, eram 4,0 milhões de clientes. Uma mesma pessoa pode ter aplicações em instituições financeiras diferentes, portanto o número total de investidores pode ser menor.

Ao longo do tempo, diversos fatores contribuíram para que a popularidade dos fundos de investimento atingisse os altos níveis atuais. Por exemplo, durante os anos 1970 o governo brasileiro estabeleceu um programa em que parte dos investimentos em fundos de ações poderia ser usado para reduzir o imposto de renda (IR) devido pela pessoa física. Ainda hoje existem milhares de contas vinculadas a aplicações nos chamados fundos 157 (em referência à legislação da época).

Nos anos 1990, os fundos de investimento passaram a ter uma vantagem fiscal em relação às demais aplicações financeiras em virtude da forma de incidência tanto do imposto sobre as movimentações financeiras (CPMF - uma contribuição posteriormente extinta) quanto do IR sobre os ganhos de capital. Nos anos 2000 os fundos de investimento foram extremamente beneficiados pela grande diferença entre as taxas de juros praticadas no mercado e a remuneração da caderneta de poupança. Entre 2000 e 2006, especificamente, a diferença média entre o rendimento das aplicações atreladas à taxa Selic e a rentabilidade da poupança foi superior a nove pontos percentuais ao ano. A partir dessa época houve também um grande processo de modernização na legislação e nas práticas da indústria, que culminou em seu formato atual.

Os fundos de investimento são regulamentados, fiscalizados e inspecionados pela CVM, uma autarquia criada em 1976 e vinculada ao Ministério da Fazenda. A principal missão da CVM é equilibrar as relações entre investidores e profissionais do mercado. Para tanto, figuram entre seus objetivos assegurar o funcionamento eficiente e regular dos ambientes de negociação; proteger os investidores contra atos ilegais, fraudes ou manipulações; assegurar o acesso público a informações e práticas comerciais equilibradas; estimular a formação de poupança e promover a expansão do mercado de capitais.

As instituições envolvidas nas várias atividades relacionadas à constituição e ao funcionamento dos fundos de investimento também estão sujeitas às normas estabelecidas no código de regulação e melhores práticas estabelecido pela ANBIMA. O objetivo das normas é estabelecer princípios e parâmetros em relação à constituição e ao funcionamento dos fundos, visando à concorrência leal, à padronização de procedimentos, ao aumento da qualidade e disponibilidade de informações e à elevação dos padrões fiduciários.

No entanto, em que pesem as diversas garantias institucionais mencionadas anteriormente, as aplicações nos fundos de investimento não estão sujeitas às coberturas oferecidas pelo FGC. Tal fundo tem como missão proteger o pequeno poupador, promover a estabilidade do Sistema Financeiro Nacional e evitar uma crise bancária sistêmica.

Em caso de intervenção, liquidação ou falência de uma instituição financeira, o FGC paga ao aplicador os créditos ou depósitos detidos contra aquele emissor. Dessa forma, existe uma diferença fundamental entre as aplicações em fundos de investimento e as demais modalidades mais comuns disponíveis ao investidor. Esse fato é obrigatoriamente destacado em todos os materiais promocionais disponibilizados aos potenciais interessados.

A principal vantagem das aplicações em fundos de investimento, e que de certa forma orientou seu crescimento passado e continuará estimulando a evolução no futuro, é que essa é uma maneira eficiente e barata para que o investidor tenha acesso a operações financeiras sofisticadas.

Duas características principais atraem os aplicadores em fundos de investimento: a perspectiva de diversificar seus investimentos de uma forma efetiva e a possibilidade de usar as estruturas profissionais de análise e execução de transações financeiras para seus benefícios.

A diversificação dos investimentos é a maneira mais eficaz para o investidor ampliar seus ganhos com o menor risco possível. A ideia é que, em uma carteira composta por diversos ativos, o eventual desempenho ruim de determinada aplicação seja compensado pela boa rentabilidade das demais. Dessa forma, no longo prazo, a expectativa é que uma carteira mais diversificada apresente uma trajetória de crescimento maior e relativamente mais constante que uma carteira pouco diversificada.

Os investidores encontram nos fundos de investimento a oportunidade para uma diversificação imediata de suas aplicações. Ao adquirir cotas de um fundo, o aplicador está comprando uma participação no desempenho do conjunto de todos os ativos que compõem aquela carteira.

A outra particularidade que atrai os investidores em fundos é a união entre a capacidade de análise e a identificação de oportunidades de investimento com a habilidade para execução das transações que resultarão nos ganhos previamente identificados. Um fundo de investimento bem-sucedido possui uma estrutura profissional capaz de executar com eficácia ambas as tarefas. Para um investidor individual, a vantagem das aplicações em fundos é que os custos dessas estruturas especializadas são diluídos entre todos os demais aplicadores na carteira.

Uma maneira de visualizar os benefícios dessa estrutura profissional é dividir os fundos de acordo com a aplicação média, conforme resumido na Figura 1. Do universo total de carteiras disponíveis, foram selecionadas apenas aquelas com mais de 100 cotistas. Depois, foi calculado o valor da aplicação média em cada fundo, pela divisão entre o patrimônio e a quantidade total de cotistas de cada carteira.

Existem fundos com aplicação média variando de menos de R$ 1 mil a mais de R$ 10 milhões. No entanto, 77% das carteiras possuem aplicação média nas faixas de R$ 10 mil a R$ 1 milhão. O ponto relevante é que existem alternativas disponíveis para praticamente qualquer tipo de investidor.

COMO FUNCIONAM OS FUNDOS DE INVESTIMENTO

Os fundos de investimento são agrupamentos de recursos destinados à aplicação em ativos financeiros e constituídos sob a forma de um condomínio. O fundo possui uma personalidade jurídica com registro no Cadastro Nacional da Pessoa Jurídica (CNPJ) e pode ser organizado sob a forma de condomínio aberto ou fechado.

No condomínio aberto, os investidores podem solicitar o resgate de suas aplicações a qualquer momento. No condomínio fechado, os aplicadores somente podem resgatar os recursos após o término do prazo de duração do fundo. Nesse último caso, geralmente os investidores têm a alternativa de negociar suas participações junto a outros interessados no mercado secundário, em bolsa de valores ou em mercado de balcão organizado.

A grande maioria dos fundos de investimento disponíveis no mercado está organizada sob a forma de condomínio aberto, o que significa que o investidor pode solicitar ao administrador da carteira o resgate de suas aplicações a qualquer momento.

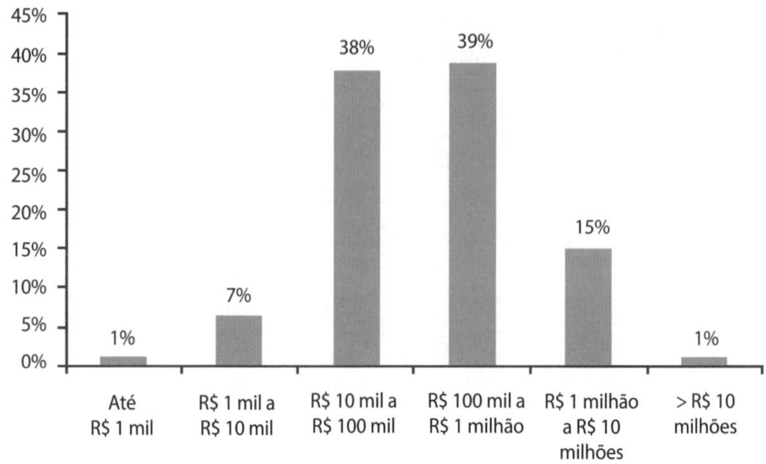

FIGURA 1 Distribuição da quantidade de fundos conforme a aplicação média.
Fonte: Morningstar.

No entanto, nos últimos anos, a quantidade e o volume aplicado nos fundos fechados, negociados em bolsa ou no mercado de balcão, têm crescido substancialmente. Conhecidos como ETF, sigla para *exchange-traded funds* (fundos negociados em bolsa, em tradução livre), esse tipo de carteira virou uma coqueluche no mercado internacional. No Brasil, o crescimento da modalidade tem sido mais lento, mas o interesse tem aumentado de forma constante.

O administrador do fundo de investimento deve ser uma instituição autorizada pela CVM para o exercício dessa atividade e é o responsável pela sua criação. O administrador tem poderes para praticar todos os atos necessários ao funcionamento do fundo, mas deve prestar contas aos investidores por meio da elaboração e divulgação de uma série de informações, conforme exigido pela CVM.

O administrador tem a obrigação de divulgar anualmente as demonstrações contábeis da carteira, acompanhadas pelo parecer do auditor independente. O objetivo é que todos os atos praticados pelo administrador em nome do fundo sejam contabilizados, endossados por uma empresa especializada independente e disponibilizados para a verificação de todos os investidores.

Na contabilidade do fundo de investimento, a diferença entre o valor de mercado de todos os ativos financeiros integrantes da carteira e a soma de todas as obrigações é chamada de patrimônio líquido. Diariamente, o administrador é obrigado a calcular e divulgar o patrimônio líquido do fundo.

Os ativos financeiros integrantes da carteira variam de acordo com a rentabilidade obtida e os novos aportes ou resgates feitos pelos investidores do fundo. Já as obrigações variam conforme as despesas com os encargos que podem ser cobrados do fundo, explicitados em seu regulamento de acordo com a regulamentação da CVM.

Para efeitos de controle dos interesses econômicos e financeiros de cada investidor individualmente, o patrimônio líquido do fundo é dividido em uma determinada quantidade de cotas equivalentes a uma certa fração de seu patrimônio líquido. Dessa forma, o valor da cota será sempre obtido por meio da divisão do patrimônio líquido do fundo em uma data específica pela quantidade de cotas emitidas naquela mesma data. Na maioria dos casos, o valor da cota é apurado e divulgado diariamente pelo administrador do fundo.

Sendo assim, as movimentações dos investidores nos fundos de investimento são feitas por meio da compra e venda de cotas. Para aplicar recursos no fundo, o investidor compra cotas. Para resgatar suas aplicações, o investidor vende cotas.

Quando o fundo é constituído sob a forma de condomínio aberto, o administrador pode alterar a quantidade de cotas emitidas pelo fundo, aumentando ou reduzindo conforme a carteira registra aplicações ou resgates. Quando o fundo é constituído sob a forma de condomínio fechado, o administrador não pode mudar a quantidade de cotas emitidas sem prévia deliberação dos cotistas e autorização da CVM. Do ponto de vista prático, para comprar ou vender cotas de um fundo fechado, o investidor deve encontrar outro disposto a assumir sua posição naquele fundo.

Nos fundos fechados com cotas negociadas em bolsa (ETF) que são referenciados a um índice de mercado, existe um mecanismo automático, estabelecido no regulamento, para criação e destruição de cotas. A ideia é facilitar a convergência entre o preço de mercado dos ativos e o valor patrimonial da cota. Isso garante ao investidor no ETF uma cotação muito próxima ao valor efetivo da carteira. Se o fundo fechado não possuir esse mecanismo, o preço da cota pode ser substancialmente diferente do valor dos ativos em determinados momentos.

O administrador pode contratar a prestação de serviços de terceiros para a realização das diversas atividades relacionadas com a operação do fundo, como a gestão da carteira, a consultoria de investimento, as atividades de tesouraria, controle, processamento e custódia dos títulos e valores mobiliários e os serviços de distribuição, escrituração e resgate de cotas. Todas essas atividades são regulamentadas pela CVM, e os prestadores de serviço precisam obter o registro para o exercício de suas ocupações.

As atividades de gestão da carteira do fundo envolvem todos os aspectos relacionados com as decisões de compra e venda de ativos financeiros visando maximizar a rentabilidade para os cotistas e correndo os menores riscos possíveis. Uma empresa de gestão de recursos eficiente possui uma filosofia de investimento bastante definida e orienta a organização de sua equipe com o objetivo de atingir as metas estabelecidas.

Existem tanto as gestoras de recursos (*assets*, no jargão do mercado), que atuam em todos ou em grande parte dos diversos segmentos do mercado, oferecendo uma ampla variedade de fundos para diversos tipos de estratégias distintas, quanto aquelas especializadas em nichos específicos. As empresas de gestão de recursos mais renomadas conseguiram construir um sólido histórico de desempenho para seus fundos e buscam atrair novos clientes, ressaltando a qualidade de suas operações.

As atividades de consultoria de investimentos envolvem a análise do impacto do desempenho de cada ativo no conjunto total da carteira do fundo em diferentes cenários. Dessa forma, busca-se avaliar, por exemplo, a influência de choques financeiros, as previsões para o crescimento econômico, a tendência para o estabelecimento de vantagens comparativas de alguns setores econômicos ou até mesmo a influência da capacidade profissional dos diretores no desempenho operacional de uma empresa.

A consultoria de investimentos pode ser baseada tanto nos aspectos qualitativos, com ênfase em análises e opiniões a respeito das tendências futuras, quanto nos aspectos quantitativos, com destaque para as estatísticas comparativas e as relações entre o desempenho histórico dos ativos.

As atividades de tesouraria, controle, processamento e custódia dos títulos e valores mobiliários integrantes do fundo estão relacionadas com a liquidação das ordens de compra e venda dadas pelo gestor da carteira. Esse trabalho é fundamental para evitar que erros operacionais possam comprometer a rentabilidade do fundo.

Por exemplo, imagine que o gestor vislumbre a possibilidade de uma queda da bolsa e tome a decisão de proteger sua carteira de ações. Para tanto, ele pode vender contratos futuros do Índice Bovespa, na expectativa de que a perda decorrente da desvalorização dos papéis do fundo seja compensada pelos ganhos decorrentes da valorização da posição no mercado futuro.

Agora, imagine que, por um erro operacional, em vez da ordem de venda de contratos futuros do Índice Bovespa dada pelo gestor, fosse contabilizada uma operação de compra. Nesse caso, a carteira perderia duas vezes: com a queda das ações e com a desvalorização da posição comprada no mercado futuro.

Outro aspecto importante das atividades de tesouraria, controle, processamento e custódia é evitar que alguma operação ilegal seja inadvertidamente contabilizada na carteira. Como, em última instância, são os cotistas os proprietários dos ativos financeiros contabilizados no fundo, uma operação ilegal tem o potencial de acarretar pesados prejuízos.

Os serviços de distribuição, escrituração e resgate das cotas do fundo estão relacionados com as movimentações financeiras de aplicações e saques. Conforme mencionado anteriormente, em um fundo organizado sob a forma de condomínio aberto, quando o investidor faz uma aplicação, ocorre um aumento na quantidade de cotas. Quando o investidor resgata, há uma redução na quantidade de cotas.

Do ponto de vista do investidor, aplicar em um fundo de investimento significa converter seus reais para determinada quantidade de cotas da carteira. Por outro lado, resgatar as aplicações significa trocar determinada quantidade de cotas para reais. Sendo assim, o fator que determina a rentabilidade do investidor é o comportamento do valor das cotas do fundo. Os prestadores de serviços de distribuição, escrituração e resgate de cotas registram os montantes aplicados e controlam tanto as conversões de reais para cotas quanto as de cotas para reais.

Existem regras específicas para as conversões, e não é incomum que fundos diferentes adotem regras diferentes. De forma geral, o valor da cota do fundo é calculado diariamente no fechamento do mercado. Após apurar o valor de mercado de todos os ativos que fazem parte da carteira, é computado o valor total de todas as obrigações. A diferença entre esses dois valores é o patrimônio líquido do fundo.

O patrimônio líquido, então, é dividido pela quantidade de cotas emitidas pelo fundo, considerando-se todos os resgates e todas as aplicações até aquele dia. Chega-se, dessa maneira, ao valor da cota do fundo no dia.

O valor em reais da aplicação do investidor pode ser convertido para quantidade de cotas usando o valor da cota do dia ou do dia seguinte. É importante ressaltar que, embora os critérios de conversão possam ser diferentes para fundos distintos, eles precisam, obrigatoriamente, ser os mesmos para todos os cotistas daquele fundo. Ou seja, não pode haver diferenciação no tratamento entre cotistas.

É também função dos prestadores de serviços de distribuição, escrituração e resgate de cotas garantir que o investidor ateste que entendeu todas as condições do fundo e que está ciente dos riscos envolvidos na aplicação. O principal risco que diferencia as aplicações em fundos de praticamente todas as demais aplicações de renda fixa disponíveis para o investidor e oferecidas pelas instituições financeiras é a inexistência da garantia prestada pelo FGC. Aplicações financeiras garantidas pelo FGC oferecem cobertura sobre eventuais prejuízos do aplicador até um montante previamente estabelecido.

Adicionalmente, o distribuidor do fundo não pode garantir qualquer espécie de rentabilidade para o aplicador, mesmo se tratando dos fundos de renda fixa mais conservadores. Isso porque, conforme visto anteriormente, a rentabilidade do aplicador depende do comportamento da carteira de ativos financeiros do fundo.

Mesmo que o gestor da carteira aplique apenas em títulos conservadores, sempre existirá uma possibilidade, ainda que remota, da ocorrência de algum evento que provoque uma desvalorização dos ativos financeiros, resultando em perdas para o aplicador. Esse entendimento tem de ser dado por escrito pelo investidor ao distribuidor.

Todas as regras de funcionamento do fundo estão descritas no regulamento e resumidas em um documento chamado lâmina de informações essenciais. O objetivo dessa lâmina é deixar o conteúdo do regulamento o mais acessível possível para o investidor, relacionando todos os pontos relevantes a respeito da política de investimento da carteira, das condições operacionais e dos riscos envolvidos.

Na lâmina, o investidor encontrará esclarecimentos a respeito dos objetivos da gestão do fundo. Para que essas metas sejam atingidas, o fundo deverá seguir determinada política de investimento, que estabelecerá faixas de alocação da carteira nos diversos ativos financeiros disponíveis no mercado.

A política de investimento deverá definir o percentual que poderá ser aplicado em títulos públicos, títulos privados, ações, opções, cotas de outros fundos e demais modalidades de aplicações. A política de investimento também deverá estabelecer os critérios para que determinada alocação seja posta em prática pelo fundo, a partir do detalhamento do processo de investimento adotado. Trata-se do conjunto de regras e critérios implementados pelo gestor para análise e seleção dos ativos que farão parte do fundo.

Com base em suas políticas de investimento, os fundos são organizados em categorias. De acordo com os critérios estabelecidos pela CVM, as carteiras são classificadas como renda fixa, ações, cambiais e multimercado. Para cada categoria, a CVM estabelece conjuntos de parâmetros mínimos que devem ser observados na política de investimento do fundo.

Para diferenciar algumas classes de fundo, a CVM decidiu regulamentar a nomenclatura das carteiras. Assim, os fundos de renda fixa que cumpram certas exigências adicionais devem ser chamados de, por exemplo, renda fixa referenciada, renda fixa simples ou renda fixa dívida externa.

A CVM também exige que a política de investimento do fundo tenha alguns limites de diversificação, tanto em relação aos emissores quanto às modalidades de aplicação financeira. Assim, a política de investimento deve estabelecer o percentual máximo da carteira que pode ser alocado em títulos de um determinado emissor e nos tipos de instrumentos específicos, como debêntures, certificados de depósitos bancários (CDB), ações, títulos públicos e demais ativos.

O agrupamento de fundos de acordo com políticas de investimento semelhantes também é feito com o objetivo de facilitar as comparações e permitir que o investidor tenha bases mais sólidas para tomar decisões de investimento. A ANBIMA, por exemplo, busca organizar os fundos de acordo com critérios discutidos e acordados pelos administradores e gestores de recursos. Empresas de consultoria de investimento também possuem critérios de classificação com base na política de investimento e nos resultados históricos alcançados.

A Secretaria da Receita Federal (SRF), órgão do Ministério da Fazenda responsável pela administração dos impostos federais, também pode exigir que os fundos obedeçam a determinadas categorizações para fim de tributação sobre os rendimentos e ganhos de capital. A forma de tributação do fundo também tem de ser claramente indicada na lâmina.

Todos os prestadores de serviços para o fundo devem estar relacionados na lâmina, e, com relação ao administrador e ao gestor, o investidor encontrará uma apresentação detalhada sobre suas capacidades e experiências em outro documento obrigatório, chamado "formulário de referência". O objetivo é dar todos os elementos possíveis para que o investidor possa avaliar a qualidade dos profissionais diretamente responsáveis pela gestão de recursos.

As condições de aplicação e resgates, os valores mínimos de movimentação e permanência, a forma de conversão das cotas e todas as demais informações relevantes que podem afetar o desempenho do fundo e a rentabilidade do investidor também devem estar detalhados na lâmina.

Um cuidado especial é tomado no caso de fundos que possuem, em sua política de investimento, a possibilidade de realizar operações que possam provocar significativas perdas patrimoniais, especialmente se negociarem nos mercados de derivativos. São produtos financeiros considerados mais arriscados porque o resultado depende do comportamento de outros ativos e, muitas vezes, de maneira indireta. Por essa razão, a CVM exige explicações adicionais.

Se as operações com derivativos puderem ser utilizadas com o objetivo de aumentar o ganho esperado, apostando em determinadas tendências do mercado, a lâmina do fundo deverá deixar destacada essa intenção. O texto-padrão recomendado pela CVM é: "As estratégias de investimento do fundo podem resultar em significativas perdas patrimoniais para seus cotistas".

Se, além das apostas em determinadas tendências de mercado, a política de investimento do fundo previr a possibilidade da utilização das operações com derivativos para aumentar o valor total das apostas para um montante superior ao patrimônio líquido do fundo, o aviso na lâmina terá o seguinte teor: "As estratégias de investimento do fundo podem resultar em perdas superiores ao capital aplicado e na consequente obrigação do cotista de aportar recursos adicionais para cobrir o prejuízo do fundo".

O regulamento é o documento-base que dá personalidade jurídica do fundo e é aprovado no mesmo instante em que a carteira é criada pelo administrador. No regulamento estão qualificados todos os prestadores de serviços do fundo.

O regulamento estabelece as condições gerais do fundo, como sua espécie (condomínio aberto ou fechado), prazo de duração (determinado ou indeterminado), política de investimento e de administração de riscos, condições para aplicação e resgate de cotas, período do exercício social e da publicação das demonstrações financeiras e a política de divulgação de informações sobre o desempenho.

A forma de distribuição dos resultados auferidos pelo fundo decorrentes das receitas provenientes das aplicações financeiras também deve estar prevista no regulamento. De uma forma geral, o fundo obtém rendimentos de acordo com a valorização do preço de mercado dos ativos que possui ou decorrentes do recebimento de juros, dividendos ou juros sobre o capital próprio pagos pelos emissores dos títulos que fazem parte da carteira.

Os juros são pagos pelos emissores de títulos de renda fixa e tanto podem ser pagos apenas no vencimento quanto periodicamente. Já os dividendos e os juros sobre o capital próprio são as parcelas do lucro líquido auferido por uma empresa e que a administração decidiu distribuir aos acionistas.

Na maioria dos casos, os fundos de investimento adotam como política incorporar ao patrimônio líquido os rendimentos recebidos sob a forma de juros, dividendos e juros sobre o capital próprio. No entanto, em algumas ocasiões, o regulamento pode deliberar que a distribuição desses rendimentos seja feita diretamente aos cotistas.

De modo geral, a forma de distribuição dos resultados do fundo está relacionada com aspectos tributários. Isso porque algumas estruturas podem ser fiscalmente mais vantajosas para o investidor. No regulamento e na lâmina, o investidor encontrará as informações sobre tributação aplicável ao fundo e seus cotistas. Eventuais mudanças na legislação tributária implicam necessidade de o administrador adaptar e atualizar essa parte do regulamento.

O administrador pode alterar o regulamento do fundo sempre que houver necessidade de atendimento a exigências expressas da CVM, adequação a normas legais ou em virtude da atualização dos dados cadastrais dos prestadores de serviço. No entanto, a alteração do regulamento sempre dependerá de prévia aprovação da assembleia geral de cotistas nos casos de transformação da política de investimento ou mudança nas condições de resgate.

A assembleia geral de cotistas é uma reunião periódica, convocada pelo administrador mediante o encaminhamento de correspondência ou comunicação endereçada a cada cotista. Na assembleia, os cotistas deliberam sobre as demonstrações contábeis apresentadas pelo administrador e sobre eventuais alterações na estrutura geral do fundo, como substituição do administrador, do gestor da carteira ou do custodiante, além de eventuais propostas de fusão, incorporação, cisão ou liquidação do fundo.

As deliberações da assembleia geral são tomadas por maioria de votos, cabendo um voto a cada cota. Não podem votar na assembleia geral o administrador ou o gestor da carteira, bem como seus sócios diretores ou funcionários. O regulamento do fundo poderá dispor sobre a possibilidade de que as deliberações da assembleia sejam adotadas mediante processo de consulta formal, sem necessidade de reunião dos cotistas. Também poderá estabelecer, para algumas deliberações, quórum qualificado, ou seja, aprovação por cotistas que representem quantidade superior à maioria simples presente na assembleia.

Para remunerar toda a sua estrutura, o administrador do fundo de investimento pode cobrar algumas taxas e repassar alguns custos para o fundo. O encargo mais comum é a taxa de administração. De forma geral, é um percentual fixo que incide diariamente sobre o patrimônio líquido do fundo. O padrão de mercado é que a taxa de administração seja expressa como um valor percentual anual. Para efeitos de cobrança, no entanto, essa taxa anual é convertida em uma taxa diária e aplicada sobre o patrimônio líquido do fundo dia a dia.

A taxa de administração diminui o patrimônio líquido do fundo e, portanto, reduz a rentabilidade do investidor. Isso porque é cobrada independentemente se o fundo produziu ou não retorno positivo. Dessa forma, como regra, quanto menor a taxa de administração, melhor para o investidor. No entanto, algumas vezes a maior taxa de administração cobrada por um fundo pode ser a contrapartida de sua melhor estrutura para propiciar bons rendimentos para seus cotistas. Não há qualquer tipo de regulamentação sobre os montantes cobrados a títulos de taxa de administração, e ela é livremente fixada por administrador. De forma geral, a taxa de administração está associada a fatores relacionados ao nível de competição entre os administradores em cada segmento do mercado, à disponibilidade de informações ao alcance dos investidores, à eficiência de cada administrador e à demanda dos investidores por fundos específicos.

Quanto maior a competição entre os administradores, menor tende a ser a taxa de administração dos fundos. Para ilustrar esse ponto, considere o mercado de investidores institucionais, no qual os administradores competem para atrair os volumosos recursos de relativamente poucos clientes. Nesse segmento de mercado não é incomum encontrar fundos de investimento com taxa de administração de 0,05% ao ano.

No outro extremo, no segmento de varejo, em que poucos administradores têm a estrutura necessária para atender às necessidades de milhares de clientes espalhados por uma ampla área geográfica, é fácil se deparar com carteiras com taxa de administração 100 vezes maior, da ordem de 5% ao ano. O maior ou menor acesso a informações sobre o mercado de fundos também exerce influência sobre o valor da taxa de administração. Quanto mais bem informado for o investidor, mesmo com poucos recursos disponíveis para investir, menor será a taxa de administração que pode conseguir. Apesar de existirem carteiras de varejo com taxa de 5% ao ano, não é difícil que o investidor encontre fundos com as mesmas características, mas com taxa de administração inferior a 1,5% ao ano.

A eficiência do administrador também influencia a taxa de administração. Como foi visto, a administração de fundos de investimento envolve uma série de obrigações que, em última instância, representam custos. Administradores mais eficientes conseguem administrar essas obrigações com custos menores e podem repassar parte de sua maior eficiência para os cotistas, cobrando uma taxa de administração menor.

Por último, a demanda dos investidores por determinado fundo ou grupo de fundos possibilita que certo administrador cobre taxa de administração mais elevada que outro. Um fundo com bom histórico de desempenho e uma sólida política de investimento podem ser mais atraentes aos investidores, que estarão dispostos a pagar mais para ter acesso a esse fundo.

De modo geral, os fundos com taxa de administração mais elevada são os mais acessíveis, e os fundos com taxa de administração mais baixa são aqueles em que o valor mínimo inicial da aplicação é elevado. No entanto, pela constante evolução do mercado, é possível ao investidor encontrar diversas alternativas de carteiras que combinam taxa de administração reduzida com valores mínimos iniciais de movimentação baixos.

O fundo de investimento também pode cobrar a taxa de performance de seus cotistas. Diferentemente da taxa de administração, a taxa de performance somente será devida se o fundo conseguir rentabilizar os recursos dos cotistas. Nos fundos de varejo, a cobrança dessa taxa é regulamentada pela CVM e só pode incidir sobre a rentabilidade que superar um parâmetro de referência compatível com a política de investimento do fundo.

Além disso, a cobrança da taxa de performance deve ter periodicidade mínima semestral e somente é devida caso o valor da cota do fundo seja superior ao seu valor por ocasião da última cobrança. No jargão de mercado, isso se chama linha d'água. Significa que, enquanto a cota do fundo não estiver no mesmo patamar da última vez que a taxa de performance foi cobrada, não será permitida nova cobrança, ainda que, no período analisado, o gestor tenha conseguido rentabilizar os recursos dos cotistas acima da taxa de referência. Nos fundos não destinados aos investidores de varejo, a taxa de performance pode ser livremente pactuada entre o administrador e os cotistas, desde que claramente explicitada no regulamento.

A ideia por trás da cobrança da taxa de performance é premiar o trabalho de gestão por ter conseguido, para o cotista, desempenho superior ao rendimento médio do mercado. Embora à primeira vista essa forma de cobrança pareça ser a que melhor alinhe os interesses do gestor e dos cotistas, alguns trabalhos teóricos e estudos práticos apontam que nem sempre esse é o caso.

Em algumas situações, pode haver algum incentivo para que o gestor, de maneira deliberada, faça apostas mais arriscadas do que seria razoável. O motivo é tentar conseguir a remuneração adicional estabelecida pela taxa de performance. Caso as apostas não surtam o efeito esperado, serão os cotistas que arcarão com eventuais prejuízos. Na pior das hipóteses, o gestor apenas deixa de ganhar a remuneração adicional. Esse tipo de postura elevaria o risco do investidor sem, necessariamente, aumentar seus benefícios.

Uma terceira forma de cobrança é a chamada taxa de entrada, que equivale a um percentual sobre o valor da aplicação realizada pelo cotista no fundo. Do ponto de vista pragmático, se um fundo possui taxa de entrada de 5% e o investidor faz uma aplicação de R$ 10 mil, apenas R$ 9,5 mil serão efetivamente aplicados no fundo e R$ 500 revertem-se para o administrador na forma de taxa de entrada.

O objetivo da taxa de entrada é remunerar os custos de distribuição do fundo ou de sua montagem. Essa taxa é mais comum entre os fundos de previdência (nos quais é chamada de taxa de carregamento) e nos fundos de capital protegido. Os fundos de previdência possuem características especiais que diferem em vários aspectos dos fundos de investimento tradicionais em sua estrutura, na forma de aplicação e resgate, na maneira da tributação sobre os saques e rendimentos e na política de investimento. Assim, o trabalho de comunicação do distribuidor dos fundos com os potenciais investidores é relativamente mais complexo. Essa maior complexidade justificaria a cobrança da taxa de entrada. Os fundos de capital protegido, por sua vez, têm como objetivo proporcionar ao investidor ganho atrelado a uma operação de renda variável, sem que uma eventual queda do ativo provoque perda de capital significativa para o cotista. Para atingir esse efeito, a montagem da carteira dos fundos de capital protegido envolve a compra de diversos contratos de derivativos, com pagamento à vista. A taxa de entrada, então, serviria para que o administrador e o gestor arcassem com os custos de aquisição desses contratos.

Em algumas situações, a taxa de entrada pode servir para inibir novas aplicações em um fundo. Em outras, o objetivo pode ser induzir um comprometimento de longo prazo dos novos cotistas naquela carteira.

O primeiro caso pode ocorrer quando o gestor de sucesso quer desestimular novas aplicações em sua carteira. Isso acontece porque, na visão daquele gestor, um fundo com maior patrimônio pode significar aumento da dificuldade para encontrar operações no mercado com rentabilidade e risco compatíveis com a atual carteira.

O segundo caso pode ocorrer quando o gestor quer desestimular a entrada de cotistas com o objetivo de investimento de curto prazo. O efeito da taxa de entrada, nesse caso, é aumentar o tempo para que o investidor recupere seu capital. Por exemplo, imagine que um fundo tenha rentabilidade esperada de 20% ao ano. Se a taxa de entrada for de 5%, o investidor terá de esperar 3 meses para ter de volta o valor do capital inicialmente investido. Isso porque o ganho hipotético de 20% ao ano equivale a 5% ao trimestre. Todo o rendimento do investidor nos primeiros 3 meses da aplicação servirá para compensar a despesa com a taxa de entrada.

A tendência, em ambos os casos, é que, caso o investidor aceite as condições de aplicação no fundo com taxa de entrada, ele também tenha de esperar um tempo relativamente maior antes de resgatar a aplicação.

Apesar das justificativas teóricas, do ponto de vista prático a utilização da taxa de entrada com o objetivo de desestimular novas aplicações em um fundo ou de alongar o prazo de permanência do cotista é pouco usada. Quando o administrador está receoso de que o crescimento do tamanho do patrimônio desencadeie problemas para a rentabilidade da carteira, ele pode adotar o procedimento de fechar o fundo para novas captações. É uma prerrogativa que o administrador possui, desde que a medida seja aplicável a todos os investidores, tanto aos novos quanto aos atuais cotistas do fundo.

Se o objetivo for conseguir que o investidor permaneça com suas aplicações na carteira por um prazo mínimo que o administrador considere razoável, a solução mais utilizada é estabelecer um prazo de carência. Nas carteiras organizadas sob a forma de condomínio fechado, o prazo de carência é determinado no regulamento. Nos fundos constituídos sob a forma de condomínio aberto, é fixada uma carência para a incorporação dos rendimentos nas cotas.

Estruturas com carência em fundos abertos são comuns nos fundos de capital protegido. Durante determinado prazo, se o aplicador solicitar o resgate, o valor da cota não será atualizado, a menos que a rentabilidade no período seja negativa. Fundos com esse tipo de estrutura geralmente operam com ciclos de periodicidade que podem variar de 60 dias a 2 anos.

Finalmente, outra forma de cobrança facultada aos fundos é a taxa de saída. Trata-se de um percentual incidente sobre o valor de resgate e é geralmente cobrado quando o cotista decide sacar seus investimentos antes de determinado período mínimo estabelecido. A função da taxa de saída também é regular o fluxo de recursos para o fundo. O valor arrecadado pode ser revertido tanto para a carteira, em benefício de todos os cotistas, quanto só para o administrador. Em alguns tipos de fundo, especialmente os multimercados, quando um investidor faz saques antes de um período mínimo, a readequação da carteira pode gerar despesas operacionais que não estavam previstas. Isso porque o gestor pode ser obrigado a vender as posições antes do período ideal originalmente pensado, assumindo prejuízos. Quando esse é o caso, a estrutura da taxa de saída prevê que o montante cobrado será revertido para o próprio fundo, visando compensar as perdas ocorridas.

Em outros tipos de carteiras, o administrador pode estruturar o fundo com o objetivo de obter ganho com a cobrança da taxa de administração após determinado período. Se o cotista solicitar o resgate antes desse período, a expectativa de ganho do administrador não se realizará. Nesse caso, o valor da taxa de saída é revertido para o administrador para compensar as despesas.

Alguns custos operacionais podem ser atribuídos aos cotistas, na forma de encargos do fundo, sendo devidamente contabilizados e deduzidos do patrimônio líquido. As despesas de comissões e corretagens estão entre essas despesas. Para realizar as aplicações com o objetivo de maximizar os ganhos da carteira, o gestor negocia ativos financeiros por meio de bancos, corretoras e distribuidoras. Essas instituições fazem a intermediação entre os papéis que o gestor quer comprar ou vender e os demais participantes do mercado. Para remunerar os serviços, os intermediários cobram taxas de corretagem ou comissões em condições que são negociadas diretamente pelo administrador.

Adicionalmente, o fundo deve arcar com os custos operacionais relativos às transações que foram efetuadas em seu nome, como emolumentos e taxas para utilização de sistemas de negociação. As despesas de custódia dos títulos e valores mobiliários também são suportadas pela carteira. Periodicamente, o fundo deve apurar, auditar e publicar seu balanço. Essas despesas ficam a cargo do fundo. Finalmente, a taxa de fiscalização da CVM e a taxa de divulgação da ANBIMA também são encargos da carteira.

O rendimento auferido pelo cotista decorrente da valorização de suas cotas está sujeito ao IR. Para o cotista pessoa física, as regras de tributação do IR variam de acordo com o prazo de permanência da aplicação e da composição da carteira. O recolhimento do IR pode ocorrer tanto semestralmente, nos meses de maio e novembro, quanto no momento do resgate, dependendo do tipo do fundo. Nos fundos tradicionais, o IR é considerado tributação exclusiva na fonte.

A carteira de investimento do fundo pode ser considerada, para efeitos fiscais, como de curto prazo ou de longo prazo. Adicionalmente, o fundo tem uma tributação diferenciada caso sua carteira tenha mais que 67% investido em ações. A alíquota de IR sobre os rendimentos de carteira considerada como de curto prazo é de 20%. Adicionalmente existe uma alíquota complementar de 2,5% caso o prazo de permanência no fundo seja de até 180 dias.

Se a carteira for classificada como de longo prazo, a alíquota do IR cai para 15%. No entanto, existe uma tributação adicional que pode ser de 7,5, 5 ou 2,5%, caso o período de permanência na aplicação seja de até 180 dias, entre 181 e 360 dias e entre 361 e 720 dias, respectivamente. A alíquota do IR sobre os rendimentos do fundo que invista mais que 67% em ações é de 15%, sem alíquota adicional. A Tabela 1 resume as possibilidades.

TABELA 1 Tributação sobre o rendimento das aplicações financeiras

Prazo da aplicação (dias)	Alíquota do IR sobre os rendimentos		
	Curto prazo	Longo prazo	Renda variável e ações
Até 180	22,5%	22,5%	15%
181 a 360	20%	20%	15%
361 a 720	20%	17,5%	15%
Acima de 720	20%	15%	15%

Fonte: Secretaria da Receita Federal.

Conforme mencionado, o recolhimento do IR pode ser semestral ou no momento do resgate. No último dia útil dos meses de maio e novembro, existe uma cobrança parcial, apelidada de "come-cotas". Significa que, mesmo se não fizer movimentações nas aplicações, o investidor será tributado em 20% sobre o rendimento das aplicações nos fundos considerados como de curto prazo e em 15% sobre o rendimento das carteiras consideradas como de longo prazo. Nas carteiras com mais de 67% em ações, não há esse recolhimento semestral.

No momento do resgate, é feita uma nova cobrança de IR, considerando o rendimento desde o último período do "come-cotas" e os eventuais ajustes da alíquota adicional em razão do prazo de permanência da aplicação. Os resgates feitos em até 29 dias da aplicação nos fundos de curto e longo prazo também estão sujeitos ao Imposto sobre Operações Financeiras (IOF), de acordo com uma tabela de alíquotas decrescente, conforme o prazo da aplicação.

INFORMAÇÕES BÁSICAS IMPORTANTES PARA O INVESTIDOR

Conforme visto, o universo dos fundos de investimentos é amplo. No entanto, muitas respostas para algumas questões básicas podem ser encontradas pelo exame mais detalhado do próprio material de venda do fundo e pela leitura dos materiais de divulgação exigidos pelas autoridades.

O formulário de informações complementares do fundo, a lâmina de informações essenciais da carteira e o formulário de referência do administrador fazem parte do conjunto de documentos oficiais exigidos pela CVM. São informações públicas e padronizadas extremamente úteis.

Deve-se começar por conhecer as instituições responsáveis pelo fundo e reúna informações sobre as pessoas que estão diretamente envolvidas nas diversas atividades. Nessa linha, é importante concentrar-se em reunir os dados gerais sobre quem são e qual é o histórico do administrador, gestor, custodiante e distribuidor da carteira. Esse é um primeiro passo fundamental.

Essas quatro funções podem ser exercidas por empresas ligadas a um mesmo grupo econômico ou não. Além dos materiais promocionais e oficiais, é importante procurar referências sobre a solidez e a capacidade das instituições envolvidas com o dia a dia do fundo em fontes variadas, como *sites* ou reportagens em jornais e revistas especializadas. Existem diversas ferramentas e publicações com foco em atender às demandas do investidor por informações.

É interessante procurar também ter uma noção do volume de recursos que são administrados por esses especialistas e da quantidade de clientes que confiam seus recursos àquelas instituições. É importante conhecer a especialização de cada uma delas e os serviços adicionais que eventualmente são oferecidos. Muitas questões podem ser esclarecidas no formulário de referência.

Na escolha de um fundo de investimento, até os aspectos subjetivos são relevantes. O importante é ter total conforto para entregar os próprios recursos para serem administrados por um grupo de profissionais de total confiança. Entre as informações básicas do fundo, deve-se conhecer a categoria da carteira e como ela se compara com as demais que fazem parte do mesmo grupo. Avaliar os dados de rentabilidade, risco e tamanho do patrimônio líquido. Buscar também informações sobre a taxa de administração e verificar se ela está em linha com o que é cobrado por outros fundos com perfil semelhante. Não se deve esquecer de verificar se o fundo também cobra taxa de performance, o valor e como é calculada.

É importante analisar as condições de aplicação e resgate e avaliar se estão compatíveis com a disponibilidade de investimento. Um fundo muito bom pode ter um nível de aplicação mínima inicial elevado e que irá obrigá-lo a concentrar uma boa parte de seus recursos apenas naquela carteira. Esse fato pode ser bom ou ruim, dependendo da expectativa criada para o investimento e da estratégia de gestão do fundo. Deve-se, ainda, verificar se a carteira cobra taxa de entrada, taxa de saída ou possui prazo de carência.

É interessante avaliar também o tempo de existência do fundo. Infelizmente, aqui também não há uma receita única. Um fundo antigo, com um longo histórico, transmite uma sensação de segurança, uma vez que é possível examinar como ele conseguiu atravessar os diversos momentos de turbulência do mercado no passado. Mas, de outra forma, uma carteira nova pode incorporar toda a experiência acumulada do gestor sobre erros cometidos anteriormente, evitando suas repetições. A rentabilidade passada não é garantia de desempenho futuro, mas é um bom parâmetro para conferir como foi o comportamento da carteira em diversas situações. Deve-se investigar a rentabilidade em períodos móveis e variados, como no ano corrente, nos últimos 12, 24, 36 e 60 meses, ano a ano, mês a mês. Comparar a rentabilidade passada com a de outros fundos e indicadores de desempenho, como CDI, IMA, dólar ou Ibovespa também é recomendado. Além de identificar padrões de comportamento e, principalmente, se a dimensão das baixas do fundo está em linha com seu nível de tolerância a perdas.

É importante conhecer e entender as implicações do regime tributário da carteira que está sendo avaliada. As regras tributárias sobre os rendimentos dos fundos no Brasil são tão complexas quanto todas as demais. Dessa forma, não se deve assustar e encarar essas complexidades.

Com a redução dos juros, os efeitos das alíquotas diferenciadas dos fundos de curto ou longo prazo e dos fundos que investem a maior parte de sua carteira em ações também se reduziram. Portanto, muitas vezes vale mais a pena recomeçar a contagem do prazo de permanência no fundo para efeitos de redução da alíquota de IR do que ficar com a tributação reduzida em uma carteira que não tem mais a perspectiva de um bom desempenho. Em outros casos, pode não compensar correr mais riscos só para reduzir a alíquota de tributação.

INFORMAÇÕES AVANÇADAS PARA O INVESTIDOR ANALISAR COM SEU PLANEJADOR FINANCEIRO

O mundo dos investimentos financeiros é definitivamente complexo. Apesar de todas as tentativas de racionalização, frequentemente ocorrem crises que jogam por terra as projeções e previsões. Em contrapartida, apesar das incertezas, os investimentos financeiros estão longe de serem considerados apenas um jogo de azar. Nesse sentido, um planejador financeiro pode suprir uma importante lacuna ao ajudá-lo a avaliar mais detalhadamente alguns aspectos a respeito dos investimentos em fundos.

Um importante aspecto em que a experiência de um planejador financeiro pode ser extremamente útil é na avaliação e comparação da filosofia de investimento do fundo e da gestora. A filosofia de investimento é o conjunto de princípios e estratégias que orientam a gestão dos recursos do fundo.

Um determinado fundo pode ter uma filosofia de investimento elaborada de maneira extremamente sólida, mas ser executada por uma empresa de gestão de recursos que tem uma tradição diametralmente oposta. Ou a gestora pode ser tão grande e tão bem estruturada que é possível organizar equipes capazes de gerir fundos com praticamente qualquer estratégia.

A sensibilidade e a avaliação objetiva sobre a compatibilização entre as metas de investimento propostas pelo gestor do fundo e sua capacidade de organizar uma estrutura para entregar os resultados propostos são um tipo de atividade que pode ser discutida com um especialista profissional.

As estratégias de investimento variam de gestor para gestor. Por exemplo, alguns acreditam que existem ineficiências de mercado, ainda que momentâneas, que criam oportunidades de negociações com títulos e valores mobiliários. Outros preferem dedicar seu tempo na análise criteriosa de ativos específicos, visando antecipar tendências ainda não detectadas pelos demais especialistas.

A despeito de todos os processos, as empresas de gestão de recursos são, fundamentalmente, sustentadas por pessoas. Bons gestores fazem a diferença para os investidores. Dessa forma, conhecer quem são os profissionais que administram a carteira, qual seu histórico, como pensam e por que estão juntos é um fator para aumentar suas chances de escolha de um bom fundo.

Adicionalmente, a análise exaustiva de diversos dados estatísticos dá uma vantagem significativa para o investidor. Existem alguns índices de comparação de desempenho de fundos baseados em modelos teóricos de avaliação do comportamento do preço dos ativos. O desenvolvimento desses modelos está embasado em três ideias fundamentais.

A primeira delas é que há no mercado um ativo com o menor risco possível e que possui um determinado rendimento. Para obter rendimento superior ao ativo de menor risco, o investidor necessariamente deverá correr mais risco. No mercado brasileiro, considera-se que o ativo de menor risco é o CDI, que, por sua vez, possui um vínculo muito próximo com a taxa Selic, os juros básicos da economia avaliados periodicamente pelo Banco Central.

Dessa forma, um fundo de investimento composto apenas por títulos públicos federais com remuneração vinculada à Selic possui risco menor que, por exemplo, um fundo de investimento composto apenas por ações da Petrobras.

A segunda ideia fundamental do modelo de avaliação de ativos é que existe uma correlação entre as rentabilidades. Em outras palavras, quando um ativo sobe, outro ativo pode subir, cair ou não sofrer alteração, mas em proporções variáveis e que podem ser estimadas. Por exemplo, uma alta da ação da Vale está pouco correlacionada com o comportamento da taxa Selic, mas tende a estar mais correlacionada com o comportamento do preço do minério de ferro no mercado internacional.

A terceira ideia fundamental é a de que existe uma relação entre o retorno de cada ativo e a rentabilidade média do conjunto de todos os ativos no mercado. Por exemplo, algumas ações tendem a subir muito mais quando o Ibovespa sobe, mas também tendem a cair de forma mais acentuada quando o Ibovespa se desvaloriza. Dessa forma, como a oscilação de algumas ações é maior que a do Ibovespa, o risco de investimentos nesses papéis também é maior.

Ao levar em consideração o retorno dos fundos de menor risco, a correlação entre o retorno das diversas carteiras e a relação entre o retorno de cada uma em comparação à média do mercado, o objetivo final do investidor passa a ser não apenas conseguir o fundo com maior retorno, mas, sim, encontrar aqueles com o maior retorno possível a partir de um nível de risco aceitável.

O planejador financeiro pode ajudá-lo a interpretar as estatísticas de avaliação de fundos buscando identificar não apenas os gestores que deram as maiores rentabilidades, mas também aqueles que conseguiram as melhores relações entre risco e retorno. Essa técnica também pode ser usada para auxiliá-lo na montagem de uma carteira que busque maximizar a relação entre o risco e o retorno no longo prazo.

A correta interpretação a respeito da grande quantidade de informações disponíveis sobre o mercado de fundos de investimento é um fator fundamental para que o investidor atinja seus objetivos financeiros. E o planejador financeiro é um importante aliado nessa tarefa.

RESUMO

Além de apresentar as principais características operacionais dos fundos de investimento, o capítulo buscou realçar a importância de considerar essa alternativa moderna como alicerce de um conjunto eficiente de modalidades de aplicações financeiras. Todo investidor, a despeito do tamanho da poupança acumulada, sempre deveria considerar investir em fundos.

Apesar da aparente complexidade dos aspectos operacionais, dos diferentes tipos de estratégias de gestão e da enorme variedade de carteiras, o universo dos fundos de investimento tem se tornado cada vez mais acessível. A regulamentação vem sendo constantemente aperfeiçoada, e as instituições diretamente envolvidas na administração de recursos ou na prestação de serviços para as carteiras têm feito constantes esforços para simplificar o tema e torná-lo mais compreensível para o investidor.

Os planejadores financeiros possuem amplo acesso a uma variada gama de informações e podem guiar os investidores na tarefa de escolher as alternativas mais eficientes, considerando cada perfil individualmente.

QUESTÕES PARA REFLEXÃO

1. Quais as razões para que, no Brasil e no mundo, os fundos de investimento sejam tão populares?
2. Você concorda com a determinação legal de não oferecer aos aplicadores em fundos de investimento as mesmas garantias que o FGC nas principais modalidades de renda fixa? Por quê?
3. Em que condições pode ser mais eficiente deixar os recursos financeiros sob a gestão de uma equipe profissional?
4. Quais cuidados o investidor deve ter ao escolher um fundo de investimento?
5. Faz sentido a forte regulamentação exercida sobre os fundos de investimento? Em que medida um maior afrouxamento nas regras não seria benéfico para o investidor e o desenvolvimento do mercado?
6. Qual a razão para a separação dos fundos de investimento por público-alvo? Ela é justa?
7. Por que é importante avaliar o histórico de desempenho de um fundo de investimento?
8. Quais são os principais riscos que o investidor corre ao investir em fundos de investimento?
9. Por que as estruturas de remuneração do administrador, gestor e demais prestadores de serviços podem estar desalinhadas com os interesses dos investidores?
10. Quais as vantagens e desvantagens de escolher um fundo sozinho ou optar pela ajuda de um planejador financeiro?

REFERÊNCIAS

ANBIMA – Associação Brasileira das Entidades dos Mercados Financeiro e de Capitais. Disponível em: www. anbima.com.br. Acesso em fev. de 2025.

Banco Central do Brasil. Disponível em: www.bcb.gov.br. Acesso em fev. de 2025.

Belsky G, Gilovich T. Proteja seu dinheiro de você mesmo. São Paulo: Futura; 2002.

Calado LR. Fundos de investimento: conheça antes de investir. Rio de Janeiro: Elsevier; 2011.

CVM – Comissão de Valores Mobiliários. Disponível em: https://www.gov.br/cvm/pt-br. Acesso em fev. de 2025.

D'Agosto ML. Como escolher o melhor fundo de investimento. São Paulo: Letras & Lucros; 2004.

FENAPREVI – Federação Nacional de Previdência Privada e Vida. Disponível em: www.fenaprevi.org.br

Iglesias MC. Investimentos: um livro de segredos e conselhos. Rio de Janeiro: Campus Elsevier; 2011.

Morningstar – empresa especializada na prestação de informações sobre o mercado financeiro, administra o sistema Morningstar Direct. Disponível em: www.morningstar.com. Acesso em fev. de 2025.

CAPÍTULO 11

Renda fixa e mercado de derivativos

Leonel Molero Pereira

Neste capítulo, será feita uma breve introdução ao principal mercado de renda fixa no Brasil, que é o mercado de títulos públicos e suas formas de negociação em mercado de balcão e por meio do Tesouro Direto. Será realizada também uma introdução aos principais instrumentos do mercado de derivativos, termos, futuros, *swaps* e opções. O intuito é permitir ao leitor o entendimento da estrutura operacional desses instrumentos e suas formas de negociação e utilidade para cada tipo de investidor, tanto no mercado de balcão como no mercado de bolsa.

RENDA FIXA

O investidor brasileiro está habituado com a renda fixa, que é uma modalidade de investimento muito atrativa, em razão do nível de taxas de juros praticado no país nas últimas décadas. Entre os instrumentos de renda fixa, os que mais se destacam são os títulos públicos, pelo baixo risco de crédito e pela alta liquidez. Ao comprar um título público, não é necessário carregá-lo até seu vencimento, sendo possível vendê-lo a qualquer momento no mercado secundário.

TÍTULOS PÚBLICOS

Os títulos da dívida pública mobiliária federal interna, ou simplesmente títulos públicos, são emitidos pelo Governo Federal, por meio da Secretaria do

Tesouro Nacional. Esses instrumentos, além de significarem um mecanismo de política monetária, são uma fonte de recursos para suprir o déficit orçamentário do governo.

Quando a conta do governo está no vermelho, ou seja, quando o governo gasta mais do que arrecada, utiliza a emissão de títulos públicos para fechar sua necessidade de fluxo de caixa. Esse não é um procedimento incorreto por parte do governo, desde que as contas públicas estejam equilibradas, sendo um mecanismo comum em diversas economias desenvolvidas no mundo.

Além disso, os títulos públicos possuem determinado prazo; quando esses papéis vencem, o governo precisa fazer a rolagem, ou seja, emitir mais títulos em substituição àqueles que venceram.

Mercado primário

A emissão primária dos títulos públicos é feita por meio de oferta pública, organizada pelo Banco Central, por meio do Departamento de Mercado Aberto (Demab).

A venda primária dos títulos é feita em leilão, cujas propostas são registradas no Sistema Especial de Liquidação e de Custódia (Selic). As condições e os horários do leilão são divulgados por meio de comunicado da Secretaria do Tesouro Nacional ou do Banco Central (Bacen). Quem participa do leilão primário são os bancos, com preferência aos *dealers.*

Em hora determinada pelo Bacen, o banco coloca a proposta no leilão de títulos na Selic, tendo, em geral, apenas 30 minutos para realizar sua proposta. Uma hora depois da finalização do leilão, o banco é informado se sua proposta foi aceita ou não.

Quando a proposta é aceita, é feita a liquidação da compra dos títulos em leilão primário, sendo que o pagamento dos títulos e seu recebimento ocorrem em D+1, o dia seguinte após o leilão. Nesse dia, o banco deve ter a reserva necessária para o pagamento dos títulos. A reserva é o caixa escritural dos bancos.

Mercado secundário

O investidor deve se perguntar: será que é um bom negócio comprar títulos públicos? Imagine que você irá adquirir um título com baixo de risco de crédito, que você conseguirá vender em qualquer momento e que remunera uma das maiores taxas de juros do mundo. Parece um excelente negócio. E realmente é, pois permite ao investidor resguardar seu poder de compra em moeda local.

O investidor vai conseguir comprar os títulos em mercado secundário, ou seja, pela negociação após a emissão primária dos títulos. O investidor pessoa física tem duas alternativas para adquirir seus títulos públicos: via mercado de balcão ou via Tesouro Direto.

As duas formas são muito práticas e fáceis de serem executadas. Em ambas o cliente deverá abrir uma conta em uma corretora de títulos e valores mobiliários. Alguns bancos oferecem a possibilidade aos seus correntistas de adquirirem títulos no Tesouro Direto, debitando da conta corrente, similar à aplicação em fundo de investimentos. Mas não são todos os bancos que oferecem essa facilidade.

Se o banco não disponibilizar o Tesouro Direto, deve-se abrir uma conta em corretora. Algumas corretoras oferecem pacotes de corretagem muito atraentes para a compra de títulos públicos, até mesmo isento de taxas de corretagem; vale a pena pesquisar.

Depois da abertura da conta, é fornecida uma senha para acesso ao site do Tesouro Direto, ou mesmo a compra pode ser feita pelo *home broker*, ou por outra plataforma de negociação da corretora. É possível selecionar a quantidade de títulos e fazer a compra, e o valor será debitado na conta da pessoa na corretora.

Para os investidores acostumados a fazer compras pela internet, o processo é muito similar. Porém, em vez de pagar com cartão de crédito, o valor da compra será debitado na conta na corretora e, para isso, é necessário mandar recursos para essa conta. Com apenas R$ 200 já é possível fazer uma compra no Tesouro Direto.

Também é possível comprar títulos no mercado de balcão. Como isso funciona? Nas corretoras existem operadores de renda fixa, que verificam a disponibilidade de títulos negociados no mercado, mesmo títulos privados, como debêntures, letras financeiras etc. Se o indivíduo quiser comprar uma quantidade um pouco maior de títulos públicos, esse é um caminho ágil e prático. A liquidação será feita pela própria corretora, e geralmente a confirmação do negócio é feita por telefone ou *e-mail*. Os detalhes da operação são disponibilizados em nota de corretagem. O mercado de balcão é recomendado para investidores um pouco mais experientes, que conhecem um pouco mais sobre as características dos títulos públicos.

Características dos títulos

No *site* do Tesouro Direto, há uma pequena variedade de títulos. Os títulos são caracterizados por basicamente três fatores: tipo do título, vencimento e taxa ou remuneração. Quanto ao tipo, atualmente estão disponíveis os seguintes títulos:

a. **Letras Financeiras do Tesouro (LFT):** também denominados como Tesouro Selic, são os títulos mais simples de negociar e entender; sugere-se começar as primeiras compras por eles. Basicamente remuneram à taxa Selic e são pós-fixados.
b. **Letras do Tesouro Nacional (LTN):** também denominados como prefixados, são títulos de curto prazo que remuneram a uma taxa prefixada, divulgada no momento da compra. Também são títulos bem simples e fáceis de entender.
c. **Notas do Tesouro Nacional – série F (NTN-F):** também denominados como prefixados com juros semestrais, são similares às LTN, porém com prazos um pouco mais longos e pagamentos de cupons semestrais. Nelas também é possível saber, no momento da compra, exatamente a remuneração que irá receber.
d. **Notas do Tesouro Nacional – série B (NTN-B):** também denominados como IPCA+, com ou sem juros semestrais. Esses papéis são os mais longos disponíveis no Tesouro Direto, ou seja, com vencimento que ocorre daqui a muitos anos. É importante lembrar que mesmo o título sendo longo o indivíduo não precisa carregá-lo até o vencimento; a qualquer momento é possível revendê-lo para o Tesouro, com liquidez diária. A NTN-B possui uma remuneração peculiar e remunera o IPCA, que é um indicador de inflação, mais uma taxa prefixada, que você sabe no momento da compra. Além disso, paga cupons semestrais. Existe ainda a modalidade NTN-B principal, sem pagamento de cupons semestrais.

O pagamento de cupom é um valor em dinheiro que o título paga semestralmente, creditado em conta.

Os preços dos títulos podem oscilar, dependendo dos patamares de taxas de juros praticados no país. Os papéis prefixados mais longos tendem a se depreciar um pouco, quando há um aumento nas taxas de juros esperadas. Isso não ocorre com as LFT, pois são pós-fixadas.

MERCADO DE DERIVATIVOS

Com o processo de integração de mercados, investidores e poupadores sofrem riscos financeiros relativos à variação de preços de ativos, que vão desde imóveis, taxas de juros domésticas, câmbio e preços de produtos agrícolas, até produtos menos triviais, como o preço da arroba do gado bovino vivo, a quantidade de neve em uma estação de esqui ou o valor da energia elétrica utilizada para a produção de alumínio.

Quando recursos são investidos em uma atividade produtiva, o investidor tem de enfrentar, além dos riscos específicos do negócio, como a incerteza na demanda pelo produto, riscos de greve, acidentes de trabalho, fornecimento e insumos, outros riscos, como de política monetária, de incerteza no preço de mercado do produto vendido, riscos políticos e cambiais.

Os derivativos foram essencialmente criados para transferir os riscos que não são inerentes à atividade econômica na qual o produtor está envolvido para outra parte interessada em assumir esse risco, em troca de alguma remuneração. A transferência de riscos funciona como um tipo de seguro contra perdas inesperadas causadas por variáveis que fogem do controle do produtor, que já possui incertezas suficientes.

A transferência de riscos pode ser uma operação interessante para o produtor, desde que o prêmio pago por esse seguro não seja uma quantia proibitiva para o seu negócio, inviabilizando economicamente sua atividade. A outra parte, que assume esses riscos, precisa diversificá-los, de forma a obter ganhos na média dos riscos. Certamente poderá haver perdas em algumas situações; o importante é obter ganhos na soma total das operações e não nas operações individuais.

Surgiu a necessidade, portanto, de criar um instrumento que tenha como finalidade a transferência entre tomadores e doadores de riscos sob forma de taxas. Esse instrumento foi denominado derivativo (do inglês, *derivative*). Portanto, "derivativo" pode ser definido como um acordo entre duas partes, de compra ou venda de um determinado ativo, que será liquidado em data futura preestabelecida, por um preço previamente combinado. O ativo objeto no qual é referenciado o derivativo pode ser desde suco de laranja, ouro, soja, milho, algodão e carne de suínos até ações, taxa de juros, de câmbio e títulos públicos.

Surgiram interessados na oportunidade de proteção contra riscos financeiros proporcionada pelos derivativos, e outros dispostos a assumir esses riscos em troca de alguma remuneração.

O agricultor de soja, por exemplo, deve vender seu produto em certa época do ano. No momento da venda, se o preço de mercado não lhe for atraente, ele pode estocar o produto e vendê-lo quando o preço subir. Ou o agricultor pode vender a soja sob encomenda antes mesmo de plantá-la, garantindo o preço de venda e a viabilidade econômica de seu negócio.

Um apostador, em contrapartida, pode adquirir essa soja antecipadamente do agricultor, pois possui informações de mercado que indicam uma tendência de alta nos preços da soja no futuro, ou seja, irá adquirir soja sob encomenda que valerá mais no mercado do que foi pago ao agricultor.

Tão logo o apostador receba a soja, venderá no mercado, garantindo um lucro na diferença dos preços. O risco que o apostador assume nessa transação é errar em suas previsões, o preço de mercado da soja despencar e ter de realizar uma perda no diferencial de preços no futuro.

A operação de transferência de incertezas possibilitada pelos derivativos pode possuir duas interpretações distintas quanto à posição assumida:

- Quando tiver finalidade de cobertura contra riscos financeiros, como se fosse um seguro, será denominada *hedge* (palavra em inglês que se difundiu no mercado brasileiro e será mantida na forma original).
- Quando a finalidade da posição for a de assumir riscos para a obtenção de lucro, será denominada especulação.

Participantes do mercado de derivativos

Hedge, *especulação e arbitragem*

O mercado de derivativos permite que seus participantes atuem com objetivos distintos. Os produtores de mercadoria física podem utilizar o mercado para proteger-se contra oscilações do preço de venda, enquanto a indústria compradora pode utilizar o mercado para fixar o preço de seus insumos. Outros participantes, especialistas na formação de preços, podem utilizar o mercado no intuito de obter lucros com as oscilações nos preços.

Os participantes que atuam no mercado de derivativos no intuito de reduzir seus riscos, procurando uma proteção contra a volatilidade dos preços, são denominados *hedgers*. Normalmente é o produtor do ativo físico, ou o comprador da indústria de transformação.

O *hedger* pode proteger o valor de seu estoque de *commodity* realizando, simultaneamente, uma venda na mesma quantidade em contratos futuros. Se as variações no preço da *commodity* à vista forem iguais às do contrato futuro, ou seja, se os movimentos de preço forem paralelos, uma perda com os preços à vista pode ser compensada por um ganho de igual montante nos contratos futuros.

Outro tipo de participante do mercado de derivativos é o especulador. Normalmente ele não é o produtor do bem físico nem deseja a entrega física da mercadoria, apenas o ajuste financeiro por diferença. O especulador é um especialista na formação de preços de *commodities* e atua no mercado com o objetivo de fazer lucro com as oscilações de preços. Seu papel é importante porque proporciona liquidez ao mercado futuro, permitindo que outros participantes assumam posições inversas em relação às dos especuladores.

O papel do especulador é o de assumir o risco transferido pelo *hedger* com o intuito de auferir algum tipo de ganho. O mercado futuro permite a transferência de risco de um grupo para outro. O *hedger* estaria disposto, nesse caso, a pagar um prêmio pelo risco transferido ao especulador.

Para obter ganhos anormais, o especulador deve ter uma previsão da demanda mais precisa que o investidor regular. Porém, em um mundo de previsões perfeitas, não poderia haver ganho especulativo.

O terceiro participante do mercado de derivativos é o arbitrador – aquele que atua no mercado de derivativos no intuito de fazer lucro certo sem assumir riscos, simplesmente aproveitando a diferença de preços de um mesmo ativo que é negociado em mercados diferentes. O arbitrador compra e vende simultaneamente, não fica com o ativo e, consequentemente, não precisa dispor de recursos financeiros. Seu papel no mercado é atuar como regulador de preços e manter o equilíbrio dos mercados.

A arbitragem permite que o preço futuro esteja em equilíbrio com o preço à vista mais uma diferença, decorrente do custo de carregamento e da taxa de juros livre de risco.

No mercado futuro, é importante salientar também o papel do intermediário financeiro, que viabiliza a execução da operação em bolsa, normalmente na figura das Corretoras de Títulos e Valores Mobiliários (CTVM). Esses participantes podem atuar como formadores de opinião para seus clientes, recebendo comissão pelas transações, em forma de corretagem. Logo, os participantes do mercado de derivativos, quanto à posição que assumem, podem ser classificados como:

- **O *hedger*:** indivíduo que atua no mercado de derivativos em busca de proteção contra riscos financeiros. Normalmente é o produtor do bem físico. A atuação dos *hedgers* não é permanente; ele opera com derivativos apenas quando lhe for necessário. As necessidades desse participante por si só justificam a existência do mercado de derivativos.
- **O especulador:** injustamente associado como um termo pejorativo, o especulador é aquele que atua no mercado assumindo riscos em busca de ganhos. Pode ser considerado um tipo de apostador; sem ele, não haveria para quem o *hedger* transferir seus riscos. O especulador é um especialista que conhece o mercado e o comportamento dos preços. Ele não ganha sempre em suas apostas; seu objetivo é operar muitas vezes e ganhar na média das operações. O especulador profissional não se abala quando perde, pois sabe que faz parte do negócio. Seu papel é importante, pois é responsável, pelo grande número de transações que realiza, em dar liquidez aos contratos de derivativos.
- **O arbitrador:** é aquele que atua no mercado de derivativos a fim de fazer lucro certo sem assumir riscos, simplesmente aproveitando a diferença de preços de um mesmo ativo negociado em mercados diferentes. O arbitrador compra e vende simultaneamente; ele não fica com o ativo e, consequentemente, não precisa dispor de recursos. Seu papel no mercado é regular preços e manter o equilíbrio dos mercados. Um exemplo de operação de arbitragem é o que acontecia entre os agentes corretores que atuavam nas bolsas de ações de São Paulo e do Rio de Janeiro, que negociavam o mesmo tipo de ação ao portador. Por problemas de liquidez, os preços oscilavam de forma diferente nas duas bolsas, criando a possibilidade de compras e vendas simultâneas nos dois recintos de negociação, garantindo lucro certo sem desembolso de caixa. Nesse caso, o arbitrador acabava mantendo os preços equilibrados entre as duas bolsas.
- **O financiador:** é aquele que participa do mercado de derivativos com a intenção de investir seus recursos para obter em troca uma taxa de juros mais atraente que as obtidas com títulos de renda fixa. Para obtê-la, precisa realizar mais de um negócio, que costuma ser a compra de um determinado ativo à vista e a simultânea venda do derivativo. Seu papel é importante, pois acaba proporcionando liquidez às posições vendidas em certos contratos derivativos, como é o caso dos termos e das opções. Alguns participantes do mercado podem fazer a operação inversa à feita pelo financiador, no

caso, a venda do ativo à vista e a simultânea compra a termo. Esse tipo de operação é realizada para a captação de recursos.

Nas próximas seções, serão discutidos os principais contratos de derivativos operados no mercado brasileiro e suas estratégias de especulação e de *hedge*.

Mercado de derivativos de bolsa

O mercado de derivativos, quanto à forma e ao local no qual as operações são realizadas, pode ser classificado como de bolsa e de balcão.

O mercado de bolsa é um recinto fechado, organizado exclusivamente para a realização de operações de compra e venda de ativos financeiros. No mercado de derivativos, as operações de bolsa são padronizadas quanto aos prazos de vencimento dos contratos e quanto aos ativos objetos de negociação.

O mercado de bolsa pode ser classificado como viva-voz ou eletrônico. Desde junho de 2009, as negociações registradas em bolsa utilizam plataforma eletrônica. A liquidação das operações, tanto física quanto financeira, é garantida pelas bolsas mediante um depósito antecipado de garantias.

O horário em que a bolsa está em funcionamento, no qual as operações têm permissão para serem realizadas, é chamado de pregão, que ocorre apenas em dias úteis, excluindo feriados bancários. Durante o pregão, os preços dos ativos e derivativos oscilam livremente, de acordo com as transações realizadas pelos sistemas da bolsa.

Os preços dos derivativos negociados em bolsa oscilam dentro dos limites permitidos pela bolsa. Em momentos de alta volatilidade, a bolsa pode intervir na continuidade do pregão, no intuito de evitar problemas sistêmicos. As operações são diariamente divulgadas pelos boletins diários das bolsas e sistemas de informações de mercado, que publicam as cotações e preços apregoados de compra e venda em tempo real.

Como operações registradas em bolsa são públicas, o processo de fiscalização é feito por instituições competentes, como a Comissão de Valores Mobiliários (CVM), o que dificulta a realização de transações ilegais. Além disso, as operações são realizadas sempre nos valores regulados pelos participantes, ou seja, fica difícil realizar transações fora dos preços de mercado que possam caracterizar a transferência de recursos entre empresas ou instituições financeiras.

Os clientes que atuam em bolsa por intermédio das corretoras não são abertamente identificados, pois seu registro é feito por meio de um número determinado pela bolsa (código do cliente), permanecendo assim no anonimato, o que auxilia, de certa forma, a manter a eficiência do mercado, sem a identificação de vendedores e compradores.

No mercado de derivativos de bolsa, as operações são publicamente divulgadas, porém os clientes que as executam são ocultos. A bolsa que abriga o mercado de derivativos no Brasil é atualmente a Brasil, Bolsa, Balcão – B3 S.A.

Mercado de derivativos de balcão

O mercado de balcão é aquele realizado diretamente entre as partes. As operações são livremente pactuadas e não têm horário certo para acontecer.

As características das transações, quanto ao prazo e ativo objeto, são flexivelmente negociadas entre as partes. Os negócios com derivativos realizados em mercado de balcão não necessitam de recinto específico e as operações, em sua grande parte, são feitas por telefone e registradas posteriormente à execução.

Como não há intervenção ou garantia das bolsas, nessas operações existe o risco individual de crédito das contrapartes. O registro dessas operações deve ser feito pelas instituições designadas pela legislação brasileira, atualmente a B3.

As operações de balcão podem ser registradas com a opção de garantia de liquidação pela *clearing* da B3. Essa opção será determinada no momento do registro, com o consentimento de ambas as partes, e o depósito de garantias deverá ser administrado pela *clearing*.

O processo de registro de operações de derivativos em balcão é flexível. Assim, é possível registrar praticamente diversos tipos de indexadores em datas de vencimento não padronizadas, desde que em dia útil. O mercado de balcão oferece maior flexibilidade nos registros das operações, em detrimento da liquidez desses instrumentos de balcão.

Tipos de derivativos

Há quatro tipos básicos de derivativos: termo, futuro, *swap*, opção. Os demais são desdobramentos destes que podem ser *swaption*, opção exótica, *forward rate agreement* (FRA) ou *non-deliverable forward* (NDF). Neste capítulo serão abordadas as características básicas dos tipos mais difundidos no Brasil.

Mercado a termo

Para ilustrar as características de uma operação a termo, coloca-se a seguinte situação: uma roupa feita sob medida por um alfaiate. Um cliente interessado em um terno vai à alfaiataria, tira as medidas, escolhe o tecido e firma um preço e, após algumas semanas, retorna para pagar e pegar a vestimenta que havia encomendado.

O preço combinado pelo terno inclui o custo com a mão de obra, o custo com tecido e aviamentos e a margem de lucro auferida pelo alfaiate.

Depois de combinar o preço com o cliente, o alfaiate, ao comprar o tecido no dia seguinte, percebe que houve uma pequena oscilação no preço para cima, o que evidentemente reduziria sua margem de lucro.

Mesmo assim o alfaiate permanece com o preço pelo terno preestabelecido, sem alterações e sem desagradar ao seu cliente.

O prazo estabelecido é suficiente para a elaboração do terno com segurança para ajustes e pequenas correções, sem atraso. No dia marcado o terno é entregue, o pagamento é feito e ambos ficam satisfeitos. A transação citada, apesar de sua trivialidade, possui todas as características para ser análoga a uma operação a termo:

- **Características do ativo:** terno, com tecidos e medidas previamente estabelecidas.
- **Prazo:** duas semanas, tanto para o pagamento quanto para a entrega física da mercadoria.
- **Preço:** preestabelecido entre as partes que não se altera até o dia da entrega, ou seja, o vencimento.

Um contrato a termo é um acordo de compra ou venda de um ativo em uma data determinada por um preço determinado. Comparado ao contrato *spot*, a diferença está no prazo de entrega do ativo físico, que ocorre em data futura.

O contrato a termo é tipicamente negociado no mercado de balcão, também conhecido como OTC (*over the counter*). Nesse mercado, os contratos a termo são negociados diretamente entre as partes, as operações não são padronizadas, e as contrapartes podem assumir o risco de crédito da operação ou, alternativamente, contratar um seguro de crédito ou os serviços de uma câmara de liquidação.

Em um contrato a termo, há duas partes envolvidas: o comprador, que assume o compromisso de comprar o ativo físico, com entrega em data futura, e paga por ele um preço preestabelecido; e o vendedor, que se compromete a entregar a mercadoria na data estabelecida.

No contrato a termo, as contrapartes assumem o risco de liquidação, dividido em liquidação física e liquidação financeira. A liquidação física consiste na entrega da mercadoria, e a financeira, no pagamento pela mercadoria entregue. Em ambos os casos, pode ocorrer inadimplência.

No contrato a termo, a liquidação pode ser física ou financeira por diferença. Na liquidação do tipo financeira por diferença, não há entrega física da mercadoria, as contrapartes acordam em pagar a diferença entre o preço a termo e o preço *spot* de mercado no vencimento.

Nomenclatura e notações dos termos

Para fins de notação, será utilizada uma nomenclatura específica para as operações a termo:

- S: representa o preço do ativo à vista na data da operação.
- F : representa o preço do ativo a termo.
- S_t: representa o preço do ativo até a data de vencimento.

A posição do participante do mercado em relação ao contrato a termo será representada da seguinte maneira:

- [-F]: vendida a termo.
- [+F]: comprada a termo.

No exemplo do alfaiate, é possível dizer que o cliente estava comprado no terno a termo, enquanto o alfaiate estava vendido a termo. A seguir, pode-se visualizar graficamente a estrutura de uma operação a termo, na qual foi feito um negócio a termo na data de hoje pelo preço de F, e o preço do ativo à vista estava cotado por S. Até o vencimento o preço do ativo oscilou, chegando ao preço de S_t no vencimento da operação:

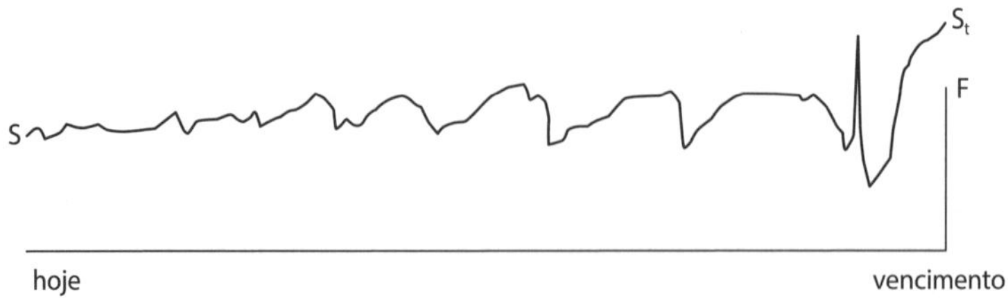

Com relação à posição no contrato a termo, o vendido a termo ganha quando o preço do ativo objeto cair, e o comprado a termo ganha quando o valor do ativo objeto subir. Sendo W_C o resultado da operação a termo no vencimento para o comprador a termo, tem-se a seguinte relação com o preço do ativo:

$$W_C = S_t - F \qquad (0.1)$$

Considerando W_V o resultado da operação a termo no vencimento para o vendedor a termo:

$$W_V = F - S_t \qquad (0.2)$$

Quando o preço do ativo supera o preço do ativo a termo no vencimento, o resultado da operação é positivo para o comprador.

$$W_C > 0 \Rightarrow S_t > A_t \qquad (0.3)$$

Exemplo de operação a termo: o criador de gado

Um pecuarista possui 100 cabeças de gado magro no pasto. Estima-se que deverá levar 6 meses para que possa engordar e vender os bois para o frigorífico, pesando, em média, 25 arrobas cada um deles. Hoje o valor da arroba de boi à vista (desconsiderando o prazo dos frigoríficos) está em R$ 280,00.

Preocupado com o preço da carne no mercado interno, o criador deveria fazer a venda a termo de 2.500 arrobas de boi a um preço de R$ 285,00 por arroba ao frigorífico, para o prazo de 6 meses. Dessa maneira, ele poderia garantir seu lucro e se preocupar apenas com os problemas relacionados com a criação do gado.

No final de 6 meses, no vencimento da operação a termo, o preço da arroba de boi gordo à vista está cotado a R$ 279,00. Qual deverá ser o ganho do pecuarista nessa operação a termo? Fazendo a venda a termo, com o gado ainda magro, o pecuarista garantiu o preço de venda dos bois a um preço de R$ 285,00 (F) por arroba; logo, sua posição na operação é como vendedor a termo. Como no vencimento o preço à vista está a R$ 279,00, o ganho por arroba do pecuarista na operação a termo será de:

$$W_V = 285 - 279 = R\$\ 6{,}00 \qquad (0.4)$$

O resultado final da operação de venda a termo de todo o lote de boi gordo para o pecuarista foi de:

$$W_{V_{TOTAL}} = (6)(100)(25) = R\$\ 15.000{,}00 \qquad (0.5)$$

O frigorífico, um comprador a termo, tem um resultado negativo na operação de -R$ 15.000,00, valor igual ao da posição do pecuarista, com o sinal invertido. Se o frigorífico tivesse deixado para comprar o gado à vista no vencimento, poderia ter evitado esse prejuízo.

Em outra situação, o preço da arroba de boi à vista poderia ter subido. Supondo que no vencimento da operação o preço da arroba de boi gordo esteja em R$ 290,00, seria desvantajoso para o criador de boi, que, no vencimento, poderia ter obtido um lucro maior com a venda de seu gado. Mas o criador de boi deveria assumir o risco do preço da arroba de boi? Conceitualmente, não. Tanto o criador de boi quanto o produtor agrícola, ou mesmo uma montadora de veículos, assumem riscos em sua atividade principal. Se puderem se proteger contra riscos financeiros que não dependem de sua influência ou capacidade administrativa, será mais seguro. Exemplos de riscos que deveriam ser protegidos pelos produtores são: variação cambial, variação de preços e de compra ou venda ou taxas de juros.

Mercado a termo de ações

Os contratos a termo de ações, diferentemente da operação a termo típica, são registrados em bolsa de valores. Consistem em um compromisso de compra ou venda de determinada ação que será liquidado em uma data futura.

- **Vencimentos:** os prazos até o vencimento dos contratos a termo de ações geralmente são feitos com vencimento de 30, 60 e 90 dias corridos. Negócios com vencimentos diferentes também podem ocorrer.

- **Garantia de liquidação:** diferentemente das demais operações a termo de balcão, o termo de ação necessita de depósitos de margem de garantia, porém a liquidação da operação é garantida pela *clearing* da B3.
- **Entrega física:** no mercado a termo de ações existe a entrega física do ativo, ou seja, no vencimento do termo o comprador a termo obriga-se a ter os recursos necessários para a aquisição das ações. Em contrapartida, o vendedor a termo deverá possuir as ações para a entrega.
- **Depósito de garantias:** quando o investidor opta por comprar uma ação a termo, não há desembolso de recursos no momento inicial, porém deverá haver depósito de margem de garantia inicial. Posteriormente, poderão ser solicitadas margens de garantia adicionais, que dependerão da diferença do preço do termo com a ação à vista e da volatilidade da ação calculada pela *clearing*.

Os dividendos e direitos distribuídos às ações do contrato a termo pertencem ao comprador e serão recebidos, juntamente com as ações, na data da liquidação.

Exemplo de compra a termo de ação

O lote de mil ações preferenciais nominativas da empresa Alpargatas está sendo negociado no mercado à vista, na Bovespa, a um preço de R$ 15,60, e o mesmo papel está sendo negociado a termo de 60 dias corridos ao preço de R$ 15,75.

O investidor, acreditando na subida do preço dessa ação, compra 5.000 ações a termo. No vencimento, o preço da Alpargatas PN está a R$ 15,00. Qual é o resultado final da operação para o comprador e para o vendedor do termo?

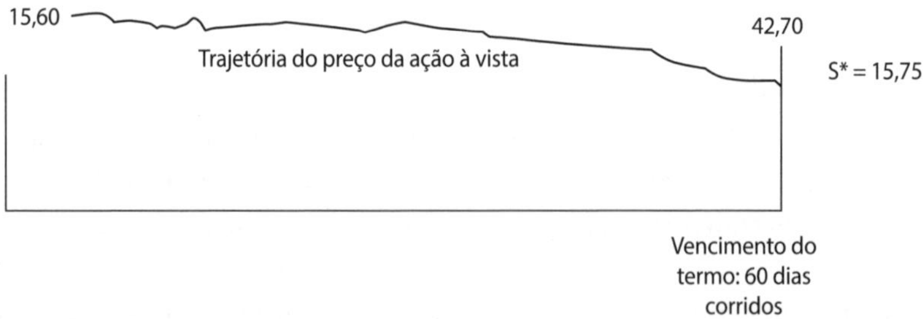

O comprador a termo apostava na subida de preço da ação, o que não ocorreu. O resultado para o comprador deverá ser um prejuízo, portanto, de:

$$W_C = (15 - 15{,}75)5.000 = -R\$\ 3.750{,}00 \qquad (0.6)$$

Em contrapartida, o vendedor deverá ter um ganho na operação de:

$$W_V = (15{,}75 - 15)5.000 = R\$\ 3.750{,}00 \qquad (0.7)$$

Mercado futuro

Mais padronizado do que o mercado a termo, o mercado futuro está presente em mercados organizados de bolsas. Os contratos futuros possuem, em sua maioria, um maior volume de negociação que o contrato a termo, portanto são mais líquidos, mais transparentes para as partes envolvidas e publicamente divulgados, servindo como referência na formação de preços.

O contrato futuro é bastante similar ao termo. É também um acordo de compra e venda de determinado ativo, com liquidação em data preestabelecida e a preço predeterminado.

A liquidação do contrato futuro também pode ser física ou por diferença. Nas negociações do mercado futuro, as contrapartes não se conhecem, são anônimas, porém as operações são publicamente divulgadas.

No Brasil, a bolsa de maior expressão na negociação de contratos futuros é a B3. Schouchana e Miceli (2004, p. 10) definem as características do contrato futuro da seguinte maneira:

> Nos contratos futuros, constam especificações de qualidade dos produtos negociados, cotação, variação mínima de apregoação, oscilação máxima diária, unidade de negociação, meses de vencimento, data de vencimento, local de formação do preço e de entrega da mercadoria, período e procedimentos de entrega e retirada da mercadoria, liquidação financeira, arbitramento, ativos aceitos como margens de garantia e custos operacionais. Os contratos futuros são padronizados, de modo que, no pregão, sejam negociados o preço e a quantidade de contratos, uma vez que todos se referem ao mesmo produto, mesmo local de entrega e mesma quantidade por contrato.

Os contratos futuros têm características padronizadas pela bolsa: prazos, volumes, características do ativo, cotação em bolsa, ajustes diários e margens de garantia. A câmara de liquidação, para garantir a efetiva liquidação das operações, exige depósitos de garantia dos participantes do mercado. No caso de qualquer uma das partes não honrar com suas obrigações em relação ao contrato futuro, a câmara de liquidação pode, arbitrariamente, executar as garantias depositadas e liquidar a posição do participante inadimplente.

Para reduzir os valores de depósito de margem, as bolsas de valores adotaram o mecanismo de ajustes diários. Eles consistem nas liquidações financeiras das posições pelo método de ajuste por diferença, ou seja, a câmara de liquidação, com base nos preços de ajuste divulgados pela bolsa, realiza o fluxo financeiro das posições dos participantes, em relação às oscilações de preços dos contratos futuros de um dia para o outro.

Com a utilização do mecanismo de ajuste diário, a margem de garantia requerida para cobrir a liquidação financeira de um dia fica muito menor do que se fosse exigida para cobrir o equivalente ao período integral do contrato.

A estrutura moderna de negociação em mercados futuros surgiu nos Estados Unidos, na segunda metade do século XIX. Em 1848 foi fundada a Chicago Board of Trade - CBOT -, que desde o início operava *commodities* agrícolas. Atualmente existem diversas bolsas de negociação ao redor do mundo, e mais de 600 milhões de contratos futuros são negociados anualmente.

Mercado de opções

O mercado de opções, em sua estrutura, é similar ao mercado a termo, mas possui uma diferença essencial: uma das partes envolvidas tem o direito de não exercer o instrumento caso este lhe seja desfavorável. Como se diz no mercado, se a opção lhe for desfavorável, ela "vira pó".

Exemplo: comparação entre termo e opção

Um participante compra dólar a termo, com liquidação daqui a 6 meses, à cotação de R$ 2,95 por dólar. No caso da operação a termo, se o dólar, no vencimento, estiver acima de R$ 2,95, o participante ganhará, mas se estiver abaixo, perderá. No caso da opção, ainda utilizando o exemplo do dólar, se a cotação do dólar estiver acima de R$ 2,95, o participante ganhará, mas, se estiver abaixo, o participante pode não exercer a opção, e nesse caso a opção "vira pó".

Analisando dessa maneira, o participante não perde nunca. Para entrar nessa operação, a contraparte exigirá um pagamento antecipado, para que possa oferecer esse direito de cancelamento ao participante. Esse pagamento é denominado prêmio da opção.

O participante que paga o prêmio da opção possui apenas direitos; é denominado titular da opção. A contraparte que recebe o prêmio, e possui apenas obrigação, é denominada lançadora da opção.

Uma pergunta pertinente que pode ser suscitada na cabeça do leitor é: se já existem os ajustes diários para mitigarem os riscos de inadimplência de uma contraparte, qual o motivo da Bolsa ainda pedir o depósito de garantias? Os ajustes diários são calculados após o fechamento do pregão e tendem a cobrir os riscos de inadimplência dado oscilações "normais" de preços. Uma variação drástica de preços resultará num ajuste diário "anormal", de grande magnitude, para uma das partes. Nesse caso, pode ocorrer que essa parte não tenha condições de arcar com esse ajuste inesperado. Por isso a bolsa, preventivamente, solicita os depósitos de garantia, pois no caso de uma das partes não ter condições financeiras de pagar pelo ajuste, as garantias previamente depositadas por esta parte permitiriam à bolsa liquidá-las para permitir que o ajuste ocorra. Portanto, a principal função das garantias é tentar cobrir o risco de oscilações não cotidianas, causas por eventos de estresse no mercado.

O contrato futuro de dólar é um dos contratos mais líquidos da bolsa, com vencimento sempre no primeiro dia útil de cada mês. O tamanho do contrato é de US$ 50 mil, negociado em múltiplos de cinco contratos, e sua cotação é em reais para cada US$ 1.000.

O contrato futuro de Índice Ibovespa tem como ativo objeto a carteira teórica de ações divulgadas pela bolsa, que serve como referência para o mercado de ações. Assim como o contrato futuro de dólar, o Futuro de Ibovespa – ou simplesmente futuro de índice – possui liquidez concentrada no primeiro vencimento.

O vencimento do Futuro de Ibovespa é distinto aos demais ativos financeiros. Enquanto o vencimento dos demais contratos futuros ocorre sempre no primeiro dia útil do mês, o vencimento do futuro de índice ocorre sempre na quarta-feira mais próxima do dia 15 dos meses pares.

O Mini de Ibovespa foi inicialmente dimensionado para as operações com pessoa física. O tamanho do mini de índice é de R$ 0,20 para cada ponto do Índice Ibovespa. Logo, cada cinco contratos mini de índice equivalem a um contrato padrão, podendo também ser negociados em lotes unitários. Atualmente, os contratos mini de Ibovespa possuem mais liquidez do que o contrato padrão, tanto em números de negócios quanto em valor nocional total.

Tipos de opções

As opções são classificadas em opção de compra, *call*, no qual o titular possui o direito de comprar o ativo objeto por um preço preestabelecido, o preço de exercício. A opção de venda, *put*, dá o direito de vender o ativo objeto. Se o direito pode ser exercido a qualquer momento, desde a data de emissão do contrato até o vencimento da opção, ele é do tipo americano. Se a opção pode ser exercida apenas na data de vencimento, é do tipo europeu.

Exemplo de opção de compra – *call*

Na *call*, o titular tem o direito, mas não a obrigação, de comprar o ativo objeto, pelo preço de exercício. A seguir tem-se um exemplo ilustrativo:

Um indivíduo tem o direito de comprar pelo preço de exercício de R$ 40,00, em até 35 dias úteis, uma ação que está valendo hoje R$ 42,00 mas deverá pagar R$ 3,00 pelo prêmio. É vantajoso para o investidor? Dependerá de sua expectativa em relação ao preço do ativo no futuro. Suponha que o preço do ativo, no vencimento, esteja R$ 42,00. O resultado para o titular da opção será o seguinte:

$$W_C = (42 - 40) - 3 = -R\$\ 1{,}00 \qquad (0.8)$$

Em outras palavras, o titular compraria a ação por R$ 40,00, com o exercício da opção, e a venderia a mercado por R$ 42,00, tendo um lucro de R$ 2,00, porém pagou R$ 3,00 no prêmio da opção, o que daria um resultado final negativo de R$ 1,00.

Agora suponha que o preço do ativo esteja a R$ 44,00 no vencimento da opção. O resultado do titular da opção será o seguinte:

$$W_C = (44 - 40) - 3 = +R\$\ 1{,}00 \qquad (0.9)$$

Nesse caso, o titular compraria a ação por R$ 40,00 e a venderia a mercado por R$ 44,00, obtendo um lucro de R$ 4,00. Porém, pagou R$ 3,00 no prêmio da opção, o que daria um resultado final positivo de R$ 1,00. À medida que o preço do ativo aumenta, o titular da opção ganhará cada vez mais, mas, se o preço do ativo cair, sua perda estará limitada em R$ 3,00, que foi o valor que pagou pelo prêmio.

CONSIDERAÇÕES FINAIS

Neste capítulo, foi possível entender o funcionamento das operações com títulos públicos, os principais instrumentos de renda fixa negociados no Brasil. Foram apresentadas as formas de negociação em mercado de balcão e Tesouro Direto e as características dos títulos negociados no mercado primário e secundário de títulos. Neste capítulo, indicou-se também as características dos principais instrumentos do mercado de derivativos e as formas de negociação.

REFERÊNCIAS

B3. Bolsa de Valores, Mercadorias e Futuros. Disponível em: http://www.b3.com.br

Geman H. Commodities and commodity derivatives: modeling and pricing for agriculturals, metals and energy. John Wiley & Sons; 2009.

Hull JC. Options, futures and other derivatives. 9. ed. Nova Jersey: Prentice Hall; 2012.

Schouchana F, Miceli WM. Introdução aos mercados futuros e de opções agropecuários no Brasil. 3. ed. São Paulo: Bolsa de Mercadorias & Futuros; 2004.

CAPÍTULO 12

Investimento em ações

Hudson Antunes Bessa

O valor das ações está iminentemente atrelado aos fatos do dia a dia, principalmente aqueles relacionados aos cenários político e econômico. Fatores específicos, como a notícia de uma fusão, também podem afetar sobremaneira suas cotações e causar variações mais intensas. Por esse motivo, o investimento em ações é considerado uma alternativa de risco e, portanto, exige que o investidor busque mais informações. Este capítulo pretende ajudá-lo nessa empreitada ao transmitir conhecimentos sobre o que são ações, quais fatores influenciam seu valor ao longo do tempo e como analisar seu desempenho.

INTRODUÇÃO

Neste capítulo, são abordados aspectos importantes para entender o mercado de ações, como os principais fatores que podem influenciar seus preços, negociação em bolsa de valores, custos, tributação e tantos outros que podem ajudar em sua decisão de investimento.

Para tanto, este capítulo está estruturado da seguinte forma: na primeira seção são abordados conceitos sobre mercado de capitais e mercado acionário; na sequência, são apresentados os mercados primário e secundário. Aprofundando no tema, são descritas as principais características dos níveis de governança. Na sequência, são abordadas algumas definições e formas de cálculo de valor, informações sobre o que são e para que servem as bolsas de valores. As duas últimas seções abordam indicadores de desempenho do mercado acionário e alguns estilos mais utilizados na gestão de recursos investidos em ações.

Investidores são pessoas que resistiram às tentações do consumo, conseguiram formar uma poupança e estão dispostas a investir esses recursos em troca de uma remuneração esperada por um tempo determinado e, para tanto, aceitam correr os riscos inerentes às incertezas do futuro.

O planejamento financeiro provavelmente é o caminho mais eficaz para resistir a essas tentações. Traçar objetivos de investimento claros, manter orçamentos atualizados, buscar produtos compatíveis com o perfil de risco e horizontes de tempo sempre será útil para nos colocar no caminho das melhores decisões.

Tendo isso em mente, retorno, liquidez e risco são, portanto, as características que moldam as diferentes alternativas de investimento disponíveis no mercado financeiro. A liquidez está ligada ao tempo necessário para que os recursos investidos possam produzir rendimentos e ser sacados, ao passo que risco e retorno estão intimamente relacionados. Para ativos que possuem preços mais voláteis, oscilações mais frequentes e/ou intensas, naturalmente são esperados retornos mais elevados como forma de recompensa pela maior incerteza.

Assim, a tríade retorno, liquidez e risco ajuda a definir diferentes classes de ativos. Cada uma delas será útil e adequada para compor o portfólio ou carteira de investimento dos investidores conforme o perfil de risco, os objetivos de investimento e as restrições orçamentárias presentes em cada momento.

Considerando as duas outras grandes classes de ativos, renda fixa e câmbio, a classe das ações costuma se notabilizar por maior oscilação nos preços, que por vezes resultam em retornos anuais mais elevados. É um tipo de comportamento que desaconselha investimentos de curto prazo ou de valores já comprometidos com desembolsos futuros. Portanto, o investimento em ações pressupõe que os recursos estão livres de obrigações e que se possa prescindir deles por períodos mais longos. As intempéries do mercado não costumam mandar avisos, e os piores momentos podem coincidir justamente quando precisamos dos recursos.

CONCEITOS

Em junho de 2022, o mercado acionário contava com pouco mais de 500 empresas listadas na B3 (antiga BM&FBovespa) com capitalização de mercado (valor das empresas negociadas) no patamar de R$ 3,4 trilhões. Quanto à sua atividade, o número de negócios atingia a casa de 3,6 milhões de transações diárias, com valor negociado em torno de R$ 24,8 trilhões.

Uma ação é um título representativo de propriedade. Ao comprar uma ação, o investidor se torna dono de uma fração da empresa. Para melhor entendimento, a seguir vamos recorrer a uma situação hipotética.

Neste exemplo, a empresa XYZ é uma indústria de porte médio que vem apresentando um crescimento consistente ao longo dos anos. Possui apenas um proprietário, que iniciou o negócio com capital próprio e sempre evitou o endividamento junto aos bancos para financiar seu crescimento. Ocorre que o cenário econômico se apresenta promissor, a demanda por seu produto é crescente, mas a capacidade produtiva da empresa chegou ao seu limite. Para que possa atender sua carteira potencial de pedidos, ela precisa comprar novos equipamentos, expandir sua capacidade de produção e, assim, conquistar as receitas necessárias para se manter competitiva. Vale lembrar que, em geral, o ambiente empresarial se assemelha a uma disputa: clientes não atendidos sempre podem migrar para os concorrentes.

Não havendo capital próprio disponível, a decisão recai sobre contrair uma dívida ou captar sócios, novos acionistas, para financiar a expansão. A decisão sobre a dívida está intrinsecamente ligada ao patamar da taxa de juros e ao prazo, enquanto a emissão de ações está ligada a dividir lucros e poder na condução da empresa. Nesse caso, a decisão teria recaído sobre trazer novos sócios e evitar as obrigações financeiras de um endividamento.

MERCADOS PRIMÁRIO, SECUNDÁRIO E DE CAPITAIS

Supondo que a XYZ tenha decidido pela abertura de capital na bolsa, ela deveria, então, fazer uma oferta inicial de ações (*initial public offering*, IPO), que seriam adquiridas pelos investidores ao preço a ser formado de acordo com a demanda pelas ações.

Esse mercado em que a ação é colocada à venda pela primeira vez é chamado de mercado primário. Para essa colocação em mercado primário, as empresas contam com a assessoria de instituições financeiras, assessores que estruturam a operação e cuidam do processo de divulgação e venda dos títulos.

Os investidores que adquirirem essas ações podem vendê-las, por meio de corretores autorizados, no ambiente da bolsa de valores pelos preços negociados livremente. Esse mercado é chamado de secundário, no qual ocorrem as negociações subsequentes à primeira venda em bolsa.

O mercado primário é aquele em que a ação é ofertada ao público pela primeira vez. Podem ser ações novas, chamadas de emissão primária, ou ações pertencentes aos sócios que preferirem revender para outros, oferta secundária. Vale notar que em uma IPO podem conviver uma oferta primária e outra secundária. Após a IPO, novas emissões são conhecidas como *follow-on*.

No mercado secundário apenas ocorrem negociações entre compradores e vendedores que trocam a titularidade das ações sem que novos recursos sejam carreados para as empresas. Um secundário ativo é importante para a vitalidade do mercado primário, já que a ausência de um mercado com número e frequência de transações relevantes dificulta a venda das ações compradas nas ofertas primárias, o que inibe sobremaneira o interesse nas ofertas iniciais.

O mercado acionário e o mercado de títulos de renda fixa emitidos por empresas abertas (p. ex., debêntures) formam o chamado mercado de capitais, que é normatizado e fiscalizado pela Comissão de Valores Mobiliários (CVM) e autorregulado pela Associação Brasileira das Entidades dos Mercados Financeiro e de Capitais (ANBIMA) e pela B3.

Ao se tornar acionista, o investidor está comprando uma expectativa de que o plano de negócios da empresa seja bem-sucedido e que as receitas e a lucratividade dela produzam os resultados esperados. O investidor se torna sócio do sucesso ou do fracasso da companhia. As ações não garantem taxas de remuneração e não têm prazo de vencimento; uma vez adquiridas, seu proprietário faz jus aos seus direitos e obrigações por todo o tempo em que permanecer de posse delas.

O mercado de capitais é composto por um conjunto de operações em que as empresas buscam financiamento para suas atividades por meio da emissão de títulos de médio e longo prazos. Nesse mercado, não existe intermediação financeira: os recursos são captados pelas empresas diretamente dos investidores.

Existem ações ordinárias e preferenciais. Ordinárias são aquelas que possuem direitos políticos, cujos titulares podem votar nas assembleias de acionistas e influenciar os destinos da corporação. Cada ação ordinária equivale a um voto e, portanto, os direitos políticos guardam proporção com os diretos econômicos, ou seja, quanto mais ações ordinárias detiver, maior o poder de voto. As ações preferenciais, por outro lado, não conferem poder de voto aos seus titulares, contudo fazem jus a alguns direitos de preferência. Entre eles:

- Prioridade para recebimento de dividendos, por vezes em valor mais elevado que o destinado às ordinárias.
- Prioridade para reembolso do capital em caso de dissolução da companhia.

Detentores de ações ordinárias costumam estar mais interessados nos rumos da companhia no médio e longo prazo; os preferencialistas, em resultados de prazo mais curto. Conforme as características de cada empresa e mercado, os descasamentos de preços entre ordinárias e preferenciais podem oscilar a favor de uma ou de outra. A legislação brasileira define que a proporção máxima de preferenciais em relação às ordinárias é de 1 para 1.

As empresas negociadas em bolsa são obrigadas a publicar balanço patrimonial auditado por auditor independente anualmente, seguem regras de transparência e seus administradores devem seguir normas de conduta que preservem a equidade de direitos e informações entre os acionistas e evitem transferência de riqueza entre eles.

NÍVEIS DE GOVERNANÇA

Visando incentivar a adoção de boas práticas de governança e, com isso, trazer maior valor para as empresas listadas e para o mercado como um todo, a B3 capitaneou, junto às instituições participantes, o lançamento do Novo Mercado de Ações e dos níveis diferenciados de governança corporativa. Segundo a Bolsa:

> Todos esses segmentos prezam por rígidas regras de governança corporativa. Essas regras vão além das obrigações que as companhias têm perante a Lei das Sociedades por Ações (Lei das S.A.) e têm como objetivo melhorar a avaliação daquelas que decidem aderir, voluntariamente, a um desses segmentos de listagem. Além disso, tais regras atraem os investidores. Ao assegurar direitos e

garantias aos acionistas, bem como a divulgação de informações mais completas para controladores, gestores da empresa e participantes do mercado, o risco é reduzido.

Entre os mercados diferenciados, além do Novo Mercado, foram constituídos Bovespa Mais, Bovespa Mais Nível 2, Nível 2 e o Nível 1. O que orienta essa proposta de segmentação é a premissa de que práticas de governança mais rígidas e que ampliem os direitos dos acionistas, em especial os minoritários, têm efeitos positivos na valorização das ações. Em relação ao Novo Mercado, destacam-se os seguintes aspectos:

- As empresas só podem emitir ações ordinárias.
- Percentual mínimo de 25% de ações em circulação (*free float*).
- Caso haja negociação do controle da empresa, os minoritários fazem jus às mesmas condições obtidas pelos controladores (*tag along*).
- Balanço anual em conformidade com as regras internacionais.

O Quadro 1 descreve as características dos diferentes níveis de governança.

O VALOR DAS AÇÕES

As ações podem assumir diferentes valores, conforme o mercado em que o preço se forma ou mesmo em decorrência de aspectos regulatórios. Entre eles, destacam-se os valores patrimonial e de mercado.

As empresas podem captar recursos de seus sócios ou fazer dívidas junto ao mercado para financiar a aquisição de instalações, máquinas e equipamentos (investimento em capacidade produtiva) e adquirir insumos que serão transformados em produtos a serem oferecidos aos clientes em troca de remuneração. Para registrar essas operações e garantir controle e transparência, elas precisam contratar os serviços de um contador, que será responsável pela elaboração do balanço patrimonial e das demonstrações financeiras.

O balanço patrimonial é composto de dois lados: o lado esquerdo representa o ativo, e o lado direito, o passivo e o patrimônio líquido (PL). Assim, à esquerda encontram-se os usos dos recursos e, à direita, as fontes de financiamento. O PL é, por definição, a diferença entre o ativo e o passivo, ou entre a capacidade de geração de riqueza e as obrigações, a parcela que pertence aos acionistas da empresa.

QUADRO 1 Segmentos de listagem e níveis de governança coorporativa

	Bovespa Mais	**Bovespa Mais Nível 2**	**Novo Mercado**
Características das ações emitidas	Permite a existência somente de ações ON	Permite a existência de ações ON e PN	Permite a existência somente de ações ON
Percentual mínimo de ações em circulação (*free float*)	25% de *free float* até o 7º ano de listagem	25% de *free float* até o 7º ano de listagem	No mínimo 25% de *free float*
Distribuições públicas de ações	Não há regra	Não há regra	Esforços de dispersão acionária
Vedação a disposições estatutárias	Quórum qualificado e "cláusulas pétreas"	Quórum qualificado e "cláusulas pétreas"	Limitação de voto inferior a 5% do capital, quórum qualificado e "cláusulas pétreas"
Composição do conselho de administração	Mínimo de 3 membros (conforme legislação), com mandato unificado de até 2 anos	Mínimo de 3 membros (conforme legislação), com mandato unificado de até 2 anos	Mínimo de 5 membros, dos quais pelo menos 20% devem ser independentes, com mandato unificado de até 2 anos
Vedação à acumulação de cargos	Não há regra	Não há regra	Presidente do conselho e diretor-presidente ou principal executivo pela mesma pessoa (carência de 3 anos a partir da adesão)
Obrigação do conselho de administração	Não há regra	Não há regra	Manifestação sobre qualquer oferta pública de aquisição de ações da companhia
Demonstrações financeiras	Conforme legislação	Conforme legislação	Traduzidas para o inglês

Nível 2	Nível 1	Básico
Permite a existência de ações ON e PN (com direitos adicionais)	Permite a existência de ações ON e PN (conforme legislação)	Permite a existência de ações ON e PN (conforme legislação)
No mínimo 25% de *free float*	No mínimo 25% de *free float*	Não há regra
Esforços de dispersão acionária	Esforços de dispersão acionária	Não há regra
Limitação de voto inferior a 5% do capital, quórum qualificado e "cláusulas pétreas"	Não há regra	Não há regra
Mínimo de 5 membros, dos quais pelo menos 20% devem ser independentes, com mandato unificado de até 2 anos	Mínimo de 3 membros (conforme legislação), com mandato unificado de até 2 anos	Mínimo de 3 membros (conforme legislação)
Presidente do conselho e diretor-presidente ou principal executivo pela mesma pessoa (carência de 3 anos a partir da adesão)	Presidente do conselho e diretor-presidente ou principal executivo pela mesma pessoa (carência de 3 anos a partir da adesão)	Não há regra
Manifestação sobre qualquer oferta pública de aquisição de ações da companhia	Não há regra	Não há regra
Traduzidas para o inglês	Conforme legislação	Conforme legislação

(*continua*)

QUADRO 1 Segmentos de listagem e níveis de governança coorporativa *(continuação)*

	Bovespa Mais	**Bovespa Mais Nível 2**	**Novo Mercado**
Reunião pública anual	Facultativa	Facultativa	Obrigatória
Calendário de eventos corporativos	Obrigatório	Obrigatório	Obrigatório
Divulgação adicional de informações	Política de negociação de valores mobiliários	Política de negociação de valores mobiliários	Política de negociação de valores mobiliários e código de conduta
Concessão de *tag along*	100% para ações ON	100% para ações ON e PN	100% para ações ON
Oferta pública de aquisição de ações no mínimo pelo valor econômico	Obrigatoriedade em caso de cancelamento de registro ou saída do segmento, exceto se houver migração para Novo Mercado	Obrigatoriedade em caso de cancelamento de registro ou saída do segmento, exceto se houver migração para Novo Mercado ou Nível 2	Obrigatoriedade em caso de cancelamento de registro ou saída do segmento
Adesão à Câmara de Arbitragem do Mercado	Obrigatório	Obrigatório	Obrigatório

Fonte: B3.

Nível 2	Nível 1	Básico
Obrigatória	Obrigatória	Facultativa
Obrigatório	Obrigatório	Facultativo
Política de negociação de valores mobiliários e código de conduta	Política de negociação de valores mobiliários e código de conduta	Não há regra
100% para ações ON e PN	80% para ações ON (conforme legislação)	80% para ações ON (conforme legislação)
Obrigatoriedade em caso de cancelamento de registro ou saída do segmento	Conforme legislação	Conforme legislação
Obrigatório	Facultativo	Facultativo

O valor patrimonial da ação, portanto, é o resultado da divisão do PL pela quantidade de ações emitidas. O valor da participação de cada acionista corresponde ao resultado da multiplicação entre o valor patrimonial da ação e o número de ações detidas.

Vale notar que, a cada exercício, os lucros gerados pela empresa podem ser retidos para financiar o crescimento da operação ou distribuídos em forma de dividendos, assunto que será aprofundado adiante.

Para empresas com ações negociadas em bolsas de valores, o valor de mercado representa a cotação média resultante das diversas transações efetuadas entre compradores e vendedores da ação. Reflete as expectativas dos agentes econômicos em relação à economia em geral e aos fundamentos da empresa em particular. Vale destacar que essas transações ocorrem no mercado secundário que, quanto mais ativo, mais assertivo tende a ser em relação ao valor da ação.

Não existe relação aparente entre valor patrimonial e valor de mercado. Enquanto o primeiro se movimenta de acordo com os valores contábeis dos ativos e passivos, o segundo é resultado das forças de oferta (venda) e procura (compra) que têm lugar nos ambientes de negociação das bolsas.

O valor intrínseco de uma ação equivale ao valor presente de um fluxo de caixa esperado. Este é descontado a uma taxa de retorno mínima requerida pelos investidores, que incorpora os riscos associados ao investimento. O valor intrínseco embute o potencial de remuneração da ação, fundamentando-se nas possibilidades de desempenho da empresa no futuro e no comportamento esperado da economia.

Fonte: Assaf Neto A, 2021.

A avaliação do investidor sobre a taxa de retorno, ou rentabilidade, obtida com as ações deve levar em conta tanto a valorização do preço observada entre as datas da compra e da venda quanto os dividendos distribuídos pela empresa no período.

Sobre a valorização, ela pode ser positiva ou negativa, conforme os preços tenham subido ou caído, respectivamente, desde a data da compra. A valorização da ação em um período compreendido entre a data da compra e a data da venda é calculada da seguinte forma: ((valor de venda/valor de compra)-1)*100.

Nas datas em que o investidor vende as ações previamente compradas, ele recebe os recursos de volta e apura o resultado, porém é possível utilizar a fórmula apresentada para calcular a rentabilidade acumulada pela ação para qualquer período. Dessa forma, o investidor pode comparar o desempenho das ações para prazos idênticos.

Os lucros gerados podem ser reinvestidos para financiar os planos de investimento para ampliação da capacidade produtiva, reduzir custos ou absorver novas tecnologias. Essa pode ser uma alternativa bastante interessante para evitar o endividamento em cenários de taxas de juros elevadas.

A parte não retida do lucro líquido de uma empresa é distribuída, normalmente em dinheiro, em forma de dividendos aos seus acionistas. A definição do valor a ser pago depende tanto dos lucros obtidos pela companhia quanto das expectativas sobre necessidades de caixa para financiar planos de investimento ou mesmo enfrentar adversidades que se avizinham. No Brasil, todos os acionistas têm direito a receber dividendos em cada exercício.

O estatuto social da empresa deve definir a base de cálculo para a apuração dos dividendos, o percentual a ser distribuído, bem como a periodicidade de pagamento. Em geral as empresas costumam distribuir algo em torno de 25% sobre o lucro líquido ajustado no exercício. Nos casos de omissão, a legislação estipula que 50% devem ser obrigatoriamente distribuídos a todos os acionistas, com acréscimo de 10% para os dividendos pagos preferencialmente em relação aos detentores de ações ordinárias.

As companhias abertas têm a faculdade de não distribuir dividendos nos exercícios em que a geração ou previsão de fluxo de caixa seja insuficiente para seu pagamento.

Uma forma similar de distribuição de dividendos prevista pela legislação societária brasileira são os juros sobre capital próprio. Com base nas reservas de lucros de resultados anteriores não distribuídos, as empresas calculam e pagam aos acionistas valores que, por definição, são descontados do valor do dividendo obrigatório. Os acionistas ainda contam com alguns direitos adicionais. São eles: subscrição, bonificação e desdobramento (*split*).

Direito de subscrição é definido como a preferência conferida aos acionistas atuais para subscreverem novas ações emitidas. Nesse caso, eles têm o direito de, por um período determinado, exercer a opção de compra dos novos papéis, na proporção da quantidade detida, por um preço previamente estabelecido e, em geral, menor que o valor de mercado, propiciando um ganho decorrente dessa diferença.

Os direitos de subscrição podem ser transferidos a terceiros por meio da emissão de bônus de subscrição que podem ser negociados e conferem ao seu titular o direito de adquirir as ações novas pelo preço da oferta. Vale notar que os acionistas que não subscreverem as novas ações terão seus direitos políticos e econômicos diluídos, em consequência da menor participação no capital da companhia.

Vez por outra, a empresa incorpora ao seu capital social reservas de lucros retidos nos exercícios anteriores; nesses casos, é comum os acionistas atuais fazerem jus a novas ações na proporção de sua participação. Esse é um direito denominado bonificação. Como não houve geração de riqueza, apenas a realocação entre as contas do PL, não há nenhuma mudança no valor de mercado da ação.

Desdobramento ou *split* é uma operação em que a empresa desdobra as ações antigas em novas, aumentando a quantidade de ações em circulação. Dessa forma, os atuais acionistas recebem novas ações na proporção possuída, não alterando sua participação. Como não há alteração no capital social, o aumento da quantidade de ações resulta na redução do valor da ação. É uma medida a que se recorre, por exemplo, quando se deseja aumentar o número de negócios da empresa, conhecido como liquidez, que, em geral, tem impactos positivos sobre a valorização dos títulos.

Valorização dos preços das ações: diferença entre o preço de compra e de venda, que pode ser positiva ou negativa. Pode ser calculada também para qualquer período em que se queira identificar o resultado potencial.

Dividendos: valores pagos aos acionistas, periodicamente, como forma de distribuição dos lucros gerados.

Direito de subscrição: preferência conferida aos acionistas atuais para subscreverem novas ações emitidas, na proporção da quantidade detida, por um preço previamente estabelecido e, em geral, menor que o valor de mercado. Dá origem aos bônus de subscrição.

Bonificação: novas ações emitidas para os acionistas atuais, na proporção de sua participação, decorrente da incorporação das reservas de lucros não distribuídos ao capital social; não há alteração no valor da ação.

Desdobramento ou *split*: operação em que a empresa desdobra as ações antigas em novas, aumentando a quantidade de ações em circulação. Os atuais acionistas recebem novas ações na proporção possuída, não alterando o valor econômico de sua participação, e, como consequência, o valor da ação é reduzido.

BOLSA DE VALORES

Após as ações serem lançadas na emissão primária, elas são negociadas no mercado secundário em ambientes próprios para compra, venda e registro das transações; são eles as bolsas de valores e os mercados organizados de balcão. Como as pessoas físicas em geral negociam suas ações em bolsa de valores, este será o foco desta seção.

As bolsas de valores oferecem aos interessados em negociar suas ações um ambiente em que as ordens de compra e venda possam ser registradas de forma transparente e segura, facilitando a formação de preço e o curso das transações até sua liquidação.

No Brasil, existe apenas uma bolsa de valores, denominada B3: a empresa resultante da incorporação da Cetip pela BM&FBovespa. Além das ações, a B3 tem ambientes em que são negociados derivativos e títulos de renda fixa privados. As operações na bolsa são realizadas por corretoras de valores, empresas autorizadas a funcionar pelo Banco Central do Brasil (BCB), cuja licença para operar com ações é concedida pela CVM. Para poder comprar ou vender ações, os investidores devem se cadastrar em uma corretora e enviar suas ordens de duas formas: diretamente à mesa de operações, por meio do telefone, ou utilizar a internet para acessar um site próprio, conhecido como *home broker*.

Home broker

O *home broker* permite a negociação de ações via internet. Ele está interligado ao sistema de negociação da BM&FBovespa e permite enviar ordens de compra e venda de ações por meio do site de sua corretora. Para fazer essas operações, é necessário que a corretora da qual se é cliente disponha do sistema *home broker*.

É necessário abrir um cadastro na corretora e fazer uma transferência para a conta bancária indicada pela instituição, no valor total da operação que deseja realizar. A corretora, então, executa sua ordem de compra de ações.

É possível contar ainda com os simuladores do mercado de ações que, para aqueles que nunca tiveram uma experiência com a bolsa, é uma ferramenta bastante útil. Isso porque possibilitam que o futuro investidor aprenda os mecanismos do mercado, com simulações de toda a operação, sem precisar desembolsar um centavo sequer.

A internet tem contribuído para que pequenos e médios investidores, pessoas físicas ou jurídicas, possam comprar ações diretamente na bolsa e não apenas por meio dos fundos de ações ou de clubes de investimentos. Com um clique é possível fazer de casa as operações que desejar na bolsa de valores.

Fonte: http://www.comoinvestir.com.br.

As negociações efetuadas na B3 são liquidadas pela Companhia Brasileira de Liquidação e Custódia (CBLC), empresa do mesmo grupo, que também executa a custódia dos títulos e o controle dos direitos e obrigações, como dividendos. A bolsa de valores oferece três mercados distintos de negociação: à vista, a termo e opções.

O mercado à vista se caracteriza pela entrega física das ações. As corretoras envolvidas nas transações executam as ordens de transferência de titularidade entre compradores e vendedores (liquidação física), que ocorre em 2 dias úteis e, então, ordenam a liquidação financeira, que ocorre no dia útil seguinte.

O mercado a termo pressupõe a existência de um contrato disciplinando compromisso para a entrega e o pagamento de ações em data futura mediante preço definido na data da contratação. A divergência existente entre as expectativas de comprador e vendedor em relação à evolução dos preços alimenta esses mercados de liquidação futura. Além da ação, o contrato deve especificar a quantidade, a data e o preço acordado entre as partes. Não obstante essa data, o contrato pode ser liquidado antes do vencimento.

Para evitar riscos de inadimplência, volatilidades espúrias e problemas de liquidez, a B3 exige de compradores e vendedores o depósito de garantias na CBLC. A cobertura é uma forma de garantia em que o vendedor entrega as ações objeto de negociação e se desobriga de qualquer outra garantia. Na modalidade margem de garantia, podem ser depositados valores monetários ou títulos públicos e privados.

No mercado de opções, são negociados direitos de compra ou venda de ações em datas futuras preestabelecidas. O pagamento por esse direito é chamado de prêmio e deve ser pago por compradores ou vendedores das opções na data da transação. Assim como no caso do mercado a termo, a quantidade de ações a serem negociadas é definida na data da transação da opção. Contudo, de forma distinta, datas e preços de liquidação, denominados data e preço de exercício, são determinados pela bolsa.

O fato de a B3 determinar preços e datas torna o mercado de opções mais padronizado, permitindo que compradores das opções (de compra ou de venda) negociem livremente os prêmios pagos, transferindo, assim, os direitos da opção. Caso esse investidor da opção de compra ou de venda não a exerça, ele perde o prêmio pago.

A opção de compra confere ao seu titular o direito de comprar a ação objeto pelo preço de exercício, enquanto a opção de venda embute o direito de vender a ação objeto ao preço de exercício. O vendedor de uma opção é conhecido como lançador.

Os detentores de opções de compra esperam que o preço da ação objeto suba entre a data do pagamento do prêmio e a data de exercício, de modo que possam adquiri-las por um preço menor que o praticado no mercado na data do exercício. Já os detentores das opções de venda esperam que o preço da ação objeto ceda e, com isso, possam vendê-las por um preço maior que o verificado na data do exercício.

Além das ações, os investidores brasileiros também podem adquirir Brazilian Depositary Receipts (BDR), certificados emitidos no Brasil e lastreados por ações emitidas por companhias estrangeiras. Essas ações ficam custodiadas em instituições habilitadas em seu país-sede. No Brasil, os BDR são emitidos por instituições financeiras depositárias responsáveis perante a CVM pelo lançamento, registro e controle dos certificados. Os BDR são negociados como se fossem ações. Os BDR podem ser classificados como não patrocinados e patrocinados, situação em que se subdividem em outros três níveis: I, II e III.

Segundo a B3, para a emissão do BDR patrocinado, a companhia emissora dos valores mobiliários no exterior deve contratar uma instituição depositária no Brasil, a qual será responsável por emitir os BDR. Nesse caso, a instituição depositária tem como responsabilidade garantir que os BDR patrocinados emitidos no Brasil de fato estejam lastreados nos valores mobiliários emitidos no exterior. Dessa forma, a instituição depositária mantém uma conta em um custodiante no exterior, no qual permanecem depositados e bloqueados os respectivos valores mobiliários utilizados como lastro dos BDR patrocinados. A instituição depositária deve garantir que não haja nenhum descasamento entre o saldo dos valores mobiliários no exterior e dos BDR emitidos no Brasil. Como distinção mais relevante entre os diferentes níveis de BDR, destaca-se o fato de o nível I não exigir registro da companhia estrangeira na CVM, enquanto o nível II impõe essa obrigação e o nível III impõe, ainda, que a oferta pública de distribuição ocorra simultaneamente no Brasil e no exterior.

Os índices da bolsa

Por dia são realizadas mais de 3,6 milhões de transações na B3. Vendedores apuram seus ganhos ou perdas e compradores apostam no futuro das empresas e ações recém-adquiridas. Mesmo para aqueles que não venderam suas ações, é importante saber se elas estão se valorizando ou, de outra forma, perdendo valor.

Todas as transações são registradas com seus respectivos preços, quantidades e contrapartes, entre outras informações necessárias para sua liquidação. De posse desses dados as bolsas apuram, a cada dia, os preços médios de negociação de cada ação e, a partir deles, calcula um índice que se assemelha a um preço médio de todas as ações negociadas na data.

O índice deve levar em conta a representatividade, o volume negociado ou a capitalização de mercado das empresas e o preço, de maneira que o valor do índice reflita o valor total do conjunto das ações da bolsa. À imagem de uma carteira de ações de um investidor, a variação do índice em um dia, ou qualquer período, deve equivaler à variação de sua carteira.

Os índices fornecem informações importantes sobre a dinâmica da economia e parâmetros de comparação para os investidores, que podem verificar seus ganhos relativos em relação a uma carreira do mercado. Considerando que vários estudos indicam que os preços das ações são fortemente correlacionados, o índice pode ajudar os investidores na identificação daquelas que se deslocam do mercado, tanto para cima quanto para baixo.

No Brasil, o índice mais famoso é o Ibovespa, que reflete o conjunto das ações mais representativas da bolsa. Em anos recentes, a B3 vem desenvolvendo índices mais específicos para setores, como o índice de energia elétrica (IEE) ou o índice setorial de telecomunicações (Itel), ou por características como capitalização de mercado, por exemplo, o índice de *small cap* (SMLL). Mais informações podem ser obtidas em http://www.B3.com.br.

Índices mais específicos são importantes para comparações mais precisas, já que permitem analisar as ações individuais com um grupo mais homogêneo e representativo para ela.

Custos

Para comprar ou vender ações no ambiente da bolsa, os investidores devem arcar com custos. As transações no ambiente da bolsa implicam custos, entre os quais se destacam corretagem, taxa de custódia e emolumentos cobrados pela bolsa.

A corretagem é cobrada pelas corretoras de valores para remunerar sua atividade. Ela pode ser expressa como um percentual do valor transacionado ou como um valor fixo. Ela costuma variar de acordo com o montante negociado: quanto maior o valor, proporcionalmente menores as taxas. Como se trata de um preço estabelecido pela corretora, elas variam entre as empresas.

A taxa de custódia também é cobrada pela corretora para manutenção e guarda das ações sob custódia. Assim como a corretagem, ela varia de acordo com o montante e a corretora. Emolumentos e outras despesas são taxas cobradas pela B3 para cobrir os custos operacionais relacionados à realização de negócios no mercado de ações. São percentuais que incidem sobre o valor das operações.

Imposto de renda (IR)

A base de cálculo do IR é constituída pela diferença entre o preço de venda e o preço de compra acrescido dos custos de transação. Para efeito de recolhimento, são isentos os ganhos líquidos auferidos por pessoa física em operações no mercado à vista de ações, nos casos em que o valor vendido em cada mês seja igual ou inferior a R$ 20.000 para o conjunto de ações negociado. O IR deve ser recolhido via Documento de Arrecadação da Receita Federal (DARF) até o último dia útil do mês subsequente ao da venda das ações.

QUADRO 2 Tributação no mercado de renda variável

Operações/ativos	Imposto de renda
Venda de ações	15% sobre rendimento líquido e 0,005% retido na fonte como antecipação
Day trade (operações iniciadas e encerradas no mesmo dia)	20% sobre rendimento líquido e 1% retido na fonte como antecipação
Dividendos	Os ganhos com dividendos são isentos, pois o lucro que lhes deu origem já foi tributado
Juros sobre capital próprio	15% sobre o valor pago pela empresa ao acionista

Fonte: http://www.comoinvestir.com.br.

INDICADORES E AVALIAÇÃO DE AÇÕES

O processo de seleção de ações pressupõe que o investidor já passou por uma etapa anterior de decisão de alocação entre as classes de ativos e destinou parte de seus recursos ao mercado acionário.

O investimento em ações implica estar exposto aos riscos da empresa, que, por sua vez, sofre forte influência do ambiente econômico. Uma forma bastante usual de iniciar o processo de análise é elaborar cenários econômicos e políticos e projetar alguns anos à frente, de 3 a 10 anos. Entre as principais variáveis a serem observadas devem estar, além dos índices de ações, indicadores de inflação, emprego, renda, balança comercial, venda, confiança, taxa de juros, cotação do dólar, entre outros.

Após os cenários, o próximo passo é elaborar uma análise setorial. Por setor entende-se o tipo de atividade produtiva desempenhada pela empresa, quais produtos e serviços ela fornece e as características de seus principais clientes. Contudo, isso não é suficiente; como o interesse da análise repousa sobre o desempenho futuro da empresa, é importante agregar variáveis que possam ajudar a definir o foco. Para tanto, conhecer as principais fontes de receita, componentes de custo e concorrentes também se faz necessário para mapear a competitividade da empresa. Para além da visão simplificada do setor, é conveniente entender a relevância das receitas e dos custos em moeda estrangeira, a matriz tecnológica, o segmento de cliente e assim por diante, até que se chegue a um grupo representativo.

Por fim, escolhidos os setores, devem-se selecionar as empresas que apresentam as melhores perspectivas em comparação às demais. Os fundamentos da empresa estão ligados à consistência de seu plano de investimento, à capacidade empresarial para executar esse plano, à competência de gestão, à estrutura de capital e indicadores econômico-financeiros que indiquem o quanto a empresa será capaz de enfrentar o cenário econômico e a concorrência em seu setor. Essa análise é conhecida como fundamentalista.

Existem outros roteiros de análise que podem complementar o que já foi descrito, mas, em geral, a capacidade preditiva passa necessariamente por uma boa análise de ambiente. Vale ressaltar o método alternativo conhecido como análise técnica ou gráfica, em que o objeto de análise está centrado nos movimentos dos preços e volumes transacionados nas bolsas de valores. Essa técnica identifica padrões de desempenho das ações e do mercado como um todo e, a partir do comportamento passado, projeta o futuro.

Indicadores

A seguir, são apresentados três indicadores bastante utilizados pelos investidores para aferir o desempenho das empresas e indicar suas perspectivas. A observação desses indicadores em uma janela de tempo, a comparação com os apurados pelas empresas do mesmo setor e os resultados das empresas no presente fornecem indicações valiosas sobre a efetividade dessas métricas. O desempenho no presente, em geral, é avaliado pela valorização das cotações das ações nas bolsas. É comum que os agentes de mercado produzam médias, medianas e demais estatísticas que traduzem o desempenho dos setores para realizar uma avaliação comparativa.

Índice preço/lucro (P/L)

Indica o número de anos que o investidor levaria para recuperar o valor investido na ação. É calculado pela divisão entre o preço de mercado da ação e o lucro por ação. É bastante utilizado não só por ser uma boa indicação, mas também por sua simplicidade de cálculo.

Índice PL/EBITDA

EBITDA é uma sigla que significa "Lucro Antes do pagamento de Juros, Impostos, Depreciação e Amortização" (denominado LAJIDA no Brasil). Representa o fluxo de caixa operacional da empresa, ou seja, o quanto de caixa se é capaz de gerar em um exercício contábil. Esse indicador mede quantos anos a empresa demandará para gerar um caixa equivalente ao seu PL. Em geral, os analistas compram PL/EBITDA de várias empresas e definem índices médios que servem para balizar expectativas sobre a eficiência operacional de cada uma em relação ao mercado.

Dividend yield

Indica a rentabilidade proveniente do pagamento de dividendos sobre o valor da ação. As empresas com *dividend yield* mais elevados são consideradas boas pagadoras de dividendos. Conforme consigam manter essa relação estável, a remuneração desses títulos passa a ser considerada híbrida, parte variável e parte similar a uma operação de renda fixa.

GESTÃO EM AÇÕES

A boa gestão de investimentos busca maximizar o retorno de uma carteira de ativos, em nosso caso ações, para um dado nível de risco aceitável para o investidor. Para alcançar essa relação de risco-retorno, é importante diversificar entre setores, empresas etc. O estilo de gestão é um traço de comportamento utilizado na seleção das ações para incrementar a relação. Conforme o ciclo econômico, a conjuntura, os avanços dos preços relativos, as tendências e assim por diante, pode ser recomendável investir parcelas maiores ou menores dos recursos em determinadas ações.

Value (valor)

Investidores orientados pelo estilo *value* procuram ações que estejam sendo negociadas abaixo de seu valor intrínseco (valor do fluxo de caixa projetado descontado por uma taxa de juros). A premissa é que receitas e ganhos futuros não estejam sendo adequadamente capturados pelos demais agentes do mercado e, portanto, que o preço esteja subavaliado em relação ao valor potencial. As ações de valor tendem a gerar desempenho mais favorável em períodos de baixo crescimento.

Growth (crescimento)

Investidores orientados pelo estilo crescimento procuram ações de empresas que historicamente apresentem crescimento e lucro acima da média do mercado. A premissa é que receitas e ganhos futuros continuarão acima da média, agregando valor à companhia no longo prazo. Por apresentarem preços mais elevados, essas ações costumam gerar ganhos proporcionalmente menores. Em geral, elas são mais afetadas pelos ciclos econômicos.

Large cap (grandes empresas)

Ao adquirir ações de companhias de alta capitalização de mercado, os investidores buscam por empresas mais conhecidas, que tendem a ter desempenho mais estável, porém consistente no longo prazo. Em geral, acompanham os ciclos econômicos.

Small caps (pequenas empresas)

As empresas de menor capitalização de mercado costumam embutir a perspectiva de ganhos mais elevados em decorrência do maior espaço que possuem para crescer e, portanto, maior potencial de valorização de suas ações. Em contrapartida, o nível de risco incorrido é mais alto. Tendem a reagir com mais intensidade aos ciclos econômicos.

Como é possível depreender, não existe estilo melhor ou pior: todos podem ser adequados de acordo com os objetivos de investimento, o perfil de risco do investidor e os cenários esperados. A composição desses diferentes estilos, em conjunto com outros, sempre poderá ajudar na diversificação do risco da carteira de ativos que tenderá a produzir uma relação de risco-retorno mais interessante.

CONSIDERAÇÕES FINAIS

Este capítulo buscou transmitir conceitos sobre o mercado acionário e aspectos de negociação que podem ajudar em sua decisão. Ações são investimentos que embutem maior risco e devem ocupar a parcela de seus recursos que, de fato, estão livres de obrigações. Tomada a decisão sobre a parcela a ser destinada à compra de ações, é importante verificar os objetivos pessoais ao longo do tempo e buscar empresas cujas perspectivas de negócios e perfil, tanto de valorização quanto de pagamento de dividendos, estejam alinhadas com crenças e preferências. É importante não esquecer também de verificar custos de transação e impostos; negligenciar essas despesas pode transformar bons negócios em histórias decepcionantes.

QUESTÕES PARA REFLEXÃO

1. Quais as diferenças entre compra de ações nos mercados primário e secundário?
2. Quais os principais fatores que podem afetar os preços das ações?
3. Qual a importância dos níveis de governança no desempenho das ações?
4. Quais os principais indicadores para medir o desempenho das empresas?
5. Qual estilo de gestão é o mais adequado para seus objetivos de investimento?

REFERÊNCIAS

Assaf Neto A. Mercado financeiro. 15. ed. São Paulo: Atlas; 2021.

B3. Disponível em: http://B3.com.br. Acesso em: fev. de 2025.

Comissão de Valores Mobiliários. Disponível em: http://www.cvm.gov.br. Acesso em: fev. de 2025.

Como Investir. Disponível em: http://www.comoinvestir.com.br. Acesso em: fev. de 2025.

Hull J. Fundamentos dos mercados futuros e de opções. 4. ed. São Paulo: BMF Brasil; 2005.

Hull J. Opções, futuros e outros derivativos. 9. ed. São Paulo: Bookman; 2016.

Ross SA, Westerfield RW, Jaffe JT, Lamb R. Administração financeira: corporate finance. 10. ed. São Paulo: Atlas; 2015.

CAPÍTULO 13

Investimento em imóveis

Arthur Vieira de Moraes

Neste capítulo são apresentadas as diversas possibilidades de investimento em ativos de base imobiliária, com ênfase nos fundos de investimento imobiliário e suas contribuições para o planejamento financeiro pessoal e diversificação de portfólio.

INTRODUÇÃO

O investimento em imóveis é tradicional, popular e resiliente. Em tempos de inovações disruptivas, em que algumas empresas são descontinuadas, atropeladas por novas tendências e comportamentos, pairam dúvidas sobre a perenidade deste ou daquele segmento de negócio, mas ninguém se questiona se haverá imóveis no futuro. O drástico evento da pandemia de Covid-19 mais uma vez demonstrou a resiliência desses ativos.

As tendências mudam. Alguns produtos e serviços tornam-se obsoletos, enquanto outros, que até há pouco sequer existiam, surgem e revolucionam o mercado. Mas uma coisa não muda: não existe negócio sem imóveis. Não importa a área de atuação de uma empresa; ela sempre demandará imóveis.

Uma empresa de *e-commerce* é virtual para quem consome, mas demanda, no mínimo, um escritório de representação, um espaço para equipe e estrutura de atendimento ao cliente, um ou mais galpões para abrigar seus centros de distribuição e um espaço adequado para abrigar seus servidores. Um único negócio "virtual" e ao menos quatro imóveis diferentes e bem específicos são necessários. À medida que a empresa crescer, necessitará de mais espaço e demandará outros imóveis.

Hospitais, escolas, *shopping centers*, fábricas, cemitérios, teatros, bancos, salões de cabeleireiros. Não importa. Pense em um negócio e perceba que, sem um imóvel, não é possível concretizá-lo. O mesmo se aplica ao agronegócio: as terras também são imóveis. Até a estrutura mais simples de um negócio, o *home office*, demanda um imóvel, que é a casa do profissional.

Eis outro grande mercado do ramo imobiliário: as sempre necessárias e desejadas moradias. De todos os tamanhos e padrões de acabamento. Pessoas não apenas precisam morar, mas também desejam morar bem e não medem esforços para atingir esse objetivo. Ocorre que a percepção do que é morar bem muda periodicamente. Para cada fase da vida, um imóvel diferente. A moradia estudantil, o primeiro (e pequeno) apartamento, a residência maior para abrigar o primeiro filho, depois a casa maior e mais confortável para coroar o esforço de uma carreira. Até que os filhos crescem, a casa fica grande (e custosa) demais, e então é o momento de partir para uma residência menor e mais bem adaptada para a terceira idade. Enquanto isso, os filhos estão na residência estudantil e o ciclo se renova.

O mercado é amplo, complexo e segmentado. O que é bom, pois é capaz de atender a todos os perfis de investidores, mas demanda conhecimento. Além disso, a securitização de ativos ampliou significativamente o acesso ao mercado. Por meio dos fundos de investimento imobiliário (FII), não há mais requisitos mínimos de capital, nem fronteiras físicas para que um investidor tenha ativos imobiliários.

O investimento em imóveis será sempre uma opção viável no portfólio de um investidor. Desde a construção até a locação de imóveis já prontos, há oportunidades para investidores dos mais variados portes e perfis de risco. Os FII apresentam-se como alternativa ou complemento, uma vez que as opções (imóveis e FII) não são excludentes, mas sim complementares.

No âmbito deste livro, os imóveis são tratados como investimentos, porém a grande maioria dos brasileiros aloca a maior parte de seu patrimônio em um imóvel para habitar. Ainda que o propósito moradia possa parecer diferente de investir, para fins de planejamento financeiro o patrimônio é um só, e deve-se primar pela diversificação de ativos. Portanto, a um investidor de pequeno e médio porte, que já possua um imóvel para habitação, o investimento via cotas de FII deve ser preferido, pois possibilita o investimento fracionado e permite que se estabeleçam e cumpram limites de alocação em ativos imobiliários.

Investidores de grande porte, a seu turno, podem preferir a alocação direta em imóveis, por poder comprá-los sem comprometer a diversificação do portfólio e porque a liquidez dos FII, embora crescente, não é suficiente para absorver aportes milionários. Tal fato não impede que esses investidores de maior porte invistam parcela menor em fundos imobiliários, a fim de aproveitar as vantagens desse veículo, principalmente o incentivo fiscal e a arbitragem de preços em períodos de grandes altas ou quedas das cotas dos FII na bolsa de valores, desviando-se dos valores patrimoniais e dos preços praticados no mercado real, imobiliário.

Direta ou indiretamente, as estratégias de investimento são variadas. Pode-se mirar a construção de imóveis para venda posterior, construção com vistas à obtenção de renda de locação ou compra de imóveis já prontos para fins de venda ou locação.

O desenvolvimento imobiliário abarca desde a prospecção e aquisição de um terreno até a definição, viabilização e execução do projeto, com a entrega do imóvel pronto. Desse amplo negócio podem participar incorporadores, construtores, vendedores e gestores. A fase de construção demanda capital intensivamente, e é comum que o incorporador admita a participação de investidores, como forma de acessar financiamento privado, bem como dirimir riscos. Aqueles com perfil de risco mais arrojado e disponibilidade de abrir mão de liquidez podem se interessar e ingressar no investimento em três fases diferentes.

Quando o investimento é feito ainda durante o lançamento do empreendimento, assumem-se altos riscos de enfrentar problemas com licenças e aprovação do projeto, estouro de orçamento das obras, embargos, acidentes, entre tantos fatos que podem atrasar e encarecer o projeto. O retorno esperado vai depender do tipo e da destinação do imóvel, mas precisa ser alto para compensar os riscos assumidos.

Na fase seguinte, da construção ou de obras, os riscos ainda são altos, mas vão diminuindo à medida que a obra avança, pela redução da incerteza e perspectiva de proximidade do início de recebimento de fluxos. Com risco um pouco menor, o retorno esperado também pode ser menor.

Por fim, é possível investir em imóveis já prontos. Os maiores riscos já foram debelados, e os que restam estão relacionados principalmente à velocidade de vendas e risco de crédito, entre outros. Consequentemente, os retornos esperados devem ser menores que os almejados nas fases anteriores da obra.

Não se trata de comprar na planta para vender nas chaves, ou de investir em condo-hotéis, como fazem muitos brasileiros. A incorporação seria o investimento no atacado, enquanto a compra de uma unidade na planta equivaleria ao investimento de varejo que, de fato, dá saída ao investidor original.

Há grandes grupos profissionais que atuam no mercado de incorporação e construção. Investidores de grande porte participam dos empreendimentos como sócios ou credores, por meio da compra de cotas de sociedades de propósito específico (SPE), cotas de fundos de investimento em participação (FIP) ou cotas de FII restritos a investidores qualificados. Esses casos integralizam as cotas em dinheiro ou, não raro, em terrenos (os chamados terrenistas). Quando credores, investem em debêntures ou certificados de recebíveis imobiliários (CRI) de emissão ou cedidos pelo incorporador.

Também é prática comum pessoas físicas investirem em condo-hotéis ou imóveis na planta. Em outros casos, e especialmente nas cidades interioranas, se reúnem (às vezes até informalmente) para construir pequenos prédios para vender. Para estes, a alternativa do investimento via FII pode ser mais indicada, principalmente por oferecer maiores segurança jurídica e transparência.

Quem prefere menos riscos pode focar no estoque de imóveis prontos, já usados. Nesse mercado as opções também são de aquisição de imóveis para posterior venda ou com o objetivo de obtenção de renda de locação. Os riscos são decorrentes das condições de mercado, que, se desfavoráveis, podem implicar a desvalorização do valor dos imóveis e dos aluguéis praticados, além da vacância temporária dos imóveis. Esse segmento de mercado é acessado por investidores de todos os portes. É importante entender que, no mercado imobiliário, errar custa caro. Uma compra malfeita pode ser difícil e demorada de reverter. Por isso, investidores de menor porte devem considerar também o investimento indireto, que facilita a diversificação.

Como visto, os imóveis são e continuarão sendo uma das alternativas de investimento preferidas dos brasileiros. Trata-se de um mercado muito grande e que comporta investidores variados, desde os profissionais de grande porte até pequenos e amadores, que muitas vezes nem conhecem todos os riscos que assumem, mas que, apesar deles, costumam ter sucesso nos seus investimentos. Imóveis disciplinam os investidores e propiciam a formação gradual de patrimônio no longo prazo.

Ainda que muitos especialistas do setor financeiro possam apontar para instrumentos financeiros de renda fixa e renda variável mais rentáveis e até menos arriscados, é fato que muitas gerações de brasileiros conseguiram atravessar as instabilidades econômicas do país e acumular patrimônio por meio do investimento em imóveis. Afinal, não é esse o objetivo?

Sim, mas isso não significa que se deva ignorar outras oportunidades de investimento. Ampliar o conhecimento sobre o mercado financeiro, planejar e diversificar um portfólio de investimentos é vital. Essa é a razão pela qual, nas próximas páginas, serão tratados os fundos de investimento imobiliário.

FUNDO DE INVESTIMENTO IMOBILIÁRIO

A tradição dos imóveis encontra o dinamismo da bolsa de valores em FII.

Em 1960, uma nova classe de ativos foi criada nos Estados Unidos, os *real estate investment trust* (REIT). Fundos com cotas admitidas à negociação em bolsa de valores, destinados a investir os recursos dos cotistas em empreendimentos imobiliários. Foram criados com o objetivo de incrementar a transparência e reduzir os riscos do investimento no setor imobiliário. Após a aprovação de uma lei que concedeu incentivos fiscais, em 1986, o mercado passou a crescer aceleradamente e hoje representa a terceira classe de ativos mais relevante daquele país, depois das ações e debêntures. Em 2025, o valor de mercado das cotas de REIT listadas em bolsa ultrapassava a cifra de um trilhão de dólares.

O modelo dos REIT vem sendo replicado em diversos países. O produto oferece financiamento para os empreendedores do mercado imobiliário e acesso a ativos imobiliários de porte muitas vezes inatingíveis pelo cidadão médio para os investidores.

No Brasil, os fundos de investimento imobiliário foram criados em 1993. Em 2025, o mercado local é composto por mais de 400 fundos, com patrimônio total próximo a cento e oitenta bilhões de reais, reunindo mais de dois milhões de investidores.

Os FII são fundos fechados; as cotas não podem ser resgatadas, mas são admitidas à negociação em bolsa, o que confere liquidez e transparência ao investimento. Os recursos dos cotistas podem ser investidos em empreendimentos imobiliários diversos, que vão desde imóveis em construção ou prontos, para fins de venda ou renda, até diversos valores mobiliários com lastro no mercado imobiliário, como LCI, LIG, CRI, CEPAC, ações e debêntures de empresas (desde que a atividade principal seja pertinente ao mercado imobiliário), entre outros. São ativos únicos, que concentram características dos imóveis, de renda fixa e de ações (renda variável), em um único produto financeiro. Por esse motivo, FII é uma classe de ativos irreplicável que pode fazer parte do portfólio de qualquer investidor.

A maior parte dos FII é destinada a explorar a renda de locação de imóveis comerciais, como escritórios de alto padrão, *shopping centers* e lojas de varejo, galpões (utilizados como centro de distribuição ou fábricas) e agências bancárias. Embora com participação menos expressiva, há FII que permitem ao investidor alcançar os segmentos de fazendas, hotéis, universidades, hospitais e até cemitérios. Há ainda FII que investem em imóveis residenciais para venda ou renda.

No campo dos valores mobiliários, é notável a relevância dos CRI na alocação de recursos dos FII. Também há um grande número de fundos destinados a comprar cotas de outros FII listados na B3, os chamados fundos de fundos ou FOF.

Para cada um dos segmentos, há oportunidades e riscos distintos. Os FII não são todos iguais, e a compreensão dessas particularidades permite que um investidor ou planejador financeiro adapte seu portfólio perfeitamente ao perfil desejado.

Os FII são ativos de renda variável. A distribuição de rendimentos decorre da existência de lucro. Conforme definido na Lei nº 8.668/1993, um fundo imobiliário é obrigado a distribuir 95% do lucro aos cotistas, semestralmente. Em fundos que exploram a locação de imóveis, é comum que a distribuição seja mensal. Vem daí a semelhança com a renda fixa, porém nada garante que a renda seja igual ao longo do tempo, já que deriva do lucro, que costuma variar e pode até deixar de existir, em caso de prejuízo.

A obrigação de distribuir 95% do lucro faz dos FII especialmente atraentes para aqueles que visam à obtenção de renda. Além de alta, a parcela dos lucros que é distribuída, chamada de rendimentos, é isenta de imposto de renda para cotistas pessoas físicas que não detenham mais que 10% das cotas de um mesmo fundo, desde que o FII tenha mais que 100 cotistas e seja listado em bolsa ou balcão organizado.

Já o ganho de capital, entendido como a venda de cotas com lucro, é tributado em 20% sobre o lucro líquido, com possibilidade de compensar prejuízos anteriores com lucros no mesmo mês ou meses subsequentes. Para os demais cotistas, a tributação pode recair sobre os rendimentos e ganho de capital, conforme o tipo de investidor (Tabela 1).

TABELA 1 Tributação FII

Tipo de investidor	Rendimentos	Ganho de capital
Pessoa física isenta	0%	20%
Pessoa física tributada	20%	20%
Pessoa jurídica	20%	20%
Fundos*	0%	0%
Não residentes	15%	0%
Residentes de paraíso fiscal	20%	20%

* Exceto FII que obtenha ganho de capital com cotas de outros FII.

COMPREENDENDO A RENDA – TIPOS DE CONTRATO DE LOCAÇÃO

Quem investe com o objetivo de obtenção de renda deve alocar recursos nos FII que explorem a locação de imóveis comerciais e, de preferência, diversificar entre setores. Assim como no investimento em imóveis, os FII podem gerar uma renda harmônica, ainda mais se o investidor optar por uma carteira que seja bem diversificada entre segmentos do mercado. Quanto maior o prazo investido, maior a participação da renda no resultado do investimento. Para investir conscientemente, é imprescindível entender os principais tipos de contrato de locação existentes, pois é esse o documento que formaliza o faturamento desses fundos.

A Lei nº 8.245/1991 regula a locação de imóveis urbanos. A maior parte dos fundos imobiliários para renda atua com locações comerciais, mas já é crescente o número de fundos que adquirem imóveis residenciais para renda. A seguir estão descritas as principais características dos contratos de locação.

São três os principais tipos de contratos de locação comercial que um investidor precisa conhecer: contrato típico, contrato atípico e contrato de locação de espaço em *shopping center* (ou contrato que estipula participação nos resultados).

De maneira geral, contratos são firmados por prazo determinado, com definição de valor de locação em moeda corrente, um índice de reajuste periódico e previsão de multa em caso de descumprimento do contrato.

O art. 19 prevê a possibilidade de revisão do valor do aluguel, a fim de ajustá-lo ao preço de mercado, a cada 3 anos. A lei não define prazo mínimo ou máximo, mas o art. 51 confere ao locatário direito de renovação do contrato (mesmo contra a vontade do locador – por via judicial), desde que o prazo mínimo estabelecido seja de 5 anos. Por isso, é usual que os contratos sejam firmados por, pelo menos, 5 anos.

Em conformidade com esses dispositivos legais, um contrato típico de locação comercial costuma ter as seguintes características: prazo de 5 anos, aluguel firmado em reais, reajuste anual do valor do aluguel de acordo com um índice de referência e revisão do valor da locação no terceiro ano. É importante frisar que é praxe que o contrato típico seja firmado por 5 anos, mas nada impede que o prazo seja diferente.

Sendo assim, considerando as regras de um contrato típico, firmado por 5 anos, o investidor pode esperar que o comportamento do faturamento do locador ocorra da seguinte maneira:

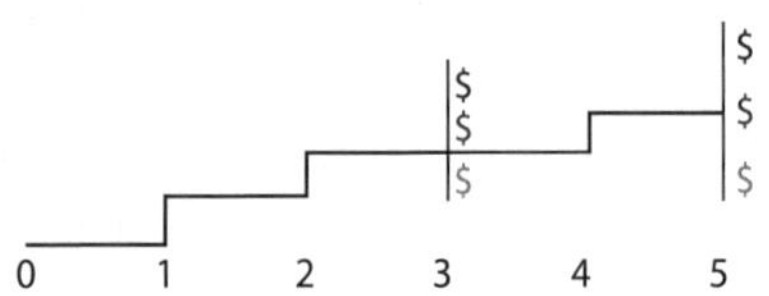

Firmado o contrato e definido o valor inicial de locação, a receita deve ser estável por 1 ano, até que o valor seja reajustado (normalmente pela variação do IGP-M ou IPCA), ficando estável até o fim do segundo ano, quando será novamente reajustada e permanecendo estável até o fim do terceiro ano.

Nesse momento, abre-se a janela da revisional do contrato e o valor principal pode ser repactuado. Se as condições do mercado tiverem mudado muito durante esses 3 anos, poderá ocorrer grande variação do valor originalmente contratado. Após a definição do novo valor de aluguel (amistosa ou judicialmente), o contrato segue normalmente e o fluxo será estável até o final do quarto ano, quando será reajustado pelo indexador e seguirá com o novo valor até o final, no quinto ano. Ao final do contrato, abre-se nova janela de negociação, e a receita de locação pode sofrer variação, em caso de renovação de contrato por valor diferente, ou até ser interrompida, caso o contrato não seja renovado.

Após compreender essas questões jurídicas, fica evidente que a renda de um FII não é fixa e que nada garante que a inflação seja reposta, pois no terceiro e no quinto anos as receitas podem variar para mais ou para menos. O investidor atento deve procurar saber quando os contratos do fundo em que investe chegarão nessas janelas, analisar a conjuntura econômica e estimar os impactos na receita do fundo.

Há outros dois fatores que podem levar à variação da renda contratada: a inadimplência e a rescisão antecipada do contrato. No primeiro caso, o fundo ficará sem renda por alguns períodos, até que o locatário regularize os pagamentos ou seja despejado. Já em caso de renúncia antecipada, não há inadimplência, e o fundo ainda recebe o valor da multa pactuada, mas o imóvel fica vago.

A vacância de um imóvel não apenas interrompe um fluxo positivo, mas também inicia um fluxo negativo, isto é, o locador deixa de receber o valor do aluguel e passa a ter de arcar com custos inerentes ao imóvel, como tributos e taxa condominial.

As condições são bem diferentes quando se trata de contratos atípicos de locação comercial. Estes são firmados em situações em que o locatário encomenda ao futuro locador que construa, reforme ou adquira um imóvel bem específico, que atenda às suas necessidades. A Lei de Locações positivou esse tipo de contrato em 2012, no art. 54-A.

No mercado, essas operações são chamadas de *built to suit* e *sale and leaseback*. No primeiro caso, um imóvel é construído sob medida para atender às necessidades do futuro locatário, por exemplo, um galpão que abrigará a nova planta fabril de uma empresa. No segundo caso, há uma operação de desmobilização, isto é, uma empresa que é proprietária e ocupa um imóvel adaptado ao seu uso vende o imóvel para um terceiro e permanece ocupando o imóvel, agora como locatária.

Os contratos atípicos costumam ser firmados por prazos longos, como 10 ou 20 anos, e com opção de renovação por igual período, se o locatário desejar. Não é o prazo largo que caracteriza a atipicidade; ele decorre da natureza da operação. Por um lado, tem-se, para o locatário, um imóvel estratégico e necessário para o desenvolvimento de suas atividades. Por outro lado, para o locador, tem-se um investimento grande, que demanda tempo para retornar acrescido do lucro esperado.

As condições atípicas são a renúncia do direito à ação revisional e a previsão de multa, caso o locatário queira encerrar o contrato antes do prazo, que poderá ser igual ao valor total dos aluguéis a receber. Com isso, o locatário terá mais previsibilidade de seus custos operacionais, e o locador garante que terá o retorno de seu capital investido. A multa se justifica para que o investidor imobiliário que construiu ou comprou um imóvel de interesse do inquilino tenha assegurado o retorno do capital investido.

Sabendo que o faturamento é proveniente de contratos atípicos, o investidor pode esperar o seguinte comportamento das receitas (considerando um contrato de 10 anos):

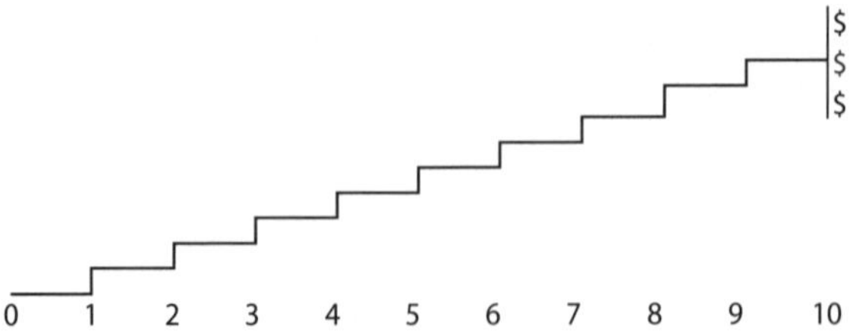

Durante todo o período do contrato, o fluxo esperado é estável, apenas reajustado periodicamente, de acordo com o índice combinado. Mesmo em caso de devolução antecipada do imóvel, a multa teria efeito equivalente ao cumprimento total do contrato, exceto pelo fato de os custos passarem a correr por conta do locador.

Em situações normais, o risco maior fica para o final do contrato, pois, caso o locatário decida pela não renovação, o locador fica com um imóvel vago, que pode ser difícil de alugar novamente, além de estar possivelmente antiquado. Não se deve desconsiderar também o risco de inadimplência, perene e inerente a qualquer locação. Além disso, em caso de renovação, é bem provável que os preços praticados no mercado estejam bem diferentes do último valor de locação, portanto o valor do aluguel em um novo contrato tende a sofrer grande variação.

Outra modalidade praticada no mercado é a dos contratos de locação com participação no faturamento do locatário. São mais usuais nos aluguéis de lojas em *shopping centers*, mas também são utilizados em locações de lojas de rua, hospitais e quaisquer outros casos em que as partes concordem.

Os contratos em *shopping centers* costumam ser firmados pelo prazo de 5 anos, com reajuste anual por um indexador e direito de revisional no terceiro ano. Até aqui, tudo é muito parecido com um contrato típico. A diferença é que a praxe do mercado estabelece o valor da locação como sendo o maior entre um valor determinado em reais (aluguel fixo) ou um percentual sobre o faturamento do lojista locatário. Além disso, alguns *shoppings* cobram 13 ou 14 aluguéis fixos por ano.

A título de exemplo, uma locação de loja em um *shopping center* já consolidado poderia ser entendida da seguinte maneira:

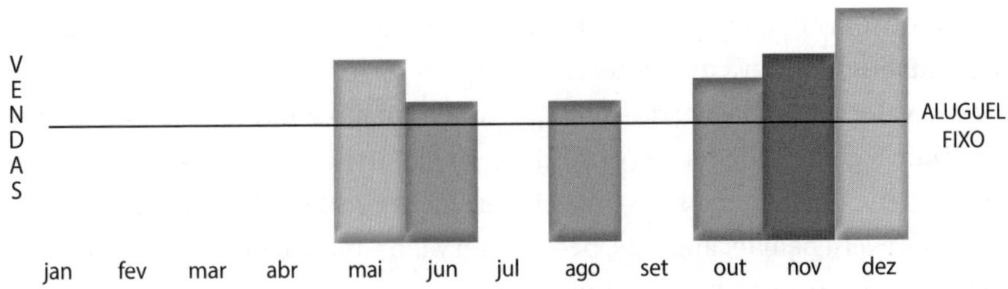

Nos meses comuns, o dono do imóvel do *shopping* fatura o valor já previsto pelo aluguel fixo, enquanto nos meses de maior movimento o aluguel fixo é superado pelo aluguel percentual.

A cláusula que prevê participação no faturamento do locatário é chamada no mercado de *rent bump* ou *kicker*, pois pode potencializar o retorno do locador. Quanto maior o faturamento do lojista locatário, maior a receita do locador. Esse é o tipo de contrato que melhor evidencia a natureza variável da renda de um fundo imobiliário.

O crescimento dos fundos imobiliários que investem em imóveis de varejo de rua tem levado maior profissionalização para esse segmento, de forma que contratos com participação no faturamento já vêm sendo adotados mesmo fora dos *shopping centers*.

No mercado residencial para renda há fundos que atuam nos moldes tradicionais de locação residencial, conforme a Lei de Locações, e os que preferem contratos de temporada. Na locação tradicional os prazos são de 30 meses (chamados de *long stay*), com reajustes por um indexador definido (geralmente IPCA ou IGP-M), multa por rescisão antecipada de até 3 meses de locação e garantias diversas, sendo o seguro fiança o tipo desejável, por transferir o risco de inadimplência para uma seguradora. Nos contratos por temporada (chamados de *short stay*), apartamentos são locados por diárias ou meses. A prática diminui riscos de inadimplência e permite maior velocidade de ajustes de preços de locação, conforme a demanda do mercado.

Os fundos que atuam no agronegócio visando renda utilizam contratos de arrendamento ou locação comercial. Em geral os negócios são originados a partir de operações de *sale and leaseback*, em que o dono das terras as vende para o fundo e as aluga (ou arrenda) logo em seguida. Além disso, é prática bastante comum a inclusão nos contratos de opções de compra das quais o vendedor das terras é titular, de forma que ele poderá recomprar as terras ao longo do tempo, por preço predeterminado, se assim quiser, e o fundo será obrigado a vender. O exercício do direito de recomprar as terras gera gatilhos de rentabilidade para os fundos; por outro lado, limitam os eventuais ganhos com a valorização das terras ao longo do tempo. Os contratos de locação formalizam a geração de receita dos FII que exploram imóveis para renda, mas só haverá renda contratada se os imóveis pertencentes ao fundo estiverem locados. Bons imóveis, bem localizados, bem conservados, modernos e certificados com selos de eficiência ambiental contribuem para a eficiência operacional de seus ocupantes e atraem bons locatários.

COMPREENDENDO OS FUNDOS – ONDE INVESTEM

Diante de um mercado tão dinâmico, é preciso entender como funcionam os diferentes segmentos dos locatários. Boa parte dos FII listados nacionais investem preponderantemente em grandes escritórios comerciais, chamados usualmente de lajes corporativas. A preferência dos gestores recai sobre escritórios de alto padrão, assim definidos de acordo com parâmetros utilizados por consultorias imobiliárias especializadas. Embora exista diferença de critérios entre consultorias, em geral são avaliados como de alto padrão imóveis que apresentam aspectos como:

- Área superior a 500 m^2.
- Boa relação de vagas de garagem por m^2 de área útil.
- Ar-condicionado central e dimensionado por andar.
- Eficiência do espaço (área de carpete/área útil).
- Piso elevado.
- Altura do pé-direito livre.
- Certificações de eficiência ambiental.
- Idade do edifício (até 15 anos).
- Prédio inteligente (recepção/elevadores etc.).
- Que ofereçam serviços aos usuários (*amenities*).

Após a análise dos atributos dos imóveis, as consultorias os avaliam como A, B, C e D, ou AAA, AA, B, C e classificações assemelhadas. Em sua maioria, os imóveis pertencentes aos FII são os considerados A e B.

Assim, ao comprar cotas desses fundos, o investidor tem acesso a escritórios de notável qualidade e, consequentemente, locatários de porte, como grandes empresas e governos. Em geral, escritórios são fáceis de adaptar, têm boa liquidez ou, como se diz no mercado imobiliário, têm segundo uso. Quando um locatário sai, não há necessidade de adaptar o imóvel para outros interessados.

Os contratos de locação costumam ser típicos, mas há casos de contratos atípicos, quando o prédio tenha sido construído sob medida (BTS) ou comprado de vendedor que se torna inquilino (SLB). Também são firmados contratos de participação nos resultados, principalmente quando o inquilino tem por atividade a sublocação dos espaços, caso das empresas de *coworking*.

Os principais riscos são inadimplência, vacância e renegociação desfavorável do valor do aluguel. As oportunidades estão justamente na majoração do valor do aluguel quando o mercado imobiliário está aquecido e as renegociações são favoráveis ao locador.

O segmento de escritórios de alto padrão é sensível principalmente ao PIB do país e à oferta de novos empreendimentos. Quando a economia cresce, as empresas demandam mais espaços; quando a economia arrefece, o movimento é contrário. Além disso, o ritmo de entrega de novos imóveis pode fazer aumentar a oferta e pressionar os preços de locação para baixo.

Outro segmento relevante é o de galpões, grandes imóveis destinados ao uso como centros de distribuição ou planta de fábricas. São imóveis bem específicos, estratégicos para seus ocupantes e muitas vezes construídos sob medida. Os galpões também são avaliados e classificados por consultorias, conforme premissas do tipo:

- Altura do pé-direito (melhores $\geq$ 12 metros).
- Capacidade de carga do piso (melhores > 5 ton/m^2).
- Piso nivelado a *laser*/piso antiestático.
- Quantidade de docas elevadas (para carga e descarga).
- Docas em dois lados do galpão (*cross docking*).
- Pátio de manobras.
- Ar-condicionado.
- Sistemas de segurança.
- Certificações de eficiência ambiental.

Há grande diversidade de tipos e qualidade de galpões, que podem ter uso específico (apenas logística ou apenas fabril) ou flexível; podem ser modulares ou indivisíveis, estar ou não em condomínios que congregam outros imóveis do tipo. Nem sempre são adaptáveis; imóveis destinados à estocagem de alimentos congelados, por exemplo, não são tão líquidos quanto os mais genéricos (menor segundo uso).

Os riscos e as oportunidades são semelhantes aos do mercado de escritório, e o risco de renegociações desfavoráveis pode ser atenuado quando o contrato de locação for atípico. A localização desse tipo de imóvel é ainda mais importante. O segmento é sensível principalmente aos níveis de emprego, renda e endividamento das famílias, já que tanto a produção como a distribuição de produtos dependem do consumo.

Com o crescimento do comércio eletrônico, galpões bem localizados e eficientes tornam-se vitais para as operações dos grandes varejistas. Principalmente aqueles próximos ou até dentro das grandes cidades, localizações estas chamadas de *last-mile*.

As lojas de varejo e os *shopping centers* recebem parcela relevante dos investimentos dos fundos imobiliários. No setor não há que se falar em padrões; a loja ou *shopping* precisa ser adequado para o público a que se destina. É desejável investir em lojas que estejam em locais de passagem e grande movimentação de pessoas. Já os *shopping centers* precisam atrair pessoas, isto é, ser o destino de quem sai de casa. Para tanto, um bom *mix* de lojas e serviços é fundamental.

As lojas de um *shopping* são definidas como âncoras e satélites. Âncoras são justamente as lojas de grandes redes, cinemas e restaurantes que motivam a ida das pessoas até o centro de compras. As demais – satélites – se valem do fluxo de pessoas. As primeiras conseguem negociar descontos em aluguéis e cedem percentuais menores de seu faturamento ao locador. Além das lojas, o faturamento pode ser incrementado por quiosques, publicidade e cobrança de estacionamento.

Os riscos para o investidor de lojas são os mesmos dos anteriores: inadimplência, vacância e renegociações desfavoráveis (nem sempre contratos de lojas preveem cláusula de participação no faturamento). Já um *shopping center* não se espera que fique todo vago, mas a ocupação pode ser baixa, a inadimplência alta e o faturamento ficar aquém do potencial.

A concorrência com o varejo on-line é uma pressão para o segmento, porém os shoppings tradicionalmente vão se adaptando às novas tendências, modificando o *mix* de lojas. Cada vez mais esses empreendimentos oferecem serviços e gastronomia, além das tradicionais lojas, como estratégia para seguir atraindo frequentadores.

Assim como os galpões, lojas e *shoppings* são sensíveis principalmente aos níveis de emprego, renda e endividamento das famílias. A capacidade de consumo é fator preponderante para o bom desempenho do setor.

Outros tantos importantes segmentos do mercado imobiliário já foram acessados pelos FII, mas em pequena quantidade. Com o dinamismo do mercado, alguns segmentos vão perdendo espaço, enquanto novos FII vão adentrando em outras áreas. No passado as agências bancárias já foram um setor importante, hoje bem menos. Enquanto novos fundos vão oferecendo exposições aos setores residenciais para renda, *data centers*, escritórios-boutique, fazendas, silos etc.

FII de setores como hospitais, saúde e hotelaria não cresceram muito ou foram sendo abordados de outras formas. Por exemplo, os fundos que investem em ativos de varejo compram imóveis usados por empresas da área de saúde, mas principalmente laboratórios de análises. Imóveis destinados a uso por faculdades e escolas também passaram a ser adquiridos por fundos do segmento de varejo, bem como as agências bancárias.

Quem investe com o objetivo de geração de renda encontra ainda opções de FII que não possuem um imóvel sequer. São fundos que investem apenas em cotas de outros FII, popularmente chamados de FOF, e os fundos de papel, que investem em títulos de renda fixa com lastro imobiliário, como CRI, LIG e LCI.

Os FOF oferecem a facilidade de diversificação e administração profissional. São fundos imobiliários cuja política de investimentos consiste em adquirir cotas de outros FII. A distribuição de rendimentos deriva dos lucros obtidos com rendimentos de outros fundos e ganho de capital com a venda de cotas. São indicados para investidores que não dispõem de muitos recursos, tempo ou interesse para montar e acompanhar uma carteira própria. Além dos riscos inerentes aos tipos de negócios desempenhados pelos FII que investem, esses fundos enfrentam riscos de mercado e de liquidez.

Merecem especial atenção os chamados fundos de papel, que investem majoritariamente em recebíveis imobiliários, principalmente CRI. Um tipo *sui generis* de fundo de renda variável, com patrimônio todo composto por títulos de renda fixa.

Tais fundos não ficam expostos aos riscos do mercado imobiliário, pois não possuem imóveis nem negociam contratos de locação. Investem apenas em papéis de renda fixa de crédito privado. A maior parte do patrimônio dos FII de recebíveis é alocada em CRI, expostos principalmente ao risco de crédito (fundos que locam imóveis também o estão) e ao risco de mercado decorrente das oscilações da taxa de juros.

O lucro do fundo é decorrente do retorno dos investimentos, que pode ocorrer com pagamentos de juros periódicos, vencimento dos títulos ou venda antecipada. Carteiras bem diversificadas abarcam títulos com regras variadas: uns distribuem juros mensal, semestral ou anualmente, outros apenas no vencimento. Por isso é comum que a distribuição de rendimento mensal seja instável.

Os fundos de recebíveis podem interessar aos investidores como forma de diversificação da carteira de FII, em contraponto aos "fundos de tijolo" (os que investem em imóveis propriamente ditos) e como alternativa ao investimento direto em CRI. Apesar de abrir mão da isenção de IR sobre o ganho de capital, quem investe em CRI via FII ganha em diversificação, gestão profissional e liquidez diária das cotas.

Os CRI são sensíveis aos movimentos das taxas de juros e ao PIB, pois em períodos de recessão aumentam os casos de inadimplência. É muito importante que o investidor tenha em mente que um CRI tem raízes no mercado imobiliário. Ceder recebíveis para a emissão de um CRI é uma alternativa de financiamento encontrada pelos empreendedores do mercado imobiliário. Entendido isso, fica claro que cada CRI tem características únicas, a depender de qual o lastro da operação, a estrutura de garantias desenhada e o retorno contratado. Há operações bem conservadoras, com lastro em contratos de locação de empresas de grande porte, garantias diversas que diminuem o risco de inadimplência e, naturalmente, remuneração em linha com o mercado, um pouco acima do que paga um título público comparável. Esse tipo de CRI, mais conservador, é chamado de *high grade*, porque pode ser atribuído a ele uma alta nota de crédito, ou seja, especialistas em risco de crédito consideram baixo o risco de inadimplência.

Já as operações mais arrojadas, com lastro em imóveis para venda, às vezes de terrenos em condomínios fechados para moradia, ou unidades de hotéis multipropriedades, acarretam maior risco de inadimplência. Sendo assim, por óbvio, a remuneração contratada para esses CRI é muito maior. Em jargão de mercado esses títulos são chamados de *high yield*, justamente porque oferecem alta rentabilidade, mas vale aqui o cuidado didático de lembrar que são mais arriscados e poderiam, por que não, ser chamados de *high risk*, ou seja, de alto risco de crédito.

Não há que se falar em melhor ou pior tipo de CRI; o importante é que esse versátil instrumento possibilita levar financiamento para empreendimentos variados e, para quem neles investe, alocações mais ou menos arriscadas, conforme o perfil de cada investidor. Quando a opção for investir em CRI por meio dos fundos imobiliários, pode-se escolher também por FII que investem preponderantemente em CRI *high grade* ou *high yield*.

Investidores que buscam o mercado de incorporação e construção encontram nos FII de desenvolvimento essa alternativa. Alguns fundos investem o patrimônio dos cotistas em projetos residenciais ou comerciais em construção. Não são fundos de renda; o objetivo deve ser o ganho de capital no longo prazo. O risco assumido é maior, e a liquidez das cotas tende a ser menor.

Podem ser muito interessantes para os que compreendem os riscos e têm perfil adequado, pois os FII diversificam o investimento em vários empreendimentos, contam com gestores profissionais e ainda oferecem a vantagem fiscal, já que o lucro obtido com a venda das unidades é distribuído como rendimentos, que podem ser isentos para as pessoas físicas.

As estratégias foram explicadas separadamente, mas na prática há fundos que adotam estratégias híbridas, alocando os recursos dos cotistas em imóveis de vários segmentos, cotas de outros FII, recebíveis imobiliários, ações etc. Para entender bem a estratégia de um fundo imobiliário, é importante que o investidor leia o regulamento do fundo e os seus relatórios gerenciais.

Após entender os principais tipos de contrato de locação comercial e os diferentes segmentos do mercado imobiliário em que os FII atuam, fica mais clara a necessidade de escolha criteriosa dos FII a investir e, ao mesmo tempo, a possibilidade de diversificar e rebalancear uma carteira de acordo com os objetivos e o cenário macro traçados.

A escolha deve considerar principalmente a qualidade dos ativos. A distribuição de renda será sempre mera consequência da existência de ativos de qualidade e bem administrados. Para os fundos que investem em imóveis, tamanho é um fator relevante para a diminuição dos riscos. Fundos com maior patrimônio ou valor de mercado devem ser preferidos pelos investidores mais conservadores.

Em relação ao momento de investir, de maneira geral o mercado imobiliário segue um ciclo que tem quatro fases bem definidas.

CICLOS DO MERCADO IMOBILIÁRIO

O preço das locações e dos imóveis sobe quando a demanda por espaços é maior que o estoque de imóveis existentes. Em cenários de alta de preços, os construtores se sentem confiantes para iniciar novas obras que, à medida que vão sendo entregues, fazem aumentar a oferta. Os preços vão se estabilizando e começam a cair quando o excesso de novas entregas ocasiona o aumento do percentual de imóveis vagos.

Com imóveis sobrando, os valores de locação e dos imóveis caem. Diante do cenário desfavorável, os construtores deixam de lançar empreendimentos e a oferta para de aumentar. Aos poucos os espaços vagos vão sendo ocupados, até que a relação se equilibra novamente, os valores voltam a subir, construtores se animam etc. As fases se repetem. A velocidade da alternância entre ciclos depende do ritmo do PIB. A compreensão e observância dos ciclos são a chave para a projeção de tendência de preços de imóveis e locações, fonte da geração de receitas de qualquer investimento imobiliário.

Mais do que tentar encontrar o momento certo para compras e vendas, o conhecimento da dinâmica do ciclo do mercado imobiliário reforça a importância de diversificar em diferentes segmentos do mercado, já que cada setor pode estar passando por momentos diferentes.

Não se deve esquecer que boa parte dos fundos imobiliários não investe em imóveis. Para os fundos de papel, que investem principalmente em CRI, seria possível também entender a existência de fases que respondem principalmente aos níveis de inflação e juros da economia.

A maioria dos CRI são indexados por inflação (IPCA ou IGP-M) ou juros básicos (CDI ou Selic over), acrescidos de um cupom de juros prefixados. Por exemplo, IPCA + 7% ou CDI + 4%. Portanto, o resultado que os fundos auferem e distribuem oscilam conforme esses indexadores. Em tempos de inflação e juros altos, os rendimentos dos FII de papel sobem, já quando a inflação e os juros caem, o rendimento dos FII também diminui.

FII E PLANEJAMENTO FINANCEIRO PESSOAL

Investidores e planejadores deveriam considerar a inclusão de cotas de FII nos portfólios por tratar-se de uma classe de ativos única, cujos retornos não podem ser replicados por outras classes de ativos. Fundos imobiliários são instrumentos híbridos entre a renda fixa e variável, não possuem ligações próximas com o retorno do mercado de ações nem com o do mercado de imóveis, características que fazem dos FII um curinga no portfólio dos investidores. Há vantagens na inclusão de FII em carteiras já compostas por ações, imóveis e renda fixa. As opções não são excludentes.

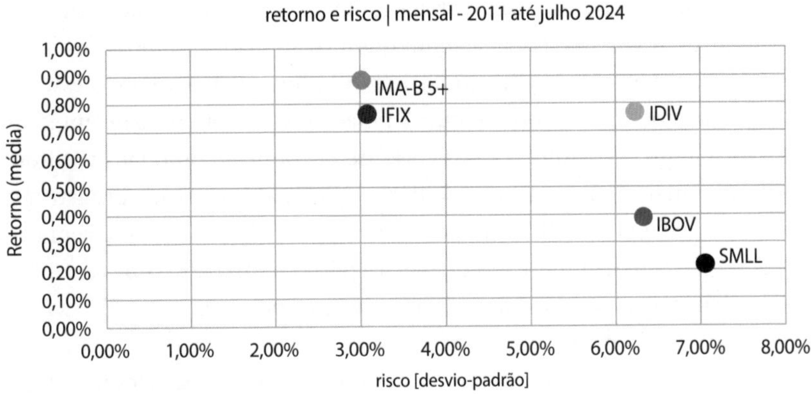

O Gráfico evidencia a característica híbrida dos fundos imobiliários. Quando comparados os retornos médios mensais e seus respectivos desvios-padrão, nota-se que os FII apresentam comportamento semelhante aos títulos de renda fixa, representados pelo IMA-B 5+, e menos risco do que as ações, representadas pelo índice Ibovespa B3, o índice de dividendos e o índice das ações de menor capitalização (*small caps*). A comparação com o IMA-B 5+ justifica-se pelo fato de fundos de tijolo para renda terem contratos de locação reajustados por índices de inflação e com prazos médios que costumam superar 5 anos, enquanto os fundos de recebíveis têm em carteira CRI também com prazos longos e boa parte indexados a índices de inflação. No período estudado os fundos imobiliários foram superados pelos títulos atrelados à inflação, pois ofereceram retorno ligeiramente menor e risco um pouco maior. No entanto, para fins de diversificação de portfólio e obtenção de renda mensal, justifica-se a inclusão de fundos imobiliários em portfólios, como alternativa de renda variável com risco consideravelmente menor do que o das ações.

A comparação dos retornos, no Gráfico, não considera as questões tributárias. Vale lembrar que os ganhos com títulos públicos são tributados tanto sobre a renda quanto sobre eventual ganho de capital, enquanto os fundos imobiliários são tributados apenas sobre o ganho de capital, assim como as ações, com exceção dos proventos pagos a título de juros sobre o capital próprio.

A natureza híbrida e a correlação moderada reforçam a importância de incluir fundos imobiliários em portfólios, contribuindo para diminuir a volatilidade da parcela alocada em renda variável sem, no entanto, comprometer a rentabilidade esperada.

A comparação com imóveis é prejudicada por não haver índices fidedignos dessa classe de ativos, mas pode-se intuir que a volatilidade de preços dos imóveis é menor que a das cotações de fundos imobiliários. Além de menor, essa volatilidade de preços, muitas vezes, sequer é notada pelo proprietário de um imóvel. De tal forma que a volatilidade das cotas de FII pode incomodar investidores mais tradicionais do mercado imobiliário. Como alternativa, a indústria tem oferecido os chamados FIIs "cetipados", ou seja, fundos não listados em bolsa, apenas registrados em mercado de balcão não organizado. Com isso, não há cotação diária, e os fundos são marcados apenas por seus respectivos valores patrimoniais. Embora esse tipo de fundo ofereça menos transparência e liquidez, por motivos comportamentais, podem ser preferíveis para aqueles investidores pouco tolerantes à volatilidade de preços.

DIVERSIFICAÇÃO INTERNACIONAL

Desde 2019 a Comissão de Valores Mobiliários (CVM) permite que investidores comuns invistam em BDR, o que ampliou sobremaneira a gama de ativos disponíveis para formação de portfólios. Dentre os BDR não patrocinados disponíveis para negociação na B3 incluem-se cerca de 30 recibos de ações de REIT dos Estados Unidos, que são empresas equivalentes aos fundos imobiliários daquele país, além de BDR de ETF de REIT, não apenas norte-americanos como globais. Com isso, para o investidor interessado em alocação no setor imobiliário, é recomendável que avalie também essa possibilidade de diversificação internacional.

RESUMO

O mercado imobiliário é vasto, complexo e dinâmico. O investimento em imóveis é perene e pode ser adequado a todos os perfis de investidores. Os FII desempenham papel relevante como veículos de acesso a empreendimentos de maior qualidade e podem oferecer soluções adequadas para a geração de renda harmônica, formação gradual de patrimônio e diversificação de portfólios.

QUESTÕES PARA REFLEXÃO

O conteúdo deste capítulo convida a refletir sobre a importância de conhecer melhor o mercado imobiliário e os instrumentos financeiros que dele derivam, como os FII, CRI e LCI.

1. Qual deve ser a parcela ideal de fundos imobiliários em um portfólio?
2. Embora títulos de renda fixa sejam menos arriscados do que ativos de renda variável, a distribuição de rendimentos de um fundo de "papel" (recebíveis imobiliários) é mais volátil do que a de um fundo de tijolo (imóveis). Qual desses tipos é mais adequado para um investidor aposentado?

REFERÊNCIAS

Brounen D, De Koning S. 50 years of real estate investment trusts: an international examination of the rise and performance of REIT. J Real Estate Lit. 2012;20(2):197-223.

Downs DH, Fung H, Patterson GA, Yau Y. The linkage of REIT income-and price-returns with fundamental economic variables. J Altern Invest. 2003;6(1):39-50.

Lee S, Stevenson S. The case for REITs in the mixed-asset portfolio in the short and long run. J Real Estate Portf Manag. 2005;11(1):55-80.

Moraes AV, Serra RG. Diversificação dos Fundos de Investimento Imobiliário brasileiros. BASE – Revista de Administração e Contabilidade da Unisinos. 2017;14(1):63-73.

JLL. Tendência é de recuperação de preços no mercado de escritórios corporativos em São Paulo. Panorama JLL novembro 2016. Disponível em: http://panorama.jll.com.br/tendencia-e-de--recuperacao-de-precos-no-mercado-de-escritorios-corporativos-em-sao-paulo/. Acesso em: jun. de 2017.

Pavlov A, Wachter S. REITs and underlying real estate markets: is there a link? Working Paper, U of Penn, Inst. for Law & Econ Research Paper. 2011;11-20.

Ross SA, Zisler RC. Risk and return in real estate. J Real Estate Finance Econ. 1991;4(2):175-90.

Scolese D, Bergmann DR, Silva FL, Savóia JRF. Análise de estilo de fundos imobiliários no Brasil. Revista de Contabilidade e Organizações. 2015;9(23):24-35.

CAPÍTULO 14

Seguro de vida e previdência privada

Bernardo Castello
Maria Flávia Munhoz

Neste capítulo, serão abordados dois importantes produtos voltados para um planejamento financeiro eficiente. Bernardo Castello e Maria Flávia Munhoz, profissionais reconhecidos no mercado, trazem os principais pontos desses modelos e suas utilizações em diversos cenários e realidades.

SEGURO DE VIDA

Introdução

"O principal em relação ao risco é saber qualificá-lo."

A frase é do rabino Nilton Bonder, reconhecido no universo das finanças, principalmente por falar sabiamente sobre sistema de valores e riquezas. Mas como esse ensinamento, tão profundo em diversos sentidos, pode ser trazido para o universo da prevenção e do cuidado oferecidos pelos seguros de pessoas?

A proposta, neste capítulo, é mostrar o valor de um planejamento financeiro e como um olhar qualificado para os modelos disponíveis no mercado podem trazer soluções adequadas para proteger tudo que orbita a vida dos indivíduos.

Desde que começou a ser utilizado no Brasil, em 1855, o seguro de vida passou por diversas transformações. Seu conceito, formas de uso e adesão e até mesmo popularidade entre todas as camadas da sociedade foram se sofisticando e ganhando espaço nos planejamentos das famílias.

Existe uma ideia cristalizada – e datada, não podemos negar – de que o seguro de vida é um dinheiro que se paga por muitos anos e não é usado, ou que esse investimento só vai beneficiar outras pessoas que talvez não deem tanto valor para um montante em caso de falta.

Esses pensamentos foram construídos ao longo do tempo, porém, nos dias atuais, com tanto acesso à informação, não se pode mais levar esse preconceito adiante. Ao conhecer os modos de utilização desses investimentos e todas as suas possibilidades, é possível fazer uma avaliação consistente sobre os retornos em longo e curto prazo.

O seguro de vida é, sem dúvida alguma, uma importantíssima ferramenta de proteção em vida, proteção da renda, como também sucessória e patrimonial, uma vez que traz um formato objetivo para a transmissão de patrimônio e de riqueza entre gerações. Seguro de vida é sinônimo de prevenção e cuidado.

Planejar-se para oferecer uma condição melhor para a geração seguinte é um ponto relevante para aqueles que pensam além do momento presente.

As mudanças no mundo estão acontecendo rapidamente. Sejam as trazidas pela digitalização, pela pandemia ou por cenários econômicos instáveis. Não dá mais para negar que elas trouxeram um panorama desafiador para quem acumula capital e precisa se resguardar para qualquer eventualidade.

Uma preocupação maior com o futuro já pode ser notada de forma significativa. De acordo com dados da CNseg (Confederação Nacional das Empresas de Seguros Gerais, Previdência Privada e Vida, Saúde Suplementar e Capitalização), na década compreendida entre 2014 e 2024, os prêmios do Seguro de Pessoas cresceram a uma taxa média anual de 10,2%, passando de R$ 27,7 bilhões para R$ 72,7 bilhões.

A pandemia, que trouxe um cenário de instabilidade mundial, influenciou diretamente o forte aumento no mercado. De acordo com a Susep (Superintendência de Seguros Privados), o segmento de vida atingiu o montante de R$ 23,5 bilhões em arrecadações em 2021, o que corresponde a um crescimento de 17,4% em relação a 2020.

Colocando em perspectiva, dados do Instituto Brasileiro de Economia da Fundação Getulio Vargas (Ibre/FGV) mostram que os dois anos de pandemia de Covid-19 já ceifaram mais de 650 mil vidas no país, o que significa um corte de R$ 16,5 bilhões por ano na massa de renda potencial das famílias brasileiras, além das perdas pessoais, de valor inestimável.

Um seguro, muitas facetas

Entre as diversas facetas do seguro de vida, a que vem ganhando cada vez mais relevância é aquela focada na utilização em vida. As mais importantes têm sido a cobertura em caso de desemprego, indenizações por alguma incapacidade temporária e até mesmo rendas mensais que possam subsidiar os custos por um período determinado até uma recolocação profissional, seja no modelo formal ou autônomo. Até este ponto, não houve necessidade de mencionar a morte para enumerar os benefícios de investir nessa opção.

Outro ponto bem importante da decisão em contratar um seguro de vida, principalmente para os que possuem um padrão financeiro elevado, é o quanto essa opção é relevante para fazer um planejamento sucessório.

Sabe-se que em muitos países, e no Brasil não é diferente, deixar imóveis, fundos em bancos ou qualquer outro ativo imobilizado gera uma alta tributação quando se passa o patrimônio de uma geração para outra. Além de despesas elevadas com inventários, custas cartorárias, honorários de advogados, alíquotas – para as quais cada estado possui um padrão diferente –, essa estimativa costuma atingir de 10% a 20% do valor do ativo como um todo. E geralmente as famílias não têm esse recurso líquido de forma rápida.

É sempre bom falar que quem já passou por essa experiência sabe muito bem como é dolorosa, burocrática e cara. É importante salientar que muitas pessoas não se preparam para isso e sequer se planejam para essa situação.

O seguro de vida pode ser um caminho viável para que as famílias tenham essa liquidez e, dessa forma, a sucessão facilitada via outros ativos, como imóveis. Até mesmo na sucessão financeira propriamente dita esse resguardo pode ser importante.

Outra questão relevante é a blindagem patrimonial, uma vez que o seguro de vida também é a melhor opção. Um dado importante – e que deve ser sempre levado em conta – é que qualquer tipo de arresto de bens não alcança o capital segurado da apólice de seguro de vida.

No seguro de vida, um dos grandes benefícios em toda a sua utilização é a total flexibilidade para escolher os beneficiários e a parcela que irão receber. Essa liberdade de escolha não deixa o titular da apólice exposto a regimes como os do casamento, por exemplo.

É cada vez mais comum que as pessoas tenham mais de um casamento durante a vida e até filhos de matrimônios diferentes. Essas situações da sociedade moderna podem acabar gerando uma espécie de "complicômetro" da sucessão, causar brigas, até mesmo a situação ir parar na Justiça.

Um passo à frente no planejamento financeiro

Nos últimos 10 anos, a cobertura para utilização em vida ganhou força e se tornou uma maneira robusta de se pensar em planejamento financeiro. Pelo mundo todo, é cada vez mais caro manter um seguro saúde. E não há como negar que, com o passar do tempo, ficará ainda mais oneroso. Com isso, essa opção tende a ser restritiva e excludente quando se olha para a população como um todo.

É nesse cenário que o seguro de vida ganha força e sentido, afinal ele tem condições favoráveis de ser uma alternativa ao seguro saúde, por exemplo.

Ninguém está livre de um diagnóstico de doença grave, como câncer, ser acometido por um acidente vascular cerebral ou até mesmo necessitar de um transplante de órgãos. Os custos desses tratamentos, geralmente, despendem dezenas ou até centenas de milhares de reais. Quem tem um seguro de vida pode receber uma indenização primordial para esse momento delicado.

Com esse valor, é possível buscar tratamento adequado em uma rede privada que ofereça boas condições para que o momento seja mais tranquilo. Sendo assim, essa lacuna de proteção para cobertura de doenças em vida é preenchida de forma consistente, rápida e adequada à necessidade real do segurado.

Os cenários da renda são múltiplos, e o mercado de seguros está cada vez mais maduro em oferecer soluções customizadas para a necessidade de cada perfil.

Em uma ponta, tem-se os que acumularam patrimônio por meio de um trabalho formal, com registros e benefícios tradicionais, e, na outra, uma parcela significativa de autônomos que atuam com representação comercial, vendas e áreas da saúde, por exemplo, passando por empresários e empreendedores que precisam cada vez mais de soluções compatíveis com suas realidades tanto financeiras como de modelo de ocupação, uma vez que, seguindo tendências mundiais, eles não têm um emprego e, sim, um trabalho.

De acordo com os números da Pesquisa Nacional por Amostra de Domicílios (PNAD) Contínua, divulgada pelo Instituto Brasileiro de Geografia e Estatística (IBGE), o trabalho por conta própria no país atingiu o número recorde de 24,8 milhões de pessoas no segundo trimestre de 2021. Isso significa um crescimento de 4,2% comparado ao trimestre anterior, o que corresponde a 28,3% de toda a população ativa.

Para essa segunda parcela citada, as seguradoras oferecem soluções customizadas de indenizações focadas em necessidades pontuais, como uma hospitalização repentina. Para quem depende do trabalho diário, essa situação pode gerar um imenso prejuízo financeiro, pois, nesse caso, a pessoa fica impedida de gerar sua renda. Assim sendo, a seguradora paga uma diária por incapacidade temporária.

Não há como negar que esse público vem crescendo, com busca de soluções e produtos que tenham *fit* com esse estilo de vida e necessidades particulares com sua atuação no mercado de trabalho.

A importância da educação financeira

Nessa interessante forma de planejamento, deve-se destacar o valor da blindagem em várias situações, como bloqueio judicial, entraves em divórcios, questões empresariais e até mesmo investigações. Por isso, sempre fará sentido ter parte dos seus recursos alocados nesse modelo, uma vez que ele permite determinada liquidez no caso de morte mesmo em um processo de bloqueio de bens.

Outro conceito importante quando se aborda a blindagem é que o seguro de vida é despido de preconceitos e não faz distinções dos beneficiários em relações homoafetivas, uma vez que qualquer titular pode indicar os beneficiários sem qualquer distinção de gênero, nível de relação ou parentesco.

Até mesmo questões mais polêmicas e pontuais, como herança para filhos fora do casamento, podem ser evitadas com a adoção do seguro de vida. Na teoria não existe vedação legal para a escolha dos beneficiários, porém situações particulares podem escalar para a Justiça e, dessa forma, a decisão virá por instrumentos de força legal.

Flexibilidade é o conceito da vez

Não só no mercado de seguros, mas a tendência de configurações flexíveis na oferta de serviços é um caminho sem volta neste mundo digitalizado. Se antigamente as seguradoras comercializavam produtos pré-formatados, definidos e sem um viés individualizado, de acordo com o perfil e a demanda do cliente, hoje é possível, de forma acessível, modular serviços, coberturas, vigências e prêmios de acordo com a necessidade do momento. A flexibilidade é total e transparente. Mas como isso funciona na prática?

Os produtos disponíveis no mercado ofertam essa flexibilidade, mas é importante alertar que ela precisa ser usada com responsabilidade e foco, para que seja vantajosa em toda a jornada.

Seguros assim são indicados para todos os níveis de renda e oferecem carência reduzida, ampla cobertura para doenças graves, capital segurado de até R$ 10 milhões para morte, além de dispensa de exames para a contratação de cobertura de morte e sorteios mensais.

Dessa forma, ao montar a apólice é preciso levar em contar os cenários atuais, os futuros e alguns detalhes que por vezes podem escapar em um olhar mais imediatista. A seguir serão compartilhados exemplos que podem ajudar a visualizar esses pontos.

Suponha que o padrão de gastos de uma família, incluindo condomínio, estudos e outras contas, seja de R$ 5 mil por mês. Um seguro com uma apólice de R$ 500 mil reais vai oferecer condição para a família se manter por cerca de 8 anos em caso de falta.

Porém, a fatalidade pode acontecer quando a família conta com crianças em seu núcleo. Estas irão crescer, automaticamente os gastos vão mudar e, possivelmente, irão aumentar com faculdade, intercâmbios, viagens e consumos maiores. Assim, o valor pode não ser suficiente e o dinheiro acabar. É um tipo de conta que poucas pessoas fazem. Por isso, prestar atenção em detalhes pode ser fundamental. Além de uma boa administração, claro.

Considere o exemplo do autônomo. Será que ele tem necessidade de proteger 100% da sua renda ou pode ir construindo uma reserva, uma garantia de acordo com as condições do momento? Pois bem, para isso é preciso ter disciplina financeira.

Leve em conta o mesmo padrão descrito anteriormente. Um autônomo com um gasto médio de R$ 10 mil por mês, cujos custos básicos somam por volta de R$ 5 mil. Esse é o valor necessário para sobreviver. Os outros cinco, no geral, são gastos com supérfluos. O *mindset* precisa ser: por quanto tempo é possível ficar sem a renda? Pois o indivíduo pode, sim, ser acometido por uma incapacidade temporária ou mesmo por uma internação hospitalar.

Os ganhos vêm com o trabalho diário, e uma ausência pode impactar de forma drástica esse padrão de vida. Assim sendo, vale ressaltar que hoje existem produtos que conseguem cobrir por até 1 ano uma pessoa sem renda, o que pode ser muito relevante para um profissional com esse perfil.

Outro detalhe muito importante a avaliar na aquisição e formatação da apólice é observar os padrões de comportamento financeiro do(s) beneficiário(s) selecionado(s) no contrato.

Um milhão de reais na mão de alguém sem disciplina financeira pode ser extremamente arriscado e acabar se esgotando em pouco tempo, sem que o valor tenha sido usado de forma consciente e proveitosa, olhando em curto prazo e não cedendo aos desejos imediatistas trazidos pela sociedade de consumo em que estamos inseridos.

Resumindo, uma boa educação financeira e informação de qualidade empoderam quem busca por investimentos sólidos de proteção em diversos cenários e condições de aportes.

Revisão constante garante melhor uso do produto

Revisitar constantemente o contrato de um seguro de vida é primordial para que seu bom uso em vida ou em caso de falta seja garantido. Mas por que esse ponto é trazido com tanta veemência? Porque amanhã ou depois o padrão de renda pode se alterar, a estrutura familiar pode mudar, o sujeito pode se deparar com divórcios, mortes inesperadas e acidentes. As mudanças podem chegar rapidamente, sem que se perceba a força delas nas questões financeiras.

Pode-se incluir nessa lista eventos como mudança de cidade, aquisição de imóveis, mudança em algum padrão de vida, como o abandono do uso de carro para outros modais mais sustentáveis etc. Tudo isso traz impacto no dinheiro disponível e nas necessidades que precisam ser realmente assistidas por um seguro de vida.

Por que essa orientação de revisão se torna cada vez mais valiosa?

Na sociedade atual, o consumo é muito estimulado na maior parte do tempo, e nem sempre é fácil resistir à vontade de comprar ou gastar uma verba que seria mais bem aproveitada se investida com sabedoria, consciência, planejamento e visão de futuro.

Outro detalhe importante nessa revisão é o dos parâmetros de tempos em tempos. Aqui o período é generalizado, pois cada caso merece uma atenção e um período de acordo com o perfil do titular. É preciso reavaliar e olhar como o beneficiário se encaixa na equação atual e quem irá contratar o seguro de vida. Traduzindo em miúdos, se uma pessoa acorda essa garantia e escolhe como beneficiário um filho de 5 anos, por exemplo, em caso de falta quem vai realmente administrar o recurso é outra pessoa.

Para que a escolha seja assertiva e não gere conflitos desnecessários, o ideal é que esse nome de confiança para seguir na condução do prêmio esteja listado na apólice.

É claro que nem sempre é fácil pensar nisso com frieza. É necessário sempre avaliar o presente, mas também refletir em que contexto o beneficiário pode se encontrar no futuro. Afinal, informação é empoderamento, e saber todas as nuances de como o seguro pode ser utilizado é o melhor cenário.

Conscientização é fundamental

Como disse no começo do capítulo, ainda existem muitos preconceitos com relação ao seguro de vida. É importante entender que cada vez mais essa barreira tem sido sobreposta por meio da conscientização e de uma educação securitária mais frequente.

Os momentos incertos trazidos pela pandemia foram um gatilho – principalmente para que pessoas com renda mais alta olhassem com mais atenção para investimentos em proteções em longo prazo. Assim, o seguro de vida tornou-se um aliado. Prova disso é que, segundo pesquisa da Federação Nacional de Previdência Privada e Vida (FenaPrevi), em parceria com o Instituto DataFolha, divulgada em abril de 2022, 62% da população brasileira está dando mais valor às pessoas que amam e adotando medidas que visam à sua proteção e de suas famílias, entre elas a contratação de apólices (17%), especialmente de saúde e vida.

Outro dado interessante desse estudo da FenaPrevi é o grau de preparação para situações inesperadas, como a da Covid-19. Cerca de 2 anos após o surgimento do vírus, 45% dos entrevistados afirmam que não estão preparados para outras situações inesperadas, taxa maior entre os residentes do Nordeste e do Centro-Oeste. Mas 28% acreditam que estão parcialmente preparados e 27% que estão totalmente preparados.

Mesmo em países onde a gestão de patrimônio é mais amadurecida, pode-se ver essa tendência. No Reino Unido, por exemplo, cerca de 37% da população, ou 19,5 milhões dos adultos, comprou ou pensou em contratar um seguro de vida até março de 2021, de acordo com um levantamento da Canada Life.

Até nos Estados Unidos, onde a cultura do seguro já é mais consolidada, percebeu-se um crescimento relevante nesses aportes em proteção: no segundo trimestre de 2021, o país registrou o maior crescimento de vendas de apólices desde 1983, segundo a consultoria financeira LIMRA.

Ao escolher por um seguro de vida, abre-se mão de uma parcela da renda todo mês, porém uma proteção imprescindível para quem se ama é garantida. A população não é mais a mesma de 2019 e, mesmo que de forma súbita, é preciso se adaptar, e isso inclui a adaptação de gastos e investimentos a um painel mais adverso, com revezes e percalços nem sempre previsíveis.

Insights e provocações para esses tempos, sem dúvidas.

PREVIDÊNCIA PRIVADA

Em maio de 2024, a Organização Mundial da Saúde (OMS) trouxe dados atualizados sobre a expectativa de vida global. Os números mostram um aumento de 66,8, em 2000, para 73,3 anos, em 2019. Já a expectativa de vida saudável – que diz sobre a média de anos de vida que uma pessoa pode esperar viver com saúde – subiu de 58,3 para 63,7 anos. No Brasil, a expectativa também cresceu de forma significativa. De acordo com o IBGE, a média subiu para 76,8 anos em 2020.

Mas por que este tópico sobre previdência privada está sendo iniciado com esses números? Porque a longevidade é uma realidade mundial, e fica cada vez mais complicado não estar programado para uma vida futura mais tranquila e saudável. Realmente não há certeza se as pessoas entendem isso na sua plenitude, e não por acaso, quando se fala de gestão de riscos, a longevidade aparece como um dos riscos da aposentadoria. Nesse sentido, não é excessivo relembrar o conceito de longevidade: "característica ou qualidade de longevo; duração da vida (de um indivíduo, de um grupo, de uma espécie), mais longa que o comum". Em outras palavras, está sendo afirmado que a população vai viver mais tempo do que qualquer estatística, cálculo atuarial ou programa de benefícios sociais pode prever um dia! E isso afeta todas as partes envolvidas nesse processo. Déficits importantes são gerados nas contas públicas, afetando governos do mundo todo, e erros nos cálculos de reserva dos indivíduos que subestimam a longevidade têm deixado algumas gerações de idosos em severas necessidades financeiras ou dependentes totalmente de filhos e família.

É imprescindível dizer que nunca é tarde para programar uma estabilidade no futuro. Esse olhar em longo prazo, aliado a uma boa educação financeira, pode ser providencial para uma melhor qualidade de vida na aposentadoria.

O pensamento em longo prazo ainda não faz parte da vida de muitos brasileiros, infelizmente. A experiência de mais de 10 anos na elaboração de estratégias para o mercado financeiro e seguradoras evidencia cada vez mais a necessidade de se empoderar com informações de qualidade quando se trata de planejamento.

Prevenir e pensar no futuro não é só sobre chegar à melhor idade indagando sobre as mudanças na rotina e os questionamentos sobre a vida. Mas se perguntar também: ainda terei um emprego? Minha renda cairá? Dependerei de filhos para continuar a ter uma vida com o padrão a que estou acostumado?

Dúvidas como essas pairam na vida do indivíduo, e é importante frisar que o mercado brasileiro está cada vez mais maduro e oferece soluções adequadas para cada perfil de investidor e cada estrutura familiar.

Um dos pontos que deve ser discutido é a importância de começar a pensar nisso logo ao sair da faculdade. Iniciar o planejamento assim que se entra no mercado de trabalho pode ser um caminho muito interessante para garantir um futuro seguro e confortável.

Mesmo que isso pareça muito distante na vida de um jovem que acaba de ingressar na vida adulta, essa consciência é algo que pode ser passada entre as famílias e estimulada pelas empresas também, por meio de ofertas de planos corporativos de previdência privada.

Mas como planejar corretamente a aposentadoria e, ainda, como se programar para utilizar a reserva é uma dúvida muito frequente. Isso traz até angústias para muitas pessoas que não cultivam esse hábito ou não tiveram acesso a informações assertivas e adequadas sobre esse modelo de investimento.

Apesar de trabalhar arduamente para que as pessoas pensem nisso desde o início da vida profissional, o plano de aposentadoria complementar com a previdência privada pode ser iniciado a qualquer tempo, em qualquer idade. Com relação à acumulação, quanto antes começar a aplicação do dinheiro, melhor. E não é demais repetir: nunca é tarde.

A previdência privada atinge diversos objetivos e não significa apenas uma renda no período da aposentadoria. É uma ferramenta importante também para o planejamento sucessório ou mesmo tributário. Ela vai complementar de forma importante diversos objetivos, mesmo que não seja a projeção de renda.

Ao escolher esse tipo de planejamento de longo prazo, é muito importante fazer um diagnóstico completo do perfil e das necessidades do participante e de sua família para que a utilização da reserva seja feita de forma sustentável.

Sabe-se que o estímulo ao consumo, intrínseco à nossa sociedade, representa um grande gargalo para os investimentos em longo prazo. É difícil, muitas vezes, postergar um gasto desnecessário e usar o valor para investir em um plano de previdência privada. Nesse sentido, há um longo caminho a percorrer, sempre levando a educação financeira para cada vez mais perto das crianças e jovens.

Como a maioria dos leitores já deve conhecer, nesse tipo de investimento é possível escolher o valor e o tipo da contribuição (mensal ou única), o prazo de aposentadoria e como quer receber. As seguradoras se responsabilizam pela gestão dos seus recursos, mas o interessado pode escolher o perfil de risco dos investimentos e optar entre as modalidades PGBL (Plano Gerador de Benefício Livre) e VGBL (Vida Gerador de Benefício Livre).

O que difere um do outro é a questão tributária, ou seja, a possibilidade ou não de dedução desse investimento da base de cálculo na declaração de imposto de renda e como se pagam os impostos sobre esse investimento. Deve-se reforçar um ponto importante: um plano não exclui o outro. Ao contrário, são complementares.

No mundo corporativo, como benefício para um trabalhador celetista, a importância desse tipo de planejamento já deve estar clara, mas para o autônomo ou empreendedor esse modelo de investimento em longo prazo ainda é muito pouco utilizado e pode ser bem relevante.

Isso porque, atualmente, muitos jovens já são educados desde a escola para empreender, investir em *startups*, se preparar para esse mercado cada vez mais em ascensão e receber aportes gigantescos pelo mundo todo.

Para esse público o planejamento de longo prazo é essencial, uma vez que não adianta só olhar para o fluxo do presente, em que tudo muda e acontece com tanta rapidez; precisamos, principalmente, ter olhos para os próximos 30 ou 40 anos, que podem acabar impactando todo o negócio.

Já para as empresas, oferecer planos de previdência complementar para seus times pode valorizar a corporação e fazer com que esta seja uma reconhecida marca empregadora, uma vez que a previdência privada é atualmente muito valorizada nos combos de benefícios, além de atrair talentos, fidelizar funcionários e estabelecer relação de educação financeira que impacta toda a jornada de um colaborador.

Por ser um investimento bastante flexível e customizado, de acordo com a real necessidade do cliente nos diversos momentos de sua vida, é extremamente importante encontrar um plano aderente ao perfil financeiro e tributário de cada um, em que a previdência privada irá exercer o papel de ferramenta para objetivos de longo prazo como aposentadoria, diferimento fiscal, planejamento sucessório, faculdade dos filhos etc.

A revisão periódica desse contrato também é um importante cuidado que deve permanecer no radar do investidor, afinal os projetos de vida mudam, se sofisticam e podem ganhar novos contornos diante de diversas situações.

Orientação e informação são fundamentais na hora de usar o dinheiro

Outra grande questão entre os investidores da previdência privada é como usar o dinheiro aportado da melhor forma.

Assim, para definir que rumo tomar na utilização dos valores investidos ao longo da acumulação, é preciso analisar criteriosamente algumas variáveis para escolher o caminho mais adequado para essa fase de utilização do benefício.

Transformar a reserva em uma renda pode ser um modelo extremamente vantajoso para muitos beneficiários, mas cada caso precisa ser esmiuçado em busca de uma boa tomada de decisão.

A renda vitalícia, por exemplo, pode ser uma opção que atenda clientes e famílias com características exclusivas, como filhos com alguma necessidade especial e que necessitem de um valor mensal assegurado.

Para apoiar nessas decisões, as seguradoras disponibilizam atualmente diversos tipos de renda, que podem se estender ao cônjuge, beneficiários indicados ou filhos menores, por exemplo, levando a tranquilidade e segurança do planejamento para duas ou até três gerações.

Outra vantagem de transformar o valor acumulado no plano de previdência complementar em renda mensal é facilitar a vida dos idosos. Sabe-se muito bem que nessa fase a maioria passa por dificuldades para gerir as próprias reservas, utilizar a tecnologia, a internet de forma segura ou até mesmo resolver pendências e dúvidas por meio de centrais telefônicas. Uma renda mensal predeterminada e garantida lhes traz o conforto e segurança de que precisam para o seu dia a dia.

Como administrar bem o recurso e fazer com que ele dure de forma sustentável?

A previdência privada é um plano de acumulação, portanto, após um longo período, o investidor pode ter acesso a uma soma alta e que precisa ser administrada com sabedoria e parcimônia para que o padrão de vida possa seguir.

Assim como o seguro de vida, a previdência privada tem liquidez imediata em caso de óbito do titular, entre outros pontos positivos. São produtos similares, mas um tem o objetivo de acumular recursos e o outro o de pagar indenizações em casos de eventos cobertos e, nesse sentido, se complementam perfeitamente dentro de um planejamento financeiro completo. Enquanto o seguro de vida faz a gestão dos riscos dos indivíduos e famílias, a previdência privada estimula a acumulação de reserva para posterior utilização, nos casos em que os riscos não se concretizam.

Previdência social somada a uma complementar garante uma aposentadoria tranquila?

Ao falar de aposentadoria, é bem importante levar em consideração que a constituição da reserva para esse período pode reunir a previdência social, corporativa e a privada, de forma que todas se complementem na garantia de uma aposentadoria tranquila. Dessa forma, quanto maior o grau de educação financeira do participante e dos seus beneficiários, mais bem conduzida será essa etapa da vida.

Com o fator da longevidade, como apontado no início, vivendo mais e melhor, não se deve desconsiderar que o indivíduo vai seguir além das expectativas sugeridas hoje e precisará cumprir um planejamento à risca, para que a longevidade não seja um risco, e sim um benefício.

Nessa jornada, outra situação que pode ser bem comum é olhar para um plano B na vida profissional. Quando chega a hora de desacelerar, buscar uma profissão ou um trabalho com mais propósito, se faz importante ter um planejamento. Quem tiver pensado nisso com mais antecedência poderá usufruir de uma boa reserva para uma transição de carreira com mais bonança e continuar uma vida ativa, produtiva e atualizada.

Além desse cenário, vale lembrar que o mercado de trabalho está se preparando e percebendo cada vez mais a vantagem de ter pessoas experientes em seus quadros de colaboradores. Para se ter uma ideia, até 2060, o IBGE estima que 25,5% da população brasileira terá mais de 60 anos, e é importante que mais e mais pessoas estejam preparadas para essa fase.

Inspirar investidores: uma missão

Na trajetória no mercado da previdência, um dos fatores de maior interesse é cuidar das pessoas e auxiliar clientes e instituições na seleção das melhores opções dessa ferramenta essencial para o futuro.

Os planos de previdência complementar trazem uma flexibilidade importante para que essa reserva vá crescendo ao longo dos anos de forma planejada e útil.

Com os planos de previdência privada, é possível fazer aportes mensais. Por exemplo, aumentar ou diminuir a contribuição, ou mesmo suspendê-la por um período. É possível também alterar o tipo de tributação, os beneficiários, o perfil de investimento e ainda navegar entre as diversas classes de ativos e políticas de investimentos, da renda fixa às ações, conforme o período.

Diferentemente da previdência social, a complementar não trabalha com períodos predeterminados, o que torna possível aportar recursos e transformá-la em renda a qualquer momento desejado, ou ainda nunca habilitar renda em seu plano, administrando a reserva através de resgates parciais ou totais.

Os simuladores disponíveis no mercado ajudam cada cliente a entender os melhores cenários e tornar viável esse tipo de planejamento, cruzando informações de expectativa de vida e estimativa de renda.

Ao abordar o tema dos investimentos, considera-se sempre a garantia de um futuro melhor, combinando os modelos para que diversos panoramas sejam levados em consideração no decorrer da vida e no uso dos recursos.

Um exemplo clássico: muitas pessoas correm para contratar previdência privada para um filho que acabou de nascer ou para uma criança pequena, com o intuito de acumular uma boa reserva e que ela chegue à maioridade e possa concretizar algum sonho, como viajar, cursar uma universidade, comprar um veículo, um imóvel ou até mesmo empreender. E se, no meio do caminho, acontece algo com esse pai, mãe ou cuidador? Quem vai complementar essa reserva? Quem será responsável pela concretização do que foi planejado?

Por isso, a complementaridade de produtos de proteção é bem-vinda e pode mudar os rumos em casos imprevistos. As consultorias e os especialistas estão extremamente preparados para um planejamento 360°, sempre olhando para as reservas financeiras como algo importante para momentos fundamentais e avaliando os horizontes de tempo para os quais cada reserva foi constituída.

Expectativa sem planejamento é só um sonho. Assim como se aprende a se portar à mesa e a se vestir adequadamente, a educação financeira é assimilada pelas pessoas em qualquer idade. Isso é educação!

Assim, crianças e pessoas mais velhas podem sentir os efeitos benéficos dessa educação em suas vidas. Nunca se deve deixar de planejar, pois isso é muito importante para atingir os objetivos. Afinal, um legado financeiro é de extrema valia para perpetuar a felicidade.

Por falar em felicidade, este capítulo será finalizado com dados de uma interessante pesquisa divulgada em 2021, nos Estados Unidos. O psicólogo Matthew Killingsworth, membro da Universidade da Pensilvânia, perguntou para 33 mil participantes, de 18 a 65 anos, por meio de um aplicativo, como estava o nível de felicidade das pessoas ao longo do dia.

O *app* indagava aos participantes em horários aleatórios: "Como você se sente agora?", em uma escala que variava de "muito ruim" a "muito bom". Pelo menos uma vez durante o processo, os participantes também responderam à pergunta: "De modo geral, quão satisfeito você está com a sua vida?", em respostas que variavam dentro de uma escala de "nada" a "extremamente".

Com os dados, Matthew calculou o nível médio de felicidade de cada pessoa e analisou a sua relação com a renda. Ele chegou à conclusão de que quem tem um nível financeiro mais elevado é mais feliz, em parte, devido a um maior senso de controle sobre a vida. Em grandes e pequenas decisões, ter mais dinheiro dá às pessoas mais opções e um maior senso de autonomia, explicou o psicólogo.

Diante disso, fica mais fácil ainda entender o valor de planejar o futuro e garantir, além de tudo, um padrão de felicidade elevado, o que está intimamente ligado à disciplina e à educação financeira!

Glossário

Adesão: é o ato de contratar um seguro. O documento de formalização da aceitação das condições previstas se chama "contrato de adesão".

Beneficiário: é a pessoa física ou jurídica favorecida com as indenizações pagas pelas seguradoras em caso de sinistro.

Benefício: valor pago ao segurado para liquidar o contrato de adesão. Consiste em uma renda ou um capital, no caso do seguro de vida.

Blindagem patrimonial: mecanismo para proteger juridicamente o patrimônio de pessoas físicas ligadas a alguma empresa. Esse tipo de procedimento envolve diversas medidas, tomadas para evitar que bens particulares sejam impactados por problemas e encargos de pessoas jurídicas.

Indenização: valor que a sociedade seguradora deve pagar ao segurado ou beneficiário em caso de sinistro coberto pelo contrato de seguro.

Planejamento financeiro: processo de desenvolvimento de estratégias que tornam possível a administração de assuntos financeiros para atingir os objetivos de vida.

Segurado: pessoa física, cuja inclusão foi aceita, que contrata ou, no caso de contratação sob a forma coletiva, adere ao plano.

Simulação: valor calculado de acordo com o nível de risco da seguradora, que leva em conta variáveis como faixa etária, sexo, condições de saúde, profissão, coberturas e capital segurado.

Sinistro: ocorrência do risco coberto durante o período de vigência do plano de seguro.

Liquidez: capacidade de conversão de um bem em dinheiro, ou seja, a rapidez com a qual se consegue se desfazer de algo que se possui para receber.

REFERÊNCIAS

45% da população ainda se sente despreparada frente a eventos como a pandemia, aponta pesquisa da FenaPrevi. FenaPrevi. [Internet]. 13 de abril de 2022. Disponível em: https://www.sonhoseguro.com.br/2022/04/fenaprevi-45-da-populacao-ainda-se-sente-despreparada-frente-a-eventos-como-a-pandemia/. Acesso em: fev. de 2025.

Amorim D, Neder V. Pandemia reduz em R$ 16,5 bilhões por ano renda potencial das famílias brasileiras. O Estado de S. Paulo. [Internet]. 30 de março de 2022. Disponível em: https://www.estadao.com.br/economia/pandemia-reduz-em-r-16-5-bilhoes-por-ano-renda-potencial/?srsltid=AfmBOoouioOezCdQwtDtdWh26l-c-ZMiOTj-mU6v9qNy-hZ3LLnxw0t7. Acesso em: fev. de 2025.

Bonder N. Cabala e a arte de preservação da alegria. São Paulo: Rocco; 2020.

Brasil. Casa Civil. Secretaria Especial para Assuntos Jurídicos. Lei nº 14.803, de 10 de janeiro de 2024.

Brasil. Ministério da Fazenda. SUSEP - Superintendência de Seguros Privados. Disponível em: http://novosite.susep.gov.br/. Acesso em: set. de 2024.

DATA8. Tsunami prateado. Disponível em https:// https://www.data8.com.br/.

Entenda como funcionam as coberturas do seguro de vida. O Estado de S. Paulo. [Internet]. 16 de maio de 2022. Disponível em: https://www.estadao.com.br/economia/entenda-como-funcionam-as-coberturas-do-seguro-de-vida/?srsltid=AfmBOopuHTZeVhMaQlwjY78tBrMHCNZSLgxLm6qlFIr1NXmU9m-ZhThD. Acesso em: fev. de 2025.

Instituto Brasileiro de Geografia e Estatística. Síntese de indicadores sociais: uma análise das condições de vida da população brasileira 2020. Rio de Janeiro: IBGE; 2020.

O que você precisa saber para contratar o seguro de vida ideal. Folha de S.Paulo. [Internet]. 18 de fevereiro de 2022. Disponível em: https://estudio.folha.uol.com.br/bradesco-vida-e-previdencia/2022/02/o-que-voce-precisa-saber-para-contratar-o-seguro-de-vida-ideal.shtml. Acesso em: fev. de 2025.

OMS divulga novas estatísticas mundiais de saúde. Nações Unidas Brasil. [Internet]. 23 de maio de 2022. Disponível em: https://brasil.un.org/pt-br/183080-oms-divulga-novas-estatisticas-mundiais-de-saude#:~:text=A%20expectativa%20de%20vida%20global,anos%20para%2063%2C7%20anos. Acesso em: set. de 2024.

Seguro de Vida leva proteção à sociedade. Folha de S.Paulo. [Internet]. 23 de janeiro de 2022. Disponível em: https://estudio.folha.uol.com.br/bradescoseguros/2022/01/seguro-de-vida-leva-protecao-a-sociedade.shtml. Acesso em: fev. de 2025.

https://fenaprevi.org.br/publicacoes/pesquisa-fenaprevi-sobre-a-percepcao-dos-brasileiros-sobre-seguros-pessoais-e-plano-de-previdencia-populacao-2021.html

https://www.upenn.edu/

CAPÍTULO 15

Saúde e finanças

Heron Rached

A relação do homem com o trabalho é milenar – período Neolítico da história antiga – e parece mudar à medida que novas gerações se sucedem. A princípio, a forma como cada indivíduo elabora sua relação com o trabalho visa, objetivamente, a um bem-estar futuro e de longo prazo, o que muitos denominam de estabilidade. Entretanto, o espectro desse relacionamento pode conduzir a caminhos que proporcionam desde o prazer e bem-estar até doenças que podem levar à morte. De acordo com a OMS (Organização Mundial da Saúde), em recente publicação na qual utilizou a carga global da doença como parâmetro, as doenças do coração e as síndromes depressivas serão as duas maiores causas de mortalidade e de incapacidade geral da população nas próximas décadas. Quais são os fatores determinantes na escolha de cada caminho? Como construir uma relação saudável com o trabalho e com as pessoas que compartilham o dia a dia? Afinal, o que é sucesso?

Este capítulo busca trazer um pouco de uma observação, acumulada ao longo de 30 anos de atendimento médico diário, e prover ferramentas que possam ajudar o leitor a fazer suas próprias escolhas.

Saúde é o maior patrimônio! Apesar de ser um dos maiores clichês que existem na atualidade, a sua introjeção, definida na psicanálise como a necessidade de possuir o objeto, de tê-lo, é muito mais complexa do que se imagina e, geralmente, acontece após grandes prejuízos ou observações traumáticas.

Como já foi dito, a relação do homem com o trabalho sofre forte influência do comportamento da geração que representa a força de trabalho num determinado momento. O comportamento da geração, por sua vez, é a evolução de aprendizados com as gerações anteriores somados às necessidades de adaptação ao momento atual. O grande desafio que se impõe é que, enquanto as gerações anteriores viveram próximas a duas décadas de mudanças menos intensas nas rotinas diárias, as atuais gerações são impostas a adaptações mais rápidas em todos os aspectos, situação que torna o tempo para o bem-estar mais limitado. Ao contrário da geração X, que compreende os nascidos entre 1965 até o início dos anos 1980, engajada em trabalhar, produzir e construir, sem espaço para idealismos, uma boa parte das gerações subsequentes (Y, Z, alpha) procura uma forma de vida mais individualista, otimizando o pouco tempo que lhes resta para o tal bem-estar. No entanto, à medida que o tempo para a saúde e bem-estar vai se tornando mais exíguo, observa-se, de forma paralela, naquilo que se refere às gerações X e Y, o aumento da prevalência de doenças cardiovasculares, como hipertensão arterial, infarto do miocárdio e acidente vascular cerebral. A taxa de morbidade e de mortalidade dessa geração só não foi maior graças ao avanço tecnológico na área de diagnóstico e ao tratamento das doenças. Pouco, ainda, pode se afirmar sobre o futuro da saúde das gerações Z e alpha, educadas em um mundo digital e, portanto, mais inclinadas ao sedentarismo, clássico fator de risco para o aparecimento de doenças em geral. Essa geração também é conhecida por acreditar que a verdade das coisas reside nas informações obtidas na internet, ficando, dessa forma, mais propensa a elaborar seus próprios diagnósticos e traçar suas próprias condutas terapêuticas.

CENÁRIO DA SAÚDE MUNDIAL

Precisa-se, antes de tudo, entender que cada povo tem suas particularidades que estão ligadas à história, à geografia, a hábitos e costumes, à educação e a condições socioeconômicas. Essas particularidades também são influenciadas pelo ambiente externo (políticas públicas, pandemias etc.). Dessa forma, o que se vai discorrer necessita ser contextualizado para cada população.

Dados publicados pelo DATASUS, em 2018, período que antecedeu a pandemia de Covid-19, demonstraram que as doenças cardiovasculares já lideravam o *ranking* de mortalidade no Brasil, seguidas pelo câncer e pelas doenças do aparelho respiratório. Esse cenário é bastante semelhante em países subdesenvolvidos. Portanto, é preciso que a preocupação se estenda além desse grupo de doenças. Doenças psiquiátricas, doenças endocrinológicas, doenças infecciosas e doenças ocupacionais compõem outro grupo de afecções responsáveis por afastamentos temporários, e até definitivo, do trabalho. É importante frisar que a expectativa de vida tem aumentado nas últimas décadas, o sistema de saúde pública do Brasil está colapsado e apenas uma pequena parcela da população dispõe de acesso à saúde suplementar (planos/seguros de saúde particulares), que, por sua vez, sofre os efeitos da má gestão, cujo "preço" ou "efeito colateral" é sempre pago, de alguma forma, pelo segurado (consumidor). Parece bem racional, frente ao que foi exposto, que a gestão da própria saúde comece, desde cedo, com a prevenção. Esse será o ponto de partida!

BUSCANDO O ENTENDIMENTO DA IMPORTÂNCIA DO ASPECTO PREVENTIVO

Doenças cardiovasculares

As doenças cardiovasculares que lideram a taxa de mortalidade no Brasil são compostas, principalmente, por doenças isquêmicas do coração (infarto agudo do miocárdio) e acidentes vasculares cerebrais, resultado de uma combinação de fatores de risco que podem ser separados em modificáveis e não modificáveis. Os fatores modificáveis, segundo o próprio nome revela, são aqueles que, geralmente, dependem das nossas escolhas, como:

- Sedentarismo (falta de exercícios físicos).
- Sobrepeso e obesidade.
- Tabagismo.
- Etilismo.
- Diabetes *mellitus*.*
- Hipertensão arterial.*
- Dislipidemias (colesterol elevado).*
- Estresse.
- Outros fatores que contribuem indiretamente (doenças endócrinas, distúrbios do sono, doenças renais, doenças autoimunes e infecciosas, transtornos psiquiátricos).*

  * Nem sempre dependem das nossas escolhas.

Evidências

No ano de 2020, a OMS publicou, no seu *site*, uma diretriz em que recomendava a prática de atividade física aeróbica semanal vigorosa entre 150 e 300 minutos a todos os adultos e 60 minutos diários para adolescentes. É importante observar que essa diretriz enfatiza o aspecto preventivo desde a infância. A atividade física tem se demonstrado uma grande aliada no combate à obesidade, ao diabetes *mellitus*, às dislipidemias, ao estresse, à ansiedade, à depressão e à hipertensão arterial – fatores de risco para doença cardiovascular.

O tabagismo está associado a 30% das mortes por câncer (mais de 90% deles de pulmão), 25% dos casos de infarto agudo do miocárdio e quase metade dos derrames cerebrais. O tabagismo é considerado a principal causa de morte evitável no mundo, mesmo já havendo protocolos de tratamentos disponíveis muito eficazes, porém pouco utilizados.

O excesso de peso e a obesidade constituem uma das grandes preocupações mundiais. Estima-se que no ano de 2030 – e não está tão longe – 68% da população brasileira esteja acima do peso e a prevalência da obesidade se situe na ordem de um a quatro brasileiros, segundo fontes governamentais (Conselho Nacional de Desenvolvimento Científico e Tecnológico – CNPq). A obesidade ultrapassa o aspecto estético, já que promove desordens psiquiátricas, ortopédicas e cardiovasculares. É necessária, em caráter de urgência, a implementação de novas políticas públicas e ações voltadas à reeducação alimentar e à redução no consumo de alimentos ultraprocessados. Em 1999, o Ministério da Saúde do Brasil publicou o PNAN – Política Nacional de Alimentação e Nutrição –, um guia de recomendações alimentares (Quadro 1) na tentativa de frear o rápido crescimento da obesidade e de doenças relacionadas ao excesso de peso no país. Após 20 anos dessa publicação, o cenário da obesidade no país continua em curva ascendente.

Guia de recomendações alimentares

QUADRO 1 Guia de recomendações alimentares publicado pelo Ministério da Saúde do Brasil

Base da alimentação: alimentos *in natura* ou minimamente processados, variados e predominantemente de origem vegetal
Utilizar óleos, gorduras, sal e açúcar em pequenas quantidades ao temperar e cozinhar
Limitar o consumo de alimentos processados (conservas, compotas, queijos, pães)
Evitar o consumo de ultraprocessados
Comer com regularidade e atenção
Fazer compras em feiras e mercados que ofertem variedades de alimentos *in natura* e minimamente processados

(continua)

QUADRO 1 Guia de recomendações alimentares publicado pelo Ministério da Saúde do Brasil *(continuação)*

Desenvolver, exercitar e partilhar habilidades culinárias, principalmente, com crianças e jovens
Planejar a alimentação: da compra e organização dos alimentos até a definição do cardápio e a divisão das tarefas domésticas relacionadas ao preparo das refeições
Preferir comer, quando fora de casa, em locais que sirvam refeições frescas (restaurantes de comida caseira ou a quilo)
Ser crítico quanto à publicidade de alimentos, que tem como único objetivo o aumento da venda de produtos

Outro grande desafio que precisa ser enfrentado é o etilismo. A população brasileira encontra-se entre uma das maiores consumidoras de bebida alcoólica do planeta. A Fundação Oswaldo Cruz (FIOCRUZ) conduziu, recentemente, uma das maiores pesquisas sobre o consumo de álcool no Brasil. Cerca de 30,1% da população entrevistada disse ter consumido álcool nos últimos 30 dias, situação que coloca o país numa liderança indesejada. Além de ser um fator de risco para doenças cardiovasculares, o etilismo é, antes de tudo, um problema social de difícil controle.

A hipertensão arterial é considerada o principal fator de risco para doenças cardiovasculares. Em 2021 o Vigitel – Vigilância de Fatores de Risco e Proteção para Doenças Crônicas por Inquérito Telefônico –, uma plataforma do Ministério da Saúde do Brasil, registrou aumento na prevalência de hipertensão arterial entre a população adulta nos últimos 15 anos. Estima-se que um entre quatro brasileiros, na idade adulta, seja portador de hipertensão arterial e que essa prevalência se encontre entre 49,4% naqueles acima de 50 anos.

O diabetes *mellitus*, um vilão muitas vezes silencioso, aumentou 26,6% nos últimos 10 anos e já atinge, aproximadamente, 10% da população brasileira.

É importante observar que, além do diabetes, a hipertensão arterial e o colesterol alto (dislipidemia) desenvolvem-se ao longo de vários anos, também de forma silenciosa, e a população procura assistência médica apenas quando algum prejuízo à saúde já está instalado. Certamente, com a regulamentação da Telemedicina, o diagnóstico das doenças, em casos não negligenciados, passará a ocorrer de forma mais precoce e o tratamento instituído sem maiores atrasos.

Os fatores não modificáveis, aqueles que independem das escolhas do indivíduo, podem ser representados principalmente por:

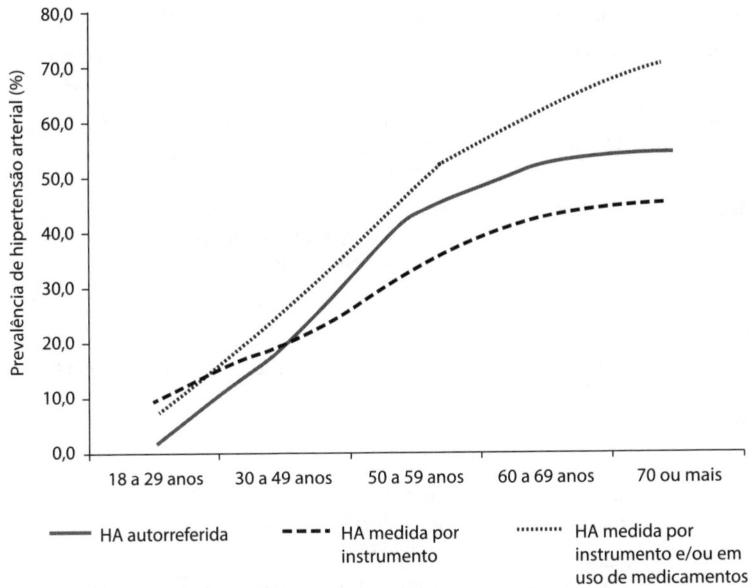

- Gênero (maior prevalência no sexo masculino).
- Raça (maior prevalência na raça negra).
- Idade (maior prevalência acima da quarta década de vida).
- Herança genética.

Apesar de a hipertensão arterial parecer uma condição inevitável para a maioria dos brasileiros, acima de 55 anos, a sua prevenção deverá ser iniciada bem mais cedo, principalmente para aqueles que apresentam os fatores não modificáveis citados. Não há um consenso sobre a idade a partir da qual se deverá fazer o seu primeiro *check-up*, mas a sugestão para esse perfil de leitor é que seja feito anualmente após a sua inserção no mundo *business*.

A SBC (Sociedade Brasileira de Cardiologia) publicou uma tabela de intervenções para o controle da hipertensão arterial em recente atualização das diretrizes no ano de 2020.

QUADRO 2 Principais intervenções que previnem hipertensão arterial

Modalidade	Intervenção NF	Dose	Diferença de PAS obtida
Controle do peso	Peso/gordura corpórea	Alcançar peso ideal. Esperada diminuição de 1 mmHg por cada kg de peso perdido	-2/3 mmHg
Dieta saudável	Dieta tipo NASH	Dieta rica em frutas, vegetais, grãos e baixo teor de gordura. Redução de gordura saturada e trans	- 3 mmHg
Redução da ingestão de sódio	Sódio na dieta	Ideal < 2 g ou pelo menos redução de 1,0 g/dia	- 2/3 mmHg
Aumento da ingestão de potássio	Potássio na dieta	3,5 a 5 g/dia em dieta rica em potássio	- 2 mmHg
Atividade física	Aeróbia	150 minutos/semana	- 5/7 mmHg
	De resistência dinâmica	8 a 10 exercícios para os principais grupos musculares, 1 a 3 séries, 50 a 80% de 1 RM	
	De resistência isométrica	Exercício de *handgrip* (preensão de mão) unilateral ou 1 perna, 4 séries, 2 minutos de contração isométrica, 30% da contração voluntária máxima (CVM), 2 a 3 minutos de pausa entre as séries	- 4/5 mmHg
Ingestão de álcool	Consumo de álcool	Para quem usa álcool, homens ≤ 2 drinques; mulheres ≤ 1 drinque	- 4/5 mmHg

NF: não farmacológica; mmHg: milímetros de mercúrio; PAS: pressão arterial sistólica; RM: repetição máxima.

Fonte: adaptado de Carey et al., 2018.

Câncer

Com o aumento na expectativa de vida, como já foi citado, o crescimento da prevalência de doenças crônicas como o câncer será inevitável, e o único caminho sustentável para minimizar esse impacto é a prevenção. O câncer é considerado, na atualidade, o maior problema de saúde pública do mundo, segundo a OMS. O INCA (Instituto Nacional do Câncer) publicou uma estimativa do número de novos casos de câncer para o ano de 2020 no Brasil.

TABELA 1 Distribuição proporcional dos dez tipos de câncer mais incidentes estimados em 2020 por sexo, exceto pele não melanoma*

Localização primária	Casos	%	Homens	Mulheres	Localização primária	Casos	%
Próstata	65.840	29,2			Mama feminina	66.280	29,7
Cólon e reto	20.520	9,1			Cólon e reto	20.470	9,2
Traqueia, brônquio e pulmão	17.760	7,9			Colo do útero	16.590	7,4
Estômago	13.360	5,9			Traqueia, brônquio e pulmão	12.440	5,6
Cavidade oral	11.180	5,0			Glândula tireoide	11.950	5,4
Esôfago	8.690	3,9			Estômago	7.870	3,5
Bexiga	7.590	3,4			Ovário	6.650	3,0
Linfoma não Hodgkin	6.580	2,9			Corpo do útero	6.540	2,9
Laringe	6.470	2,9			Linfoma não Hodgkin	5.450	2,4
Leucemias	5.920	2,6			Sistema nervoso central	5.220	2,3

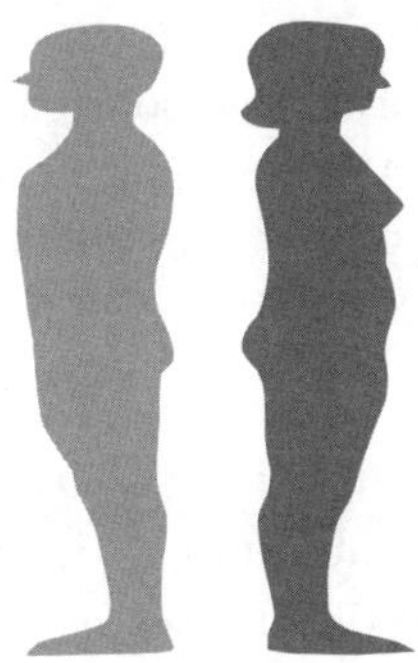

* Números arredondados para múltiplos de 10.

A prevenção, além do *check-up* regular, passa por algumas orientações a seguir.

Alimentação saudável

Fazer ingestão rica em alimentos de origem vegetal (legumes, frutas, verduras, cereais), além de evitar alimentos ultraprocessados (prontos para comer) e bebidas adoçadas em geral. O hábito de mastigar corretamente e evitar bebidas durante as refeições certamente proporcionará uma melhor qualidade de vida.

Peso adequado

Manter o peso adequado ajuda na prevenção de diversos tipos de câncer. O índice de massa corpórea (IMC) é reconhecido como padrão internacional para avaliar o grau de sobrepeso e de obesidade. Ele é calculado dividindo o peso (em kg) pela altura ao quadrado (em metros): IMC = peso ÷ (altura × altura).

Classificação do IMC:

- **IMC < 18,5:** adulto com baixo peso.
- **IMC ≥ 18,5 e < 25,0:** adulto com peso adequado.
- **IMC ≥ 25,0 e < 30,0:** adulto com sobrepeso.
- **IMC ≥ 30,0:** adulto com obesidade.

Atividades físicas

Praticar esporte com regularidade; caso não seja possível, fazer caminhadas diárias de aproximadamente 40 minutos; praticar dança e preferir escadas aos elevadores. Usar protetor solar!

Bebidas alcoólicas e cigarro

Durante o ato de fumar, o indivíduo libera, no ambiente, cerca de 4.700 substâncias cancerígenas ou, no mínimo, tóxicas à saúde. A maioria dos tipos de câncer está ligada à história de tabagismo. O consumo regular de bebidas alcoólicas, em qualquer quantidade, prejudica a saúde de alguma forma.

Doenças respiratórias

Infecções respiratórias fazem parte da vida há vários séculos. Nas últimas duas décadas, presenciaram-se, ao menos, dez epidemias ou pandemias de diferentes doenças. Diferentes subtipos de *influenza*, os vírus SARS-CoV 1 e 2 e o vírus zika compõem exemplos de infecções transmitidas pelo ar. No ano de 2019, o Brasil registrou 19.344 afastamentos ao trabalho causados por doenças respiratórias. Esse número saltou para 51.327, no ano de 2020, de acordo com dados do Ministério da Saúde. Algumas medidas simples resultam em grande impacto na redução desse tipo de infecções:

1. Manter hidratação adequada; caso não haja contraindicações, procurar consumir acima de 2.000 mL diariamente.
2. Evitar fumar ou se expor a ambientes com muita poeira ou fumaça; o uso de cigarros eletrônicos tem sido desaconselhado pelas várias sociedades de classes médicas. Além de provocar diversas doenças inflamatórias e até fibrose pulmonar, estão associados a doenças cardiovasculares e neurológicas. Apesar de não conter nicotina, ao contrário do que se imagina, entre as principais substâncias liberadas pelo cigarro eletrônico estão as nanopartí-

culas de metais pesados, solventes e outros elementos químicos não regulamentados que também podem levar à dependência.

3. Manter o ambiente arejado para evitar a disseminação de bactérias e vírus.
4. Lavar as mãos com frequência.
5. Manter as vacinas em dia.

   A vacinação recomendada para pessoas com 60 anos ou mais inclui a vacina contra a gripe, pneumocócica, herpes zóster, hepatite B, febre amarela, dTpa ou dTpa-VIP e outras.

   Vacinas recomendadas:

- **Gripe:** Uma dose anual da vacina contra a gripe, para evitar formas graves da doença.
- **Covid (reforço).**
- **Pneumocócica:** Uma dose de VPC20 ou o esquema VPC15 (ou VPC13) e VPP23.
- **Herpes zóster:** A vacina Shingrix, em duas doses, com intervalo de 2 a 6 meses entre elas.
- **Hepatite B:** Esquema vacinal de três doses.
- **Febre amarela:** Dose única.
- **dTpa ou dTpa-VIP:** Para quem já foi vacinado contra difteria e tétano, uma dose e depois uma dose a cada dez anos

   Outras recomendações:

- Vacina meningocócica conjugada ACWY/C.
- Tríplice bacteriana acelular do tipo adulto (difteria, tétano e coqueluche).
- Vírus sincicial respiratório.

6. Aquecer o ambiente de trabalho e da casa nos dias mais frios, a fim de manter umidade adequada.
7. Usar roupas adequadas e luvas quando houver necessidade de se expor ao ar livre em dias frios.
8. Manter hábitos saudáveis, como tempo de sono adequado, alimentação equilibrada e exercícios físicos.

Doenças psiquiátricas

Os transtornos psiquiátricos estão entre os principais problemas de saúde no Brasil e estão presentes em ambos os sexos e em todas as faixas etárias. Não é raro, na rotina médica diária, testemunhar a interrupção de planos de carreiras e de vidas devido ao aparecimento de doenças psiquiátricas inesperadas. Elas constituem verdadeiramente um grupo de inimigos invisíveis aos pacientes e aos gestores. Aproximadamente 20% da população, ou seja, 1 a cada 5 brasileiros tendem a apresentar algum tipo de transtorno psiquiátrico na fase adulta da vida. Quando tratados precoce e adequadamente, esses indivíduos mantêm suas atividades laborais habituais sem maiores prejuízos; se diagnosticados, em uma fase mais tardia, poderá, até mesmo, ocorrer afastamento definitivo do trabalho. O grande desafio no diagnóstico precoce das doenças psiquiátricas é o preconceito do paciente em procurar ajuda médica, sobretudo de um especialista. Esse obstáculo parece ser ainda mais acentuado quanto menor é o grau de escolaridade do paciente. Segundo a Associação Brasileira de Psiquiatria, transtornos mentais são a segunda causa dos atendimentos de urgência, e os mais comuns são:

1. **Depressão:** presente em 6-10% da população, é caracterizada pela sensação de tristeza intensa, profunda e persistente, desproporcional ao acontecimento.
2. **Transtorno de ansiedade generalizado (TAG):** presente em 3,4% da população, é caracterizado pelo estado de nervosismo e preocupação intensa, frequente e duradoura há pelo menos 6 meses.
3. **Distúrbio do pânico:** presente em 3,5% da população, é caracterizado por ansiedade extrema que se apresenta em forma de sintomas como palpitações, sudorese fria, tonturas, sensação de falta de ar, dores no peito e fobia.
4. **Transtorno bipolar:** presente em 1% da população, é caracterizado pela depressão com alternância de exaltação e euforia.
5. **Esquizofrenia:** presente em 1% da população, é caracterizado pela desconexão com a realidade, apatia e desmotivação. Delírios e alucinações podem estar presentes.

As duas últimas décadas foram marcadas pelo surgimento de novas drogas ansiolíticas, antidepressivas e antipsicóticas que, em trabalho conjunto com a psicologia, têm apresentado excelentes resultados terapêuticos. Se por um lado foram alcançados grandes avanços com esses medicamentos, por outro a automedicação abriu um leque de novos problemas, principalmente no que se refere à dependência dessas substâncias. Paralelamente, no mesmo período, o consumo de álcool e substâncias ilícitas cresceu de forma exponencial, constituindo mais uma ameaça à saúde. O consumo de drogas como a maconha, a cocaína, LSD e as anfetaminas também aumentou consideravelmente nesse período.

Afinal, quais mudanças de comportamento e estilo de vida da população poderiam estar ligadas ao desequilíbrio de trabalho *versus* saúde?

Este capítulo foi iniciado ressaltando os grandes desafios impostos às novas gerações para se manterem ativamente produtivas por quase quatro décadas de vida, situação sem precedentes na história. Para que a estabilidade citada nas primeiras linhas seja alcançada, será necessária uma gestão centralizada e multidisciplinar de saúde, composta por médicos, psicólogos, terapeutas ocupacionais, nutricionistas, educadores físicos e outros profissionais de saúde, todavia nenhum objetivo será alcançado se não houver respeito ao seu corpo, amor-próprio, foco e determinação. O ponto de equilíbrio entre saúde e trabalho deverá ser autoquestionado a todo momento. Preparar o corpo e a mente antes de submeter-se ao desafio será o primeiro passo para o sucesso. Assim agem os atletas de alta performance. Pense nisso e boa sorte!

REFERÊNCIAS

Altena R, Hubbert L, Kiani NA, Wengström Y, Bergh J, Hedayati E. Evidence-based prediction and prevention of cardiovascular morbidity in adults treated for cancer. Cardio-Oncology. 2021;7(1):20.

Barroso WKS, Rodrigues CIS, Bortolotto LA, Mota-Gomes MA, Brandão AA, Feitosa AD de M, et al. Diretrizes Brasileiras de Hipertensão Arterial – 2020. Arq Bras Cardiol. 2021;116(3): 516-658.

Brasil. Ministério da Saúde. Ações e programas. [Internet]. Disponível em: https://www.gov.br/saude/pt-br/acesso-a-informacao/acoes-e-programas. Acesso em: out. de 2024.

Brasil. Ministério da Saúde. Atenção primária. [Internet]. Disponível em: https://aps.saude.gov.br/politicas/pnan. Acesso em: out. de 2024.

Campolina AG, Ciconelli RM. Qualidade de vida e medidas de utilidade: parâmetros clínicos para as tomadas de decisão em saúde. Revista Panamericana de Salud Pública. 2006;19(2):128-36.

DeVita VT, Rosenberg SA. Two Hundred Years of Cancer Research. N Engl J Med. 2012;366(23): 2207-14.

Greenland P, Alpert JS, Beller GA, Benjamin EJ, Budoff MJ, Fayad ZA, et al. 2010 ACCF/AHA guideline for assessment of cardiovascular risk in asymptomatic adults. J Am Coll Cardiol. 2010;56(25):e50-103.

Ho KKL, Pinsky JL, Kannel WB, Levy D. The epidemiology of heart failure: The Framingham Study. J Am Coll Cardiol. 1993;22(4 Suppl A):6A-13A.

Lessa I. Artigos Epidemiologia da hipertensão arterial sistêmica e da insuficiência cardíaca no Brasil. Rev Bras Hipertens. 2001;8(71):383-92.

Rohde LEP, Montera MW, Bocchi EA, Clausell NO, Albuquerque DC de, Rassi S, et al. Diretriz Brasileira de Insuficiência Cardíaca Crônica e Aguda. Arq Bras Cardiol. 2018.

World Health Organization. Physical activity. [Internet]. Disponível em: https://www.who.int/news-room/fact-sheets/detail/physical-activity. Acesso em: out. de 2024.

CAPÍTULO 16

Comparativo de produtos de renda fixa para o investidor pessoa física

Liao Yu Chieh

Este capítulo oferece uma análise aprofundada dos principais produtos de renda fixa disponíveis para investidores pessoa física no Brasil. Apresenta desde a tradicional poupança até instrumentos mais sofisticados, como CDB, LCA, LCI, LF, DPGE, debêntures, CRI, CRA e títulos públicos federais. O autor compara os produtos com base em rentabilidade, risco, liquidez, tributação e garantias – especialmente a proteção do FGC. São detalhadas as regras de tributação (IR e IOF), bem como as características dos títulos com e sem lastro. O texto traz exemplos práticos e simulações, auxiliando planejadores financeiros a orientar melhor seus clientes. Também discute a relevância da diversificação e da adequação do produto ao perfil do investidor. Ao final, apresenta questões reflexivas para apoiar a tomada de decisão estratégica em alocação de ativos.

INTRODUÇÃO

Investir é parte fundamental de qualquer planejamento financeiro pessoal, e 100% das carteiras sugeridas para investidores pessoas físicas possuem alocações de recursos em ativos de renda fixa. Entretanto, investir em renda fixa no Brasil é muito mais do que identificar o percentual da Taxa DI de um Certificado de Depósito Bancário (CDB), pois envolve compreender, avaliar e escolher seus investimentos dentro de uma sopa de letrinhas composta por produtos financeiros (CDB, CDI, CRA, CRI, DPGE, FI, FIDC, LC, LCA, LCI, LF, LFT, LH, LTN, NTN-B, NTN-B1, NTN-F), indexadores (DI ou CDI, IGP-M, IPCA, PRÉ), tributos (IR, IOF) e mecanismo de proteção (FGC).

Mais do que apenas decifrar as siglas citadas, este capítulo descreve e compara diversos produtos financeiros em termos de rentabilidade bruta e líquida de tributos para pessoa física, riscos incorridos e garantias envolvidas, sempre de uma forma prática e direta. O capítulo inicia com o produto mais simples e popular (a caderneta de poupança), segue com a comparação de produtos emitidos por instituições financeiras, explora os títulos públicos federais disponíveis para negociação no programa Tesouro Direto e finaliza com análises comparativas das debêntures e dos certificados de recebíveis.

CADERNETA DE POUPANÇA (POUPANÇA)

A poupança é a campeã de captação de recursos e a preferência nacional dos investidores brasileiros, oferecida por mais de uma centena de instituições. Apesar do limite de saque de NCZ$ 50.000,00 (cinquenta mil cruzados novos) imposto em março de 1990, no início do Plano Collor I, esse confisco não diminuiu a popularidade do produto.

A preferência é justificada por diversos fatores, com destaque para a simplicidade do produto, a facilidade de abertura, a ausência de tarifas e taxas de administração, o baixo valor mínimo de depósito e saque, a percepção de segurança e a liquidez diária (ainda que sem a rentabilidade cheia), além da isenção de imposto de renda (IR) para os depósitos de pessoas físicas. Nesse ponto, vale ressaltar que as empresas com fins lucrativos pagam IR de 22,5% sobre os rendimentos da poupança.

Em contrapartida às facilidades e benefícios, a remuneração é uma das menores em relação a outros instrumentos de renda fixa. A regra para aplicações feitas após 4 de maio de 2012 é composta da seguinte forma:

- Taxa referencial (TR) acrescida de 0,5% ao mês efetivo, enquanto a taxa Selic Meta for superior a 8,50% ao ano. A taxa Selic Meta é a taxa de juros fixada pelo Comitê de Política Monetária do Banco Central (Copom), conhecida como a taxa básica de juros da economia brasileira.

  Ou
- TR mais 70% da taxa Selic Meta vigente na data de início do período de rendimento, enquanto a taxa Selic Meta for igual ou inferior a 8,50% ao ano.

Exemplificando em números:

- R$ 100.000,00 investidos na poupança com TR de 0,10% ao mês e juros de 0,50% ao mês geram um montante de R$ 100.600,50 (R$ 100.000,00 × 1,001 × 1,005) ao final de um mês e de R$ 101.204,61 ao final do segundo mês (R$ 100.600,50 × 1,001 × 1,005), lembrando que a capitalização é composta, ou seja, incidem juros sobre os juros acumulados no mês anterior.
- Com taxa Selic Meta a 8,00% ao ano, a poupança renderia TR + 70% × 8,00% ao ano, que dá TR + 5,60% ao ano, equivalente a TR + 0,4551% ao mês. Os mesmos R$ 100.000,00 gerariam R$ 100.555,56 ao final de um mês e R$ 101.114,20 no segundo mês, supondo a mesma TR de 0,10% ao mês.

Diferentemente dos demais produtos que serão abordados neste capítulo, a remuneração diária não é *pro rata temporis*, ou seja, não é proporcional aos dias investidos. O período de rendimento é o mês completo a partir da data de aniversário, que é o dia da abertura da poupança, lembrando que contas abertas nos dias 29, 30 e 31 fazem aniversário no dia 1º do mês seguinte. Dessa forma, quando ao sacar recursos antes do próximo aniversário, o indivíduo não recebe nenhuma remuneração relativa ao período entre o último aniversário e a data do saque. Para atenuar esse efeito, quando o investidor realiza diversos investimentos em datas diferentes, abrem-se diversas contas, cada qual com um aniversário diferente. Quando um saque é realizado, a instituição financeira escolhe automaticamente a conta com o último aniversário feito, minimizando os dias sem remuneração.

Historicamente, o produto foi criado em 1861, junto com a Caixa Econômica, e na época visava guardar as pequenas economias das classes menos abastadas e assegurar, com garantia total do governo imperial, a fiel restituição do que pertencesse a cada um. Esse passado ajuda a explicar a percepção de segurança e tradição da poupança na população em geral. Atualmente, ela não conta com garantia do governo imperial e nem do governo republicano federal, mas do Fundo Garantidor de Créditos (FGC), até o limite estabelecido pela regulamentação.

FUNDO GARANTIDOR DE CRÉDITOS

Essa associação civil sem fins lucrativos, com personalidade jurídica de direito privado, não é um órgão governamental. É necessário repetir, pois essa é a principal confusão do investidor relacionado ao FGC: não se trata de um fundo do governo, nem usa dinheiro público, mas, sim, é formado pelas próprias instituições financeiras associadas.

O FGC foi criado em 1995 para proteger correntistas e pequenos investidores em caso de eventual quebra de alguma instituição dele associada, que pode ser um banco, a Caixa Econômica Federal, uma sociedade de crédito, financiamento e investimento, uma sociedade de crédito imobiliário, uma companhia hipotecária ou uma associação de poupança e empréstimo. Quando uma instituição fica insolvente ou é decretada intervenção ou liquidação extrajudicial, cada cliente identificado pelo respectivo CPF ou CNPJ recebe o saldo existente, limitado a R$ 250.000,00, valor vigente desde 30 de abril de 2013, mas passível de alterações futuras. Se, por exemplo, o indivíduo possui esse valor em dois bancos e esses dois bancos quebram, ele recebe do FGC o valor de R$ 250.000,00 para cada banco, desde que os bancos não pertençam ao mesmo conglomerado financeiro.

O saldo a ser recebido pelo investidor é a somatória do valor depositado em conta corrente e investido em poupança, CDB, LC, LCI, LCA, entre outros produtos garantidos, acrescido da remuneração dos juros até a data da decretação do regime especial pelo Banco Central (BC).

Em 21 de dezembro de 2017 foi instituído um teto por investidor de R$ 1.000.000,00, válido para cada período de 4 anos. A contagem do período se inicia na data da liquidação ou intervenção da instituição financeira onde o investidor detenha valor garantido pelo FGC e, após 4 anos, o teto é restabelecido.

Dados de junho de 2024 mostram que o valor de R$ 250.000,00 é suficiente para proteger mais de 99,67% das contas existentes no sistema financeiro brasileiro. É importante saber que para um felizardo que está entre os 0,33% que possuem mais de R$ 250.000,00 investidos em um mesmo conglomerado financeiro, o FGC garante até esse valor, e o restante vai para a fila de espera da massa falida da instituição, a não ser que você tenha alguma garantia extra ou especial, como ocorre com alguns produtos analisados a seguir.

O intervalo de pagamento, que é o período de espera entre a quebra da instituição e a liberação do pagamento aos credores, é curto. Por exemplo, a liquidação extrajudicial de uma instituição pequena foi decretada pelo BC em 11 de março de 2021, e o pagamento pelo FGC ficou disponível após 34 dias. Casos anteriores de liquidação extrajudicial demoravam semanas ou alguns poucos meses. Além de processos mais eficientes do FGC, outra razão para a redução do prazo foi a disponibilização de um *app* em que os próprios investidores podem inserir suas informações que comprovem ser titulares de produtos cobertos pelo fundo, facilitando o trabalho de checagem dos credores por parte do time do FGC. Antes do uso dessa tecnologia, o FGC contratava um intermediário para fazer as liquidações financeiras e os investidores tinham de se deslocar pessoalmente até a agência apontada.

Apesar da ampla cobertura, seu investimento pode render menos do que você esperava, pois o saldo investido é corrigido até a data da quebra, e não até a data de retirada do dinheiro. Quanto mais tempo o interventor ou liquidante designado pelo BC demorar para apurar os valores e quanto mais tempo o sujeito levar para sacar, mais tempo o dinheiro ficará parado sem correção monetária.

Outro possível fator de redução é a tributação. Suponha que o indivíduo tenha aplicado em um CDB com prazo superior a 2 anos, planejando resgatar o dinheiro apenas quando a alíquota do IR caísse para 15%. Se o banco quebrar antes desses dois anos, a alíquota de IR será definida entre a data de aplicação do CDB e a data da decretação do regime, ou seja, a alíquota poderá ser de até 22,5% sobre o rendimento, caso esse prazo seja inferior a 180 dias.

Segundo as demonstrações financeiras de junho de 2024, o patrimônio do FGC supera R$ 132 bilhões. Esse dinheiro é proveniente das instituições associadas, que contribuem obrigatoriamente com pelo menos 0,01% todo mês sobre o saldo contábil, ou seja, saldo do último dia do mês dos produtos protegidos. Vale ressaltar que as autorizações do BC para o funcionamento de novas instituições financeiras estão condicionadas à adesão ao FGC.

Sem prejuízo para o leitor (investidor pessoa física independentemente do porte e do montante investido), a cobertura do FGC não cobre pessoas jurídicas do tipo investidor profissional, que inclui instituições financeiras, entidades de previdência complementar, sociedades seguradoras, sociedades de capitalização, clubes de investimento e fundos de investimento.

CERTIFICADO DE DEPÓSITO BANCÁRIO

Segundo o *site* do Banco Central, CDB é um título privado representativo de depósito a prazo feito por pessoas físicas ou jurídicas. O investidor, ao aplicar em CDB, corre o risco de não pagamento do certificado pela instituição emissora, tendo como garantia o FGC, sendo equivalente à poupança em termos de risco de crédito e mecanismo de proteção.

Desde 4 de maio de 2020, além dos bancos e da Caixa Econômica Federal, as sociedades de crédito, financiamento e investimento, mais conhecidas como financeiras, também podem emitir CDB para captar recursos. O tipo de remuneração e a taxa podem ser acordados com o emissor, sendo bastante comum negociar um percentual da taxa DI – também conhecida como CDI – ou uma taxa prefixada com ou sem a correção monetária por um índice de inflação como o IPCA. Sobre a remuneração, há incidência da tributação de renda fixa, que consiste em:

- IR, conforme o prazo da aplicação, de 22,5% (até 180 dias corridos), 20% (de 181 dias a 360 dias), 17,5% (de 361 dias a 720 dias) ou 15% (acima de 720 dias).
- Imposto sobre Operações de Crédito, Câmbio e Seguro, ou relativas a Títulos ou Valores Mobiliários, também conhecido como Imposto sobre Operações Financeiras (IOF). Esse imposto não tem função arrecadatória, mas de controle da política monetária, e incide sobre diversas atividades financeiras, como o próprio nome diz, com diversos fatos geradores, bases de cálculo, alíquotas e formas de recolhimento. Em investimentos realizados no mercado de renda fixa, ele incide sobre o rendimento de acordo com o prazo que o dinheiro ficou investido, assim como o IR. A tabela começa em 96% (isso mesmo! Noventa e seis por cento de toda a renda vira IOF se o resgate ocorrer um dia corrido após a aplicação) a 0% (a partir do 30º dia), conforme a Tabela 1.

TABELA 1 Imposto sobre Operações Financeiras

Nº de dias	% limite do rendimento
1	96
2	93
3	90
4	86
5	83
6	80
7	76
8	73
9	70
10	66

(continua)

TABELA 1 Imposto sobre Operações Financeiras *(continuação)*

Nº de dias	% limite do rendimento
11	63
12	60
13	56
14	53
15	50
16	46
17	43
18	40
19	36
20	33
21	30
22	26
23	23
24	20
25	16
26	13
27	10
28	6
29	3
30	0

Fonte: Portaria MF n. 264, de 30 de janeiro de 1999.

Os exemplos numéricos a seguir ajudam a entender melhor como funciona a tributação de renda fixa:

- Suponha que o indivíduo tenha aplicado R$ 10.000,00 e, após 363 dias, tenha resgatado um montante bruto de R$ 11.200,00. Sobre o rendimento de R$ 1.200,00 incide IR de R$ 210,00, pois a alíquota para esse período é de 17,5%, o que resulta em um montante líquido de R$ 10.990,00.
- Agora suponha que o indivíduo tenha resgatado um montante bruto de R$ 10.050,00 logo no segundo dia corrido após a aplicação. Sobre o rendimento de R$ 50,00 incide IOF de R$ 46,50 relativos à alíquota de 93%, sobrando um rendimento de R$ 3,50 após o IOF. Sobre esses R$ 3,50 incidem 22,5% de IR, que resulta em R$ 0,79. No resgate, ele recebe R$ 10.050,00 – R$ 46,50 – R$ 0,79 = R$ 10.002,71 líquidos. Perceba que, dos R$ 50,00, R$ 47,29

viraram impostos retidos na fonte e apenas R$ 2,71 de juros lhe serão creditados.

A liquidez também deve ser combinada previamente, e aqui se deve tomar um pouco de cuidado. Mesmo quando é acordada uma liquidez diária, o banco emissor não tem a obrigação de resgatar o CDB antes do vencimento. Em situações de falta de caixa, o banco tem a prerrogativa de não dar liquidez ao produto, pois o resgate sempre tem de ser de comum acordo entre as duas partes. Na prática, isso ocorre apenas em situações de estresse, pois dar liquidez e se recusar a resgatar são atitudes que colaboram para a perda de credibilidade da instituição financeira.

No site da B3, pode-se encontrar a informação de que existem negociados e registrados os ativos CDB escalonado e CDB subordinado. Na remuneração escalonada, o investidor acorda uma rentabilidade com taxas crescentes quanto mais tempo deixar o montante aplicado. Já a subordinação ocorre quando o CDB tem seu pagamento subordinado ao pagamento dos demais passivos da instituição financeira emissora, o que embute um risco de crédito maior e uma remuneração também maior em relação a um CDB sem subordinação.

LETRA DE CÂMBIO (LC)

A palavra "câmbio" sempre remete à variação cambial, mas nesse caso é sinônimo de troca. Uma LC é um título de crédito emitido pelas sociedades de crédito, financiamento e investimento, as financeiras. Todas as condições de negociação e prazos de emissão, taxa de juros e tributação são similares a um CDB e, assim como o CDB e a poupança, a LC é protegida pelo FGC.

LETRA FINANCEIRA (LF)

Segundo o *site* da B3, LF "é um título de renda fixa emitido por instituições financeiras (bancos, cooperativas de crédito etc.) com a finalidade de captar recursos de longo prazo e, em contrapartida, oferecer aos investidores rentabilidades mais atrativas em razão do prazo e da impossibilidade de resgate antecipado." Criada em 2010 com o objetivo de alongar o prazo médio das captações dos bancos, uma LF tem várias semelhanças em relação a um CDB, mas diferenças bem relevantes.

A primeira e mais importante é o prazo de vencimento mínimo de 24 meses se a LF não contiver cláusula de subordinação, não podendo ser liquidada nem total nem parcialmente antes do vencimento pactuado, mas o emissor pode emitir outra letra e trocá-la com o investidor. Outra diferença é que, por ser um título de crédito transferível e de livre negociação, caso o investidor necessite dos recursos investidos na LF, ele pode negociar o título no mercado secundário.

O valor mínimo de emissão é de R$ 50.000,00. Se a LF contiver cláusula de subordinação, o valor mínimo aumenta para R$ 300.000,00. Por fim, apesar de ser um produto de emissão por instituições financeiras, a LF não conta com garantia do FGC.

DEPÓSITO A PRAZO COM GARANTIA ESPECIAL DO FGC (DPGE)

Criado em 2009, na esteira da crise dos *subprimes*, para auxiliar instituições financeiras de portes pequeno e médio a captarem recursos, o DPGE não permite o resgate total ou parcial do valor depositado e possui prazo mínimo de emissão de 6 meses e máximo de 36 meses.

A grande diferença do DPGE em relação aos demais produtos discutidos aqui é a garantia especial do FGC, que tem um teto de R$ 40 milhões por investidor por conglomerado financeiro, bem superior à garantia de R$ 250.000,00 dos demais produtos cobertos pelo fundo. Para garantir esse valor expressivo, o FGC cobra da instituição financeira que captou o DPGE uma contribuição de 0,0833% ao mês (equivalente a 1% ao ano) quando é sem alienação de recebíveis e de 0,025% ao mês para as emissões com alienação de recebíveis, bem superiores às contribuições ordinárias de 0,01% sobre o saldo contábil mensal dos demais produtos protegidos. Sem entrar no detalhe de tributação e formas de remuneração por serem semelhantes às de um CDB, o produto DPGE possui particularidades como:

- Ser celebrado com apenas um único titular, identificado pelo CPF/CNPJ, sendo vedada a manutenção de conta conjunta.
- Pagamento tão ou mais rápido pelo FGC após a decretação da intervenção ou liquidação extrajudicial.
- Segundo o *site* do FGC, "ainda que as instituições associadas venham a se fundir ou serem incorporadas, o investimento continuará distinto por instituição até o vencimento da operação original".

LETRA DE CRÉDITO DO AGRONEGÓCIO (LCA)

A LCA também é um título de crédito emitido por instituições financeiras, apesar de ter o termo "agronegócio" no nome, pois corre-se primariamente o risco de crédito do banco emissor, assim como poupança, CDB, LF e DPGE, vistos anteriormente. Os principais atrativos desse produto são a isenção de IR e alíquota de IOF zero para o investidor pessoa física, benefício fiscal que chegou a ser questionado e debatido por representantes do governo, mas que permanece desde a criação das letras, em 2004.

Para permitir esse ganho tributário, que beneficia diretamente o investidor e indiretamente o banco e as empresas da cadeia do agronegócio, há uma série de particularidades na LCA, sendo a existência de um lastro a mais importante. Segundo a lei que instituiu a LCA, esse título deve ser vinculado a direitos creditórios originários de negócios realizados entre produtores rurais ou suas cooperativas e terceiros, inclusive financiamentos ou empréstimos para produção, comercialização, beneficiamento ou industrialização de produtos e insumos agropecuários ou de máquinas e implementos utilizados na produção agropecuária. Em outras palavras, toda LCA deve ter um ou mais lastros que são créditos para o setor do agronegócio. Na prática, primeiro um banco empresta dinheiro para uma empresa agro por meio de uma operação de crédito e depois registra essa operação na B3 para poder usá-la como lastro. Em seguida, capta dinheiro via LCA, registra na mesma B3 e vincula essa LCA com a operação de crédito.

A pergunta mais frequente é o que acontece caso a empresa agro fique inadimplente e não liquide a operação de crédito usada como lastro da LCA. O investidor da letra terá prejuízo? A resposta é não. Como a LCA é de emissão bancária, o risco primário é do banco. Quando o lastro "quebra", o banco é obrigado a trocar o lastro, mantendo as demais condições da LCA inalteradas.

Caso o banco não tenha outro lastro para realizar a troca, ele tem a prerrogativa de avisar o investidor e realizar a liquidação total antecipada da LCA, pagando a remuneração acordada *pro rata temporis* até a data de liquidação. Nesse caso, o investidor não perde dinheiro, mas fica com um descasamento de fluxo de caixa, pois agora deverá procurar outro investimento para os seus recursos que retornaram à sua conta antes do previsto.

E o que acontece se o banco emissor quebrar? Primeiro, o investidor recebe até R$ 250.000,00 do FGC, pois a LCA faz parte do rol de produtos garantidos pelo fundo. Caso a LCA tenha um valor superior ao garantido pelo FGC, o lastro passa a ser do investidor, ou seja, na liquidação da operação de empréstimo, o liquidante do banco quebrado direcionará o valor pago pela empresa do agronegócio para o investidor da LCA, conforme registros e vínculos disponíveis na B3, pois a LCA confere direito de penhor sobre os direitos creditórios a ela vinculados.

Portanto, percebe-se que, além de não correr o risco de crédito do lastro, o investidor da LCA possui uma garantia extra, proveniente desse lastro. Mesmo não havendo isenção de impostos, essa característica já faria que a demanda por LCA pelos grandes investidores continuasse, pois, ao aplicar volumes superiores aos garantidos pelo FGC, esse lastro daria proteção adicional em relação ao risco de crédito do banco emissor.

Por ter essa característica de garantia extra, a lei exige que o lastro seja sempre maior que a LCA em volume e prazo, ou seja, uma operação de empréstimo de R$ 1.000.000,00 não pode ser usada isoladamente para lastrear uma LCA de R$ 2.000.000,00, e a LCA sempre deve vencer antes dos empréstimos que estão sendo utilizados como lastro.

O banco tem a prerrogativa de substituir o lastro mediante anuência do investidor, pois pode ser do interesse do banco e da empresa agro a liquidação antecipada da operação de empréstimo. Caso o investidor não goste da qualidade do novo lastro, pode-se providenciar o resgate antecipado da LCA nesse caso específico pelo saldo corrigido até a data, mesmo que a LCA tenha sido previamente negociada sem liquidez.

O benefício do IR de que o governo abre mão é repartido entre o investidor – ao receber um rendimento líquido superior a outros produtos de risco similar; o banco – ao captar recursos pagando uma remuneração menor em relação aos demais produtos; e as empresas da cadeia do agronegócio – ao incentivar os bancos a emprestarem mais (para gerar mais lastro) e com custos menores em relação a outros empréstimos que não são aproveitáveis como lastro.

O prazo mínimo de emissão é de 90 dias para LCA indexada a um percentual da taxa DI (mais comum) ou taxa prefixada, e de 12 meses quando atualizada anualmente por índice de preços, geralmente o IPCA. Apesar de existir LCA com liquidez diária com carência mínima de 90 dias, o mais usual é o banco vender sem liquidez, pois esse não gosta de correr o risco de o investidor pedir resgate antecipado, subutilizando o lastro.

LETRA DE CRÉDITO IMOBILIÁRIO (LCI)

Bastante similar à LCA em termos de remuneração, benefícios tributários, riscos e garantia do FGC, a LCI é emitida por bancos comerciais, bancos múltiplos com carteira de crédito imobiliário, Caixa Econômica Federal, sociedades de crédito imobiliário, associações de poupança e empréstimo e companhias hipotecárias.

Os créditos imobiliários usados como lastro sempre devem ser garantidos por hipoteca ou alienação fiduciária de bens imóveis, e podem ser financiamentos habitacionais contratados no âmbito do Sistema Financeiro de Habitação (SFH) ou outros empréstimos e financiamentos imobiliários ou não, desde que tenham garantia de bens imóveis.

Na LCI, no evento de o banco emissor vir a quebrar, primeiro o investidor recebe até R$ 250.000,00 do FGC. Caso a LCI tenha um valor superior, o lastro é garantia extra do investidor, assim como na LCA. Agora, se o devedor do empréstimo ou financiamento imobiliário também não honrar com suas obrigações, ainda tem os bens imóveis dados em garantia, ou seja, mais um mitigante do risco de crédito protegendo o investidor da LCI. O prazo mínimo de emissão também é de 90 dias quando não atualizada por índice de preços e de 12 meses quando atualizada anualmente por índice de preços. Se a atualização for mensal, o prazo mínimo passa a ser de 36 meses.

TÍTULO PÚBLICO FEDERAL (TPF)

O TPF já foi descrito no capítulo sobre renda fixa e derivativos. Neste tópico será enfatizado o comparativo com os demais produtos de renda fixa. Em termos de rentabilidade, cada título é indexado a uma taxa de juros diferente e pode haver pagamentos semestrais de cupom ou pagamento acumulado de todos os juros no vencimento junto com o principal, conforme a lista a seguir:

- Letra do Tesouro Nacional (LTN) ou Tesouro Prefixado: título de valor futuro predefinido, comprado com deságio, resultando em juros prefixados e pagos no vencimento.
- Nota do Tesouro Nacional Série F ou Tesouro Prefixado com juros semestrais (NTN-F): cupons semestrais com juros prefixados.
- Letra Financeira do Tesouro (LFT) ou Tesouro Selic: juros indexados à taxa Selic e pagos no vencimento junto com o principal.

- Nota do Tesouro Nacional Série B (NTN-B) ou Tesouro IPCA+ com juros semestrais: principal no vencimento e cupons semestrais indexados ao IPCA mais uma rentabilidade prefixada.
- Tesouro IPCA+ (NTN-B Principal): principal e juros indexados ao IPCA pagos no vencimento do título.
- Tesouro RendA+ e Tesouro Educa+ (NTN-B1): principal e juros indexados ao IPCA pagos em fluxo mensal de 240 meses e 60 meses, respectivamente, após a data de conversão. Possuem carência de 60 dias, ou seja, o investidor só pode vender os títulos 60 dias após a compra.
- Nota do Tesouro Nacional Série C (NTN-C) ou Tesouro IGP-M+ com juros semestrais: principal no vencimento e cupons semestrais indexados ao IGP-M mais uma rentabilidade prefixada. Esse título deixou de ser oferecido no sistema Tesouro Direto, mas os detentores de NTN-C ainda podem vender no sistema ou carregar até o vencimento.

Por serem emitidos pelo Tesouro Nacional, os títulos são considerados os investimentos mais seguros do mercado doméstico brasileiro. Como os títulos são emitidos em reais, no limite, o Governo Federal poderia solicitar a emissão de papel-moeda pelo BC para pagar os títulos. Como essa opção não é possível para os demais emissores de títulos públicos (estados, municípios etc.) e privados (instituições financeiras, empresas etc.), o risco de crédito de TPF é considerado baixíssimo, mesmo sem contar com a garantia do FGC.

Em termos de tributação, existe similaridade entre investir em TPF ou CDB, pois em ambos incidem as mesmas alíquotas de IR e IOF. O investimento em TPF pode ser feito pelo programa Tesouro Direto sem valor mínimo, devendo as aplicações serem múltiplas de 0,01 título ou 1% do valor de um título, até volumes mensais de R$ 2.000.000,00. Se o grande investidor quiser adquirir volumes maiores, pode comprar por meio de instituições financeiras (bancos, corretoras e distribuidoras de títulos e valores mobiliários) que possuem esses títulos em carteira ou intermediar o negócio com outro vendedor.

Aplicar via Tesouro Direto exige conta em uma corretora e é recomendado para os pequenos investidores, pois o Tesouro Nacional vende títulos fracionados, havendo possibilidade de adquirir apenas um centésimo de um TPF. Os custos são as taxas de custódia e de corretagem, que dependem do título adquirido e de cada corretora. Já por intermédio de instituições financeiras, pode-se negociar a taxa de remuneração do título, a quantidade e as taxas de custódia e corretagem, quando houver, ou seja, há maior flexibilidade, mas somente para volumes investidos maiores, a critério de cada instituição financeira.

Em ambos os casos, a liquidez é diária e a preço de mercado, ou seja, caso o investidor queira se desfazer dos papéis antes do vencimento, ele estará sujeito à oscilação do preço do título no mercado, podendo receber menos (ou mais) que o esperado quando da aquisição do TPF. No caso do Tesouro Direto, a NTN-B1 tem 60 dias de carência e a revenda de títulos públicos só pode ser feita para o Tesouro Nacional, ou seja, não será possível negociar no mercado.

Segundo o *site* do Tesouro Nacional, "você pode resgatar os seus investimentos a qualquer momento. Das 9h30 às 18h, nos dias úteis, os resgates serão processados com os preços e taxas disponíveis no momento da transação. Das 18h às 5h e aos finais de semana e/ou feriados, os resgates serão liquidados com os preços e taxas de abertura do dia útil seguinte".

DEBÊNTURE

De acordo com a ANBIMA, "debêntures são títulos representativos de dívida emitidos por empresas com o objetivo de captar recursos para diversas finalidades, como, por exemplo, o financiamento de seus projetos. Os investidores, ao adquirirem esses papéis, têm um direito de crédito sobre a companhia e recebem remuneração a partir dos juros." Assim como bancos emitem LF e o Tesouro Nacional emite TPF, as empresas emitem debêntures para financiar seus negócios e suas necessidades de recursos financeiros.

Uma das principais vantagens para a empresa emissora, uma sociedade por ações de capital aberto ou fechado, é a flexibilidade nas condições de emissão, prazos e garantias, permitindo à empresa adaptar as características do papel às suas necessidades e ao fluxo de caixa projetado. Essa flexibilidade faz com que os títulos disponíveis no mercado não sejam padronizados, o que obriga o investidor a ficar muito atento às condições e aos riscos descritos nos prospectos e demais documentos da oferta.

O investidor que comprou uma debênture pode vendê-la no mercado secundário a preço de mercado. Entretanto, vários motivos fazem que a liquidez desse produto seja limitada, e a falta de padronização do ativo é um desses motivos. Em uma tentativa de aumentar a liquidez, a Comissão de Valores Mobiliários (CVM), órgão governamental vinculado ao Ministério da Fazenda que tem o objetivo de fiscalizar, normatizar e desenvolver o mercado de valores mobiliários brasileiro, regulou em 2004 o procedimento simplificado de registro e padrões de cláusulas e condições que devem ser adotados nas escrituras de emissão de debêntures destinadas à negociação: as chamadas debêntures padronizadas. Por não serem emitidas por instituições associadas ao FGC, as debêntures não contam com essa garantia, mas o risco de crédito pode ser mitigado com as garantias oferecidas pela empresa emissora.

A tributação também segue o padrão de renda fixa, a menos que o investidor adquira debêntures incentivadas, relacionadas à captação de recursos com vistas a implementar projetos de investimento na área de infraestrutura. As debêntures incentivadas são isentas de imposto sobre o rendimento para a pessoa física.

Como as debêntures incentivadas geralmente são emitidas com prazos mais longos e indexadas ao IPCA, gera-se uma comparação natural entre esses títulos e a NTN-B, entre os quais se destacam o risco de crédito (emissor privado × Tesouro Nacional), a tributação (isenção de imposto × tributação padrão de renda fixa) e a liquidez (baixa × alta).

COMPROMISSADA DE DEBÊNTURE

Uma modalidade que já foi bastante oferecida por bancos para a carteira de clientes, em substituição ao CDB, era a venda de uma debênture com o compromisso de recompra em uma data futura a uma taxa previamente determinada, também conhecida como operação compromissada com lastro em debênture ou, simplesmente, compromissada.

Nessa operação, o investidor compra uma debênture, mas não corre diretamente o risco de crédito do emissor dela, pois o banco tem o compromisso firmado de recomprá-la. A debênture serve como garantia extra, pois, caso o banco quebre, a debênture passará definitivamente para as mãos do investidor, e só nesse caso se corre o risco de crédito do emissor. Por exemplo, suponha que o banco possua uma debênture de uma empresa de primeira linha em sua carteira própria de investimentos. Ele pode realizar uma compromissada com você, pagando uma taxa de juros mais baixa que o CDB, pois essa operação possui uma garantia adicional para o investidor, a debênture.

Entretanto, nas operações ofertadas até meados de 2017, essa garantia adicional não tinha efeito prático, pois o banco oferecia uma compromissada com debêntures emitidas pelas empresas de *leasing* do próprio conglomerado econômico, ou seja, se o banco quebrasse, era muito provável que o braço de *leasing* quebrasse junto. E por que um banco ofereceria uma operação compromissada de uma debênture da própria *leasing*? São dois motivos não excludentes que impactam os custos do banco: FGC e depósito compulsório. Para compromissadas de debêntures de empresas ligadas emitidas até 8 de março de 2012, não havia garantia do FGC para o investidor, por isso o banco não precisa contribuir com 0,01% sobre o saldo dessas captações. Além disso, sobre o saldo captado em compromissada não incidia depósito compulsório, que é o valor que os bancos precisam deixar "parado" junto ao BC sobre parte de suas captações. Na prática, com essas duas possibilidades de redução do custo de captação dos bancos, eles podiam ofertar compromissadas com remunerações levemente superiores às de um CDB de mesmo prazo e volume.

Para reduzir essa arbitragem de custos, instituiu-se a incidência de depósito compulsório quando um banco capta recursos via CDI das empresas coligadas de *leasing*. E, para acabar de vez com essa alternativa, após resoluções do Conselho Monetário Nacional (CMN) e do BC, as compromissadas de debêntures das próprias empresas de arrendamento mercantil (*leasing*) tinham como prazo máximo de vencimento 31 de dezembro de 2017.

Atualmente, quando um banco oferece uma operação compromissada de debênture, o título é de emissão de alguma sociedade por ações de capital aberto ou fechado, servindo como uma garantia extra, sem ser da *leasing* do próprio conglomerado do banco.

CERTIFICADO DE RECEBÍVEIS IMOBILIÁRIOS (CRI)

O CRI é um título privado lastreado em créditos imobiliários, e uma grande vantagem é que seu rendimento é isento de IR para o investidor pessoa física. Por não ser um produto de emissão bancária, não conta com a garantia dos bancos que participaram da oferta do CRI, nem do FGC. Para entender os riscos que o investidor corre, é necessário distinguir os papéis das principais instituições envolvidas em uma operação de CRI:

- **Emissor:** companhia securitizadora de créditos imobiliários que se caracteriza por ser uma instituição não financeira responsável pela emissão do título.
- **Originador:** empresa que detém os créditos imobiliários e tem interesse em cedê-los para serem utilizados como lastro do título.
- **Agente fiduciário:** empresa contratada responsável por zelar pelos direitos e interesses dos investidores titulares do título e monitorar as garantias.

- **Coordenadores:** instituições financeiras responsáveis pela colocação e distribuição do título.

Inicialmente, o originador possui créditos imobiliários que podem ser contratos de locação de imóvel, contratos de compra e venda de imóvel etc., que geram um fluxo de caixa positivo, de forma regular e geralmente de médio ou longo prazo. O originador tem interesse em transformar esses recursos futuros provenientes de aluguéis ou de pagamentos de contraprestações de aquisição de bens imóveis em recurso à vista, cedendo os direitos e os riscos associados a esses créditos para o investidor final.

O emissor adquire os direitos creditórios imobiliários e os vincula à emissão de um CRI, lançado no mercado de capitais e distribuído pelos coordenadores para a captação de recursos junto aos investidores. Todo esse processo é conhecido como securitização, que é, em resumo, a transformação de um fluxo de recebíveis ilíquidos de médio ou longo prazo em ativos financeiros negociáveis. Nesse caso, o CRI.

Para o investidor pessoa física, além do benefício tributário, esse produto pode ser interessante para fins de diversificação de riscos da carteira de investimento, pois o principal risco são os direitos creditórios usados como lastro do CRI. Portanto, é de extrema importância o investidor conhecer a qualidade do lastro, e isso pode ser feito pela leitura e análise do prospecto da emissão ou por meio de relatório e classificação de risco feitos por uma agência de *rating*, quando houver.

Para mitigar o risco de crédito do emissor, o regime fiduciário geralmente instituído faz com que o fluxo de pagamento para os investidores não seja afetado caso a securitizadora tenha dificuldades financeiras, dado que os recebíveis ficam segregados do patrimônio do emissor. A principal desvantagem é a baixa liquidez, mesmo sendo um valor mobiliário negociável no mercado secundário.

Uma análise comparativa entre LCI e CRI elucida a diferença entre os dois. Se foi oferecido uma LCI emitida por um banco, com lastro em um crédito para a incorporadora XYZT, ou um CRI com lastros em créditos imobiliários originados pela incorporadora XYZT, ambos com mesmo volume, prazo, fluxo de caixa e taxa de remuneração, quais pontos o investidor deve analisar antes de decidir entre investir na LCI ou no CRI? Dado que o retorno esperado de ambos é semelhante em condições normais e os dois são isentos de IR, vamos analisar os riscos e mitigantes de cada título:

- **LCI:** risco primário do banco emissor, garantia do FGC até R$ 250.000,00 em caso de quebra do banco emissor, garantia do título de crédito emitido pela incorporadora XYZT ao que superar R$ 250.000,00 e garantia adicional dos bens imóveis hipotecados ou alienados fiduciariamente pela XYZT no título de crédito em caso de inadimplência da incorporadora.
- **CRI:** risco primário dos direitos creditórios associados ao CRI, que podem ser de diversos compradores de imóveis da incorporadora XYZT, por exemplo, além de garantias oferecidas nos direitos creditórios, com detalhamento e condições expressas no prospecto de emissão.

Percebe-se que são riscos completamente diferentes e demandam análise criteriosa.

CERTIFICADO DE RECEBÍVEIS DO AGRONEGÓCIO (CRA)

Assim como a LCA é bastante similar à LCI, o CRA tem os mesmos princípios do CRI, sendo um título de crédito nominativo, de livre negociação, representativo de promessa de pagamento em dinheiro e que constitui título executivo extrajudicial.

O emissor agora é uma companhia securitizadora de direitos creditórios do agronegócio, e o lastro do CRA é composto por direitos creditórios originários de negócios realizados entre produtores rurais ou suas cooperativas e terceiros, inclusive financiamentos ou empréstimos, relacionados com produção, comercialização, beneficiamento ou industrialização de produtos ou insumos agropecuários ou de máquinas e implementos utilizados na atividade agropecuária. Não por coincidência, essa definição de lastro é a mesma da LCA, pois ambos os produtos foram criados sob a mesma lei, em 2004.

Da mesma forma que para o CRI, a leitura do prospecto do CRA antes da efetiva aquisição do título é muito importante, pois cada CRA possui lastros diferentes, condições diferentes e pode haver riscos e garantias extras, a depender das características de emissão.

COMPARATIVO FINAL

Neste capítulo, foram descritos e analisados produtos de investimento de emissão por parte de instituições financeiras, como poupança, CDB, LC, LF, DPGE, LCA, LCI e compromissada de debênture; títulos públicos emitidos pelo

Tesouro Nacional (LTN, NTN-F, LFT, NTN-B, NTN-B1, NTN-C); e títulos de crédito emitidos por empresas e companhias securitizadoras para serem distribuídos e negociados no mercado de capitais, como debênture, CRI e CRA.

Alguns desses produtos são caracterizados por terem um lastro vinculado, como no caso de LCA, LCI, compromissada, CRI e CRA. O FGC só garante os produtos emitidos por instituições financeiras, e mesmo assim há exceções, como, por exemplo, LF. Ressaltando que o limite de garantia de R$ 250.000,00 é por CPF por instituição financeira, desde que as instituições não pertençam ao mesmo conglomerado financeiro. Os exemplos a seguir ajudam a ilustrar como funciona a garantia do FGC:

- Cliente pessoa física possui saldo corrigido de R$ 10.000,00 na poupança e R$ 160.000,00 em CDB, ambos do Banco Default, que quebrou. O FGC garante R$ 170.000,00.
- Cliente pessoa física possui saldo corrigido de R$ 100.000,00 em CDB e R$ 300.000,00 em LCA, ambos do Banco Default, que quebrou. O FGC garante R$ 250.000,00, e o cliente tem mais R$ 150.000,00 a receber quando o lastro vinculado à LCA for liquidado e pago para o Banco Default.
- Cliente pessoa física possui saldo corrigido de R$ 3.000,00 em conta corrente, R$ 130.000,00 em LCI e R$ 2.000.000,00 em LF do Banco Default, mais R$ 300.000,00 em CDB do Banco Calote, e ambos quebraram. Desde que os Bancos Default e Calote não pertençam ao mesmo conglomerado financeiro, o FGC garante R$ 133.000,00 (LF não tem garantia) do Banco Default e R$ 250.000,00 do Banco Calote (o saldo supera o limite máximo). Nesse caso, o investidor ficará aguardando a massa falida dos dois bancos, pois ainda tem crédito remanescente a receber de ambos.

Em termos de tributação, os produtos poupança, LCA, LCI, debênture incentivada, CRI e CRA possuem isenção de IR para pessoa física, sabendo que, em diversos momentos, o governo rediscutiu essa isenção. A isenção da poupança teve uma discussão acalorada em 2009, a isenção da LCA e LCI foi pauta de notícias e debates em 2015 e 2017, e ainda não houve nenhum movimento para cima das isenções de debênture incentivada, CRI e CRA, mas não dá para prever a política tributária brasileira.

Sobre o IOF, não se aplica à poupança, pois não há rentabilidade antes de 30 dias, e os seguintes produtos possuem alíquota zero: LF, LCA, debênture, CRI e CRA. A redução da alíquota a zero geralmente tem o objetivo de incentivar o mercado secundário desses títulos, mesmo assim a liquidez no mercado brasileiro ainda é baixa se comparada à de mercados mais maduros. Para os demais produtos analisados neste capítulo, vale a tabela regressiva. Cada produto de investimento pode ter prazo mínimo e volume mínimo de emissão, conforme legislação vigente.

Exceto a poupança, em razão do conceito de data de aniversário, e títulos corrigidos por juros cambiais, como uma debênture que é corrigida pela variação cambial acrescida de um cupom cambial, os cálculos dos juros são similares, utilizando capitalização composta e base de taxa em dias úteis com convenção de 252 dias úteis, conforme os exemplos a seguir:

- LTN de preço unitário R$ 883,17, que rende 11% ao ano pelos próximos 300 dias úteis, resulta em um valor futuro bruto de R$ 1.000,00, da mesma forma que um CDB a juros prefixados de 11% ao ano que vence em 300 dias úteis com saldo atual de R$ 883.169,52 resulta em um resgate bruto de R$ 1.000.000,00 no vencimento.
  LTN: $883{,}17 \times (1 + 0{,}11)^{(300/252)}$ = R$ 1.000,00.
  CDB: $883.169{,}52 \times (1 + 0{,}11)^{(300/252)}$ = R$ 1.000.000,00.
- Supondo Taxa Selic de 8,00% ao ano em D+1 e 8,05% ao ano em D+2, e taxa DI igual nesse período, tanto uma LFT quanto um CDB indexado a CDI teriam o saldo corrigido nesses dois dias úteis da mesma forma. Supondo valor presente de R$ 1.000.000,00, o saldo de ambos em D+2 seria de R$ 1.000.612,83.
  $1.000.000{,}00 \times (1 + 0{,}08)^{(1/252)} \times (1 + 0{,}0805)^{(1/252)}$ = R$ 1.000.612,83.
- Supondo o mesmo valor presente e a mesma taxa DI do item anterior, uma LCA e uma LCI que rendem 89% do CDI teriam o mesmo saldo acumulado em D+2 de R$ 1.000.545,41. (Cuidado: se foi calculado um saldo de R$ 1.000.547,67, esse valor está errado porque o investidor não fez a equivalência de taxa do percentual do CDI na taxa *over* ao mês, conforme convenção vigente no mercado financeiro brasileiro.)
  Cálculo correto: $1.000.000{,}00 \times (((1+0{,}08)^{(1/252)} - 1) \times 0{,}89 + 1) \times (((1 + 0{,}0805)^{(1/252)} - 1) \times 0{,}89 + 1)$ = R$ 1.000.545,41.
  Cálculo incorreto: $1.000.000{,}00 \times (1 + 0{,}08 \times 0{,}89)^{(1/252)} \times (1 + 0{,}0805 \times 0{,}89)^{(1/252)}$ = R$ 1.000.547,67.

Ao avaliar e definir o produto de renda fixa mais adequado para compor a própria carteira de investimento ou a carteira de um cliente, é importante sempre levar em consideração as características individuais do investidor (perfil de investimento) e do produto, como complexidade, rentabilidade, riscos, garantias, liquidez etc., sempre adequado ao horizonte de tempo almejado (objetivos de investimento).

RESUMO

A poupança ainda é o investimento preferido dos brasileiros por causa da simplicidade do produto, o baixo valor mínimo de depósito e a percepção equivocada de segurança.

O FGC é uma instituição privada e não usa dinheiro público.

Sobre a remuneração de investimentos em renda fixa há incidência de IOF seguido de IR, porém há exceções.

A LF tem prazo de vencimento mínimo de 24 meses, valor mínimo de emissão de R$ 50.000,00 e não conta com garantia do FGC, apesar de ser emitida por bancos.

O DPGE conta com garantia especial do FGC, que tem um teto de R$ 40 milhões por investidor.

A LCA possui garantia extra proveniente do lastro, o que a torna atraente para grandes investidores, pois, ao aplicar volumes superiores aos garantidos pelo FGC, esse lastro daria proteção adicional em relação ao risco de crédito do banco emissor.

Os créditos imobiliários usados como lastro da LCI devem sempre ser garantidos por hipoteca ou alienação fiduciária de bens imóveis, o que configura mais um mitigante do risco de crédito, após FGC e o devedor do lastro.

Por serem emitidos pelo Tesouro Nacional, os títulos públicos federais são considerados os investimentos mais seguros do mercado doméstico brasileiro.

Assim como bancos emitem LF e o governo emite TPF, as empresas emitem debêntures para financiar seus negócios e suas necessidades de recursos financeiros.

QUESTÕES PARA REFLEXÃO

1. Quais argumentos poderiam ser usados para convencer um grande investidor a sacar R$ 3.000.000,00 que ele tem na poupança do Banco AAA há mais de 20 anos e aplicar em CDB, LF, DPGE e/ou LCA da mesma instituição financeira?

2. Para uma pessoa física que deseja aplicar R$ 100.000,00 sem liquidez a juros prefixados no Banco AAA, o que é melhor: um CDB que paga 9,50% ao ano ou uma LCA que paga 7,00% ao ano?
3. O que deve ser levado em consideração ao escolher entre aplicar R$ 1.500.000,00 em LFT via Tesouro Direto rendendo 100% da Selic ou R$ 1.500.000,00 em CDB do Banco AAA que remunera 100% do CDI?
4. Se um investidor tivesse hoje R$ 200.000,00 para comprar LTN, LFT ou NTN-B Principal, todas com vencimento para daqui a exatos 3 anos, e tivesse de escolher apenas um título, qual seria e por quê? Quais estimativas de CDI médio e de IPCA acumulado foram usados para tomar a decisão de investimento?
5. Para um investidor que está planejando a aposentadoria, monte uma tabela comparando semelhanças e diferenças entre uma NTN-B com vencimento em 2050 e uma NTN-B1 com data de conversão em 2050.
6. Um cliente pessoa física de uma empresa de planejamento financeiro recebeu duas ofertas de investimento que rendem 95% do CDI: 1) uma LCA do Banco AAA, com lastro em um crédito à Agropecuária AGR, e 2) um CRA emitido pela BBB Securitizadora, lastreado em ativos originados pela mesma AGR. Apesar de a Agropecuária AGR estar presente nos dois produtos, os investimentos são diferentes em termos de risco se o cliente pretende investir R$ 150.000,00? E se o investimento for de R$ 15.000.000,00, o que muda?

REFERÊNCIAS

ANBIMA. Disponível em: https://www.anbima.com.br/.
B3. Disponível em: http://www.b3.com.br/.
Banco Central do Brasil. Disponível em: http://www.bcb.gov.br/.
Brasil. Câmara dos Deputados. Disponível em: http://www2.camara.leg.br/.
Comissão de Valores Mobiliários. Disponível em: http://www.cvm.gov.br/.
Fundo Garantidor de Créditos. Disponível em: http://www.fgc.org.br/.
Portal do Investidor. Disponível em: http://www.portaldoinvestidor.gov.br/.
Tesouro Direto. Disponível em: https://www.tesourodireto.com.br/.

CAPÍTULO 17

Investimento em títulos securitizados

Fernando Antonio Perrone Pinheiro

Neste capítulo, é apresentada uma visão geral sobre securitização.

INTRODUÇÃO

A securitização consiste em uma prática do mercado de capitais em que uma empresa vende ativos que geram fluxo de caixa para uma entidade criada especificamente para esse fim. Essa entidade, por sua vez, emitirá títulos lastreados naqueles ativos. A securitização permite converter ativos ilíquidos, como empréstimos feitos a indivíduos em títulos com liquidez, que terão a classificação de crédito melhorada para venda a investidores. Nos Estados Unidos, esses títulos são denominados *asset-backed securities*, porque seu efeito colateral são as obrigações que lhe deram origem, e não a empresa que deu origem a esses recebíveis.

A história da securitização tem suas origens no século XII, quando as comunas italianas, com o intuito de levantar os fundos necessários para custear seus empreendimentos, criaram os sindicatos de investidores denominados *compera securitas*. Como contrapartida ao investimento realizado, a comuna cedia direitos de créditos tributários aos investidores. A securitização encontra precedente também na Holanda, como instrumento de financiamento para os empreendimentos nas colônias holandesas nas Índias Ocidentais.

Essa modalidade de operação encontrou grande espaço para crescimento nos Estados Unidos na década de 1970 com o mercado de hipotecas. Consecutivamente, outros mercados adotaram essa forma de estruturação financeira. No Brasil, a securitização tem sido viabilizada pela constituição dos Fundos de Investimentos em Direitos Creditórios ou FIDC, que dão ao investidor uma excelente alternativa de aplicação, de baixo risco, e com remuneração superior àquela paga pelos bancos. Esse mercado tem experimentado grande crescimento no país, seja motivado pelas vantagens que confere ao investidor, seja pela alternativa de captação que oferece à empresa originadora dos créditos. A Figura 1 mostra, em linhas gerais, como acontece o processo de securitização.

ATIVOS SECURITIZÁVEIS

Em princípio, qualquer ativo que gera um fluxo de caixa, conhecido ou estimado, é passível de securitização, como listado no Quadro 1.

QUADRO 1 Ativos securitizáveis

Hipotecas comerciais e residenciais	Títulos mercantis
Crédito pessoal	Títulos de dívida
Financiamento de veículos	Créditos não performados
Recebíveis de cartão de crédito	Contratos de seguros
Crédito educacional	Inventários físicos

(continua)

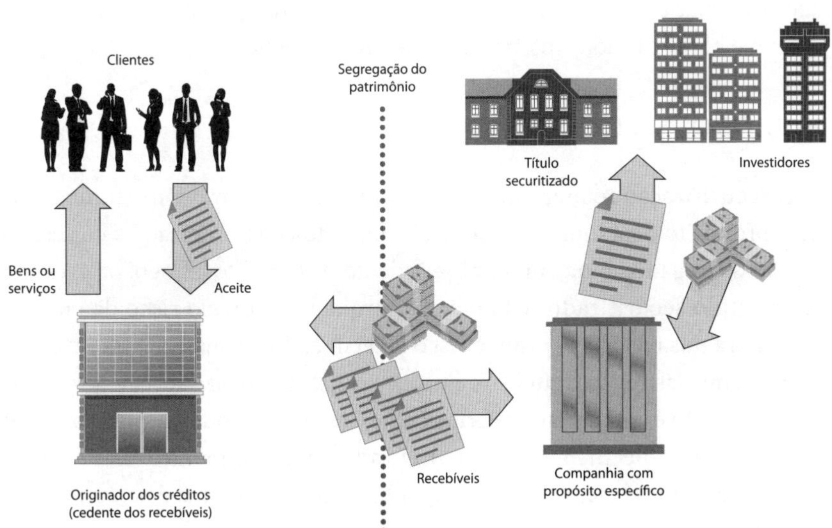

FIGURA 1 Fluxo de operações na securitização.

QUADRO 1 Ativos securitizáveis *(continuação)*

Empréstimos e financiamentos em geral	*Royalties* da propriedade intelectual: patentes do mercado farmacêutico, direitos autorais de produções artísticas
Fluxo de caixa de serviços públicos, como fornecimento de energia, serviços de telefonia e comunicações, entre outros	Fluxo de caixa de venda futura de passagens aéreas, diárias futuras de redes de hotéis, aluguéis de automóveis e outros

Até mesmo os fluxos de caixa espontâneos, que não se configuram em uma relação de dívida ou de aquisição de bens e serviços, podem ser objeto de securitização. A título de exemplo, pode ser citada a securitização feita pelo Banco do Brasil das remessas feitas pelos decasséguis que moram no Japão para seus beneficiários no Brasil.

A maior parte das operações de securitização tem como objeto valores a receber, seja de uma operação de crédito, seja da comercialização de bens e serviços, o que evidencia o risco de crédito como o principal fator de risco da operação. No entanto, essa modalidade de estruturação pode ser utilizada para outros tipos de risco, como o de demanda.

Considere a securitização dos recebíveis de uma praça de pedágio ou de tarifas de energia: nesses casos, a razão de securitizar consiste em obter os fundos para a construção de uma estrada ou uma planta de geração elétrica, e o risco principal reside na existência de demanda por transporte naquele trecho da malha rodoviária ou na existência de demanda por energia. Logo, a securitização também é bem aplicada em operações de *project finance*.

VEÍCULOS DE SECURITIZAÇÃO

A securitização requer que seja constituída uma nova companhia com o único propósito de adquirir créditos e emitir títulos securitizados, cujo patrimônio é segregado ao da companhia cedente dos créditos. Logo, o investidor em um título securitizado se beneficia porque não corre o risco da empresa originadora dos recebíveis, e sim o risco diversificado, na maioria das vezes, dos recebíveis que lastreiam o título. A entidade constituída para abrigar a estrutura de securitização é comumente referida como "veículo" e pode ser uma sociedade com propósito específico (SPE) ou um fundo de investimento. No Brasil, são admitidas algumas categorias de companhias securitizadoras de créditos:

- As SPE, autorizadas pela Resolução CMN nº 2.026/1993 a adquirir recebíveis do Sistema Financeiro Nacional (SFN). As SPE não possuem regulamentos específicos e inserem-se no contexto da Lei nº 6.404/1976.
- Os FIDC, autorizados pela Resolução CVM nº 2.907/2001 e regulamentados pela Instrução CVM nº 356/2001, com alterações introduzidas pelas Instruções nº 393/2003, 435/2006, 442/2006, 446/2006 e 458/2007.
- As Companhias Securitizadoras de Créditos Financeiros (CSCF), autorizadas pela Resolução CMN nº 2.686/2000.
- As Companhias Securitizadoras de Recebíveis Imobiliários (CSRI), instituídas pela Lei nº 9.514/1997.
- As Companhias Securitizadoras de Recebíveis do Agronegócio (CSRA), instituídas pela Lei nº 11.076/2004.

As CSRI e CSRA foram criadas por leis federais e podem instituir o regime fiduciário[1]. O Quadro 2 resume as características de cada modalidade de companhia securitizadora.

QUADRO 2 Estruturas de securitização no Brasil

Emissor	O que emite	Lastro	Originadores
SPE	Debêntures e CCB	Dividendos, recebíveis comerciais, recebíveis imobiliários, mensalidades escolares etc.	Empresas financeiras e não financeiras
FIDC	Cotas	Direitos creditórios originários de operações dos segmentos financeiro, comercial, industrial, imobiliário, de hipotecas, de arrendamento mercantil e de prestação de serviços	Instituições financeiras, *factorings*, empresas não financeiras etc.
Cia. Securitizadora de Créditos Financeiros	Debêntures	Quaisquer créditos oriundos de operações praticadas por instituições financeiras	Instituições financeiras
Cia. Securitizadora de Recebíveis Imobiliários	CRI	Recebíveis imobiliários (contratos de compra e venda e de locação)	Incorporadoras, construtoras e proprietários de imóveis
Cia. Securitizadora de Recebíveis do Agronegócio	CRA	Recebíveis do agronegócio: Letras de Crédito do Agronegócio, Certificados de Direitos Creditórios do Agronegócio, Cédula do Produto Rural	Cooperativas, empresas agrícolas e empresas agroindustriais

CCB: Cédulas de Crédito Bancário; CRA: Certificado de Recebíveis do Agronegócio; CRI: Certificado de Recebíveis.

No Brasil, os FIDC têm sido francamente preferidos às SPE por sua isenção de PIS, Cofins, IRPJ e CSLL sobre a receita dos ativos.

BENEFÍCIOS DA SECURITIZAÇÃO

A securitização apresenta uma série de benefícios para o investidor, o originador dos ativos e o tomador de crédito. Esses benefícios estão resumidos no Quadro 3.

QUADRO 3 Benefícios da securitização

Beneficiário	Benefício
Investidor	▪ Elevados retornos, considerando-se o baixo nível de risco dos ativos ▪ Risco segregado do originador ▪ Risco diversificado ▪ Equacionamento dos objetivos de risco-retorno ▪ Governança existente sobre a estrutura de securitização ▪ Diversificação dos setores de interesse
Originador dos créditos	▪ Fonte mais barata de recursos, inerente à desintermediação financeira ▪ Transferência de riscos ▪ Redução do endividamento e desoneração das linhas de crédito ▪ Redução do risco da companhia ▪ Expansão do volume de originação sem a expansão da base de capital ▪ Maior eficiência no uso do capital e redução do capital requerido (bancos) ▪ Elevação do ROE ▪ Diversificação das fontes de captação e aumento da base de investidores
Tomador	▪ Fonte mais barata de fundos ▪ Aumento da prateleira de produtos de crédito ▪ Taxas e prazos competitivos, em níveis local e nacional ▪ Disponibilidade de fundos

ROE: retorno sobre o patrimônio.

Sob a ótica do investidor, os títulos securitizados oferecem taxas consideravelmente atraentes, dado o elevado *rating* que alcançam. A boa classificação creditícia deve-se:

- À segregação do risco do originador, por meio da constituição de um veículo específico para abrigar a estrutura de securitização[2].

- À diversificação quanto ao tomador, na grande maioria das vezes. Nas carteiras de ativos diversificadas o risco de crédito é atuarial, compensável pela cobrança de *spread*. Por outro lado, por melhor que fosse a classificação creditícia do originador, um título corporativo representa para o investidor o risco de um evento discreto.
- À existência de diferentes entidades envolvidas no processo, como agência de *rating*, auditoria, custodiante e agente de cobrança, além da originadora dos créditos e da SPE. Essa segregação de funções estabelece uma governança sobre a estrutura e atenua consideravelmente os riscos.
- Ao fortalecimento da qualidade creditícia da estrutura de securitização, obtida pela sobrecolaterização, ou pelo estabelecimento de prioridade entre os credores.

A securitização permite equacionar os objetivos de risco-retorno do investidor. Isso decorre da possibilidade de emissão de títulos com diferentes prioridades no recebimento dos retornos. Um título de elevada prioridade é pago antes de um título de prioridade menor. Logo, uma elevação da taxa de inadimplência fará que o título de menor prioridade amorteça os efeitos das perdas para o título de maior prioridade. A isso se dá o nome de estrutura de senioridade-subordinação. O Quadro 4 ilustra diferentes classes de títulos de uma estrutura, que conciliam os objetivos de risco-retorno do investidor.

QUADRO 4 Exemplo de estruturação com diversos níveis de prioridade

Título	Proporção na emissão	Remuneração indicativa
Título sênior	50%	120% do CDI
Título subordinado nível 1	20%	140% do CDI
Título subordinado nível 2	20%	170% do CDI
Título Júnior (ou nível *equity*)	10%	Sem remuneração indicativa

Assim, sob a ótica de risco e retorno, a securitização pode oferecer melhores alternativas ao investidor que os títulos emitidos pelos bancos comerciais.

A securitização não representa apenas a oportunidade de investir em uma nova modalidade de título, mas a possibilidade de diversificar os investimentos em renda fixa entre diferentes segmentos econômicos, inclusive acessando setores antes fechados ao investidor, como hipotecas, financiamento de veículos, cartões de crédito etc. Investidores institucionais procuram equilibrar sua alocação de investimentos em setores distintos; esses investidores são potenciais compradores de títulos de maior retorno com menor prioridade de recebimento, pois sua premissa é que o aumento da inadimplência não ocorra simultaneamente entre todos os segmentos.

Sob a ótica do originador dos ativos, a securitização representa uma alternativa de captação de menor custo. Essa modalidade de operação representa uma forma de desintermediação financeira. Note-se que, ao fazerem o apreçamento das taxas de empréstimo, os bancos comerciais embutem sobre as taxas de captação o *spread* de crédito relativo ao risco do tomador, os custos operacionais da instituição, a cunha fiscal, os custos de liquidez que decorrem de eventuais compulsórios e a margem de lucro pretendida. Na securitização, o intermediário financeiro é, em tese, eliminado. Evidentemente existem outros custos envolvidos, além do retorno pretendido pelo investidor, como o custo da estruturação, advogados, agência de *rating*, custódia, cobrança, taxa de colocação dos títulos, taxa do administrador e do gestor da estrutura. Esses custos diluem-se em uma operação de grande volume, mas as de pequeno valor podem não ser viáveis.

A securitização reduz a necessidade de contratação de dívida, já que uma parte dos ativos é cedida e não se fazem necessários recursos para financiá-la. Logo, ao reduzir o endividamento, a securitização permite reduzir a percepção de risco da companhia, como consequência. No caso das instituições financeiras, estas estão sujeitas às normas prudenciais do órgão regulamentador local, que exige suficiência patrimonial para fazer frente ao risco embutido em seus ativos. A securitização permite ao banco retirar créditos de seu balanço e transferir os riscos ao investidor. Desde que não restem quaisquer co-obrigações por parte da instituição originadora, sua base de capital será menor[3]. Dessa forma, a securitização permite que instituições de porte reduzido originem grandes volumes de operações.

A securitização permite ainda que uma companhia origine mais operações mantendo o mesmo nível de capitalização[4]. Considerando-se que o originador retém a maior parte da margem embutida na taxa do empréstimo concedido, repassando apenas uma parte deste ao investidor, seu retorno sobre o patrimônio sobe.

Os benefícios para os tomadores de crédito são perceptíveis no longo prazo, a partir do aumento da competitividade que a securitização pode impor ao mercado. É oportuno lembrar que, no Brasil, a quebra do Banco Santos em 2004 dificultou a captação dos bancos de médio e pequeno portes. A segregação de riscos proporcionada pela securitização fez com que esses bancos passassem a utilizar essa operação como forma de financiar suas carteiras de crédito. Não fosse a securitização, esses bancos teriam reduzido consideravelmente o volume de crédito concedido, e os grandes bancos praticamente não teriam concorrência, o que faria com que se elevasse o *spread* de crédito, o que não ocorreu.

FORTALECIMENTO DA QUALIDADE CREDITÍCIA (*CREDIT ENHANCEMENTS*)

O fortalecimento da qualidade creditícia constitui-se em prática largamente utilizada na securitização de ativos, uma vez que possibilita compatibilizar o nível de risco do título ao apetite para o risco do investidor. A redução no risco de crédito de um instrumento financeiro pode ser obtida com a incorporação de colaterais a este, entre eles títulos do governo, títulos de corporações de elevada qualidade, garantias de terceiros, cartas de crédito e apólices de seguros. Os fatores de fortalecimento podem ser classificados em externos e internos.

Como fatores externos, um título pode ser colateralizado por uma apólice de seguro ou carta de crédito emitida por um banco. A carta de crédito apresenta como inconveniente a vinculação entre o *rating* do banco e a do instrumento que ele pretende garantir. Logo, o *downgrade* do banco rebaixará também a classificação do título. Além disso, essa carta de crédito impõe ao banco emissor a alocação de capital, o que a torna onerosa.

A melhora da qualidade creditícia também pode ser obtida por meio de fatores internos, como o estabelecimento de prioridade no pagamento dos retornos, isto é, a criação de estrutura de senioridade/subordinação. Esse tipo de estrutura assemelha-se aos capitais de uma companhia, em que o pagamento do capital de terceiros precede o pagamento do capital dos acionistas.

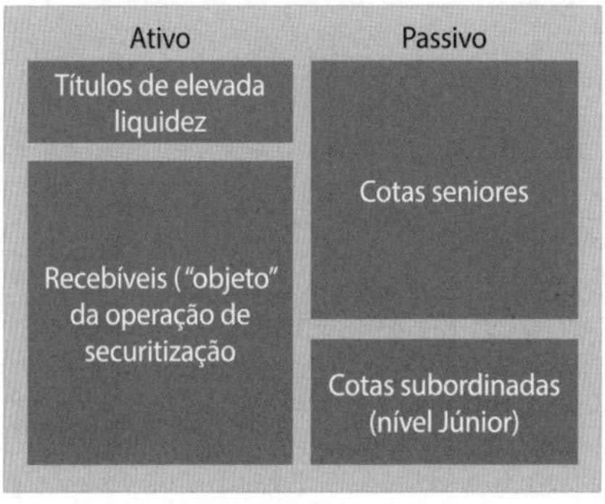

FIGURA 2 Visão esquemática do balanço de um FIDC.

O retorno de um título securitizado é função da adimplência dos créditos que lhe servem de lastro. Ao estabelecer prioridade de pagamentos dos retornos da carteira, o pagamento ao investidor sênior precede o do investidor que lhe é subordinado. O investidor em um título sênior deseja que as perdas com inadimplência se limitem ao valor emitido em títulos subordinados, que lhe servem, portanto, de "amortecedor". Mas o que levaria um investidor a adquirir um título subordinado? São as mesmas razões que levam um investidor a adquirir ações de uma companhia: a busca por maior retorno.

Títulos patrimoniais são subordinados ao endividamento da empresa. Quanto maior a senioridade, menores o risco e o retorno. Maior a subordinação, maiores o risco e o retorno exigido. Logo, a estruturação de uma securitização poderá considerar títulos de diferentes níveis de subordinação, com diferentes *ratings* e diferentes remunerações. Dá-se o nome de mezanino aos títulos subordinados intermediários, e título júnior ou *equity* ao título de menor prioridade de recebimento. Fabozzi et al. (2006) referem-se a essa estrutura como um *cash flow waterfall*, em que os títulos seniores se situam no topo com as taxas de serviços, e os títulos subordinados se seguem pela ordem de prioridade (do maior para o menor). A ideia é que os recursos sejam "vertidos" para o primeiro reservatório; os recursos para o segundo reservatório só serão disponibilizados quando o nível superior "extravasar", e assim consecutivamente.

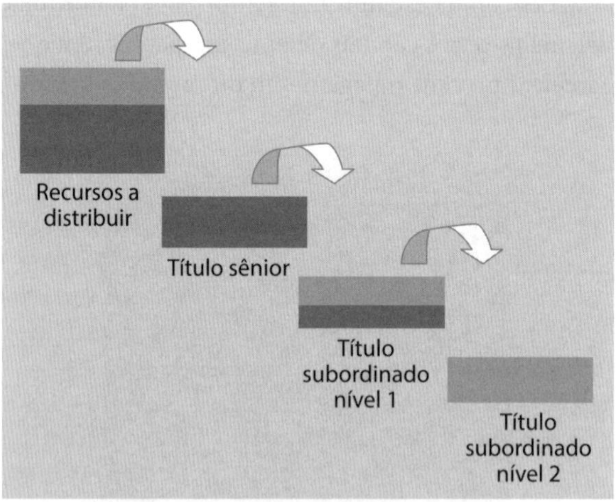

FIGURA 3 Representação gráfica do *cash flow waterfall*.

Outro fator para o fortalecimento de crédito consiste no *excess spread*, ou margem excedente, que é a margem entre a taxa de juros do ativo securitizado, deduzidas as despesas de serviço e a taxa paga aos investidores. A margem excedente se constitui na primeira barreira para fazer frente às eventuais perdas. Em suma, é a margem que resulta nos recursos que sobram após haverem sido remunerados cotistas seniores e subordinados intermediários, e são destinados ao nível *equity*, normalmente detido pelo originador.

RAZÕES PARA O SUCESSO/INSUCESSO NAS OPERAÇÕES DE SECURITIZAÇÃO

O patrocinador de uma estrutura de securitização (isto é, o originador) deve se ater a uma série de pontos, no intuito de obter sucesso na captação de recursos via securitização.

QUADRO 5 Requerimentos para o sucesso de uma estrutura de securitização

Requerimento	Razões
Contratos padronizados	Assegurar que as obrigações sejam legalmente devidas, reconhecidas pelos devedores e devendo ser cumpridas sob pena de execução das garantias
Classificação dos riscos via agência independente	Verificar a existência do lastro da operação de securitização e esclarecer ao investidor a natureza dos riscos envolvidos
Base de dados de perdas históricas	Dar a dimensão esperada das perdas
Amparo legal	Dar ao investidor a confiança de que as leis locais (esferas federal, estadual e municipal) preservarão seus direitos
Qualidade dos prestadores de serviços	Assegurar que todas as atividades (custódia, cobrança, auditoria) sejam desempenhadas adequadamente
Reforço de crédito	Dar ao título securitizado um baixo nível de risco
Sistemas de informação	Viabilizar o fluxo de informações da operação, já que existem diversas partes envolvidas (o originador, o custodiante, o liquidante, a auditoria etc.)

QUADRO 6 Razões para o insucesso das operações de securitização

Ameaças	Razões
Custos de estruturação	Remete à questão da escala. A securitização implica diversos custos: agência de *rating*, escritório jurídico, auditoria, custodiante, estruturador da operação etc. Se o montante de créditos a securitizar for pequeno, a operação poderá ser inviável comparativamente a outras formas de financiamento

(continua)

QUADRO 6 Razões para o insucesso das operações de securitização *(continuação)*

Ameaças	Razões
Custos financeiros elevados	O investidor, por desconhecer a modalidade de operação, cobra um prêmio de risco. Típica de mercados emergentes
Transferência dos descasamentos de fluxo de caixa ao investidor	Na securitização, o fluxo de caixa proveniente de uma carteira de recebíveis é transferido ao investidor, que se vê obrigado a administrar os descasamentos existentes e pode não estar preparado para fazê-lo

CLASSIFICAÇÕES E DISTINÇÕES DAS ESTRUTURAS DE SECURITIZAÇÃO

As estruturas de securitização podem ser classificadas quanto à forma como se apresenta o ativo objeto e quanto à segregação dos riscos. A compreensão desses conceitos é importante para que o investidor tenha a correta dimensão dos riscos dessas operações.

QUADRO 7 Classificação quanto à apresentação do ativo objeto

Securitização de ativos existentes	O recebível objeto da securitização foi emitido e não será substituído por nenhum outro. São típicas dessa modalidade as securitizações de hipotecas residenciais, hipotecas comerciais e de financiamento de veículos, ativos estes colateralizados pelo bem financiado. No Brasil, a securitização de recebíveis de crédito consignado ou de financiamento de veículos tem as características de tal modalidade
Securitização de fluxos de caixa futuros	Os ativos a serem securitizados ainda não foram emitidos, mas a estrutura financeira que irá abrigá-los já está criada. Nessa modalidade de securitização, a questão da continuidade dos negócios do originador adquire importância, ou então o título securitizado tenderá ao desaparecimento pela inexistência de lastro. Recebíveis típicos dessa modalidade são: venda de passagens aéreas e recebíveis de companhias prestadoras de serviços públicos (energia, água e telefonia), mas também recebíveis do comércio de bens e serviços utilizam esse conceito
Securitização sintética	Não ocorre a transferência de recursos entre as partes. Logo, a securitização sintética não irá fundear os ativos do originador, apenas transferir os riscos de crédito à outra parte, para o que a securitização sintética faz uso de contratos de derivativo de crédito

As questões jurídicas na securitização são essenciais para que se isole o risco do originador. Assim, define-se *true sale*, ou venda verdadeira, como a efetiva transferência dos créditos para o ativo da entidade securitizadora. Essa é a situação ideal sob a ótica de segregação de riscos, pois assegura que os investidores têm o direito legal sobre os créditos.

QUADRO 8 Classificação quanto à segregação de riscos

Securitização sem segregação de risco	Os valores mobiliários são emitidos pela própria companhia originadora dos recebíveis, sem a constituição de uma SPE para essa finalidade. Os recebíveis são vinculados aos valores mobiliários emitidos por penhor ou caução. Esse modelo de securitização é característico das companhias estatais concessionárias de serviços públicos, impedidas de criarem subsidiárias
Segregação efetiva do risco	Ocorre quando o bem ou serviço que deu origem à contratação do crédito já foi entregue, concluído ou efetivado, o que significa que já foram atendidos os requisitos para que o contrato de compra e venda não possa ser desfeito. O risco de inadimplência está restrito ao tomador do crédito
Securitização com segregação de risco	Os títulos são emitidos por uma SPE, o que em tese segrega o risco do originador, mas pode persistir algum componente de risco advindo da relação comercial entre cedente e sacado
Segregação relativa do risco	É a situação em que o bem ou serviço ainda não foi entregue, parcial ou totalmente. Logo, existe o risco de o originador inadimplir junto ao comprador. Essa é a situação típica da relação entre mutuários e incorporadoras. Na hipótese de esta última não entregar o imóvel prometido, o comprador poderá interromper os pagamentos ou fazê-los em juízo
Segregação tênue do risco	Situação em que a relação jurídica entre vendedor e comprador ainda não existe ou pode ser cancelada sem ônus. O volume de recebíveis é estimado e projetado para o futuro. Exemplos: recebíveis de vendas futuras de passagens aéreas, de serviços públicos etc.

SECURITIZAÇÃO NO BRASIL

No Brasil, a primeira securitização foi estruturada em 1994 e teve como objeto os recebíveis da Mesbla S.A., empresa de comércio varejista cuja falência foi decretada em 1999. Anteriormente à falência, foi realizada uma reestruturação de passivos na qual foi criado um veículo – a Mesbla Trust S.A. –, com patrimônio segregado ao da empresa varejista, que emitiu debêntures lastreadas pelos recebíveis cedidos pela empresa de varejo. Os recebíveis em questão eram provenientes das compras efetuadas pelo público com o cartão Mesbla nas lojas do grupo. Mesmo com a concordata e posterior falência, os investidores não tiveram problemas para resgatar seus investimentos.

Na década de 1990, ocorreram mais duas operações de securitização no Brasil: aquela realizada sobre o fluxo futuro de créditos da Embratel, com a empresa americana AT&T; e a securitização dos créditos futuros da Varig, provenientes das vendas de passagens aéreas feitas no exterior e pagas com cartões de crédito.

A securitização de ativos no Brasil ganhou vulto a partir de 2001, quando o Banco Central do Brasil publicou a Resolução CVM nº 2.907, autorizando sua constituição e funcionamento. O arcabouço normativo foi complementado posteriormente com a Instrução CVM nº 356. O crescimento dos FIDC pode ser creditado em parte à liquidação extrajudicial do Banco Santos, pois as instituições de pequeno e médio portes passaram a utilizar essa estrutura para se capitalizar.

Um dos primeiros FIDC e um importante estudo de caso foi aquele estruturado sobre os créditos da Parmalat Brasil, que entrou em operação em 27 de novembro de 2003 com o *rating* "brAAAf" da Standard & Poor's. Menos de um mês após a subscrição das cotas, surgiram rumores sobre a má condição financeira do grupo, no Brasil e na Itália. Os administradores do fundo optaram então por interromper a aquisição dos recebíveis da empresa em 19 de dezembro de 2003, e, mesmo com a ratificação do *rating* pela agência classificadora, decidiu-se na assembleia geral extraordinária de 19 de janeiro de 2004 pelo resgate antecipado das cotas. A liquidação do fundo veio a ocorrer em 13 de fevereiro de 2004. O FIDC Parmalat ilustra dois aspectos da securitização:

- A segurança proporcionada pela estruturação que segregou o patrimônio do originador do patrimônio da entidade securitizadora; e pela cessão dentro do conceito de "venda verdadeira", com reforço de crédito correspondente a 15% de cotas subordinadas; com a previsão de eventos de liquidação do fundo; e com a independência dos prestadores de serviço. Isso garantiu aos investidores receberem seus haveres, inclusive com a remuneração indicativa, em que pese a empresa haver solicitado concordata no Brasil na época.
- A existência do fundo, estruturado sobre créditos de curto prazo, implicava a continuidade do nível de atividade econômica da empresa, ou então os créditos cairiam abaixo do mínimo estabelecido pelo Banco Central do Brasil e pela CVM. A carência de créditos faz com que o fundo não consiga remunerar os cotistas seniores dentro da taxa indicativa. Essa situação caracteriza uma securitização como segregação tênue de risco. Portanto, a decisão de opção pela liquidação antecipada do fundo mostrou-se adequada, pois este não teria como remunerar o investidor no futuro.

RISCOS ASSOCIADOS À SECURITIZAÇÃO

Como qualquer outra operação, a securitização embute uma série de riscos para o investidor, para o originador ou para os sistemas financeiros. Sob a ótica do investidor, esses riscos são consideravelmente atenuados pelos mecanismos de *credit enhancements*, tornando o impacto para o investidor tão baixo que a classificação de crédito de títulos securitizados se equipara à de títulos emitidos por grandes bancos, ou ainda os supera. No entanto, ainda assim é importante ter o conhecimento prévio desses riscos. No Quadro 9 são apresentados os riscos para a estrutura de securitização, que refletem em maior ou menor intensidade no retorno para o investidor.

QUADRO 9 Riscos para o investidor

Riscos	Origens
Risco de crédito	Decorre da perda financeira ocasionada pela inadimplência dos créditos do balanço da estrutura de securitização. O risco de crédito é o risco mais relevante na securitização de ativos
Risco de demanda ou *performance*	Em algumas estruturas, o ativo securitizado não é um crédito, mas o fluxo de caixa de um negócio, que depende da existência da demanda ou *performance* do ativo. Um exemplo disso é a securitização do fluxo de caixa da praça de pedágio de uma estrada, ou de outro serviço público
Risco de taxa de juros	Decorre de descasamentos entre os indexadores do ativo e do passivo da estrutura. No Brasil, tornaram-se comuns os FIDC que remuneram o cotista sênior à taxa do CDI + *spread* (ou um percentual da taxa do CDI), mesmo que a taxa do ativo seja prefixada. Na hipótese de encarecimento dos juros, poderá ser difícil garantir a remuneração indicativa ao investidor
Risco de pré-pagamento	Consiste na perda das receitas futuras a que o investidor teria direito, caso o crédito fosse pago apenas quando de seu vencimento. Se uma estrutura de securitização não admitir a reposição dos ativos, o pré-pagamento reduz o retorno da estrutura, o que afetará o retorno dos investidores em títulos de menor prioridade de pagamento (subordinação)
Risco de liquidez	Existem duas modalidades: ▪ Perda financeira do investidor ao tentar desfazer-se dos títulos securitizados, dada a dificuldade em achar contrapartes interessadas em adquirir esses ativos ▪ Perda financeira decorrente do descasamento do fluxo de caixa da estrutura de securitização, que eventualmente pode estar insolvente para cumprir suas obrigações junto a investidores ou prestadores de serviço da estrutura
Risco de taxa de câmbio	Decorre da perda pela flutuação do preço de moeda estrangeira, quando existe descasamento de moedas entre o ativo e o passivo, típico de uma securitização *cross-border*
Riscos operacionais	Decorrem de eventuais falhas dos prestadores de serviços envolvidos na operação. São riscos operacionais: erro não intencional, fraude, falha de sistemas etc. Uma operação de securitização pode estar comprometida se o custodiante falhar na verificação de elegibilidade dos ativos. Nessa situação, os ativos não estariam em conformidade com a política de investimento estabelecida, o que poderia implicar sanções

(continua)

QUADRO 9 Riscos para o investidor *(continuação)*

Riscos	Origens
Outros riscos	Em razão do tipo de negócio empreendido pela empresa originadora dos ativos, outras formas de risco podem se manifestar. A título de exemplo: os prospectos de FIDC organizados por empresas geradoras e distribuidoras de energia elétrica incluem nas suas matrizes de risco os decorrentes de particularidades do setor, como o reajuste tarifário, a matriz energética nacional, a dependência da energia hídrica, o regime pluviométrico, as regras impostas pelos órgãos de regulação – e as restrições impostas pelos órgãos ambientais

Os riscos para o originador decorrem, em grande parte, dos problemas de liquidez caso o mercado venha a lhe negar crédito. É importante ressaltar que, embora a maioria das estruturas consiga isolar o patrimônio do cedente do patrimônio do veículo de securitização, o surgimento de problemas com o primeiro coloca em dúvidas seu processo de originação de créditos.

QUADRO 10 Riscos para o originador

Riscos	Origens
Terminação antecipada da operação	Eventos de crédito podem implicar a terminação antecipada da operação, encerrando uma linha de financiamento com a qual o originador contava e causando-lhe um problema de liquidez
Retração do mercado de capitais em face de problemas	Os bancos mantêm relações de parcerias com seus clientes que tomam recursos e, em uma situação de dificuldade destes últimos, eles podem vir a socorrê-los. A falência do cliente pode ser muito custosa para o banco, além de extinguir uma fonte de receitas. Por outro lado, os *trustees* não têm o poder de postergar a cobrança de seus haveres e agem de acordo com o regulamento estabelecido para a operação de securitização
Riscos inerentes à retenção dos riscos	Na maioria das vezes, o originador adquire os títulos juniores, no intuito de viabilizar a operação de securitização. Essa providência garante que a maior parte do *spread* de crédito seja revertida ao originador, mas faz com que ele receba o primeiro impacto de perdas se o nível de inadimplência for superior ao previsto. O mesmo raciocínio vale para outros riscos (juros, câmbio, pré-pagamento etc.)

Sob a ótica do sistema financeiro, a crise do *subprime* nos Estados Unidos de 2007 a 2009 é o grande estudo de caso e traz em seu bojo inúmeras lições às quais os bancos centrais devem se ater.

QUADRO 11 Riscos para o sistema financeiro

Riscos	Origens
Risco de seleção adversa de portfólio	Os intermediários financeiros por vezes separam os bons ativos para securitização e mantêm aqueles de pior qualidade em carteira, caracterizando uma seleção adversa. A razão disso consiste em não dar transparência ao mercado sobre sua capacidade de originar bons créditos. A seleção adversa não se constitui em risco para a estrutura de securitização, mas para os bancos que cederam seus créditos, para seus depositantes e para o sistema financeiro
Risco de perda da efetividade dos meios de política monetária	A tendência de crescimento da securitização representa um desafio aos bancos centrais, à medida que estes perdem parte de sua capacidade de exercer política monetária. No sistema tradicional, os bancos captam recursos para financiar os empréstimos concedidos e os bancos centrais podem regular qual parcela desses recursos permanecerá em poder das instituições, com a fixação de depósito compulsório. No sistema em que os bancos securitizam seus ativos e deixam de captar depósitos, os bancos centrais perdem o poder de regular o mercado
Risco sistêmico	Fatores macroeconômicos, a frouxidão de órgãos de supervisão bancária e a ênfase em viabilizar operações em detrimento de adequados padrões de crédito podem levar o sistema financeiro ao colapso. Em uma situação dessa natureza, a intervenção do Estado é fundamental para limitar os efeitos nocivos da crise

CRITÉRIOS UTILIZADOS PELAS AGÊNCIAS DE CLASSIFICAÇÃO DE RISCO

O processo de avaliação das estruturas de securitização deve abranger a análise das partes, do lastro, do realce da qualidade creditícia, da estrutura financeira e a análise da estrutura jurídica.

QUADRO 12 Análise das estruturas de securitização

Tipo de análise	Objetivo da análise
Análise das partes	▪ Originador: processo de formalização dos recebíveis, política de crédito, qualidade dos direitos creditórios, solidez do originador e sua capacidade de geração continuada de ativos ▪ Emissor ou entidade securitizadora: independência de seu patrimônio com relação ao patrimônio do originador ▪ Custodiante e liquidante: procedimentos de custódia e cobrança, tendo em vista garantir a pontualidade dos recebimentos e a recuperação dos créditos ▪ A agência de classificação de riscos, quanto à sua reputação ▪ A auditoria, quanto à sua reputação ▪ Outros agentes, como o administrador, o gestor etc.
Análise do lastro	▪ Diversificação (pulverização) dos ativos ▪ Homogeneidade ▪ Qualidade ▪ Histórico de perda ▪ Nível de concentração ▪ Garantias contratuais

(continua)

QUADRO 12 Análise das estruturas de securitização *(continuação)*

Tipo de análise	Objetivo da análise
Análise do realce da qualidade creditícia	▪ Margem excedente ▪ Subordinação ▪ Sobrecolateralização ▪ Conta reserva (carências ou da retenção da margem excedente) ▪ Qualidade do reforço externo (fianças e/ou seguros)
Análise da estrutura jurídica	▪ Garantir que, na hipótese de inadimplência do originador, os recebíveis não sejam arrestados
Análise da estrutura financeira	▪ Risco de liquidez e financeiro inerentes à operação, uma vez que podem existir descasamentos de prazos e indexadores, o que torna pertinente a análise da política de *hedge*

A classificação da qualidade creditícia por agência especializada acarreta uma série de vantagens para a securitização: os *ratings* fornecem aos investidores comuns e institucionais uma dimensão acerca do risco de um ativo, sem que eles tenham que efetuar uma análise própria; a globalização impõe a necessidade de critérios consistentes e padronizados de uma agência classificadora reconhecida internacionalmente; as estruturas de securitização são complexas e requerem especialistas; e o investidor pode não ter acesso a todas as informações. Uma estrutura de securitização envolve várias partes, cada qual com atribuições específicas, o que contribui fortemente para o estabelecimento de governança sobre a operação. O fluxo operacional pode ser visto na Figura 4.

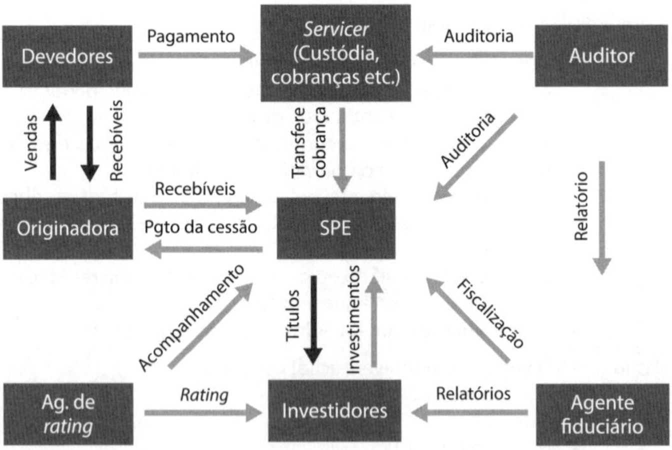

FIGURA 4 Fluxo operacional de uma securitização.
Fonte: adaptada de Lima Neto L, 2007.

ALGUMAS OPERAÇÕES DE SECURITIZAÇÃO FEITAS NO BRASIL

Com o intuito de melhor ilustrar como as operações de securitização são estruturadas, serão apresentados dois exemplos de operações realizadas no mercado: uma tendo como lastro o fluxo de caixa devido a Furnas, outra decorrente da securitização de recebíveis de crédito consignado do Banco BGN.

Prospecto de Distribuição Pública de Quotas Seniores do

FURNAS II
FUNDO DE INVESTIMENTO EM DIREITOS CREDITÓRIOS

Classificação de risco das Quotas Seniores

Aa3.br

Moody's América Latina

Cedente

FURNAS CENTRAIS ELÉTRICAS SA

O Furnas II - Fundo de Investimento em Direitos Creditórios (o "Fundo") ofertou 878.495 (oitocentas e setenta e oito mil e quatrocentas e noventa e cinco) quotas seniores (as "Quotas Seniores"), em série única, com Valor Unitário de Emissão de R$ 1.000,00 (um mil reais). O Banco Santander Brasil S.A. (o "Coordenador Líder"), o Banco Bradesco S.A., o BB Banco de Investimento S.A., o Banco Itaú BBA S.A., o Banco Votorantim S.A. e o Banco ABC Brasil S.A. (os "Coordenadores") foram as instituições contratadas pelo Administrador para realizar a distribuição pública das Quotas Seniores, no mercado de balcão não organizado. O Fundo emitiu, ainda, Quotas Subordinadas, que não foram objeto de oferta ao público.

O Regulamento do Fundo foi registrado no 2º Ofício de Títulos e Documentos da Cidade de Osasco, Estado de São Paulo, em 5 de maio de 2005, sob o n.º 192600. O Fundo é constituído sob a forma de condomínio fechado, e o seu prazo de duração regular inicia-se na Data de Emissão de Quotas, encerrando-se em 30 de maio de 2010 (o "Prazo de Duração"). O Fundo é regido pelas disposições do Regulamento e da Instrução CVM n.º 356 de 17 de dezembro de 2001, com a redação dada pela Instrução CVM n.º 393, de 22 de julho de 2003 (a "Instrução CVM 356") e demais disposições legais e regulamentares aplicáveis.

Protocolo CVM datado de 9 de maio de 2005.

Somente poderão participar do Fundo, na qualidade de Quotistas, Investidores Qualificados. A critério do Administrador, as Quotas Seniores poderão ser registradas para negociação em bolsa de valores ou sistema de balcão organizado. Na hipótese de negociação de Quotas Seniores, caberá exclusivamente ao intermediário assegurar que os adquirentes das Quotas Seniores sejam Investidores Qualificados.

As aplicações realizadas no Fundo não contam com a garantia da Cedente, do Administrador, do Gestor, de suas respectivas Partes Relacionadas, de qualquer mecanismo de seguro ou do Fundo Garantidor de Créditos - FGC.

As aplicações do Fundo referidas neste Prospecto e no Regulamento apresentam riscos para o investidor. Ainda que o Gestor mantenha sistema de gerenciamento de riscos, não há garantia de completa eliminação da possibilidade de perdas para o Fundo e para o investidor. Eventual rentabilidade obtida no passado pelos investidores em fundos de investimento desta natureza não representa garantia de rentabilidade futura.

ANBID

Este Prospecto foi preparado com as informações necessárias ao atendimento das normas emanadas pela CVM, bem como às disposições do Código de Auto-Regulação da ANBID para a indústria dos fundos de investimento. A autorização para funcionamento e/ou venda das Quotas não implica, por parte da CVM e da ANBID, garantia de veracidade das informações prestadas ou de adequação do Regulamento ou do Prospecto à legislação vigente ou, ainda, julgamento sobre a qualidade do Fundo, de seu Administrador e demais instituições prestadoras de serviços.

As informações contidas neste Prospecto estão em consonância com o Regulamento, porém não o substitui. É recomendada a leitura cuidadosa tanto deste Prospecto, quanto do Regulamento, com especial atenção às disposições relativas ao objetivo e à política de investimento, de composição e de diversificação da carteira do Fundo, bem como a descrição dos fatores de risco a que este está exposto.

Coordenadores

Coordenador Líder

Banco Santander

Bradesco Corporate

BB Investimentos

Itaú BBA

Banco Votorantim

Banco ABC Brasil S.A.

A data deste Prospecto é 1º de junho de 2005

FIGURA 5 Prospecto de Furnas II.

QUADRO 13 Resumo de transição Furnas II

Emissor	Furnas II – FIDC
Características gerais	Fundo de investimento em direitos creditórios constituído sob a forma de condomínio fechado
Tipo de ativo	Cessão de direitos creditórios oriundos de cinco instrumentos jurídicos com devedores distintos, com a coobrigação da cedente
Colaterais	Coobrigação de Furnas Centrais Elétricas S.A.
Cedente	Furnas Centrais Elétricas S.A. (Aa3.br Escala Nacional Brasileira e Ba2 Escala Global de Moeda Local)
Cotas	900.000 cotas seniores, 217.110 cotas subordinadas; valor da cota na emissão: R$ 1.000,00
Remuneração indicativa	Cotas seniores: CDI + 1,20% a.a., com amortização mensal Cotas subordinadas: não especificado, com amortização só no vencimento
Administrador	BEM DTVM Ltda.
Agente cobrador dos direitos creditórios	Furnas Centrais Elétricas S.A.
Auditor externo	KPMG Auditores Independentes
Assessor jurídico	Mattos Filho, Veiga Filho, Marrey Jr. e Quiroga Advogados
Rating	Agência: Moody's Quotas sênior: Aa3.br Escala Nacional Brasileira e Ba2 Escala Global de Moeda Local, ambos sob revisão para possível elevação
Vencimento	Duração prevista de 60 meses e vencimento em 30 de maio de 2010
Direitos creditórios	▪ R$ 228 milhões referentes ao Contrato Particular de Cessão de Crédito para refinanciamento da dívida da Centrais Elétricas de Goiás S.A. (CELG) ▪ R$ 89 milhões referentes ao Contrato de Financiamento Mediante Abertura de Crédito, celebrado entre Furnas e as Centrais Elétricas do Norte do Brasil S.A. (Eletronorte) ▪ R$ 258 milhões referentes ao Instrumento Particular de Confissão de Dívidas e Outras Avenças, celebrado entre Furnas e a CELG ▪ R$ 162 milhões referentes ao Instrumento Particular de Confissão de Dívidas e Outras Avenças, celebrado entre Furnas e a Companhia Energética de Brasília (CEB) ▪ R$ 166 milhões referentes ao Contrato de Consolidação de Créditos, celebrado entre Furnas e a Eletrobras Termonuclear S.A. (Eletronuclear) Total: R$ 903 milhões

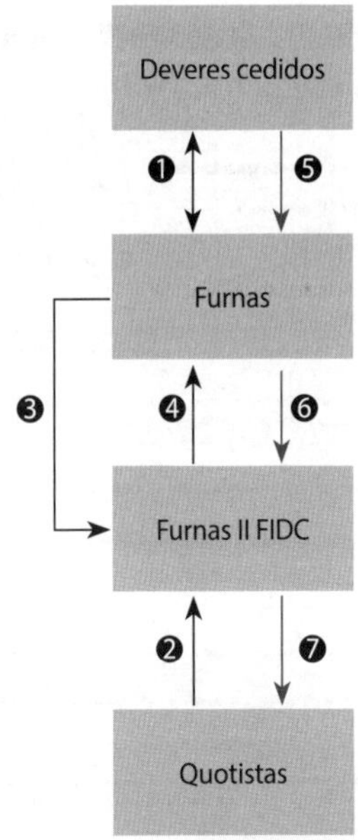

1) Furnas realizou operações com os devedores cedidos gerando direitos creditórios.
2) Para obter recursos para aquisição dos direitos creditórios, o fundo emite quotas.
3) Nos termos do contrato de cessão, Furnas cede os direitos creditórios ao fundo.
4) O fundo efetua, nos termos do contrato de cessão, o pagamento do preço de aquisição dos direitos creditórios.
5) Na data do vencimento, Furnas recebe o pagamento dos devedores cedidos.
6) Todo dia 30 de cada mês, Furnas realiza a transferência do valor mensal devido diretamente para conta corrente do fundo.
7) O fundo realiza os pagamentos do valor da amortização ou do valor do resgate, conforme o caso, das quotas.

FIGURA 6 Visão esquemática de Furnas II.

Comentários: o FIDC Furnas II apresenta como lastro os direitos creditórios provenientes dos contratos firmados com um número limitado de entidades, a saber: Eletronorte, CELG, CEB e Eletronuclear. Em uma análise simplista, o benefício com a diversificação dos ativos seria reduzido. Logo, é fundamental que o risco da operação considere as características dos contratos entre Furnas e essas entidades e as garantias oferecidas.

O Quadro 13 fornece uma pista importante: o item "tipo de ativo" menciona "cessão de direitos creditórios oriundos de cinco instrumentos jurídicos com devedores distintos, com a co-obrigação da cedente". Isso indica que as obrigações daquelas entidades é colateralizada com um fluxo de caixa proveniente de pagamentos feito a elas, provavelmente decorrente de tarifa cobrada pelo fornecimento de energia, e com co-obrigação. Essas entidades são, logo, as cedentes desses direitos. Esse fato torna o risco bastante diversificado, justificando o *rating* atribuído. Isso mostra a importância de conhecer as minúcias da operação.

FUNDO DE INVESTIMENTO EM DIREITOS CREDITÓRIOS BGNPREMIUM I - CRÉDITO CONSIGNADO

Cedente

Banco BGN S.A

Prospecto de Distribuição Pública de Quotas Sênior da 2ª Série (o "Prospecto")

Classificação Moody´s América Latina Ltda. para as Quotas Sênior: "Aa2.br"

O FUNDO DE INVESTIMENTO EM DIREITOS CREDITÓRIOS BGNPREMIUM I - CRÉDITO CONSIGNADO, CNPJ/MF nº 06.332.301/0001-07, (o "Fundo") é regido pelas disposições de seu regulamento, pela Instrução CVM nº 356, de 17 de dezembro de 2001, e suas alterações posteriores (a "Instrução CVM") e pelas demais disposições legais e regulamentares aplicáveis. O Fundo é constituído sob a forma de condomínio fechado, com prazo regular de vigência até 02 de maio de 2014. O regulamento do Fundo foi registrado no 1º Ofício de Registro de Títulos e Documentos do Rio de Janeiro, sob o nº 1526739, em 11 de junho de 2004, com suas 1ª, 2ª e 3ª alterações registradas no mesmo Ofício sob o nº 1528155, em 25 de junho de 2004, sob o nº 1530917, em 23 de julho de 2004, e sob o nº 153393, em 18 de agosto de 2004, respectivamente (o "Regulamento").

O Fundo poderá emitir 01 (uma) classe de quotas sênior (as "Quotas Sênior"), as quais poderão ser divididas em Séries distintas, a serem distribuídas em 01 (uma) ou mais Distribuições. O Fundo poderá emitir, em qualquer Distribuição, 01 (uma) classe de quotas subordinadas (as "Quotas Subordinadas") em número indeterminado. As Datas de Amortização, o valor das Amortizações Programadas e as condições de remuneração de cada Série de Quotas Sênior, serão definidas no respectivo Suplemento da Série "n". Durante o Prazo de Vigência, o Fundo poderá manter em Circulação até 8.000 (oito mil) Quotas Sênior.

O Fundo está ofertando na 2ª Distribuição até 2.000 (duas mil) Quotas Sênior da 2ª Série, no valor unitário de R$ 25.000,00 (vinte e cinco mil reais), perfazendo o montante de até R$ 50.000.000,00 (cinqüenta milhões de reais).

O Fundo poderá manter em Circulação até 8.000 (oito mil) Quotas Sênior no valor de até R$ 200.000.000,00 (duzentos milhões de reais), considerando-se o Preço de Emissão das Quotas em sua 1ª Data de Emissão.

Protocolo CVM da 2ª Série datado de 29 de novembro de 2004 e 30 de novembro de 2004.

Data de início desta Distribuição: 01 de dezembro de 2004.

As Quotas Sênior deverão ser registradas, para negociação secundária, em bolsa de valores ou mercado de balcão organizado. Os Quotistas serão responsáveis pelo pagamento de todos e quaisquer custos, tributos ou emolumentos incorridos na negociação e transferência de suas Quotas.

Somente poderão participar do Fundo, na qualidade de Quotistas, Investidores Qualificados. Na hipótese de negociação de Quotas, caberá exclusivamente ao intermediário assegurar que os adquirentes das Quotas são Investidores Qualificados.

Rentabilidade obtida no passado não representa garantia de rentabilidade futura.

As informações contidas neste Prospecto estão em consonância com o Regulamento do Fundo, porém não o substitui. É recomendada a leitura cuidadosa tanto deste Prospecto quanto do Regulamento, com especial atenção para as cláusulas relativas aos seus objetivos e à política de investimentos do Fundo, bem como às disposições do Prospecto que tratam dos fatores de risco a que o Fundo está exposto.

As aplicações efetuadas pelo Fundo de que trata este Prospecto apresentam riscos para o investidor. Ainda que a Administradora mantenha sistema de gerenciamento de riscos, não há garantia de completa eliminação da possibilidade de perdas para o Fundo e para seus investidores.

As aplicações realizadas no Fundo não contam com a garantia do BGN, da Administradora, do Custodiante, do Distribuidor, de suas Pessoas controladoras, sociedades por estes direta ou indiretamente controladas, a estes coligadas ou outras sociedades sob controle comum, de qualquer mecanismo de seguro ou do Fundo Garantidor de Créditos - FGC.

O Distribuidor não participou da estruturação do Fundo nem realizou qualquer auditoria ou verificação independente das informações constantes deste Prospecto. O Distribuidor não é parte dos Documentos da Securitização, nem presta qualquer garantia com relação à veracidade, suficiência e qualidade das informações constantes deste Prospecto, que são de responsabilidade exclusiva do Fundo, da Administradora e do BGN.

"*A Comissão de Valores Mobiliários - CVM não garante a veracidade das informações prestadas e, tampouco, faz julgamento sobre a qualidade das quotas a serem distribuídas*".

ANBID

"Este Prospecto foi preparado com as informações necessárias ao atendimento das disposições do Código de Auto-Regulação da ANBID para a indústria de fundos de investimento, bem como as normas emanadas da Comissão de Valores Mobiliários. A autorização para funcionamento e/ou venda das Quotas deste Fundo não implica, por parte da CVM e da ANBID, garantia de veracidade das informações prestadas ou julgamento sobre a qualidade do Fundo, da Administradora e das demais instituições prestadoras de serviços".

Distribuidor: Banco Votorantim

Administradora: Oliveira Trust

Custodiante: Itaú

Agência Classificadora de Risco: Moody's América Latina Ltda.

Empresa de Auditoria: KPMG

Assessores Legais: MOTTA, FERNANDES ROCHA ADVOGADOS

A data deste Prospecto é 30 de novembro de 2004

FIGURA 7 Prospecto de BGN Premium I.

QUADRO 14 Resumo da transação BGN Premium I

Emissor	FIDC BGNPREMIUM		
Tipo de veículo emissor	FIDC fechado multissérie		
Tipo de ativo	Empréstimos pessoais com consignação de descontos em folha		
Cedente	Banco BGN S.A.		
Custodiante	Banco Itaú S.A.		
Administrador	Oliveira Trust DTVM S.A.		
Auditor externo	KPMG Auditores Independentes		
Assessoria legal	Motta, Fernandes Rocha Advogados		
Volume inicial das séries	R$ 150 MM		
Séries	2004-1	2004-2	2005-1
***Ratings* (local/global)**	Ba2/Aa2.br	Ba2/Aa2.br	Ba2/Aa2.br
Valor unitário das cotas	R$ 25.000,00	R$ 25.000,00	R$ 25.000,00
Quotas seniores (em 31.12.2005)	R$ 33.592.869	R$ 61.212.954	R$ 57.857.815
Subordinação	15%	15%	15%
Excesso de *spread*	22%	22%	22%
Data de início	24.08.2004	02.12.2004	28.03.2005
Data de vencimento	15.08.2007	15.12.2007	15.04.2008
Prazo (meses)	36	36	36
Rendimento – quotas seniores	18,98%	18,80%	18,80%
Frequência de amortizações (principal e rendimentos)	Mensal após 6 meses de carência	Mensal após 12 meses de carência	Mensal após 12 meses de carência
Conta reserva	Um mês de fluxo de caixa		
Reserva de amortização	100% do valor do próximo pagamento (30 dias de antecedência)		

- O BGN subscreve cotas subordinadas por meio da cessão de direitos creditórios elegíveis ao fundo. Posteriormente, o fundo capta os recursos necessários à aquisição dos direitos creditórios elegíveis, a serem pagos em moeda corrente nacional, mediante a integralização de cotas seniores por investidores qualificados.
- O fundo adquire direitos creditórios e outros ativos utilizando-se das verbas recebidas em "2" na Figura 8 e, no curso do programa de securitização, dos recursos provenientes do recebimento de valores decorrentes do pagamento de ativos de sua titularidade.

- As entidades ou, conforme o caso, o órgão ou entidade da administração direta, autárquica e fundacional do Poder Executivo da União, à qual o respectivo mutuário se encontre vinculado, realizam as consignações nas folhas de pagamento dos respectivos mutuários.
- As verbas decorrentes da consignação (desconto em folha de pagamento) são diretamente repassadas ao BGN pelas entidades responsáveis pela consignação ou, caso o mutuário seja vinculado a órgão ou entidade da administração direta, autárquica e fundacional do Poder Executivo da União, os valores são transferidos à entidade aberta de previdência complementar ou à sociedade seguradora que tenha celebrado o convênio com o BGN, para posterior transferência ao BGN.
- Após a realização dos procedimentos definidos no convênio de cobrança, o BGN repassa ao fundo, no prazo de até D+3, os valores creditados pelas entidades nos termos do item "5" na Figura 8, por meio do crédito das respectivas verbas na conta-corrente de créditos a conciliar.
- No curso do programa de securitização, os recursos recebidos dos mutuários, após seu trânsito e conciliação na conta-corrente de créditos a conciliar, são transferidos pelo custodiante para a conta-corrente do fundo.

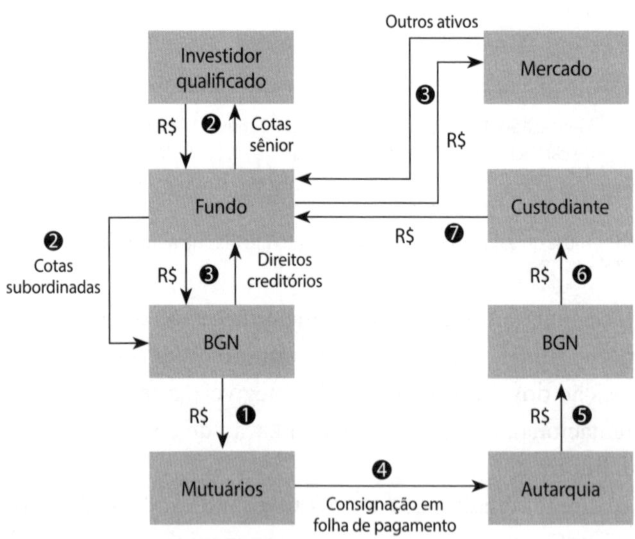

FIGURA 8 Visão esquemática BGN Premium I.
Fonte: www.oliveiratrust.com.br.

TENDÊNCIAS

As operações baseadas na emissão de CRI (Certificados de Recebíveis Imobiliários) e CRA (Certificados de Recebíveis do Agronegócio) têm se mostrado excelente alternativa para companhias do setor imobiliário ou do agronegócio captarem recursos, pois são isentas de tributação para o investidor. Dessa forma, consegue-se captar usando esses instrumentos com um "rebate" do imposto, que haveria caso os títulos fossem tributados, ou seja, a companhia irá captar a uma taxa inferior àquela que conseguiria com a emissão de um título não isento. Ocorre que muitas emissões têm como direito creditório um título, usualmente uma debênture quirografária, emitido pela própria companhia. Nessa situação, não há qualquer diversificação de risco. Trata-se, portanto, de risco corporativo, o que difere em muito de um CRI ou CRA emitido com lastro em recebíveis de um grande número de mutuários. Esse fato realça a importância, para o investidor, de conhecer com detalhes o prospecto de emissão desses títulos, e em particular a natureza dos direitos creditórios.

CONCLUSÃO

Sob a ótica do investidor, a securitização é uma alternativa de investimento que apresenta vantagens significativas sobre o investimento em depósitos a prazo em uma instituição financeira, visto que possui as seguintes características:

- O risco é diversificado, e não um evento discreto, salvo exceções.
- A situação patrimonial do cedente não afeta a adimplência dos títulos securitizados, caso o direito creditório não seja de sua emissão.
- É criada sobre a operação uma estrutura de governança, visando assegurar ao investidor que seus direitos serão preservados.
- Existe segregação das funções de originar, custodiar, liquidar, avaliar, auditar e gerir, o que aumenta a segurança da estrutura de securitização.
- O fortalecimento de crédito garante ao título um risco consideravelmente menor que o risco dos ativos securitizados.
- Como consequência, a classificação de crédito dos títulos securitizados é, na grande maioria das vezes, muito superior à classificação do originador dos créditos.

Essas características fazem com que essa modalidade de investimento ganhe a cada dia o interesse de mais investidores. Como consequência, pequenas instituições financeiras e companhias que originam créditos passam a acessar investidores que sem a securitização não alcançariam.

QUESTÕES PARA REFLEXÃO

1. Pense na questão da oferta de crédito com a securitização de recebíveis. No Brasil, ela possibilitou que bancos de menor porte se mantivessem atuantes na concessão de crédito, em um ambiente econômico caracterizado pela elevada concentração bancária, em que os grandes conglomerados financeiros concentram a maior parte dos depósitos.
2. Reflita sobre a possibilidade de diversificação de riscos do investidor, que adquire títulos securitizados com lastro em recebíveis de diferentes segmentos da economia.
3. Analise a possibilidade de criar alternativas de investimento com diferentes relações de retorno *versus* risco, em uma estrutura de securitização, por meio de títulos com diferentes níveis de subordinação.
4. Reflita sobre a importância da estrutura de governança nas operações de securitização, com o estabelecimento de regulamentos e assembleias dos investidores.
5. Analise as possibilidades de uso da securitização como alternativa de financiamento para projetos de infraestrutura.
6. Reflita sobre a crise do *subprime* dos Estados Unidos. O que deu errado? Quais medidas deveriam ter sido tomadas, e o que deve ser feito para que essa situação não se repita?
7. Reflita também sobre o uso da securitização como alternativa de reestruturação dos passivos de companhias muito endividadas.

RESUMO

Este capítulo apresentou ao leitor os princípios das operações de securitização, suas modalidades, benefícios e riscos. Apresentou também a estrutura dessas operações, as entidades que participam da estruturação e suas atribuições. Com base nessas informações, o leitor poderá estabelecer críticas aos negócios que lhe são oferecidos, ou vislumbrar como empregar a securitização com o propósito de viabilizar sua atividade empresarial.

REFERÊNCIAS

Banks Eric. Volatility and credit risk in the capital markets. Chicago: Probus Publishing Company; 1993.

Banco Central do Brasil. Resolução nº 2026. Faculta a aquisição e a retrocessão de direitos creditórios oriundos de operações comerciais ou de prestação de serviços pelas instituições que especifica. Disponível em: https://www.bcb.gov.br/pre/normativos/res/1993/pdf/res_2026_v2_L.pdf. Acesso em: out de 2024.

Banco Central do Brasil. Resolução CMN nº 2.907. Autoriza a constituição e o funcionamento de fundos de investimentos em direitos creditórios e de fundos de aplicação em quotas de fundos de investimento em direitos creditórios. Disponível em: https://www.bcb.gov.br/estabilidadefinanceira/exibenormativo?tipo=Resolu%C3%A7%C3%A3o&numero=2907. Acesso em: out de 2024.

Botter M. Workshop FIDC: funcionamento/processamento. ANBID; 2007.

Brasil. Lei nº 6.404, de 15 de dezembro de 1976. Dispõe sobre as Sociedades por Ações. Disponível em: http://www.planalto.gov.br/ccivil_03/leis/L6404consol.htm. Acesso em: out de 2024.

Brasil. Lei nº 9.514, de 20 de novembro de 1997. Dispõe sobre o Sistema de Financiamento Imobiliário, institui a alienação fiduciária de coisa imóvel e dá outras providências. Disponível em: http://www.planalto.gov.br/ccivil_03/leis/L9514.htm. Acesso em: out de 2024.

Brasil. Lei nº 11.076, de 30 de dezembro de 2004. Dispõe sobre o Certificado de Depósito Agropecuário – CDA, o Warrant Agropecuário – WA, o Certificado de Direitos Creditórios do Agronegócio – CDCA, a Letra de Crédito do Agronegócio – LCA e o Certificado de Recebíveis do Agronegócio – CRA, dá nova redação a dispositivos das Leis nºs 9.973, de 29 de maio de 2000, que dispõe sobre o sistema de armazenagem dos produtos agropecuários, 8.427, de 27 de maio de 1992, que dispõe sobre a concessão de subvenção econômica nas operações de crédito rural, 8.929, de 22 de agosto de 1994, que institui a Cédula de Produto Rural – CPR, 9.514, de 20 de novembro de 1997, que dispõe sobre o Sistema de Financiamento Imobiliário e institui a alienação fiduciária de coisa imóvel, e altera a Taxa de Fiscalização de que trata a Lei nº 7.940, de 20 de dezembro de 1989, e dá outras providências. Disponível em: http://www.planalto.gov.br/ccivil_03/_ato2004-2006/2004/lei/L11076.htm. Acesso em: 16 jun. 2017.

Caouette JB, Altman EI, Narayanan P. Gestão de risco de crédito. Rio de Janeiro: Qualitymark; 2000.

Comissão de Valores Mobiliários. Instrução CVM 356, de 17 de dezembro de 2001. Regulamenta a constituição e o funcionamento de fundos de investimento em direitos creditórios e de fundos de investimento em cotas de fundos de investimento em direitos creditórios. Disponível em: http://www.cvm.gov.br/legislacao/inst/inst356.html. Acesso em: 16 de jun de 2017.

Comissão de Valores Mobiliários. Instrução CVM 393, de 22 de julho de 2003. Altera a Instrução CVM n. 356, de 17 de dezembro de 2001, que regulamenta a constituição e o funcionamento de fundos de investimento em direitos creditórios e de fundos de investimento em cotas de fundos de investimento em direitos creditórios. Disponível em: http://www.cvm.gov.br/export/sites/cvm/legislacao/inst/anexos/300/inst393.pdf. Acesso em: 16 de jun. de 2016.

Comissão de Valores Mobiliários. Instrução CVM 435, de 05 de julho de 2006. Altera as Instruções CVM n. 209, de 25 de março de 1994; 356, de 17 de dezembro de 2001; 391, de 16 de julho de 2003; 398, de 28 de outubro de 2003, e 399, de 21 de novembro de 2003. Disponível em: http://www.cvm.gov.br/legislacao/inst/inst435.html. Acesso em: 16 de jun de 2017.

Comissão de Valores Mobiliários. Instrução CVM 442, de 08 de dezembro de 2006. Altera as Instruções CVM ns. 356, de 17 de dezembro de 2001, e 400, de 29 de dezembro de 2003. Disponível em: http://www.cvm.gov.br/export/sites/cvm/legislacao/inst/anexos/400/inst442.pdf. Acesso em: 16 de jun de 2017.

Comissão de Valores Mobiliários. Instrução CVM 446, de 19 de dezembro de 2006. Altera a Instrução CVM n. 356, de 17 de dezembro de 2001, e a Instrução CVM n. 414, de 30 de dezembro de 2004. Disponível em: http:// www.cvm.gov.br/export/sites/cvm/legislacao/inst/anexos/400/inst446.pdf. Acesso em: 16 de jun de 2017.

Comissão de Valores Mobiliários. Instrução CVM 458 de 16 de agosto de 2007. Altera a Instrução CVM n. 356, de 17 de dezembro de 2001. Disponível em: http://www.cvm.gov.br/export/sites/cvm/legislacao/inst/anexos/400/inst458.pdf. Acesso em: 16 de jun de 2017.

Davidson A, Sanders A, Wolff L-L, Ching A. Securitization – structuring and investment analysis. Nova Jersey: John Wiley & Sons; 2003.

Domingues R. O caso Parmalat e seus recebíveis. Gazeta Mercantil. 15 de janeiro de 2004.

Fabozzi Jr. FJ, Davis HA, Choudhry M. Introduction to structured finance. Nova Jersey: John Wiley Trade; 2006.

Files suggest double-billing by Parmalat. The New York Times. 2 de fevereiro de 2004.

Kendall LT, Fishman MJ, organizadores. A primer on securitization. Londres: The MIT Press; 1996.

Kohn M. The capital market before 1600. Dartmouth College. Working Paper. 99-06. 1999.

Kothari V. Securitization – the financial instrument of the future. John Wiley & Sons; 2006.

Lima Neto L. Securitização de ativos – a era da desintermediação financeira. Porto Alegre: Gainvest Publicações; 2007.

McCauley T. The Parmalat archipelago. CFO Europe Magazine. 9 de fevereiro de 2004.

Miller G. The obsolescence of commercial banking. J Inst Theor Econ. 1998;154:61-73.

Ness Jr WL. Securitização, garantias reais e operações estruturadas. In: 18 ENANPAD, 1994, Curitiba. Anais do 18 ENANPAD; 1994. v. 5. p. 90-103.

Rosenthal JA, Ocampo JM. Securitization of credit: inside the new technology of finance. Nova Jersey: John Wiley & Sons; 1988.

Rouwenhorst KG. The origins of mutual funds. Yale School of Management. Working Paper. 04-48. 2004.

Schmidt RH, Hackethal A, Tyrell M. Disintermediation and the role of banks in Europe: an international comparison. J Financ Intermed. 1999;8:36-67.

Sopranzetti BJ. Selling accounts receivable and the underinvestment problem. The quarterly review of economics and finance. New Brunswick. 1999;39:291-301.

Unterman A. Exporting risk: global implications of the securitization of US housing debt. Hastings Bus L J. 2008;4:1.

CAPÍTULO 18

Planejamento financeiro e vieses comportamentais

Clarice Carneiro Martins

Com base em um levantamento do CFA Institute, uma lista dos erros mais comuns que os investidores cometem foi analisada. Alguns desses ditos "erros" são ações que seres humanos cometem impulsionados por características comportamentais e vieses. No entanto, estudos empíricos e experimentais da economia comportamental demonstram que essas ações e vieses podem acabar prejudicando a aquisição e manutenção de patrimônio.

A aquisição e manutenção de patrimônio representam uma tarefa árdua e de longo prazo. Uma máxima no mundo dos investimentos é que se deve minimizar os erros e as perdas para não afetar os retornos obtidos, os quais não são uma tarefa fácil de desperdiçar.

Sendo assim, do ponto de vista de um livro que visa informar acerca de decisões de planejamento financeiro pessoal, parece muito claro que entender esses vieses comportamentais e, se possível, como evitá-los podem trazer um ganho enorme para o seu planejamento financeiro no curto e longo prazo.

Apesar de focar na ação de minimizar perdas pelo autoconhecimento desses vieses, é importante primeiro oferecer uma breve explicação do que é a economia comportamental e como vieses comportamentais foram trazidos para dentro da economia e dos estudos de investimentos pessoais. Leitores já familiarizados com a explicação a seguir podem fazer uma leitura rápida desta seção e seguir para como os vieses comportamentais vão afetar seus investimentos.

O QUE É A ECONOMIA COMPORTAMENTAL APLICADA A FINANÇAS?

O tradicional modelo de finanças tem como base o paradigma da racionalidade dos investidores. Muitos fatos básicos sobre mercados financeiros agregados, retornos médios dos investimentos, decisões de compra e venda dos investidores foram sempre estudados com base na racionalidade dos agentes econômicos. Claramente, esses modelos têm sido criticados e muitas vezes suas predições são desafiadas por descobrimentos empíricos e experimentais. Daí nasce a economia comportamental. A economia comportamental procura explicar os desvios comuns e sistemáticos do comportamento implícito nos modelos econômicos racionais. Esses desvios são comumente chamados de anomalias e vieses.

A economia comportamental tem como prática testar esses modelos tradicionais em seres humanos, com o objetivo de ver quando o modelo racional para de pé e quando desaba. Quando este não pode ser confirmado, é importante perguntar e tentar entender como é possível ajustar ou oferecer uma melhor explicação com aquilo que foi de fato observado. A economia comportamental usa lições aprendidas com experimentos de laboratório, psicologia e outras ciências sociais, para entender o ser humano e seu comportamento financeiro, social e público.

Em outros termos, a economia comportamental trata da compreensão do comportamento econômico e social e suas consequências. Por exemplo, por que alguém compra algo que não precisa só porque está barato? Deixa de guardar dinheiro para a aposentadoria porque não tem renda sobrando, mas parcela em 24 vezes aquela viagem sonhada de férias? Por que paga melhor os seus impostos quando sabe que seus vizinhos estão pagando também? Ou, ainda, por que não anda de avião, pois tem medo de voar, mas compra um bilhete de loteria?

Os vieses comportamentais são observados quando um grande número de pessoas age de forma semelhante, porém desviando do que seria esperado pelo modelo racional. Alguns autores denominam esses seres imaginários e ultrarracionais de econs, e todos os demais, que realmente existem, são os indivíduos, os seres humanos. Não há nada de errado com os seres humanos, pelo contrário, são todos reais. Por isso, o que se quer entender é como eles agem e, a partir daí, tentar ajustar alguns desses comportamentos.

O objetivo não é corrigir, pois esses comportamentos são, em geral, instintivos e explicados pelo cérebro humano, mas evitar que eles causem dores, por exemplo, nos seus investimentos. O objetivo mais preciso deveria ser entender os comportamentos, aprender com eles e ajustar. Então, é importante indicar os chamados erros mais comuns entre os investidores e como comportamentos muito humanos podem estar contribuindo para eles.

ERRO 1

O primeiro grande erro dos investidores é comprar na alta e vender na baixa. O antigo jargão, muitas vezes usado como a regra de ouro dos investimentos, "compre na baixa e venda na alta", incentiva investidores a tentar adivinhar um ponto baixo e ótimo de compra e então segurar o ativo para oportunamente vender quando o ativo tiver valorizado, novamente tentando adivinhar o momento ótimo de venda. Esse comportamento é conhecido como *market timing*. Pesquisas documentam que, na busca por fazer o *market timing*, os investidores acabam fazendo o oposto, comprando caro a um preço que já não é tão atraente e, no futuro, vendendo em momentos não ótimos também.

Como isso pode ser explicado por vieses comportamentais? Existem dois vieses que estarão atuando nesse contexto. O primeiro: na tentativa por acertar o momento de entrada ou saída da operação, existe a necessidade de tomada de decisão racional, sem emoções, baseada apenas em dados. Ao invés disso, sabe-se que muitas vezes as decisões de investimento são dominadas pelas emoções, por incertezas e por um fenômeno comportamental denominado aversão às perdas.

A aversão às perdas (*loss aversion*) já foi amplamente documentada em experimentos e explica que seres humanos em média sentem muito mais dor na perda do que prazer nos ganhos. Quando o risco de perda se faz iminente – por exemplo, o preço do ativo começar a cair antes de atingir o preço-alvo da estratégia –, as emoções são acionadas, e a capacidade de tomar uma decisão racional sobre o investimento é impactada. O investidor não irá mais discernir, com clareza, se sua estratégia de valorização do ativo ainda está na trajetória esperada ou se o cenário econômico-financeiro realmente mudou. Na grande maioria das vezes, o investidor desfaz sua estratégia antes do tempo e vende o ativo antecipadamente. E, segundo evidências coletadas, com muita frequência, vendendo o ativo com preço menor do que aquele de compra. Ou seja, o componente comportamental impede que se veja com clareza a execução da estratégia.

O que se pode fazer? Em muitos casos, a estratégia já se inicia de forma errada com os investidores comprando o ativo em valores elevados na tentativa de maximizar os retornos em curto prazo. O recomendado é que se desenhem objetivos e estratégias de investimento em longo prazo. No longo prazo, grande parte dos ativos se comporta como a média esperada e não se aciona a aversão às perdas. Com objetivos claros e assessoria especializada, devemos traçar estratégias de entrada e saída por escrito com uso de análise fundamentalista, e o principal: evitar sair da estratégia, a menos que o cenário econômico, do mercado ou da empresa, mude.

O segundo fenômeno que pode atuar é o efeito manada (*herding*). O foco em retornos de curto prazo pode levar o investidor a tomar decisões de investimento baseadas no que está em moda: ativos que são amplamente divulgados pela mídia ou por *influencers*, novos tipos de investimentos que ganham atenção das redes e até mesmo de assessores de investimento menos experientes, novas aberturas de mercado impulsionadas pelas grandes corretoras etc. Todas essas situações são exemplos de decisões que podem estar subjugadas à clássica tendência que se tem de seguir uma pessoa ou um grupo influente. A indicação de um amigo ou de um canal de notícias famoso pode exercer grande poder sobre o comportamento, sem mesmo que o indivíduo perceba. No entanto, uma vez que um ativo já ganhou a atenção do grande público, torna-se mais difícil ter uma vantagem na determinação do seu valor ótimo, e provavelmente todo o valor já está incorporado ao preço de mercado. Ou seja, o preço já estaria "alto", ou pelo menos "justo". Quando o sujeito é levado pelo efeito de modismos ou tendências, novamente se está deixando de pensar no longo prazo, podendo comprar um ativo caro, e provavelmente já tendo perdido o seu período de apreciação.

ERRO 2

Outro erro que investidores em geral cometem é: transacionar excessivamente e com alta frequência. A linha de investimento mais aceita hoje em dia, principalmente para investidores individuais, preconiza que leva tempo para obter os ganhos e benefícios finais de uma estratégia de investimentos. Por isso, o objetivo é criar estratégias de longo prazo. A modificação antecipada das estratégias desenhadas e da composição da carteira provavelmente acarretará maior custo com taxas de transação, como também maiores riscos assumidos, não previstos e não compensados. E ambos afetarão os retornos obtidos no longo e até no curto prazo.

Uma das primeiras coisas aprendidas quando se inicia os estudos de finanças comportamentais é a regra de bolso da racionalidade *versus* compra e venda. Em um mundo onde a racionalidade fosse de conhecimento comum, todos deveriam relutar em comprar um ativo e questionar por que o outro deseja vendê-lo. Partindo daí, deve-se questionar a racionalidade, e também a certeza, das premissas do indivíduo para efetuar uma compra. Ou seja, modelos racionais de investimento claramente orientam que deveria haver muito pouca negociação, dado que, sempre que alguém quer vender, deve-se questionar a qualidade do ativo.

No entanto, indo na direção contrária ao que a teoria prediz, estudos empíricos têm levantado que o volume de negociação nas bolsas de valores mundiais é muito elevado. Além disso, estudos sobre os padrões de venda e compra de indivíduos e instituições sugerem que ambos os grupos comercializam mais do que pode ser justificado em termos racionais. O que isso causa: perdas para os investidores. Segundo o CFA Institute, isso pode não só reduzir os retornos através de taxas de transação mais elevadas, como também resultar na assunção de riscos imprevistos e não compensados.

Excesso de confiança! Essa é a explicação comportamental mais aceita pelos estudiosos da área para esse excesso de negociação. Muitos estudos mostram que, em geral, as pessoas demonstram um excesso de confiança na capacidade de executar várias tarefas, de dirigir a determinar o preço de um ativo. Isso também aparece em seus julgamentos sobre eventos. Em pesquisas dessa linha, isso é mostrado de duas formas. Primeiro, pelo intervalo de confiança que as pessoas escolhem para suas estimativas de um evento. Por exemplo: o nível do índice Dow Jones em 1 ano. As estimativas dos indivíduos são muito justas. Um intervalo de confiança de 98% inclui o verdadeiro número apenas 60% das vezes. A segunda forma como esse viés se apresenta é a dificuldade que se tem de estimar probabilidades, isto é, é comum pensar que algo vai acontecer "com certeza", o que indicaria uma probabilidade de 100%. Na prática, o que isso quer dizer é que não se tem essa sensibilidade da probabilidade de um evento ocorrer. Por exemplo, estudos acham evidência de que eventos que as pessoas acreditam que ocorrerão com 100% de certeza somente ocorrem 80% das vezes, e eventos que elas acham simplesmente impossível de ocorrer ocorrem cerca de 20% das vezes.

Em outras palavras, no contexto das negociações, o excesso de confiança (*overconfidence*) faz com que as pessoas acreditem que possuem informações suficientemente fortes para justificar uma negociação e assim seguem com compras e vendas muitas vezes desnecessárias. No entanto, esse viés faz com que distorçam a força dos seus sinais, e de fato as informações desses investidores é opostamente fraca e não deveria embasar qualquer ação por parte do investidor. Por essa hipótese, os estudos preveem diretamente que as pessoas mais confiantes fazem maior número de compras e vendas e, devido aos custos de transação, obtêm retornos mais baixos.

Barber e Odean (2000) mostram que os investidores que negociam mais obtêm os retornos médios mais baixos. Além disso, com base em evidências de que os homens demonstram mais excesso de confiança do que as mulheres, e utilizando os mesmos dados do seu estudo anterior, Barber e Odean (2001) confirmam que os homens, em média, negociam mais e obtêm retornos mais baixos. Ou seja, esse é um ponto em que o excesso de confiança pode atrapalhar os investimentos.

ERRO 3

Um grande problema observado entre os investidores é não diversificar o suficiente. Isso é muito importante e pode trazer consequências de longo prazo significativas para a sua carteira.

Muitas vezes os investidores pensam que podem maximizar seus retornos assumindo uma grande exposição em apenas um título, setor ou classe de investimentos. Mas, quando o mercado se move contra a posição concentrada, e o mercado sempre se move em direções não antecipadas, tal estratégia pode ser desastrosa. Por isso ter uma carteira diversificada está entre os principais mantras dos investimentos. Tal fato é sabido desde Harry Markowitz (1952), pai da teoria moderna de carteira, que ensinou o básico do que se sabe hoje sobre como diversificar uma carteira, até o lendário David Swensen, gestor do fundo patrimonial da Universidade de Yale, que se tornou conhecido pela sua maneira diligente de aplicar a gestão de carteira ao fundo da universidade, criando o que veio a ser conhecido como Yale Model. Swensen assumiu a gestão do fundo em 1985, e o fundo cresceu de US$ 1,3 bi para US$ 42,3 bi em 2021. Em termos de performance, isso significa que, ao longo desses 36 anos, sua gestão produziu um ganho anualizado de 13,7% ao ano, superando a média de fundos patrimoniais em 3,4% ao ano (medida pela Cambridge Associates).

Dado que a diversificação é tão importante e tem mais de 50 anos de estudos para a apoiar, por que, então, os indivíduos têm dificuldade de diversificar? Um primeiro motivo poderia ser apenas falta de informação. Muitos investidores só desconhecem os princípios de gestão de carteira e diversificação. No entanto, evidências esclarecem que muitas vezes, mesmo quando orientados a diversificar, investidores não o fazem.

O que seria um exemplo de carteira pouco diversificada ou com má diversificação? Por exemplo, deixar todos os investimentos em títulos lastreados na Selic, apenas porque no cenário atual essa é a taxa básica mais alta do mundo, preconiza falta de diversificação. Outro exemplo: uma diversificação ruim, comumente conhecida como *naïve diversification* (diversificação inocente), é quando o investidor pega o valor total do seu patrimônio e divide em porções iguais entre *n* classes de ativos. Ou seja, se o indivíduo investe em *n* classes de ativo, cada classe de ativo terá 1/n valor investido.

Então, por que mesmo que informados os investidores diversificam pouco ou não diversificam? É importante relembrar a aversão às perdas discutida. Via de regra, os indivíduos odeiam perdas duas vezes mais do que gostam de ganhos.

Emprestando um exemplo do grande livro *Nudge*, de Thaler & Sunstein (se ainda não leu, é uma leitura essencial). Os econs são seres não humanos que conseguem pensar racionalmente em todas as situações. Como eles decidiriam quanto do seu portfólio investir em ações? Um econ faria uma conta para definir um ponto ótimo para balancear risco e retorno. Essa estimativa levaria em conta suas preferências em relação a quanto ele desejaria ter de renda na aposentadoria: avaliando se a cada 1 ponto percentual a mais de possibilidade de riqueza valeria a pena o risco de estar algum percentual mais pobre. Essa estimativa não é fácil de ser calculada e não envolve só saber fazer a conta; requer estimativas de preferências pessoais sobre "quanto de risco eu topo tomar". Mesmo que os seres humanos pensassem sobre esse problema dessa forma, toda a sabedoria que envolve o problema seria muito desafiadora. Então, os indivíduos acabam por tomar as decisões de forma bem diferente e são indevidamente influenciados por flutuações de curto prazo. E, provavelmente, essas decisões serão baseadas em regras de bolso.

Se não monitorar seu portfólio e não seguir as notícias do dia a dia sobre o sobe e desce do mercado de ações, o sujeito não sentirá as dores das perdas possíveis de forma latente e constante. Vários estudiosos de finanças comportamentais concordam: muitos investidores destinam uma parcela muito pequena de seu capital em renda variável (ações ou semelhantes), o que é tido como um erro. Pois, quando investidores são apresentados com evidências sobre os retornos e riscos da renda fixa e da renda variável para um longo período, mais de 10 ou 20 anos, muitos passam a optar por investir quase todo o seu dinheiro em ações.

ERRO 4

O erro de reagir a notícias existe há muito tempo, desde os tempos de jornal de papel. No entanto, minha intuição diz que esse problema tem sido magnificado pela invenção de *social media* e o poder dos *influencers*. Há muitos *influencers* dando orientações de investimento sem o conhecimento e/ou treinamento correto para tal tarefa. Muitas vezes essas orientações vêm disfarçadas de apenas contar o que "funcionou" para essa pessoa, ou onde está investindo o seu dinheiro. Mas esse tipo de mensagem é o que gera comoção nas redes sociais e, mais sério ainda, gera ação – pessoas tomando decisões de investimento como se a experiência compartilhada de uma pessoa fosse igualmente boa para todos os perfis.

Não é para dizer que todos que escrevem nas redes sociais não sabem do que escrevem, isso não é uma crítica generalizada! Ao disseminar conhecimento por essas plataformas, deve-se tomar muito cuidado com o que se fala e como.

Ao falar sobre absorver conteúdo de redes de notícias e redes sociais, existem dois problemas a serem analisados. O primeiro é encontrar informações de qualidade em meio a todo o ruído. Boas práticas ditam que investidores experientes e bem-sucedidos conseguem selecionar informações relevantes de diversas fontes independentes e conduzir suas próprias análises e conclusões. Eles podem ou não fazer uso de consultores treinados e que têm o seu interesse como obrigação fiduciária. No entanto, quanto menor for o conhecimento sobre finanças e investimentos, mais importante se torna pensar nessa modalidade.

Utilizar notícias e redes sociais como única fonte de análise de investimento é um erro comum dos investidores. Isso ocorre com frequência. Mas por que isso é um erro? Por dois motivos: um já mencionado, a qualidade da informação. O outro é que, no momento em que a informação se torna pública, ela já foi incorporada nos preços de mercado. E mais: se houve muita atenção para tal informação, o preço do ativo já pode estar acima do seu preço justo, impulsionado pelo *hype* das notícias ou *influencers* disseminadores.

O grande avanço das redes sociais e a avalanche de conteúdos rápidos intensificaram um problema antigo: o efeito manada. O nome é um pouco desagradável, e o termo causa bastante repulsa e muitos investidores e consultores inteligentes evitam usá-lo. Mas é importante passar por cima dessa impressão ruim e ver o que está por trás.

O ser humano é um ser social e, por consequência, naturalmente tende a seguir o que outros seres humanos fazem. Se pensam estar sendo observados, isso intensifica o comportamento ainda mais. Os indivíduos querem pertencer e estar em conformidade com a norma. Mais de 130 experimentos sobre conformidade social documentam esses efeitos, os quais abrangem 17 países diferentes.

Um exemplo triste de conformidade social é a história passada nas décadas de 1970-1980, do reverendo Jim Jones, que convenceu seus seguidores a cometerem suicídio em massa. Seguindo as ordens da figura que respeitavam e a pressão social dos demais integrantes da comunidade de Jonestown, os seguidores de Jones, mães e pais envenenaram seus filhos e depois a si mesmos. É interessante atentar para o fato de que, muito antes das redes sociais, já havia casos extremos de seguidores.

Exemplos mais leves do efeito de conformidade e pertencimento são: quando alguém boceja, você também boceja. Se vemos alguém sorrindo até mesmo num filme, evidências documentadas mostram que o outro tende a sorrir também mesmo sem saber o porquê. Influências sociais existem e funcionam. O efeito manada simplesmente diz que sim, o indíviduo ainda tem instintos naturais e humanos de imitar uns aos outros.

No entanto, é importante entender essas influências sociais, pois a maioria das pessoas aprende com outras – haja vista o sucesso das mídias sociais. Como Thaler & Sunstein (2012) ressaltam, isso é usualmente bom, pois é como nossos ancestrais aprenderam e as sociedades evoluíram. Mas, ao mesmo tempo, muitas concepções desvirtuadas, vieses e comportamentos negativos também vêm da observação de outros. Thaler & Sunstein, que estudaram extensivamente o assunto, em 2012 já ressaltaram que influência social é uma das maneiras mais efetivas de direcionar comportamentos, para o bem ou para o mal. Adicione, aqui, 10 anos após sua publicação, a propagação das mídias sociais, cujo poder se magnificou e se tornou bem mais perigoso.

É importante trazer essas forças sociais para os investimentos. Estudos demonstraram que as decisões de investimento das pessoas são com frequência influenciadas pelas decisões de investimento de seus amigos e vizinhos. Isso por si só não é ruim. Se o vizinho é o Warren Buffett, claramente ele sabe do que está falando, e algumas dicas podem ser muito positivas para a composição da carteira (seria preciso ter em mente diferenças claras do risco que cada um pode assumir, horizonte do investimento, entre outros). O maior problema é que na maioria das vezes o indivíduo é influenciado por pessoas que conhecem tanto ou menos do que ele, ou, mais arriscado ainda, por alguém que pode não ter o mesmo interesse no centro da sua recomendação.

Assim, às vezes é racional seguir o que outros estão fazendo. Mas nem sempre. Em geral, quando investidores seguem o comportamento de outros investidores em manada, normalmente tem-se efeitos negativos para todos e para o mercado. Exemplos documentados incluem clubes de investimento, que normalmente performam pior quando seus integrantes são conformistas. Aquele que fala primeiro e fala mais alto acaba levando o clube na direção em que acredita, o que nem sempre é a melhor opção. Discussões sobre alternativas de investimento e várias opiniões sendo discutidas têm em média os melhores retornos. Outro exemplo de influência social negativa para os mercados são as grandes bolhas, como a Dot.com, e a bolha do mercado imobiliário que resultou na grande crise financeira de 2008. Robert Shiller, ganhador do Prêmio Nobel em 2013, fez inúmeras predições da crise de 2008 e enfatizou o papel de fatores psicológicos e do efeito manada sobre esses movimentos de subidas de preço.

Falando especificamente do efeito manada em investimento, o que é possível fazer? Primeiramente, sempre questionar de onde vem a informação: a qualidade da informação, a verdadeira autoridade de quem dissemina e, mais importante do que tudo, o ganho do interlocutor em divulgar a informação. Se houver conflito de interesses, ou seja, se o interlocutor estiver lucrando com aquilo, é melhor procurar validação. Em segundo lugar, lembrar que, quando se fala em investimentos, não é obrigatório ser conformista. O tipo de investimento que é bom para um pode não ser bom para outro: a classe do ativo, o risco embutido e o prazo do investimento têm de estar alinhados com o seu objetivo de longo prazo.

ERRO 5

Diferentemente do erro 2, em que o custo excessivo sobre a carteira vem do excesso de transações, nesse caso o que é observado é um comportamento de pagar mais por um produto do que ele realmente vale.

O estudo do CFA Institute ressalta que investir em um fundo de alto custo ou pagar demasiado em honorários de consultoria é um erro comum. E ressalta que mesmo um pequeno aumento nas comissões pode ter um efeito significativo no seu acúmulo de riqueza em longo prazo.

Pagar por um bom consultor de investimentos, independente, com as devidas certificações e que tem o seu retorno de longo prazo no cerne de suas recomendações, pode ser uma decisão vantajosa e de retornos de longo prazo. Pagar taxas de administração mais altas por um fundo de gestão ativa, com gestores de carreira estabelecida no mercado financeiro, com time de especialistas e estratégia diferenciada, também pode ser uma decisão acertada e de retornos de longo prazo. Esses são exemplos de custos que trazem retornos mais altos, consistentes e de longo prazo. No entanto, existe uma gama de fundos e consultores que cobram mais alto do que o produto que entregam. Um exemplo simples seria pagar alta taxa de administração por um fundo que apenas replica um índice. Se pesquisar no mercado, geralmente os fundos que apenas replicam uma estratégia são mais baratos, e existem bons fundos desse tipo que cobram mais barato e outros que cobram mais caro.

Explicado o problema, chega-se aos vieses comportamentais. Existem dois comportamentos que levam a isso. O primeiro é, claramente, o efeito manada. Muitas vezes, investe-se em um fundo caro sem saber o que ele faz, quem faz a gestão, a sua estratégia, apenas por recomendação de amigos, familiares ou *influencers*. Deve-se notar que pagar uma taxa administrativa alta para um fundo que faz uma gestão altamente técnica, e que conta com equipe de qualidade buscando as melhores estratégias, depois que se faz a *due diligence* sobre o fundo, é uma decisão racional. Mas é preciso gastar tempo pesquisando sobre isso. No entanto, investir em um fundo caro somente porque se acredita numa figura influente que diz que esse fundo é bom seria um exemplo de efeito manada.

Cada vez que for confrontado com essa situação, é importante questionar: será que esse *influencer* tem seu dinheiro investido nesse fundo? Muitos seguidores comprando o fundo não fazem a valorização das cotas do fundo? Esse *influencer* consegue estar isento ao me dar a recomendação?

Outro efeito comportamental é que o valor das perdas não realizadas não é sentido, ou seja, quando se paga algo que já está incluso num ganho futuro, parece que as perdas não aconteceram, não são sentidas e, portanto, segue-se sem questionar. Taxas de administração de fundos são deduzidas antes de fazer o cálculo do valor da sua cota patrimonial. Por isso, é um custo que os investidores não veem. E daí constantemente acabam pagando mais por algo que não deveriam.

O que fazer? É importante perguntar: por que investir nesse fundo? Que tipo de gestão fazem? O que se sabe sobre seu histórico, sua composição, seus gerentes e sócios? Quem o recomendou? Essa recomendação tem conflito de interesse ou ela está embasada no meu bem-estar futuro?

ERRO 6

Negligenciar a começar a poupar ou, similarmente, se esquecer de continuar poupando depois de um aporte inicial. Vários estudos evidenciam que indivíduos "esquecem" ou "negligenciam" a importância de começar a poupar ou de ajustar sua carteira com o passar do tempo.

Por exemplo, na contratação de programas de previdência privada, a maioria dos participantes escolhe uma alocação de ativos, seus beneficiários e valor de contribuição inicial no momento da contratação e depois esquece totalmente disso.

Num estudo com dados do plano de pensão dos professores de uma universidade, o número mediano de alterações na alocação de ativos ao longo da vida de um professor foi zero, ou seja, ao longo de uma carreira, mais da metade dos participantes não fez nenhuma alteração na forma como as suas contribuições estavam sendo distribuídas entre classes de investimento ou fundos.

Por que não fazer nenhuma mudança na alocação dos ativos é um problema? Ao longo de uma vida ou do passar de muitos anos, a situação de todo investidor muda. É prejudicial para a saúde da carteira que essas mudanças sejam refletidas na escolha da alocação dos ativos. Uma maneira simples de exemplificar é considerar que, no início de suas carreiras, os investidores devem alocar maior parte de seus recursos em ativos de maior risco, que tendem a valorizar mais no longo prazo. Mais tarde, quando estes estão perto da aposentadoria, deveria haver uma migração gradual dos ativos de longo para o curto prazo, e então para classes de ativos com menos risco e menos volatilidade. Isso por si já explica por que não fazer nenhuma alteração ao longo de uma vida seria um erro de estratégia.

Um exemplo ainda mais claro desse efeito de "esquecimento" é que, no mesmo estudo, ficou evidenciado que muitos dos participantes, solteiros quando aderiram ao plano de previdência da universidade, no momento do estudo já casados, ainda tinham suas mães listadas como únicas beneficiárias do plano, ou seja, seria natural, em média, que as pessoas ao se casar e ter filhos migrassem os beneficiários do plano para seus cônjuges e filhos.

Em outras situações, as pessoas recebem aquele formulário do RH para preencher e aderir ao plano de previdência. Levam para casa e nunca mais se lembram dele. O que será que está acontecendo aqui? Nesse caso, muitos podem ser os mecanismos que levam ao esquecimento ou inação. A mente humana é complexa, mas é importante ressaltar alguns exemplos.

O primeiro problema para o cérebro humano é que nos programas de previdência os formulários são muito complexos, o que para muitos é desafiador, podendo gerar um efeito de congelamento na hora de revisar o assunto. Outra dúvida que pode surgir é quanto ao valor mensal – com quanto se comprometer mensalmente costuma ser outro ponto de dúvida entre aqueles que almejam ao programa. Outros indivíduos podem ainda "simplesmente" esquecer por completo a existência do programa. Não porque não tenham sido informados na hora da contratação, mas, com tantos papéis para assinar e coisas para aprender em um trabalho novo, essa tal de previdência privada fica para depois... depois... e acaba caindo no esquecimento.

De forma geral, indivíduos com frequência postergam o início de um investimento por várias razões: falta de conhecimento, medo, excesso de informações. Às vezes, esses seres muito humanos até vislumbram o início de uma poupança, mas a complexidade dos passos acaba deixando essa ideia no esquecimento. Por outro lado, às vezes o primeiro passo é dado. Fazer uma conversa inicial com um assessor ou agente CFP, fazer um primeiro aporte em uma previdência privada, ou até mesmo a transferência para a conta na corretora, mas para por aí. Novamente todos esses comportamentos são extremamente normais e usuais.

Para essas pessoas, um fenômeno muito humano e muito usual está ocorrendo, talvez um dos mais bem documentados da economia e psicologia comportamental. Ele foi chamado de "viés do *status quo*" por William Samuelson e Richard Zeckhauser (1988). Por vários motivos, os seres humanos têm uma tendência generalizada de se manterem na situação atual. E é a isso que o termo *status quo* se refere, ficar na mesma situação, sem mudanças.

O viés do *status quo* já foi demonstrado em inúmeras situações do dia a dia: desde sentar-se sempre na mesma cadeira em sala de aula, mesmo quando os assentos não são marcados; fazer o mesmo caminho para o trabalho, mesmo quando opções existem; até situações mais sérias, como não tomar o primeiro passo para iniciar uma aposentadoria. Uma das causas do viés do *status quo* é a falta de atenção para as coisas. As pessoas em geral adotam um comportamento do tipo "deixa pra lá, depois vejo isso". E coisas importantes caem no esquecimento.

Como lidar com isso? De novo, conhecer o viés e trazer isso para a consciência é o primeiro passo. Depois, para toda ação importante que precise ser tomada, é necessário adotar uma postura do tipo "isso é importante para o meu futuro", e colocar lembretes para revisar aquela alocação, ou preencher aqueles formulários. Refazer esses lembretes até sair da inação, ou seja, sair do *status quo*. Escolher momentos em que esteja mais tranquilo para agendar a tarefa também ajuda. O excesso de demandas, ou de informações, também contribui para o esquecimento e inação e a manutenção do *status quo*.

Para um investidor que já tenha começado uma carteira e, talvez, até já tenha feito alguns aportes ou decisões de investimento, outro viés comportamental que pode ocorrer e que o faça não voltar a investir é a aversão às perdas. Períodos de inatividade e abandono dos investimentos são frequentemente resultado de desânimo em relação a perdas anteriores. Como já falamos, as perdas são mais sentidas do que os ganhos. E esse sentimento também pode levar o investidor a abandonar seu percurso, ou não querer realizar a perda.

CONCLUSÃO

A gestão dos investimentos não precisa ser excessivamente complexa: não requer conhecimentos matemáticos avançados ou conhecimentos profundos sobre os instrumentos financeiros. O primeiro ingrediente pode ser o autoconhecimento, e, de fato, isso pode até poupar alguns tombos.

Ao iniciar ou continuar a gestão de investimentos, é aconselhável manter o foco nos vieses destacados. Se a carteira está abandonada, deve-se lembrar do viés do *status quo* e abrir a planilha ou *app* da corretora. Se muita informação o faz se sentir assoberbado, deve-se procurar escrever um plano antes de olhar a carteira: o que precisa ser feito ou revisto, o horizonte do investimento, o quanto tem por mês para guardar. É importante considerar uma ajuda profissional se o assunto investimentos o faz congelar. Canais educativos podem ser um primeiro passo, ou, se o patrimônio permite, deve-se cogitar um profissional que possa fazer o planejamento com o indivíduo.

Com uma boa dose de conhecimento sobre o funcionamento dos comportamentos, um parcimonioso estudo dos investimentos em si e foco no longo prazo, é possível construir o patrimônio com mais tranquilidade, menos perdas e menos estresse. A gestão de investimentos é uma disciplina, e, como toda disciplina, precisa de atenção para não se esvair. Agora, mãos à obra e bons investimentos!

REFERÊNCIAS

Alpert M, Raiffa H. A progress report on the training of probability assessors. In: Kahneman D, Slovic P, Tversky A (Eds.). Judgment under uncertainty: Heuristics and biases. Cambridge University Press, 1982. p. 294-305.

Barber B, Odean T. Trading is Hazardous to Your Wealth. Journal of Finance. 2000;55:2.

Barber B, Odean T. Boys Will be Boys: gender, overconfidence, and common stock investment. Quarterly Journal of Economics. 2001; 116:1.

Barberis N, Thaler, R. A survey of behavioral finance. In: Constantinides G, Harris M, Stulz R (eds.). Handbook of the Economics of Finance, 2003.

Fischhoff B, Slovic P, Lichtenstein S. Knowing with certainty: The appropriateness of extreme confidence. Journal of Experimental Psychology: Human Perception and Performance, 1977;3(4):552-64.

Markowitz H. The utility of wealth. Journal of Political Economy. 1952;60:151-8.

Samuelson W, Zeckhauser RJ. Status Quo Bias in Decision Making. Journal of Risk and Uncertainty. 1998;1(1):7-59.

Thaler R, Sunstein C. Nudge: como tomar melhores decisões sobre saúde, dinheiro e felicidade. Penguin Publishing Group. Kindle Edition, 2012.

Thaler R. Misbehaving: The Making of Behavioral Economics. Norton, 2016.

CAPÍTULO 19

Relações com investidores

Sérgio Tuffy Sayeg

Este capítulo explora a relevância estratégica da área de Relações com Investidores (RI) na estrutura das companhias e no processo de tomada de decisão dos investidores. Apresenta a evolução histórica da atividade no Brasil, sua profissionalização e a crescente exigência por transparência, equidade e diálogo com o mercado. Destaca o papel do RI como ponte entre empresa e investidores, promovendo confiança por meio da comunicação clara e tempestiva. Aborda ainda a importância da governança corporativa, da divulgação de informações (*disclosure*), da integração com práticas ESG e do uso de tecnologias para engajamento com os públicos estratégicos. Finaliza ressaltando como investidores e planejadores financeiros podem – e devem – usar essas informações como diferencial na avaliação de ativos e na construção de portfólios mais seguros e estratégicos.

INTRODUÇÃO

O conhecimento sobre relações com investidores (RI) é, de fato, mais um componente indispensável no processo de criação de uma cultura do investimento, não somente em ações negociadas em bolsa de valores, mas também em títulos de crédito privado e naqueles originados em operações estruturadas.

Saber a respeito das funções, as melhores práticas, a disponibilidade e o acesso à área de RI das companhias emissoras é um importante estímulo para a reflexão sobre a recomendável diversificação de investimentos e o progresso para além da cômoda alocação de recursos em títulos públicos por parte dos investidores de todos os portes.

A ATIVIDADE E O PAPEL DE RELAÇÕES COM INVESTIDORES

O que são relações com investidores?

É o conjunto de atividades, métodos, técnicas e práticas que, direta ou indiretamente, propiciam a interação das áreas de Contabilidade, Planejamento, Tecnologia, Sustentabilidade, Comunicação, Marketing e Finanças, com o propósito de estabelecer uma ligação entre a administração da empresa, os acionistas (e seus representantes) e os demais agentes que atuam no mercado de capitais e que integram a comunidade financeira nacional ou internacional.

Breve retrospectiva no Brasil

A atividade de RI tem acompanhado a importância crescente do mercado de capitais brasileiro, que nos últimos anos passou a ser efetivamente uma fonte de recursos para as companhias abertas com ações negociadas em bolsa de valores ou como emissoras de títulos de dívida de curto, médio e longo prazos, colocados junto ao público investidor doméstico e estrangeiro.

A regulação do mercado de capitais no Brasil, a partir da vigência das Leis nº 6.385 e nº 6.404, ambas de dezembro de 1976, teve prosseguimento com as normas emitidas e constantemente aperfeiçoadas pela Comissão de Valores Mobiliários (CVM).

Por meio da Instrução CVM nº 09, de 11 de outubro de 1979, que tratava do registro de companhia para negociação de seus valores mobiliários em bolsas de valores ou no mercado de balcão e sobre a divulgação de informações, foi instituída a obrigatoriedade da atribuição, pelo Conselho de Administração, dessa função a um diretor estatutário da companhia.

O então "Diretor de Relações com o Mercado" deveria prestar informações aos investidores e à CVM, bem como manter atualizado o registro da companhia, sem prejuízo da responsabilidade de todos os administradores pela pronta divulgação de informações relativas a atos ou fatos relevantes.

De fato, o que se verificou por muitos anos é que aquela função era quase decorativa e meramente formal, deixando de trazer qualquer contribuição às companhias e aos seus acionistas.

Em meados da década de 1990, algumas companhias brasileiras de maior porte iniciaram o acesso ao mercado internacional, especialmente por meio da negociação de suas ações sob a forma de ADRs (American Depositary Receipts) na NYSE, a bolsa de valores de Nova York.

Com isso, além das obrigações de atendimento às amplas regras formais vigentes naquele mercado, cresceu a influência gerada pelo contato com acionistas mais exigentes e sofisticados, acostumados a investir em mercados com práticas de governança corporativa mais avançadas que aquelas até então adotadas no mercado brasileiro.

As privatizações e as condições macroeconômicas decorrentes do Plano Real levaram os investidores institucionais locais – fundos de pensão, seguradoras e fundos de investimentos, entre outros – a assumir uma postura ativa, não somente passando a comparecer nas assembleias gerais, exercendo o direito de voto de suas ações e fiscalizando de modo mais próximo a gestão das companhias investidas, mas também exigindo abertura e o aprofundamento de mais informações.

Diversos profissionais brasileiros compreenderam que era necessário adotar um novo perfil de atuação e estar preparados para se comunicarem corretamente com o mercado em todas as situações e, para isso, vinham discutindo a melhor forma de dar prosseguimento aos seus esforços.

Em 5 de junho de 1997, foi fundado o Instituto Brasileiro de Relações com Investidores (IBRI), uma associação de direito privado e sem fins lucrativos, baseada em entidade congênere norte-americana. A missão do IBRI é formar e valorizar o profissional de RI, estimulando e promovendo atividades junto às companhias e aos profissionais, seja por meio do compartilhamento de experiências ou por incentivo para adoção das melhores práticas. O instituto promove, no Brasil e no exterior, o intercâmbio voluntário de experiências, ideias e informações sobre métodos e técnicas de RI entre os seus membros e incentiva a adoção de padrões éticos e profissionais de trabalho e conduta das pessoas ligadas às atividades de RI.

Naquela mesma ocasião, o debate sobre governança corporativa havia se iniciado no Brasil também por meio do Instituto Brasileiro de Conselheiros de Administração (IBCA), que em 1999 passou a se denominar Instituto Brasileiro de Governança Corporativa (IBGC). Hoje, é reconhecido nacional e internacionalmente como a principal referência na difusão das melhores práticas de governança na América Latina.

Em 10 de junho de 1999 a CVM emitiu a Instrução nº 309, que, também levando em consideração o desejo das companhias, dos profissionais que já desempenhavam a função em padrões mais elevados e a realidade do mercado da época, alterou a antiga e genérica denominação para "Diretor de Relações com Investidores".

A importância da atividade de RI também foi considerada quando a Bolsa de Valores de São Paulo (Bovespa), no primeiro semestre do ano 2000, promoveu os estudos que viriam a resultar no Novo Mercado (NM) e nos Níveis Diferenciados de Governança Corporativa – Nível 1 e Nível 2 –, segmentos especiais de listagem desenvolvidos com o objetivo de proporcionar um ambiente de negociação que estimulasse, ao mesmo tempo, o interesse dos investidores e a valorização das companhias.

Nos últimos anos, a atividade de RI enfrentou muitos desafios, passou por profundas transformações, assumiu papel fundamental para as empresas, acionistas e investidores e transformou-se em função empresarial essencial.

O contínuo aperfeiçoamento dos recursos humanos e tecnológicos, o intercâmbio com a comunidade internacional nesse período em que foram verificadas as mais diversas condições nos mercados financeiros e de capitais e os rigorosos testes a que foi submetida permitem afirmar que a atividade de RI alcança elevado padrão na maior parte das companhias abertas brasileiras.

Um programa de RI deve ser criteriosamente planejado, dispondo de recursos humanos bem-preparados e tecnológicos atualizados, e normalmente tem como objetivos:

- Maximizar valor para acionistas e detentores de títulos de dívida.
- Formar, ampliar e cativar uma base ampla de investidores.
- Atuar para que os títulos da companhia tenham preço justo nas bolsas de valores e nos demais mercados.
- Preservar e incrementar a imagem institucional da companhia por meio da divulgação de informações obrigatórias ou espontâneas, de forma coordenada, sistemática, consistente e transparente.
- Enviar informações qualificadas sobre as respostas do mercado para a alta administração da companhia.

Para o alcance desses objetivos, os profissionais de RI devem estar familiarizados e manter estreitos contatos com todas as áreas da empresa para coletar, analisar, sintetizar e uniformizar as informações internas que serão colocadas à disposição dos investidores.

A disseminação dessas informações deve acontecer de forma transparente, democrática, ágil e acessível para os diversos públicos estratégicos, nacionais e estrangeiros, com quem a companhia se relaciona: órgãos reguladores, academia, organizações não governamentais, mídia, fornecedores, clientes, bancos, entidades do mercado, bolsas de valores, mercados de balcão, acionistas, analistas e investidores.

"A divulgação é o centro do universo de uma área de RI. Isso porque as informações são o 'produto' essencial apresentado aos investidores e executivos da empresa pela equipe de RI. A equipe de relações com investidores é a principal fornecedora de informações da empresa para o mercado e vice-versa, do mercado para a empresa", destaca Willian F. Mohoney, em seu *Manual do RI: princípios e melhores práticas de relações com investidores*. "O RI é a voz do mercado dentro da empresa e a voz da empresa no mercado."

DISCLOSURE E COMUNICAÇÃO COM OS PÚBLICOS ESTRATÉGICOS

A CVM publicou, em 23 de agosto de 2021, a Resolução CVM nº 44, em substituição à Instrução CVM nº 358/02, que trata das regras para divulgação de informações sobre ato ou fato relevante, restrições para negociação de valores mobiliários e divulgação de informações sobre negociações de valores mobiliários.

A comunicação e o relacionamento com os diferentes públicos estratégicos formam uma preocupação central da atividade de RI, que vai muito além do atendimento à exigência legal.

Como avalia e recomenda o destacado profissional e especialista em RI Helmut Bossert: "É importante preparar as mensagens para cada segmento, atendendo a todos, com respeito, ética e equidade, entendida esta última não como igualdade, mas como proporcionalidade".

Ainda que os investidores possam ter as mais diversas características de porte, horizonte de tempo de permanência com os títulos, perfil conservador ou arrojado, entre outras, todos têm a mesma necessidade.

O acesso à alta administração da companhia para que se obtenha um amplo conjunto de informações para tomada de decisão, como fundamentos e estratégia, tendências do setor, vantagens competitivas, fatores de risco, governança corporativa, responsabilidade social e ambiental etc., é indispensável para a determinação do interesse dos investidores.

Tema muito sensível passou a ser o relacionado à ESG (Environmental, Social and Governance – ambiental, social e governança). Com elevada exigência e atenção por parte da sociedade como um todo, o atendimento aos questionamentos sobre esses aspectos por parte das companhias é acompanhado muito de perto e continuamente por todos os agentes de mercado.

Tornou-se enorme desafio, não somente para a alta administração, mas para todas as áreas das companhias e, especialmente, RI, o estreito acompanhamento de tudo o que possa afetar a sustentabilidade nesse sentido amplo, além da atenção para que sejam evitadas as práticas de *greenwashing*, ou seja, a divulgação de falsidades sobre procedimentos, produtos e até resultados.

Os investidores institucionais brasileiros e estrangeiros, como seguradoras, fundos de pensão e fundos de investimento, normalmente têm patrimônio elevado, dirigido para aplicações de prazo mais longo, e tomam suas decisões com base em modelos de avaliação do valor das companhias e de alocação de recursos. Em consequência, requerem quantidade maior e mais detalhada de informações por parte dos profissionais de RI.

Os analistas e gestores que desenvolvem seu trabalho para investidores institucionais são denominados *buy-side*. Por outro lado, os analistas *sell-side* são profissionais que atuam em bancos e corretoras de valores, também no Brasil e no exterior, fazendo prospecção de oportunidades de investimentos e recomendando, por meio da publicação de relatórios, a compra ou a venda de ações para os clientes dessas instituições.

Os investidores individuais, representados pelas pessoas físicas e clubes de investimento, historicamente pouco representativos no mercado acionário, têm se mostrado confiantes nas bases aperfeiçoadas do mercado e agora representam contingente importante para as diversificadas alternativas de setores e companhias para investir.

INTERFACES DE RI COM INVESTIDORES

Respeitando as características desses diversos públicos estratégicos, os profissionais de RI têm se dedicado a organizar a oferta contínua de informações, material e eventos técnicos de forma exemplarmente aberta a todos os segmentos, buscando proporcionar uma abordagem cada vez mais atraente aos diversos tipos de alvo.

O uso de ferramentas tecnológicas tem sido essencial para que as informações sejam compartilhadas pelas empresas com transparência, equidade e agilidade.

O meio mais democrático de informação passou a ser a internet. A eficiência dos *websites* de RI, nas indispensáveis versões em português e em inglês, não somente está comprovada pela facilidade do acesso às informações neles disponíveis e permanentemente atualizadas, mas também tem se ampliado com recursos de interatividade e segmentação.

Os *websites* são habitualmente configurados de acordo com o perfil do investidor: institucional, individual ou profissional de investimento. Dessa forma, os dados são dispostos de modo a serem encontrados mais facilmente de acordo com o interesse específico. A comunicação das empresas por meio eletrônico com esses públicos tem se baseado em teleconferências, webcasts, videoconferências, chats e alertas via e-mail, além de Twitter, Facebook, YouTube, LinkedIn e outros.

A conferência realizada ao vivo por meio de *webcast* ou vídeo, com tradução simultânea para o inglês, e cuja gravação costuma ficar disponível, continua sendo de grande valia na divulgação de resultados e fatos relevantes e na promoção da interatividade e do diálogo entre os administradores das companhias e seus públicos estratégicos.

O caráter público da conferência impede a filtragem prévia de perguntas, resultando em respostas a todas elas, além das possibilidades de réplicas e tréplicas e alcançando pleno aproveitamento para todos os participantes. Não há, todavia, uniformidade de política por parte das companhias quanto à participação simultânea da imprensa nesses eventos, que quase sempre transcorrem em seção separada, ainda que em sequência no mesmo dia.

As reuniões públicas para a apresentação de informações aos analistas e investidores representam tradição no mercado de capitais brasileiro desde a década de 1970. A Associação dos Analistas e Profissionais de Investimento do Mercado de Capitais (APIMEC, antiga ABAMEC) foi o fórum que sempre proporcionou o contato pessoal direto e periódico entre os representantes das companhias abertas e o público investidor, inclusive por meio da organização de visitas a unidades operacionais ou produtivas.

O formato conhecido como Dia do Investidor (Investor Day), antes realizado de modo presencial e agora por meio virtual, transformou-se em prática disseminada e representa a oportunidade de realização de um evento abrangente sobre negócios, operações e perspectivas da empresa que o promove, normalmente de periodicidade anual.

Nessas ocasiões, em complemento à presença e apresentações dos principais representantes de sua alta administração, as empresas costumam possibilitar o acesso direto a outros gestores que habitualmente não estão acessíveis aos investidores e analistas, possibilitando a ampliação e o aprofundamento do conhecimento e melhor percepção do público participante sobre as companhias.

Em complemento às apresentações técnicas, a presença adicional de acionista controlador, se houver, e de membros do Conselho de Administração é sempre desejo dos investidores e analistas, na busca de suas mensagens de comprometimento e liderança que contribuam para formação de opinião sobre a companhia.

Todos esses caminhos, entretanto, podem ser complementados por iniciativas individuais na busca do diálogo com os profissionais de RI das empresas para esclarecimento de dúvidas e da motivação adicional por parte dos próprios investidores e planejadores financeiros.

No entender de Alfredo Egydio Setúbal, atual Diretor Presidente e de Relações com Investidores da Itaúsa e que durante muitos anos liderou o RI do Itaú Unibanco, uma das companhias brasileiras mais premiadas pelas práticas de boa governança corporativa e pela eficiência em RI, o estado da arte significa a construção de uma relação de confiança com o mercado de capitais.

Atingir e manter essa relação é um trabalho de alta precisão, que depende da habilidade em aspectos vitais, como o *disclosure* com linguagem acessível, tempestividade na comunicação e uma profunda interligação entre o RI e a governança corporativa. Para Setúbal, "é preciso estabelecer um mix de assuntos de governança com assuntos de RI, garantindo informação, tempestividade e transparência, estar presente junto à comunidade de investidores nas horas boas e nas horas ruins".

Tal postura já tem se mostrado mais presente em certo número de empresas brasileiras, mas ainda terá de ser necessariamente adotada por outro grande número delas, tanto tradicionais como novatas no mercado de capitais. Entretanto, da parte dos investidores e, especialmente, dos planejadores financeiros, parece ainda faltar disciplina e posicionamento sobre como tirar proveito dessas estruturas e recursos que as companhias colocam à disposição do mercado com o objetivo de se demonstrarem diferenciadas e merecedoras da atenção e dos recursos alocados para a aquisição de seus títulos.

Os investidores profissionais, por outro lado, já constituíram uma sólida base de avaliação sobre as políticas e condutas das companhias, o que de certa forma acaba por pressioná-las na busca de aperfeiçoamentos contínuos que possibilitem continuar como alvos prioritários desse público que representam e que detêm a parcela ainda majoritária de recursos disponíveis para investimentos.

CRESCIMENTO E APERFEIÇOAMENTOS NA PROFISSÃO DE RELAÇÕES COM INVESTIDORES

O mercado de capitais brasileiro vem exigindo dos profissionais de RI habilidades e competências cada vez mais desenvolvidas. A Certificação Profissional de Relações com Investidores (CPRI) foi criada em 2013 pelo IBRI para preencher essa lacuna e formar profissionais com capacitação adequada para atender às necessidades do mercado.

O programa tem o objetivo de se tornar uma espécie de atestado de capacitação, uma vez que executivos da área, em geral, têm formações acadêmicas distintas. Podem se candidatar ao CPRI Nível 1 os profissionais com até 5 anos de experiência; ao CPRI Nível 2 concorrem os que têm mais tempo de carreira.

No início de 2015, a profissão de RI foi incluída pelo Ministério do Trabalho e Emprego na CBO (Classificação Brasileira de Ocupações). O reconhecimento decorreu dos esforços do IBRI por meio da campanha *RI cria Valor*, lançada em 2014 e que objetiva demonstrar a relevância do profissional de RI não só para as companhias abertas, mas também para todo o mercado de capitais, e insere-se nas ações da entidade para reconhecer e valorizar ainda mais a profissão de RI.

O profissional de RI foi incluído no Grande Grupo 2, que agrega as ocupações que compõem as profissões científicas e das artes de nível superior, na Família Ocupacional 2525 – Profissionais de Administração Econômico-Financeira –, que já existia na CBO com mais outras oito ocupações.

RESUMO

O capítulo apresentou referências que devem ser levadas em consideração pelos investidores e planejadores financeiros em suas análises e avaliações sobre alternativas de investimento. A diferenciação de um investidor ou planejador financeiro pode ser obtida pela sua efetiva dedicação ao estudo das alternativas de investimento, dos riscos presentes e futuros associados a cada um dos ativos, dos eventuais descontos ou prêmios de valor que se esteja disposto a atribuir em função das práticas de RI e também de governança corporativa, bem como dos códigos de ética e conduta das companhias emissoras dos títulos.

QUESTÕES PARA REFLEXÃO

1. O que você entende por RI?
2. Qual a importância da política de RI das companhias nas decisões dos investidores?
3. Que práticas de RI contribuem para facilitar ou dificultar suas decisões de composição de uma carteira de investimentos?

REFERÊNCIAS

B3 – Brasil, Bolsa, Balcão. Disponível em: http://www.b3.com.br. Acesso em out. de 2024.

Brasil. Ministério da Fazenda. Comissão de Valores Mobiliários. Disponível em: https://www.gov.br/cvm. Acesso em out. de 2024.

Instituto Brasileiro de Relações com Investidores. Disponível em: http://www.ibri.com.br. Acesso em out. de 2024.

Instituto Brasileiro de Relações com Investidores. O estado da arte das relações com investidores no Brasil. 2. ed. São Paulo: IBRI; 2012.

Instituto Brasileiro de Relações com Investidores; Comissão de Valores Mobiliários. Relações com investidores: da pequena empresa ao mercado de capitais. Rio de Janeiro: IBRI, CVM; 2014.

Mahoney W. F. Manual do RI: princípios e melhores práticas de relações com investidores. Rio de Janeiro: IMF; 2007.

New York Stock Exchange. Disponível em: http://nyse.com. Acesso em out. de 2024.

Novo guia de relações com investidores IBRI/BM&FBOVESPA. São Paulo: 2012.

Revista RI – Relações com Investidores. 1998 a 2023.

Revista RI – Relações com Investidores. Disponível em: http://www.revistari.com.br. Acesso em out. de 2024.

CAPÍTULO 20

Planejamento sucessório e tributário

Livia De Carli Germano
Mário Shingaki

Neste capítulo, os autores apresentam noções básicas sobre planejamento sucessório e tributação de investimentos realizados por pessoas físicas.

INTRODUÇÃO

O presente capítulo busca transmitir noções básicas sobre planejamento sucessório e tributação de investimentos realizados por pessoas físicas em suas diversas formas (aplicações financeiras, operações com imóveis, planos de previdência etc.), sendo assim um ponto de partida para planejadores financeiros e mesmo para indivíduos que pretendem estruturar seu patrimônio e sua sucessão. Visa, ainda, levar planejadores financeiros a uma reflexão, na medida em que, se por um lado a carga tributária pode dilapidar parte desse patrimônio, por outro é possível a adoção de medidas lícitas para a redução dos tributos. Afinal, planejar-se é antecipar a ocorrência de eventos pela avaliação de suas consequências, a produção de renda e a transferência de patrimônio são os principais eventos que ensejam dúvidas quanto à possibilidade de adotar medidas capazes de reduzir o impacto tributário.

A compreensão das noções aqui passadas consiste em um diferencial para os leigos, sendo importante ressaltar, contudo, que a estruturação de planejamentos sucessórios e tributários deve ser sempre acompanhada por profissionais competentes em suas áreas de atuação.

NOÇÕES INTRODUTÓRIAS E EXPOSIÇÃO DO PLANO DA OBRA

Um planejamento financeiro completo deve atentar não apenas para a situação patrimonial da pessoa, mas também para suas relações familiares e sucessórias. Tendo isso em mente, este capítulo está dividido em duas partes. Na primeira, Livia De Carli Germano analisa as principais relações de família, as regras sobre sucessão e doações e os tributos aplicáveis nessas situações. A segunda parte, por sua vez, foi preparada por Mário Shingaki e é dedicada à tributação dos investimentos geralmente realizados por pessoas físicas visando à preservação e à multiplicação de seu patrimônio.

A legislação, em especial o Código Civil, traz uma série de regras e limites à disposição dos bens, seja em vida, seja em virtude do falecimento da pessoa (*causa mortis*, em razão da morte). A não observância de tais regras e limites pode acarretar, em alguns casos, até mesmo a nulidade ou anulação do ato.

Assim, uma primeira observação que deve ser feita é quanto ao regime de bens aplicado à pessoa, quando esta é casada ou vive em união estável. Por isso, inicia-se a primeira parte com o exame das principais questões envolvidas nos diferentes regimes de casamento e na união estável. A compreensão dessas questões é importante para entender as regras relativas à partilha de bens em caso de desfazimento da relação.

O primeiro item da primeira parte é dedicado às regras para a definição da partilha de bens e definição da meação (patrimônio individual) de cada cônjuge, em vida. Em seguida, são analisadas as regras aplicáveis em caso de morte, partindo para uma análise das regras específicas do Direito das Sucessões que versam sobre os herdeiros, as partes disponível e indisponível da herança do *de cujus* (pessoa falecida) e a elaboração de testamento. Posteriormente são descritos os limites impostos pelo Código Civil à realização de doações, na perspectiva das relações de parentesco e sucessão. Por fim, examina-se a tributação envolvida nas transmissões de bens e direitos por doação, herança ou legado, deixando dicas e casos práticos para fixação de parte do conteúdo.

Potenciais planejadores financeiros pessoais também devem se preocupar em antecipar ações em relação aos impactos tributários que possam decorrer das decisões sobre poupança e investimentos, gastos pessoais, compra e venda de ativos financeiros e de outras naturezas.

Assim, a segunda parte deste capítulo é dedicada à transmissão de um conhecimento básico da tributação que recai sobre a renda e o patrimônio, visando à adoção de uma postura constante de proteger e fazer prosperar tal patrimônio contra uma tributação que possa ser minimizada de forma lícita (e ética) dentro das práticas aceitáveis no ordenamento jurídico.

DIREITO DE FAMÍLIA E PLANEJAMENTO SUCESSÓRIO

Casamento e união estável: regime de bens em vida

Casamento: o que é?

As regras relativas ao casamento estão dispostas na Parte Especial do Código Civil, no Livro IV, dedicado ao Direito de Família, logo antes do Direito das Sucessões. O art. 1.511 já inicia o capítulo dizendo que "o casamento estabelece comunhão plena de vida, com base na igualdade de direitos e deveres dos cônjuges".

O casamento se realiza quando as pessoas[1] manifestam, perante o juiz, sua vontade de estabelecer vínculo conjugal, e o juiz os declara casados. Dessa relação decorrem efeitos jurídicos pessoais – como a fidelidade recíproca, a vida em comum, no domicílio conjugal, a mútua assistência, o sustento, a guarda e a educação dos filhos e o respeito e consideração mútuos (art. 1.566 do Código Civil) – bem como efeitos jurídicos patrimoniais, que influenciarão a propriedade e o destino dos bens dos cônjuges: o regime de bens.

Qual será o regime de bens do casamento?

O regime de bens é o principal efeito jurídico patrimonial do casamento. Salvo exceções específicas[2], o regime de bens é opcional, e os cônjuges podem escolher entre os que estão inteiramente regulados pela lei, conforme será visto a seguir, ou exercer sua autonomia da vontade para dispor sobre determinados aspectos que melhor atendam aos interesses do casal, desde que com isso não afrontem as disposições legais. A escolha ideal depende muito do caso concreto.

---

1 Atualmente, a legislação brasileira reconhece inclusive casamento entre pessoas do mesmo sexo.

2 O artigo 1.641 do Código Civil traz os casos de "separação obrigatória", em que a lei impõe a adoção do regime de separação de bens. Ali estão mencionados os casos de (i) pessoas que casam com inobservância das causas suspensivas da celebração do casamento; (ii) pessoas que dependem de suprimento judicial para casar (como menores de idade entre 16 e 18 anos que não obtêm autorização dos pais ou responsáveis legais), e (iii) pessoa maior de 70 anos. Vale notar que, em 2024, o Supremo Tribunal Federal analisou essa última restrição no contexto do Tema 1.236 de Repercussão Geral e decidiu que "Nos casamentos e uniões estáveis envolvendo pessoa maior de 70 anos, o regime de separação de bens previsto no art. 1.641, II, do Código Civil, pode ser afastado por expressa manifestação de vontade das partes, mediante escritura pública."

A escolha do regime acontece com a celebração do chamado "pacto antenupcial", que deve ser celebrado por escritura pública, para fins de publicidade do ato perante terceiros. Não havendo pacto antenupcial, ou sendo ele nulo ou ineficaz, o casamento é regido pelo regime da comunhão parcial (art. 1.640 do Código Civil). Em razão disso, diz-se que, atualmente, a comunhão parcial é o "regime legal".

É possível alterar o regime de bens depois de casados?

Sim, a alteração do regime de bens depois de realizado o casamento é possível. O parágrafo segundo do art. 1.639 do Código Civil admite a alteração, mediante autorização judicial em pedido motivado de ambos os cônjuges, apurada a procedência das razões invocadas e ressalvados os direitos de terceiros. O dispositivo trouxe uma novidade, já que a lei anterior não mencionava a possibilidade de alteração do regime de bens.

A legislação não estabelece a partir de quando o regime de bens se considera alterado (se desde a data do casamento ou apenas a partir da autorização judicial). No entanto, considerando que devem ser ressalvados direitos de terceiros, na prática os tribunais têm estabelecido que a alteração tem efeitos apenas para o futuro.

Quais são os regimes de bens regulados pelo Código Civil?

O Código Civil traz quatro regimes de bens no casamento: comunhão parcial, comunhão universal, separação – que pode ser convencional (quando escolhida livremente entre os cônjuges) ou obrigatória (quando a legislação assim o determine) e participação final nos aquestos.

Quais são as regras comuns a todos os regimes de bens?

Algumas regras são aplicáveis independentemente do regime de bens escolhido. Por exemplo, qualquer que seja o regime de bens, os cônjuges podem, independentemente de autorização um do outro, comprar, ainda a crédito, as coisas necessárias à economia doméstica, assim como obter, por empréstimo, as quantias necessárias para a aquisição dessas coisas. As dívidas contraídas para tais fins obrigam solidariamente ambos os cônjuges (arts. 1.643 e 1.644 do Código Civil).

Igualmente, qualquer que seja o regime de bens, tanto o marido quanto a esposa podem praticar todos os atos que não lhes forem vedados expressamente, em especial administrar livremente os bens próprios e praticar todos os atos de disposição e de administração necessários ao desempenho de sua profissão (art. 1.642 do Código Civil). Sobre o assunto, deve-se atentar principalmente para o disposto no art. 1.647 do Código Civil, segundo o qual nenhum dos cônjuges pode, sem autorização do outro, exceto no regime da separação absoluta (convencional e obrigatória): (i) alienar ou gravar de ônus real os bens imóveis; (ii) pleitear, como autor ou réu, acerca desses bens ou direitos; (iii) prestar fiança ou aval; (iv) fazer doação, não sendo remuneratória, de bens comuns, ou dos que possam integrar futura meação – são válidas, porém as doações nupciais feitas aos filhos quando casarem ou estabelecerem economia separada. Caso um dos cônjuges se negue a autorizar tais ações sem um motivo justo, ou lhe seja impossível concedê-la, é possível recorrer ao juiz para que este supra a outorga.

Os casados nos regimes de comunhão universal (art. 1.667) e de separação obrigatória (art. 1.641) não podem contratar sociedade entre si (art. 977 do Código Civil).

Analisadas algumas disposições comuns quanto aos regimes de bens, a seguir serão tratadas das principais regras aplicáveis a cada regime.

Quais são os principais aspectos do regime de comunhão parcial?

No regime de comunhão parcial, a regra é que os bens que o casal adquirir durante o casamento se comunicam, ou seja, se tornam de propriedade de ambos os cônjuges, sendo por isso denominados "bens comuns".

São bens comuns, por exemplo: (i) os bens adquiridos na constância do casamento por título oneroso, ainda que só em nome de um dos cônjuges; (ii) os bens adquiridos por fato eventual, com ou sem o concurso de trabalho ou despesa anterior; (iii) os bens adquiridos por doação, herança ou legado, quando efetuados em favor de ambos os cônjuges; (iv) as benfeitorias em bens particulares de cada cônjuge; (v) os frutos dos bens comuns, ou dos particulares de cada cônjuge, percebidos na constância do casamento, ou pendentes ao tempo de cessar a comunhão. A exceção fica por conta de alguns bens, direitos e obrigações que, por disposição expressa de lei, ficam excluídos da comunhão conjugal. São eles:

- Os bens que cada cônjuge possuir ao casar, e os que lhe sobrevierem, na constância do casamento, por doação ou sucessão, e os sub-rogados (substituídos) em seu lugar.

- Os bens adquiridos com valores exclusivamente pertencentes a um dos cônjuges em sub-rogação dos bens particulares.
- As obrigações anteriores ao casamento.
- As obrigações provenientes de atos ilícitos, salvo se resultarem em reversão em proveito do casal.
- Os bens de uso pessoal, os livros e instrumentos de profissão.
- Os proventos do trabalho pessoal de cada cônjuge.
- As pensões, meios-soldos, montepios e outras rendas semelhantes[3] (art. 1.659 do Código Civil).

Quais são os principais aspectos do regime de comunhão universal?

Nesse regime se comunicam todos os bens presentes e futuros dos cônjuges e suas dívidas passivas, com as exceções previstas no art. 1.668. O art. 1.668 do Código Civil exclui da comunhão, no regime de comunhão universal:

- Os bens doados ou herdados com a cláusula de incomunicabilidade e os sub-rogados em seu lugar[4].
- Os bens gravados de fideicomisso e o direito do herdeiro fideicomissário, antes de realizada a condição suspensiva[5].
- As dívidas anteriores ao casamento, salvo se provierem de despesas em favor do casamento, ou reverterem em proveito comum.

---

3 Trata-se de ganhos assegurados em contrapartida de contribuições procedidas durante o exercício de atividades profissionais (Madaleno, 2008. p. 115 e 120-121). O Superior Tribunal de Justiça (STJ) já decidiu que os valores aportados em planos de previdência complementar aberta (dentre eles o PGBL e VGBL) são considerados "investimento" (e, portanto, entram na partilha) enquanto o investidor estiver no chamado "período de diferimento" (isto é, enquanto ele ainda está a investir e, obviamente, vivo). O PGBL e o VGBL apenas teriam o caráter de pensão (e, portanto, poderiam ser excluídos da partilha) em caso de morte ou a partir do momento em que o investidor passa a receber os valores que acumulou ao longo da vida (STJ, REsp 1.880.056/SE, julgado em 16 de março de 2021, e REsp 1.961.488/RS, julgado em 16 de novembro de 2021).

4 A cláusula de incomunicabilidade impede que o bem seja transmitido para o outro cônjuge em caso de separação, o que pode ser interessante, por exemplo, no caso de participações societárias com as quais se detém o controle de uma sociedade. A grande questão é como ficam esses bens em caso de morte do beneficiário, pois é discutido se nesse caso a incomunicabilidade permanece ou não. Uma ten- tativa de preservar o gravame pode se manifestar expressamente no instrumento de doação ou no testamento que a incomunicabilidade deverá persistir mesmo após a morte do beneficiário (STJ, RE 1.101.702).

5 O fideicomisso está regulado nos arts. 1.951 e seguintes do Código Civil: "Art. 1.951. Pode o testador instituir herdeiros ou legatários, estabelecendo que, por ocasião de sua morte, a herança ou o legado se transmita ao fiduciário, resolvendo-se o direito deste, por sua morte, a certo tempo ou sob certa condição, em favor de outrem, que se qualifica de fideicomissário".

- As doações antenupciais feitas por um dos cônjuges ao outro com a cláusula de incomunicabilidade.
- Os bens de uso pessoal, os livros e instrumentos de profissão, os proventos do trabalho pessoal de cada cônjuge e as pensões, meios-soldos, montepios e outras rendas semelhantes.

Quais são os principais aspectos do regime de separação de bens?

O regime de separação de bens pode ser convencional, quando os cônjuges o escolhem mediante pacto antenupcial, ou obrigatório, nas hipóteses exigidas pela lei (art. 1.641 do Código Civil[6]). Quando for escolhida a separação de bens, estes permanecerão sob a administração exclusiva de cada um dos cônjuges. Salvo estipulação em contrário no pacto antenupcial, ambos os cônjuges são obrigados a contribuir para as despesas do casal na proporção dos rendimentos de seu trabalho e de seus bens.

Como visto, o regime de separação de bens é marcado pela ausência de meação, já que cada cônjuge possui e administra seu próprio patrimônio. Vale notar, porém, que, no caso de separação obrigatória, os tribunais têm decidido que os bens adquiridos na constância do casamento se comunicam com o outro cônjuge (Súmula 377 do Supremo Tribunal Federal). Assim, salvo se houver pacto antenupcial que disponha de forma diversa, no regime de separação obrigatória os bens adquiridos onerosamente na constância do casamento fazem

---

6 "Art. 1.641. É obrigatório o regime da separação de bens no casamento:
I – das pessoas que o contraírem com inobservância das causas suspensivas da celebração do casamento*;
II – da pessoa maior de 70 (setenta) anos (redação dada pela Lei n. 12.344, de 2010);
III – de todos os que dependerem, para casar, de suprimento judicial."
Para observações quanto ao regime de separação obrigatória, ver nota de rodapé n. 2.
*As causas suspensivas para a realização do casamento estão dispostas no art. 1.523 do Código Civil, o qual estabelece que não devem casar:
– o viúvo ou a viúva que tiver filho do cônjuge falecido, enquanto não fizer inventário dos bens do casal e der partilha aos herdeiros;
– a viúva, ou a mulher cujo casamento se desfez por ser nulo ou ter sido anulado, até dez meses depois do começo da viuvez, ou da dissolução da sociedade conjugal;
– o divorciado, enquanto não houver sido homologada ou decidida a partilha dos bens do casal;
– o tutor ou o curador e os seus descendentes, ascendentes, irmãos, cunhados ou sobrinhos, com a pessoa tutelada ou curatelada, enquanto não cessar a tutela ou curatela, e não estiverem saldadas as respectivas contas.
As pessoas que pretendem casar podem solicitar ao juiz que não lhes sejam aplicadas as causas suspensivas. Nos casos descritos em I, III e IV, devem provar a inexistência de prejuízo, respectivamente, para o herdeiro, para o ex-cônjuge e para a pessoa tutelada ou curatelada. Já no caso descrito em II, a mulher deve provar nascimento de filho, ou inexistência de gravidez, na fluência do prazo.

parte da meação dos cônjuges a ser dividida entre eles em caso de morte ou de separação.

Quais são os principais aspectos do regime de participação final nos aquestos?

Trata-se de regime que, durante o casamento, se assemelha ao da separação, pois cada cônjuge possui patrimônio próprio – integrado pelos bens que cada cônjuge possuía ao casar e aqueles por ele adquiridos, a qualquer título, na constância do casamento – e o administra livremente.

Ocorrendo a dissolução do casamento, porém, o regime toma características comuns à comunhão parcial, na medida em que cada cônjuge tem direito à metade dos bens adquiridos pelo casal, a título oneroso, na constância do casamento. As dívidas de um dos cônjuges, quando superiores à sua meação, não obrigam ao outro, ou a seus herdeiros.

União estável: o que é?

A legislação relativa à união estável surgiu para disciplinar situações em que o casal, embora não tenha casado, mantenha convivência com o intuito de constituir família.

Na vigência da Lei nº 8.971, de 29 de dezembro de 1994, a caracterização da união estável dependia da observância do prazo mínimo de 5 anos ou do nascimento de um filho, requisitos que deixaram de valer. Atualmente, a união estável é definida em termos mais genéricos, restando configurada com a convivência pública, contínua e duradoura entre duas pessoas, denominados companheiros(as), estabelecida com o objetivo de constituição de família (art. 1.723 do Código Civil)[7]. Vale notar que nem mesmo as causas suspensivas para o casamento descritas no art. 1.523 do Código Civil[8] impedem a caracterização da união estável.

Nesse regime, os companheiros podem firmar contrato por escrito para regular as relações patrimoniais entre si, e, na ausência de tal contrato, aplicam-se, no que couber, as disposições do regime da comunhão parcial de bens – inclu-

---

7 O objetivo de constituir família deve ser verificado caso a caso. Os tribunais já reconheceram a existência de união estável em situação em que o casal sequer morava junto. Por outro lado, o Superior Tribunal de Justiça já decidiu que o fato de namorados projetarem constituir família no futuro não caracteriza união estável, ainda que morem juntos. Assim, o propósito de constituir família é abrangente e deve se afigurar presente durante toda a convivência, a partir do efetivo compartilhamento de vidas, com irrestrito apoio moral e material entre os companheiros (REsp 1.257.819-SP, DJe 15/12/2011; REsp 1.454.643-RJ, DJe 10/3/2015).

8 Ver trecho final da nota 6.

sive no caso de sucessão, sendo válido mencionar que o Supremo Tribunal Federal julgou o Tema 498 da Repercussão Geral, assentando que "É inconstitucional a distinção de regimes sucessórios entre cônjuges e companheiros prevista no art. 1.790 do CC/2002, devendo ser aplicado, tanto nas hipóteses de casamento quanto nas de união estável, o regime do art. 1.829 do CC/2002".

É possível converter a união estável em casamento?

Sim. O art. 1.726 do Código Civil permite a conversão da união estável em casamento, mediante pedido dos companheiros ao juiz e assento no Registro Civil. Neste caso, a legislação não esclarece se a conversão tem ou não efeitos retroativos, ficando a questão, na prática, a depender da sentença no caso concreto.

Mais recentemente, a Lei 14.382/2022 trouxe a possibilidade de se realizar a conversão de união estável em casamento no âmbito do Registro Civil, sem a necessidade de autorização judicial. Neste caso, é iniciado o processo de habilitação sob o mesmo rito previsto para o casamento (com a publicação de proclamas, a necessidade de superação de eventuais impedimentos legais e a adoção de regime patrimonial de bens). Neste caso, em regra, a data do início ou o período de duração da união estável não é mencionada no assento de casamento convertido a partir da união estável, mas tal menção poderá ser realizada desde que haja prévio procedimento de certificação eletrônica de união estável realizado perante oficial de Registro Civil.

Dissolução do casamento e da união estável e sucessão

O que acontece em caso de dissolução do casamento ou da união estável? O que é partilha de bens?

A dissolução do casamento ou da união estável, seja em vida (por separação), seja por morte, acarreta a partilha dos bens comuns de acordo com o previsto no respectivo regime.

Assim, em primeiro lugar, devem ser identificados quais são os bens particulares de cada cônjuge ou companheiro(a) e quais bens são comuns a ambos (lembrando que poderá haver bens comuns em caso de casamento nos regimes de comunhão universal, comunhão parcial ou participação final nos aquestos, bem como em caso de união estável). Uma vez identificados os bens comuns, determina-se o valor da meação, correspondente à metade dos bens comuns. Com isso, chega-se ao patrimônio individual de cada cônjuge ou companheiro(a).

Se a dissolução do casamento ocorrer em virtude de separação, cada um leva, além de seus bens particulares, bens correspondentes ao valor de sua meação. Em caso de dissolução por morte, além dos bens particulares e de sua meação, o cônjuge ou companheiro(a) sobrevivente poderá ainda ter direito a receber uma parte do patrimônio individual do outro, em virtude de herança. Isso vai depender do regime de bens aplicável e da chamada "ordem de vocação hereditária", conforme explicado a seguir.

Quais são as espécies de sucessão?

Costuma-se classificar as espécies de sucessão em legítima e testamentária. A sucessão legítima é a que distribui a parte indisponível do patrimônio da pessoa entre os herdeiros necessários, quais sejam: os descendentes, os ascendentes e o cônjuge, conforme a linha de sucessão ou ordem de vocação hereditária detalhada a seguir. A sucessão testamentária ocorre quando a transmissão dos bens acontece em virtude de um testamento. O testamento apenas pode versar sobre a parte disponível do patrimônio de uma pessoa.

O que é herança? E "legítima"? Como se determinam as partes disponível e indisponível do patrimônio de uma pessoa?

A herança é uma universalidade, é o conjunto dos bens, direitos e obrigações que a pessoa deixa ao falecer.

Dá-se o nome de "legítima" à parte do patrimônio da pessoa falecida que deve ser transmitida aos herdeiros necessários (isto é, aos descendentes, ascendentes e o cônjuge, observada a linha de sucessão). A legítima corresponde à metade dos bens da herança (art. 1.846 do Código Civil) e é calculada sobre o valor dos bens existentes na abertura da sucessão (= data da morte da pessoa), abatidas as dívidas e as despesas do funeral, adicionando-se, em seguida, o valor dos bens sujeitos à colação (ou seja, bens doados em vida aos herdeiros - art. 2.002 do Código Civil).

Uma vez determinado o valor da legítima – parte indisponível do patrimônio –, a pessoa pode elaborar testamento para dispor sobre o destino da parte disponível. Caso a pessoa venha a falecer sem deixar testamento, ou sendo este declarado inválido ou nulo, a herança se transmite aos herdeiros conforme a linha sucessória ("ordem de vocação hereditária") comentada a seguir. Caso haja testamento e o testador não dispuser sobre a totalidade da parcela disponível de seu patrimônio, o remanescente pertence aos herdeiros legítimos ou necessários.

O que é um legado?

O legado é uma disposição feita em testamento, na qual o testador destina determinado bem, direito ou crédito para uma pessoa, o chamado "legatário". O legatário pode ser um herdeiro necessário ou qualquer outra pessoa a quem o testador queira beneficiar. Diz-se que o legado "caduca" (ou seja, não é mais válido) se:

- Depois de fazer o testamento, o testador modificar a coisa legada, a ponto de já não ter a forma nem lhe caber a denominação que possuía.
- O testador, por qualquer título, alienar no todo ou em parte a coisa legada; nesse caso, caducará até onde ela deixou de pertencer ao testador.
- A coisa perecer ou for evicta, vivo ou morto o testador, sem culpa do herdeiro ou legatário incumbido do seu cumprimento.
- O legatário for excluído da sucessão, nos termos do art. 1.815 do Código Civil.
- O legatário falecer antes do testador.

Como saber quem são os herdeiros legítimos?

O art. 1.829 do Código Civil traz a linha de sucessão, também chamada "ordem de vocação hereditária", estabelecendo que a sucessão legítima deve ser deferida na seguinte ordem:

- Em primeiro lugar, os descendentes, que poderão concorrer com o cônjuge sobrevivente desde que este seja casado com a pessoa falecida: a) no regime da separação convencional; b) no regime da separação final nos aquestos; ou c) no regime da comunhão parcial (nesse caso, a concorrência ocorre apenas quanto aos bens particulares eventualmente deixados pela pessoa falecida[9]).
  Notas: se houver descendentes, o cônjuge casado nos regimes da comunhão universal ou da separação obrigatória nada herda. Também não herda o cônjuge casado no regime da comunhão parcial, quando a pessoa falecida não deixa bens particulares.

---

9 Após muita discussão, esse posicionamento foi consolidado pelo Superior Tribunal de Justiça no julgamento do Recurso Especial n. 1.368.123/SP, em 22 de abril de 2015.

Quando concorrer com os descendentes, o cônjuge deve receber quinhão igual a cada um deles, e sua quota não pode ser inferior a 1/4 da herança, se for ascendente dos herdeiros com que concorrer[10].

- Se não houver descendentes, a herança é destinada aos ascendentes, em concorrência com o cônjuge (independentemente do regime de casamento). Notas: se o ascendente for de primeiro grau (pai ou mãe da pessoa falecida), o cônjuge tem direito a 1/3 da herança. Se houver um só ascendente, ou se este não for de primeiro grau, o cônjuge tem direito à metade da herança.
- Se não houver descendentes nem ascendentes, a herança é destinada ao cônjuge sobrevivente.
- Se não houver descendentes, ascendentes ou cônjuge, a herança é destinada aos "colaterais" até o 4º grau.

  Notas: primeiro se verifica se o falecido tinha irmãos (2º grau) e se estes são bilaterais (de mesmos pai e mãe) ou unilaterais. Se houver irmãos bilaterais e unilaterais, os unilaterais herdam metade do que cada bilateral herdar. Se não houver irmão bilateral, os unilaterais herdam em partes iguais. Na falta de irmãos, herdam os filhos destes (ou seja, os sobrinhos), e, não havendo sobrinhos, os tios (sobrinhos e tios são 3º grau).

  Não falta de irmãos, sobrinhos ou tios, herdam os primos, sobrinhos-netos e tios-avós (4º grau).

  Por fim, se não houver cônjuge, ou companheiro, nem parente algum sucessível, ou tendo eles renunciado à herança, esta se devolve, em regra, ao município ou ao Distrito Federal.

O cônjuge separado é herdeiro?

Depende. O cônjuge sobrevivente apenas poderá ser considerado herdeiro se, ao tempo da morte do outro, eles não estavam separados judicialmente, nem separados de fato há mais de 2 anos, salvo prova, nesse caso, de que essa convivência se tornou impossível sem culpa do sobrevivente.

Quais são os direitos sucessórios na união estável?

Em caso de dissolução da união estável por morte de um dos companheiros, o outro participa da sucessão tal como se fosse casado (ou seja, aplica-se o art. 1.829 do Código Civil, explicado anteriormente), já que o artigo 1.790, que

---

10 Exemplo: considerando uma herança de R$ 100, o cônjuge casado no regime da separação convencional e com 3 filhos deverá receber R$ 25, e cada filho também receberá R$ 25; já se esse mesmo cônjuge tiver 4 filhos, ele deverá receber uma herança de R$ 25 e cada filho receberá R$ 18,75.

estabelecia regras específicas para a união estável, foi considerado inconstitucional pelo Supremo Tribunal Federal em regime de repercussão geral (Temas 498 e 809).

Quando um herdeiro pode ser excluído da herança?

A exclusão da herança pode ocorrer nos casos de indignidade e deserdação. A indignidade deve ser declarada por sentença. Segundo o art. 1.814 do Código Civil, podem ser declarados indignos:

- Os que houverem sido autores, coautores ou partícipes de homicídio doloso, ou tentativa deste, contra a pessoa de cuja sucessão se tratar, seu cônjuge, companheiro, ascendente ou descendente.
- Os que houverem acusado caluniosamente em juízo o autor da herança ou incorrerem em crime contra sua honra, ou de seu cônjuge ou companheiro.
- Os que, por violência ou meios fraudulentos, inibirem ou obstarem o autor da herança de dispor livremente de seus bens por ato de última vontade.

O herdeiro ou legatário declarado indigno pode ser reabilitado a suceder caso o autor da herança assim disponha em testamento ou outro ato autêntico. Além disso, os efeitos da exclusão são pessoais; ou seja, os descendentes do herdeiro excluído sucedem, como se ele fosse morto antes da abertura da sucessão.

Por sua vez, deserdar significa privar os herdeiros necessários de participar da partilha da legítima. Trata-se de ato manifestado pelo autor da herança por meio de testamento, o qual deve declarar expressamente o motivo da deserdação. A pessoa pode deserdar seus herdeiros (ascendentes ou descendentes) em todos os casos de indignidade (art. 1.814 do Código Civil, analisado anteriormente), bem como nos casos descritos nos arts. 1.962 e 1.963, que tratam de ofensa física, injúria grave, desamparo do ascendente/descendente (conforme o caso) com problemas mentais ou grave enfermidade, ou relações ilícitas entre parentes[11].

Embora a lei não disponha expressamente, a doutrina entende que, tal como ocorre na exclusão por indignidade, os efeitos da deserdação são pessoais, ou seja, os descendentes da pessoa deserdada sucedem como se esta fosse morta antes da abertura da sucessão. O prazo para o interessado pleitear a indignidade

11 Especificamente: na deserdação do descendente pelo ascendente, em caso de relações ilícitas do filho(a) com a madrasta/padrasto; na deserdação do ascendente pelo descendente, em caso de relações ilícitas do pai com a mulher ou companheira do filho ou a do neto, ou da mãe com o marido ou companheiro da filha ou da neta.

ou provar a causa da deserdação é de 4 anos, os quais são contados da abertura da sucessão (isto é, da morte, no caso de indignidade) ou da abertura do testamento (no caso de deserdação).

O que é testamento?

Qualquer pessoa maior de 16 anos e que, na data do ato, tenha pleno discernimento, pode deixar testamento. O testamento tem por objetivo destinar a parte disponível do patrimônio da pessoa a quem ela entender adequado, devendo ser observados os limites legais – por exemplo, a legítima dos herdeiros necessários (parte indisponível) deve ser preservada, e há pessoas que não podem ser beneficiadas por testamento, conforme será visto a seguir.

Quais são os tipos de testamento?

O Código Civil reconhece a validade de testamentos ordinários e de testamentos especiais. Ambos são cercados de formalidades. Em uma visão geral, os testamentos ordinários são:

- O público, assim considerado aquele escrito por tabelião ou seu substituto legal em seu livro de notas.
- O cerrado, que é escrito pelo testador, ou por outra pessoa a seu pedido e assinado pelo testador e então entregue ao tabelião na presença de duas testemunhas e aprovado por este.
- O particular, assim entendido aquele escrito pelo testador de próprio punho ou mediante processo mecânico, e assinado pelo testador e pelo menos três testemunhas.

Já os testamentos especiais são:

- O marítimo, testado perante o comandante a bordo de um navio.
- O aeronáutico, testado a bordo de aeronave perante pessoa designada pelo comandante.
- O militar, feito por militares e demais pessoas a serviço das Forças Armadas em campanha.

Como o próprio nome indica, trata-se de testamentos feitos em situações especiais, que podem perder a validade se, passados 90 dias, o testador estiver em lugar onde possa testar na forma ordinária.

Fiz um testamento. Posso alterá-lo?

Sim. O testamento é ato personalíssimo, podendo ser mudado a qualquer tempo (art. 1.858 do Código Civil).

Quem não pode ser beneficiado em um testamento?

A legislação impede que algumas pessoas sejam beneficiadas em testamento. Segundo o art. 1.801 do Código Civil, não podem ser nomeados herdeiros nem legatários:

- A pessoa que, a pedido, escreveu o testamento, nem seu cônjuge ou companheiro, ou seus ascendentes e irmãos.
- As testemunhas do testamento.
- O concubino do testador casado, salvo se este, sem culpa sua, estiver separado de fato do cônjuge há mais de 5 anos.
- O tabelião, civil ou militar, ou o comandante ou escrivão, perante quem se fizer, assim como o que fizer ou aprovar o testamento.

Como se dá a sucessão em caso de seguro de vida e saldo do FGTS?

O capital do seguro de vida (aí incluídos os planos de previdência complementar[12]) e o saldo do Fundo de Garantia do Tempo de Serviço (FGTS) não resgatado pelo titular não entram na meação do cônjuge nem compõem a legítima dos herdeiros necessários. Tais valores são devidos aos "beneficiários".

E quem são os "beneficiários"? No caso do seguro de vida e planos de previdência complementar, o beneficiário é a pessoa indicada pelo segurado, na apólice, ou por outra forma de declaração, com possível substituição a qualquer tempo, inclusive por testamento. O art. 794 do Código Civil determina que, no seguro de vida ou de acidentes pessoais para o caso de morte, o capital estipulado não está sujeito às dívidas do segurado, nem se considera herança para todos os efeitos de direito e, a partir de dezembro de 2025, tal conceito é reforçado pelo artigo 116 da Lei 15.040/2024. Apenas na falta de indicação do beneficiário é que o capital segurado será destinado metade ao cônjuge (desde que não separado judicialmente) e metade aos herdeiros do segurado, obedecida a

12 A jurisprudência do Superior Tribunal de Justiça (STJ) já estava se consolidando neste sentido quanto aos planos na modalidade VGBL (REsp 1.961.488/RS, julgado em 16.11.2021). A partir de dezembro de 2025, passa a ter vigor a Lei 15.040/2024, que dispõe expressamente que a garantia de risco de morte do participante nos planos de previdência complementar equipara-se ao seguro de vida, de modo que o capital segurado devido em razão de morte não é considerado herança para nenhum efeito (art. 116, parágrafo único).

ordem da vocação hereditária – na falta dessas pessoas, serão beneficiários os que provarem que a morte do segurado os privou dos meios necessários à subsistência.

Quanto ao FGTS, uma das hipóteses de levantamento do saldo é a de falecimento do trabalhador[13]. Nesse caso, a lei prevê que o saldo deve ser pago a seus dependentes habilitados perante a Previdência Social segundo o critério adotado para a concessão de pensões por morte. Na falta de dependentes, farão jus ao recebimento do saldo da conta vinculada os seus sucessores previstos na lei civil, indicados em alvará judicial.

Doações

O que é uma doação?

A doação é o contrato em que uma pessoa – o doador –, por liberalidade e de forma não onerosa[14], transfere bens ou vantagens de seu patrimônio para o de outra – quem recebe a doação é chamado de "donatário".

Existem limites para a realização de doações? Posso doar todo o meu patrimônio e ficar sem nada? E os herdeiros, como ficam?

Existem limites para a realização de doações. Por exemplo, o doador não pode doar todos os seus bens sem reservar parte ou renda suficiente para a sua subsistência, sendo tal doação nula (art. 548 do Código Civil). É também nula a doação quanto à parte que exceder à de que o doador, no momento da liberalidade, poderia dispor em testamento (art. 549 do Código Civil) – ou seja, a doação não pode atingir a legítima dos herdeiros (lembrando que "legítima" é o nome que se dá à metade dos bens da herança, que por lei é destinada aos "herdeiros necessários": os descendentes, os ascendentes e o cônjuge, conforme arts. 1.845 e 1.846 do Código Civil).

Doação entre parentes é adiantamento de herança?

Não necessariamente. Em regra, a doação de ascendentes a descendentes [de pai/mãe para filho(a)] e a doação de um cônjuge a outro implica adianta-

---

13 Art. 20, IV, da Lei n. 8.036, de 11 de maio de 1990.

14 A ausência de onerosidade (contraprestação) não é absoluta. Conforme dispõe o art. 540 do Código Civil, a doação feita para contemplar o merecimento do donatário (isto é, aquele que recebe a doação) não perde o caráter de liberalidade, assim como também não perdem esse caráter a chamada "doação remuneratória" e aquela gravada com ônus (doação com encargo), no que exceder, respectivamente, ao valor dos serviços remunerados e ao encargo imposto.

mento do que lhes cabe por herança (art. 544 do Código Civil). Porém, o doador pode determinar que as doações feitas aos herdeiros necessários saiam da parte disponível de seu patrimônio (ou seja, não atinjam a legítima), desde que respeitados os limites de valor calculados ao tempo da doação. Essa dispensa pode ser feita no ato da doação, ou mencionada no testamento a ser deixado (arts. 2.005 e 2.006 do Código Civil). O adiantamento da herança pode ser uma ferramenta importante tanto para a proteção do patrimônio de dívidas futuras junto a credores quanto para a redução dos custos (taxas e honorários advocatícios) na sucessão.

O que é a cláusula de reversão na doação?

Por meio da cláusula de reversão, o doador estipula que os bens doados voltem ao seu patrimônio caso ele sobreviva ao donatário (art. 547 do Código Civil). A reversão necessariamente acarreta a volta dos bens ao patrimônio do doador, não sendo possível estipular a cláusula de reversão em favor de um terceiro.

É possível revogar uma doação?

O Código Civil prevê que a doação pode ser revogada em caso de não execução do encargo (quando este existir) ou por ingratidão do donatário. As causas que autorizam a revogação por ingratidão são:

- Se o donatário atentou contra a vida do doador ou cometeu crime de homicídio doloso contra ele.
- Se cometeu contra ele ofensa física.
- Se o injuriou gravemente ou o caluniou.
- Se, podendo ministrá-los, recusou ao doador os alimentos de que este necessitava.

O ofendido pode ser o doador ou o cônjuge, ascendente, descendente, ainda que adotivo, ou irmão do doador. Não podem ser revogadas por ingratidão:

- As doações puramente remuneratórias[15].
- As oneradas com encargo já cumprido.

15 A doação remuneratória é aquela em que há um firme propósito do doador de recompensar serviços prestados pelo donatário (aquele que recebe a doação) ou alguma outra vantagem que haja recebido dele.

- As que se fizerem em cumprimento de obrigação natural[16].
- As feitas para determinado casamento.

Aspectos tributários da partilha de bens, da doação e da sucessão

Quais são os tributos incidentes na partilha da meação dos cônjuges ou companheiros(as)?

Os bens comuns, como o próprio nome diz, são de propriedade de ambos os cônjuges ou companheiros(as), e a partilha nada mais faz que destacar as metades. Nesse sentido, a simples conferência, ao cônjuge ou companheiro(a), dos bens que compõem a meação, não é aquisição de nova propriedade e não acarreta tributação pelo imposto sobre transmissão *causa mortis* e doação (ITCMD), nem apuração de ganho de capital para fins da tributação de imposto sobre a renda[17].

Quais são os tributos incidentes na sucessão e na doação?

Atualmente, a sucessão e a doação podem acarretar a incidência de dois tributos: o imposto sobre a transmissão *causa mortis* e doação (ITCMD[18]) e, em alguns casos, o Imposto sobre a Renda da Pessoa Física (IRPF).

O que é o ITCMD (ou ITCD ou ITD)? Qual a alíquota? A que estado devo pagar?

O ITCMD é um tributo estadual que incide na transmissão de bens e direitos em virtude de sucessão ou doação (que pode ser em adiantamento da legítima ou não, conforme visto anteriormente). As regras aplicáveis dependem do es-

---

16 Diz-se que a obrigação é natural quando o devedor não pode ser constrangido a executá-la, mas cujo cumprimento voluntário é pagamento verdadeiro. Ela não se cumpre por bondade, liberalidade ou doação, mas por um dever moral. Exemplo clássico é a obrigação de pagar dívida de jogo (art. 814 do Código Civil).

17 Quando se tratar de imóveis, é importante definir corretamente a data de aquisição do bem objeto de meação, já que existem fatores de redução de tributos previstos no art. 40 da Lei n. 11.196/2005 calculados com base no tempo em que o bem ficou de propriedade da pessoa. Anualmente a Receita Federal publica o Programa Ganho de Capital, para auxílio no cálculo do ganho e dos fatores de redução (disponível na página da Receita Federal na internet). De acordo com a Receita Federal, a data de aquisição do bem objeto de meação será: a do instrumento original, se se tratar de bens ou direitos preexistentes à sociedade conjugal ou união estável, se pertencentes ao alienante; a do casamento, se originalmente pertencentes ao outro cônjuge e o regime for de comunhão universal; ou a da aquisição, se adquiridos na constância da sociedade conjugal ou união estável (Solução de Divergência COSIT n. 19, publicada em 07 de outubro de 2013).

18 A sigla utilizada varia conforme o Estado da federação; há casos em que a legislação estadual utiliza ITD ou ainda ITCD.

tado ao qual o imposto for devido, ou ao Distrito Federal, se for o caso[19]. Nas transmissões *causa mortis* ocorrem tantos fatos geradores distintos quantos sejam os herdeiros ou legatários, da mesma forma que, na doação, são devidos tantos ITCMDs quantos forem os donatários (os recebedores da doação). A partir da Emenda Constitucional 132/2023, a definição do estado ao qual se deve recolher o ITCMD pode ser esquematizada conforme o Quadro 1.

QUADRO 1 Sujeito ativo do ITCMD

Bens/forma de transmissão	***Causa mortis***	**Doação**
Bens imóveis e direitos a eles relativos situados no Brasil	Estado em que estiver localizado o bem (ainda que o inventário ou arrolamento seja processado em outro estado)	Estado em que estiver localizado o bem (independentemente do domicílio do doador ou do donatário)
Bens móveis, títulos e créditos*	Estado de domicílio do *de cujus* (pessoa falecida)	Estado de domicílio do doador

* As hipóteses envolvendo bens no exterior ou doador/*de cujus* com domicílio no exterior geram bastante discussão. Em 2021, o Supremo Tribunal Federal (STF) asssentou que "É vedado aos estados e ao Distrito Federal instituir o ITCMD nas hipóteses referidas no artigo 155, §1º, III, da Constituição Federal sem a edição da lei complementar exigida pelo referido dispositivo constitucional" (Tema nº 825 da Repercussão Geral, Recurso Extraordinário 851.108/SP). Assim, até que fosse editada Lei Complementar sobre a questão, os Estados não mais poderiam cobrar ITCMD quando o doador tivesse domicílio no exterior ou quando o *de cujus* possuía bens, era residente ou domiciliado ou teve o seu inventário processado no exterior. Ocorre que, em 2023, a Emenda Constitucional 132 veio a estabelecer que, até que seja editada Lei Complementar sobre a matéria, o ITCMD nesses casos caberá (i) no caso de doador no exterior: ao Estado de domicílio do donatário ou, estando este também no exterior, ao estado onde se encontrar o bem, e (ii) no caso em que o *de cujus* possuía bens no exterior, ao Estado em que ele era domiciliado ou, caso este também fosse domiciliado no exterior, ao Estado de domicílio de seu sucessor. Diante disso, já se iniciam as disputas judiciais para definir se as leis estaduais editadas antes da Emenda Constitucional 132/2023 poderiam ser aplicadas, ou se os Estados necessariamente deveriam editar novas normas para adaptar a sua legislação ao novo regramento constitucional.[20]

Quanto à base de cálculo, em regra, o ITCMD incide sobre o valor venal (valor de venda) do bem ou direito transmitido, na data da abertura da sucessão (falecimento) ou da doação. Por se tratar de um imposto estadual, a regulação específica varia de um Estado para o outro. Nos processos de inventário, a apuração do valor dos bens geralmente ocorre mediante avaliação judicial ou extrajudicial sendo esta dispensada se o valor declarado pelo inventariante for aceito pelos demais interessados e pela Fazenda Estadual. Além disso, em alguns Estados, a legislação determina que a base de cálculo do ITCMD incidente sobre imóveis não pode ser inferior ao valor utilizado para fins do cálculo do IPTU ou do ITR, conforme o caso. Da mesma forma, as legislações costumam

19 Em todas as hipóteses em que se menciona o estado, o dispositivo se aplica ao Distrito Federal, se for o caso.

estabelecer que a base de cálculo do ITCMD no caso de participações societárias é determinada conforme o valor de cotação em bolsa, o valor da última negociação, ou ainda o valor patrimonial da quota ou ação.[20]

Na doação com reserva de usufruto (assim entendida aquela em que o doador transfere a propriedade do bem, mas reserva para si o direito de usar e fruir dele), alguns estados tributam a operação de forma diferenciadamente. Em São Paulo, por exemplo, na doação com reserva de usufruto, o ITCMD incide sobre 2/3 (dois terços) do valor do bem. Quando há morte do doador original e usufrutuário, a propriedade plena se consolida nas pessoas dos "nuproprietários" (donatários), e, nessa oportunidade, o ITCMD tem como base de cálculo o valor correspondente ao usufruto: 1/3 (um terço) de seu valor de mercado na data da transmissão (art. 9º da lei estadual paulista n. 10.705, de 28.12.2000). Note que o valor utilizado para fins do cálculo do ITCMD pode ou não coincidir com o valor do bem constante da declaração de imposto de renda (IR) da pessoa falecida. Caso tais valores não coincidam, poderá haver a incidência de IR sobre o ganho de capital apurado na transmissão, conforme explicado em item próprio deste capítulo.

A alíquota do ITCMD varia de um estado para o outro, sendo a máxima aplicável de 8%.[21] A Emenda Constitucional 132/2023 passou a estabelecer que o ITCMD deve ser progressivo em razão do valor do quinhão, do legado ou da doação, mas atualmente apenas alguns Estados cobram o imposto de forma progressiva, alguns mediante aumento da alíquota conforme a base de cálculo (o valor do bem) e outros conforme o grau de parentesco entre as pessoas envolvidas. O Código Tributário Nacional determina que o contribuinte do imposto é qualquer das partes na operação tributada, como dispuser a lei. Diante disso, alguns estados elegem como contribuintes o herdeiro ou legatário, nas transmissões *causa mortis*, ou a pessoa que recebe o bem, nos casos de doação, e outros impõem a obrigação de pagar o tributo ao doador.

Além das questões anteriormente tratadas, o planejador financeiro deve estar atento às isenções constantes da legislação de cada estado, bem como para situações de não incidência de imposto. Em São Paulo, por exemplo, estão

20 O PLP 108/2024, ainda em trâmite no Congresso Nacional, pretende estabelecer que para participações societárias sem negociação recente (90 dias), "a base de cálculo deverá ser calculada com metodologia tecnicamente idônea e adequada às quotas ou ações, inclusive o método técnico que contemple eventual perspectiva de geração de caixa do empreendimento, e deverá corresponder, no mínimo, ao patrimônio líquido ajustado pela avaliação de ativos e passivos a valor de mercado, acrescido do valor de mercado do fundo de comércio, conforme estabelecido na legislação do ente tributante".

21 Resolução do Senado Federal n. 9, de 5 de maio de 1992.

isentas do ITCMD as doações cujo valor anual não exceda 2.500 Unidades Fiscais do Estado de São Paulo (Ufesps) (R$ 92.550,00 em 2025)[22]. Assim, um pai domiciliado em São Paulo pode doar para cada filho cerca de R$ 92 mil por ano, adiantando a distribuição da herança sem a incidência de tributo.

As legislações estaduais costumam prever a não incidência de ITCMD sobre os montantes das contas individuais de FGTS acumulados pela pessoa em vida e pago aos beneficiários.

Por sua vez, os valores a serem recebidos pelos beneficiários, em decorrência da morte do segurado contratante de plano de previdência complementar (VGBL ou PGBL) não se consideram herança, para todos os efeitos de direito, como prevê o artigo 794 do Código Civil, de forma que não entram na partilha e não são base para o cálculo do ITCMD, como reconheceu o Supremo Tribunal Federal ao julgar o tema 1.214 de Repercussão Geral ("É inconstitucional a incidência do Imposto sobre Transmissão Causa Mortis e Doação (ITCMD) quanto ao repasse, para os beneficiários, de valores e direitos relativos ao plano Vida Gerador de Benefício Livre (VGBL) ou ao Plano Gerador de Benefício Livre (PGBL) na hipótese de morte do titular do plano").

O ITCMD é devido na renúncia à herança? O que é renúncia abdicativa? E renúncia translativa?

Em caso de renúncia pura e simples da herança (também chamada renúncia própria ou abdicativa), não é devido o ITCMD com relação ao renunciante, pela simples razão de que não se operou nenhuma transmissão de bens a ele. Haverá, porém, a incidência do imposto caso ocorra a chamada renúncia imprópria ou translativa, assim entendida aquela em que a pessoa renuncia à herança em favor de um terceiro. Isso porque, nesse caso, considera-se que o renunciante recebeu os direitos hereditários e os transmitiu ao terceiro. Assim, o renunciante deverá pagar o ITCMD sobre a herança recebida e, caso a destinação a terceiro seja feita de forma não onerosa, a operação será considerada doação, devendo o terceiro recolher o ITCMD sobre o valor recebido.

---

22 O valor da Ufesp é atualizado a cada ano. Na hipótese de sucessivas doações entre os mesmos doador e donatário, serão consideradas todas as transmissões realizadas a esse título, dentro de cada ano civil, devendo o imposto ser recalculado a cada nova doação, adicionando-se à base de cálculo os valores dos bens ante- riormente transmitidos e deduzindo-se os valores dos impostos já recolhidos.

A pessoa que recebe uma doação deve pagar imposto de renda? Como declarar uma doação recebida?

Para o beneficiário, o valor dos bens adquiridos por doação ou herança não gera tributação pelo IRPF – nem mesmo na hipótese de herança recebida do Exterior.[23] Assim, ao receber uma doação ou uma herança, o donatário/herdeiro deve declarar o bem na ficha de "bens e direitos" de sua declaração de ajuste anual, indicando o respectivo valor na ficha de "rendimentos isentos e não tributáveis" (especificamente, na linha "transferências patrimoniais – doações e heranças").

Quando a doação ou sucessão acarreta o pagamento de imposto de renda?

Quem realiza a doação ou deixa a herança pode, em alguns casos, auferir ganho e ser tributado pelo IRPF. Isso porque, na transmissão de herança, legado ou doação em adiantamento da legítima, assim como na avaliação dos bens ou direitos atribuídos a cada cônjuge na hipótese de dissolução da sociedade conjugal ou da unidade familiar, os bens e direitos podem ser transmitidos: (i) pelo valor constante da declaração de bens do falecido/doador; ou (ii) pelo valor de mercado[24].

Se a transferência for efetuada pelo valor constante da declaração de bens do falecido/doador ("valor de custo"), não haverá imposto a pagar. Todavia, caso a transferência seja efetuada a valor de mercado, a diferença a maior entre este e o valor pelo qual constava da declaração de bens do falecido/doador fica sujeita ao IRPF à alíquota de 15%. Vale notar que a alíquota neste caso é fixa em 15%, eis que expressamente indicada na lei para esta hipótese, muito embora, em geral, na apuração de ganho de capital, a parcela dos ganhos que exceder 5 milhões de reais está sujeita a alíquotas progressivas de 17,5% a 22,5%, dependendo do valor do ganho (art. 21 da Lei nº 8.981/1995).

A transmissão a valor de mercado pode se revelar vantajosa, por exemplo, no caso de transmissão de imóveis quando forem aplicáveis fatores de redução do ganho de capital[25], os quais têm por base a data de aquisição do imóvel ou o tempo em que este ficou com o doador/autor da herança.

---

23 Art. 35, XVII, "c" do Regulamento do Imposto sobre a Renda – Decreto n. 9.580, de 22 de novembro de 2018. Solução de Consulta COSIT 122/2019.

24 Art. 130 do Regulamento do Imposto sobre a Renda (Decreto n. 9.580/2018) e Lei 9.532/1997, art. 23, § 1º.

25 O Programa Ganhos de Capital disponível na página da Receita Federal na internet efetua o cálculo automaticamente.

O IRPF deve ser pago: (i) pelo inventariante, nas transmissões *causa mortis*; (ii) pelo doador, no caso de doação em aditamento da legítima; ou (iii) pelo ex-cônjuge a quem for atribuído o bem ou direito, no caso de dissolução da sociedade conjugal ou da unidade familiar. O raciocínio é que, nesses casos, o falecido, o doador ou o cônjuge "reavaliam" seu bem e, por isso, devem pagar o IRPF sobre o ganho obtido, correspondente à diferença entre esse novo valor e o valor pelo qual o bem foi adquirido.

Alguns contribuintes costumam questionar judicialmente este IRPF sob o argumento da dupla tributação, considerando que a mesma operação também é tributada pelo ITCMD (a Primeira Turma Supremo Tribunal Federal considerou o IRPF indevido ao julgar o Ag.Reg. no RE 1.387.761, sessão virtual de 10 a 17/02/2023).

Dicas importantes sobre a tributação de doações e heranças

Para subsidiar o planejador financeiro, seguem dicas importantes para o planejamento sucessório considerando aspectos tributários:

a. Checar a legislação de cada Unidade da Federação em relação ao ITCMD, já que há isenções em determinadas transmissões, inclusive em doação (p. ex., São Paulo isenta o ITCMD sobre doações cujo valor anual, por donatário, não exceda 2.500 Ufesps – R$ 92.550,00 em 2025).
b. O adiantamento da legítima poderá proteger parte do patrimônio para fins de dívidas futuras junto a credores (ainda não constituídas) e para sucessão (reduzindo o ITCMD, taxas e possivelmente também honorários advocatícios).
c. Avaliar instrumentos como o seguro de vida e investimentos em VGBL e PGBL, tendo em vista a proteção junto a credores e a não sujeição ao ITCMD.
d. Na doação com reserva de usufruto (p. ex., pai doa a filho ações e imóvel e se reserva o direito de receber dividendos e aluguel), checar a redução do ITCMD (p. ex., em São Paulo , o ITCMD incidiria apenas sobre 2/3 neste momento, sendo o 1/3 restante devido apenas no momento da extinção do usufruto, e com base na alíquota vigente no momento da doação, protegendo assim contra possíveis aumentos futuros de alíquota).
e. As transmissões de bens e direitos por meio da venda ou doação possuem impactos tributários distintos, devendo ser analisada a incidência de IR, ITBI (municipal, incidente sobre a transmissão onerosa de bens imóveis) e ITCMD, conforme o caso.

f. Especialmente enquanto não publicadas as leis estaduais para adaptar a legislação ao texto da Emenda Constitucional 132/2023, avaliar a possibilidade de sustentar a não incidência do ITCMD quando: (i) doador residente no exterior e donatário residente no Brasil; (ii) *de cujus* (falecido) residente no exterior e herdeiro residente no Brasil; (iii) *de cujus* (falecido) residente no Brasil e que possuía bens no exterior; (iv) *de cujus* (falecido) teve o seu inventário processado no exterior.

Casos práticos

1. Robson foi casado com Roberta, mas está separado de fato há 7 anos. Atualmente ele convive em união estável com Rubia, com quem tem uma filha. Ele não fez contrato de união estável. Nessa situação:
   a. Quais são os direitos de Roberta? Ela é herdeira necessária de Robson?
   b. Rubia e sua filha são herdeiras de Robson? A que elas têm direito?
   c. Os pais de Robson são herdeiros necessários dele?
2. Considere que um filho receberá de seu pai uma doação em adiantamento da legítima, compreendendo investimentos no exterior adquiridos pelo pai por R$ 500 mil, mas cujo valor de mercado atual é de R$ 900 mil. Sendo a alíquota do ITCMD de 4% e a do IR de 15%, e ambos, filho e pai, residentes no Brasil, analise se, em termos fiscais, é mais eficiente fazer a doação pelo valor de custo ou de mercado.
3. João é casado com Maria no regime de comunhão parcial de bens e juntos possuem um patrimônio no valor total de R$ 2 milhões, composto por: um apartamento adquirido por João após o casamento, no valor de R$ 1 milhão; R$ 200 mil correspondentes a um terreno herdado dos pais de Maria; e R$ 800 mil correspondentes a investimentos possuídos por João anteriormente ao casamento. Considerando essa situação, bem como o fato de que o casal possui um único filho, analise:
   a. Caso João deseje elaborar testamento, qual o valor da parte disponível de seu patrimônio?
   b. Caso João e Maria decidam se separar, qual será o valor atribuído a cada um deles e qual a tributação incidente?

Respostas:

1.a. Roberta não é herdeira necessária de Robson porque eles estão separados de fato há mais de 2 anos. No entanto, ela pode ter direito à sua meação, dependendo do regime de bens do casamento (isso porque, se eles estão separados de fato, é possível que não tenha havido partilha dos bens).

1.b. Primeiro é preciso separar a meação de Rubia, correspondente à metade dos bens adquiridos onerosamente durante a união estável com Robson. Caso Robson venha a falecer sem deixar testamento, a sua meação será herdada integralmente por sua filha. Rubia será herdeira de Robson apenas caso ele venha a deixar bens particulares – lembrando que, apesar de ser união estável, aplicam-se as mesmas regras do casamento, uma vez que a diferenciação entre os regimes que estava prevista no Código Civil foi considerada inconstitucional.

1.c. Não. Os pais de Robson não herdam porque ele tem uma filha (ou seja, uma descendente).

2. Em caso de doação pelo valor de custo incidirá apenas ITCMD (4% de R$ 900 mil = R$ 36 mil). Na doação pelo valor de mercado incide ITCMD sobre o valor da doação (4% de R$ 900 mil = R$ 36 mil) mais IR sobre o valor do ganho de capital (15% de R$ 400 mil = R$ 60 mil).

3.a. João possui um patrimônio total de R$ 1.300 milhão, correspondente a metade do apartamento adquirido após seu casamento (= R$ 500 mil) e a seus investimentos possuídos antes do casamento (= R$ 800 mil). A parte disponível de seu patrimônio é, portanto, R$ 650 mil (equivalente à metade de R$ 1.300 milhão).

3.b. João ficará com R$ 1.300 milhão e Maria com R$ 700 mil – metade do apartamento (R$ 500 mil) mais a herança deixada por seu pai (R$ 200 mil). Se a partilha for feita nesses termos, não haverá tributação.

TRIBUTAÇÃO DE INVESTIMENTOS

Tributação e planejamento fiscal

A partir de um propósito econômico (p. ex., investir em imóveis ou doar bens e direitos aos herdeiros), o planejamento tributário é um processo de escolha de alternativas de ações ou omissões lícitas, sempre anteriores à ocorrência do fato gerador dos tributos, que objetivam a redução, eliminação ou postergação de tal ônus. Ante regras fiscais complexas, rígidas e nem sempre justas, além de a carga fiscal brasileira ser uma das mais elevadas do mundo, o contribuinte tem o direito de optar pelas formas jurídicas menos tributadas.

Em outra obra, valorizou-se o conhecimento mínimo tributário para a prática de um planejamento adequado, alertando que a imposição tributária tende a penalizar os que mais passivos permanecerem diante de tal cobrança e premiar os mais ativos que se prepararem para entender um pouco mais a ação do estado.

Dos inúmeros tributos que os planejadores financeiros pessoais devem conhecer, o IR é o mais relevante, seguido daqueles que incidem sobre bens imóveis, doação e sucessão. A melhor forma de conhecê-los é descrever situações mais comuns aplicáveis à medida que um indivíduo aufere renda e acumula patrimônio.

CARGA TRIBUTÁRIA SOBRE RENDIMENTOS FINANCEIROS

Aplicações financeiras de renda fixa

Os rendimentos produzidos por aplicações financeiras de renda fixa sujeitam-se à incidência do IR, retido na fonte à alíquota regressiva, conforme o prazo do investimento:

Prazo	Alíquota
Até 180 dias	22,5%
De 181 dias a 360 dias	20%
De 361 dias a 720 dias	17,5%
Mais de 720 dias	15%

A base de cálculo do imposto é constituída pela diferença positiva entre o valor da alienação, líquido do IOF[26], quando couber, e o valor da aplicação financeira. Para fins de incidência do IR na fonte, a alienação compreende qualquer forma de transmissão da propriedade, bem como a liquidação, o resgate, a cessão ou a repactuação do título ou aplicação. Uma aplicação financeira de curto prazo (até 29 dias de resgate) possui desvantagem em razão do IOF, que incide à alíquota de 1% ao dia sobre o valor do resgate, ainda que limitado ao rendimento da aplicação ora resgatada, conforme a Tabela 1.

26 O Imposto sobre Operações de Crédito, Câmbio e Seguro, ou relativas a Títulos ou Valores Mobiliários – IOF – incide sobre várias operações (p. ex., empréstimos bancários, remessa de valores ao exterior e aplicações financeiras de renda fixa e em fundos de investimento de renda fixa).

TABELA 1 Imposto sobre operação financeira (IOF) regressivo

N. de dias	Limite de rendimento	N. de dias	Limite de rendimento	N. de dias	Limite de rendimento
1	96%	11	63%	21	30%
2	93%	12	60%	22	26%
3	90%	13	56%	23	23%
4	86%	14	53%	24	20%
5	83%	15	50%	25	16%
6	80%	16	46%	26	13%
7	76%	17	43%	27	10%
8	73%	18	40%	28	6%
9	70%	19	36%	29	3%
10	66%	20	33%	30	0%

Quanto menor o prazo do resgate, maior a incidência do IOF e, consequentemente, menor o rendimento líquido.

Exemplo: aplicação = R$ 100.000; resgate após 11 dias = R$ 120.000; rendimento = R$ 20.000. IOF = 1% sobre R$ 120.000 + 10% = R$ 13.200. Limite do IOF = 63% de R$ 20.000 (rendimento) = R$ 12.600, ou seja, sobre um rendimento bruto de R$ 20.000, R$ 12.600 é pago a título de IOF, e sobre o rendimento líquido (R$ 7.400) ainda incide o IR de 22,5% = R$ 1.665. Total do imposto (IOF + IR) = R$ 14.265, ou 71,3% do rendimento, sobrando apenas 28,7% do rendimento para o investidor.

Aplicações financeiras de renda variável

Os ganhos líquidos[27] em operações realizadas em bolsas de valores, de mercadorias, de futuros e assemelhadas, existentes no Brasil, são tributados pelo IR à alíquota de 15%. São também equiparadas a operações de renda variável, logo, tributadas a 15%, as operações com ouro, ativo financeiro e mercado de liquidação futura, realizadas fora de bolsa (p. ex., opções flexíveis). Caso haja perdas nas operações de renda variável, estas poderão ser compensadas com os

27 Ganho líquido: resultado positivo auferido nas operações, admitida a dedução dos custos e despesas incorridos, necessários à realização das operações. Há várias modalidades de operações no mercado de renda variável (ações à vista, termo, futuro, opções, *day-trade*) e formas distintas de apuração desses ganhos líquidos. Exemplo: no mercado de ações, o ganho líquido é igual à diferença positiva entre o preço de venda e o custo de aquisição, calculado pela média ponderada dos custos unitários das ações.

futuros ganhos líquidos, exceto para operações de *day-trade*, que só podem ser compensadas entre si (*day-trade* com *day-trade*).

Exemplo: um investidor perdeu, em operações de futuro na BM&FBovespa no mês de maio/2016, R$ 25.000,00, e obteve ganhos líquidos em opções, em julho/16, de R$ 35.000,00. O imposto será calculado após a compensação das perdas: 15% sobre R$ 10.000 (R$ 35.000 – R$ 25.000), resultando em R$ 1.500,00 de IR. São isentos do IR os ganhos líquidos auferidos por pessoa física em operações efetuadas:

i. Com ações no mercado à vista de bolsas de valores, se o total das alienações desse ativo, realizadas no mês, não exceder R$ 20.000,00.
ii. Com ouro, ativo financeiro, se o total das alienações desse ativo, realizadas no mês, não exceder R$ 20.000,00.

O limite é por classe de ativo (ações e ouro) e por mês, ou seja, em um único mês o investidor poderá alienar o equivalente a até R$ 20.000,00 em ações e até R$ 20.000,00 em ouro, sem pagar imposto[28]. Em tese, e a título de exemplo (e sem considerar o risco das oscilações do ativo), um investidor que tenha uma carteira de ações no valor de R$ 200.000,00 (custo) poderia aliená-las em meses distintos e até aquele limite mensal, a fim de evitar o imposto.

Fundos de investimento de renda fixa

Os fundos de investimento (abertos), para fins tributários, serão classificados em fundos de curto prazo e fundos de longo prazo de acordo com a composição de sua carteira:

a. **Fundo de investimento de longo prazo:** aquele cuja carteira de títulos tenha prazo médio superior a 365 dias.
b. **Fundo de investimento de curto prazo:** aquele cuja carteira de títulos tenha prazo médio igual ou inferior a 365 dias.

A incidência do IR na fonte sobre os rendimentos auferidos (valorização da cota patrimonial) ocorrerá no último dia útil dos meses de maio e novembro de cada ano, às alíquotas de 15% para os fundos de longo prazo e 20% para

28 O valor da alienação é que tem o limite de R$ 20.000,00, e não o ganho líquido. Logo, uma venda de ações no valor de R$ 30.000,00 cujas ações foram compradas por R$ 25.000,00, ainda que o ganho seja de R$ 5.000,00, estará sujeita ao imposto.

curto prazo (evento conhecido por come-cotas). Por ocasião do resgate das quotas, serão aplicadas as seguintes alíquotas:

Fundos de longo prazo	
Prazo	**Alíquota**
Até 180 dias	22,5%
De 181 dias a 360 dias	20%
De 361 dias a 720 dias	17,5%
Mais de 720 dias	15%

Fundos de curto prazo	
Prazo	**Alíquota**
Até 180 dias	22,5%
Acima de 180 dias	20%

Admitindo-se taxas de remuneração similares entre fundos de curto e longo prazo, há desvantagem fiscal em relação aos de curto prazo, uma vez que sobre os rendimentos semestrais há uma incidência maior de imposto (20% em vez de 15%), bem como no resgate (20% a 22,5% sem atingir 17,5% ou 15%, como no caso dos fundos de longo prazo)[29].

As perdas nos resgates de quotas de um mesmo fundo de investimento poderão ser compensadas com os rendimentos apurados em cada período de incidência do imposto ou em resgates posteriores, no mesmo fundo ou em outro fundo de investimento – administrado pela mesma instituição, com a mesma classificação fiscal (curto ou longo prazo). A compensação será permitida desde que a instituição administradora mantenha sistema de controle e registro em meio magnético que permita a identificação, em relação a cada quotista, dos valores compensáveis[30]. Considera-se perda a diferença negativa entre o valor do resgate e o valor da aplicação, acrescido dos rendimentos tributados anteriormente. Quando houver resgate total de cotas com perda, o valor dessa perda deverá permanecer no fundo de investimento até o final do ano-calendário seguinte ao do resgate. Isso significa que pode ser viável a

29 Ver detalhamento sobre esse assunto no Livro Gestão de Impostos, já citado, Capítulo 3 – Tributação de Operações no Mercado Financeiro e de Capitais.

30 Na prática, por não ter a obrigatoriedade de efetuar a compensação de perdas por parte do inves tidor, algumas instituições acabam onerando o rendimento futuro de seus clientes. Vale checar esta circunstância antes de optar por uma ou outra instituição.

manutenção de um mínimo de cotas em fundos, a fim de não perder o direito de compensar as perdas caso o investidor ultrapasse o final do ano seguinte.

Fundos de investimento de renda variável

Os quotistas dos fundos de investimento em renda variável serão tributados pelo IR exclusivamente no resgate de quotas (não havendo, portanto, a incidência do come-cotas), à alíquota de 15%, sendo a base de cálculo constituída pela diferença positiva entre o valor de resgate e o custo de aquisição da quota, considerado pelo seu valor patrimonial.

Para fins fiscais, os fundos ou clubes de investimento em renda variável são aqueles cujas carteiras tenham, no mínimo, 67% de ações negociadas no mercado à vista de bolsa de valores ou entidade assemelhada. Também se incluem na carteira os recibos de subscrição de ações, certificados de depósito de ações, *Brazilian depositary receipts* (BDR), quotas dos fundos de ações e quotas dos fundos de índice de ações negociadas em bolsa de valores ou em mercado de balcão organizado.

A compensação de perdas segue a mesma regra aplicável aos fundos de renda fixa, ou seja, poderão ser compensadas com os rendimentos apurados em resgates posteriores, no mesmo fundo ou em outro fundo de investimento de ações, desde que a instituição administradora seja a mesma e mantenha sistema de controle e registro em meio magnético que permita a identificação, em relação a cada quotista, dos valores compensáveis. Considera-se perda a diferença negativa entre o valor do resgate e o valor da aplicação.

Quando houver resgate total de quotas com perda, o valor dessa perda deverá permanecer no fundo de investimento até o final do ano-calendário seguinte ao do resgate. Para um bom planejamento dos investimentos em fundos de investimento, notadamente quando houver perdas, a seguinte situação hipotética ilustra a importância de diminuir a carga fiscal:

- Um investidor resgatou com perdas todas as suas cotas em fundo de investimento de renda fixa no Banco "A". Está em dúvida quanto às seguintes opções oferecidas:
  (i) Mudar de banco e aplicar em fundo de renda fixa (estimativa de rendimento = 100% CDI).
  (ii) Continuar no Banco A e aplicar em fundo de ações.
  (iii) Continuar no Banco A e aplicar em fundo de renda fixa (estimativa de rendimento = 95% do CDI).

Na opção (i), ao mudar de banco e aplicar em fundo de renda fixa, não será possível compensar as perdas, já que há necessidade de o fundo ser administrado pela mesma pessoa jurídica, ou seja, representa uma desvantagem fiscal.

Na opção (ii), caso continue no banco, ao aplicar em fundo de ações (renda variável), não haverá o direito de compensar as perdas, pois são fundos de natureza diferente.

Na opção (iii), ao continuar no banco e aplicar em fundo de renda fixa, ainda que o rendimento seja inferior (95% do CDI), podem-se compensar as perdas e obter um rendimento líquido maior após o imposto, representando uma vantagem fiscal em relação às alternativas anteriores[31].

Finalmente, vale registrar as vantagens fiscais de investir em um fundo de investimento fechado, em geral utilizado para operações estruturadas ou para investidores qualificados, que não necessitam de liquidez durante prazos mais longos que os tradicionais quotistas de fundos abertos.

Por não se submeter ao chamado come-cotas semestral, um fundo fechado não terá antecipações de IR (maio e novembro), ou seja, os recursos podem ser aplicados e reaplicados sem nenhuma tributação junto aos quotistas. Serão classificados como entidades de investimento os fundos que tiverem estrutura de gestão profissional, no nível do fundo ou de seus cotistas quando organizados como fundos de investimento no País ou como fundos ou veículos de investimentos no exterior, representada por agentes ou prestadores de serviços com poderes para tomar decisões de investimento e de desinvestimento de forma discricionária, com o propósito de obter retorno por meio de apreciação do capital investido ou de renda, ou de ambos, na forma regulamentada pelo Conselho Monetário Nacional, Resolução n. 5.111/2023. Caso o fundo queira dar liquidez periódica aos cotistas, é possível o regulamento estabelecer amortizações parciais sem rendimento, não acarretando a incidência do IR.

Por fim, são listadas diversas aplicações financeiras para a pessoa física, cujos rendimentos estão isentos de IR: caderneta de poupança, debêntures de infraestrutura, letras hipotecárias, certificados de recebíveis imobiliários, certificado de depósito agropecuário, *warrant* agropecuário, certificado de direitos creditórios do agronegócio, letra de crédito do agronegócio, certificado de recebíveis do agronegócio, cédula de produto rural (com liquidação financeira e

31 Nossa análise é meramente fiscal como ferramenta ao planejador financeiro pessoal, que certamente levará em conta outros fatores para tais recomendações, inclusive se a instituição permitirá a compensação de perdas, ainda que em fundos de mesma natureza. Além disso, há outras possíveis respostas ao problema enunciado, não se limitando apenas à análise descrita.

desde que negociada no mercado financeiro), fundos de investimento imobiliário[32] e letras de crédito imobiliário e debêntures incentivadas. No caso de aplicações financeiras no exterior, há a seguintes isenções:

- A variação cambial positiva decorrente de aplicações financeiras realizadas com rendimentos auferidos originariamente em moeda estrangeira foi isenta até 2023, mas passou a ser tributada a partir de 2024 em virtude da Lei 14.754/2023.
- O ganho de capital decorrente da liquidação de aplicações financeiras (renda fixa ou variável) cujo valor de alienação seja equivalente a até R$ 35.000,00 por mês está isento. Incluem-se nessa isenção os ganhos obtidos com a alienação de ativos digitais, como criptoativos ou moedas virtuais (*bitcoins* - BTC, por exemplo), bem como ETF (*exchange-traded funds*), REIT (*real estate investment trust*), ADR (*American depositary receipts*) e *stocks* (ações).

A variação cambial de depósitos em conta-corrente ou em cartão de débito ou crédito no exterior não ficará sujeita à incidência do IRPF, desde que os depósitos não sejam remunerados e sejam mantidos em instituição financeira no exterior, reconhecida e autorizada a funcionar pela autoridade monetária do país em que estiver situada (Lei 14.754/2023).

A referida Lei 14.754/2023 trouxe também mudanças na tributação de aplicações financeiras e bens no exterior, detidos por pessoa física residente no País, inclusive em sociedade *offshore*, trust e demais instrumentos utilizados para fins de proteção patrimonial e planejamento sucessório. Para maiores detalhes sobre tais mudanças recomendamos a leitura da recente obra "Nova tributação de investimentos *offshore* e de fundos de investimento", com destaque para os artigos "Sobre a Impossibilidade de Tributação de Controladas no Exterior, Detidas por Pessoas Físicas Residentes no Brasil, na forma da Lei 14.754/2023" e "Mudanças na Tributação de Bens e Direitos Mantidos no Exterior: Efeitos Fiscais na Proteção Patrimonial e Planejamento Sucessório", de nossa autoria (indicados na bibliografia).

32 A Lei n. 11.033, de 21 de dezembro de 2004, estabelece as condições para a isenção e lista boa parte das aplicações aqui listadas.

CARGA TRIBUTÁRIA SOBRE RENDIMENTOS E GANHOS DE CAPITAL EM BENS IMÓVEIS

Em geral, os ativos imobiliários constituem importante fonte de segurança patrimonial, seja pelos rendimentos auferidos durante sua propriedade (p. ex., aluguel), seja pela mera valorização no mercado imobiliário, ou ainda por conta de eventual ganho de capital em sua alienação.

Ao comprador de um imóvel caberá o pagamento do Imposto de Transmissão de Bens Imóveis (ITBI), de competência municipal, cuja alíquota varia entre 2% e 3% na parte dos municípios em que localizam esses bens, além de taxas de cartório de registro. Sobre os rendimentos auferidos sobre a exploração de um bem imóvel (p. ex., locação residencial/comercial, arrendamento rural), haverá a incidência do IR com aplicação da tabela progressiva (até 27,5%), independentemente de o locatário ser pessoa física, jurídica ou residente ou domiciliado no exterior.

Quando da apuração de um ganho de capital (diferença positiva entre o valor de alienação e o custo de aquisição do imóvel), incidirá o IR a alíquotas progressivas que variam conforme o ganho e incidem de forma definitiva, ou seja, imposto não sujeito a complemento ou restituição na declaração de ajuste anual da pessoa física, conforme descrito a seguir:

1. 15% sobre a parcela dos ganhos que não ultrapassar R$ 5.000.000,00.
2. 17,5% sobre a parcela dos ganhos que exceder R$ 5.000.000,00 e não ultrapassar R$ 10.000.000,00.
3. 20% sobre a parcela dos ganhos que exceder R$ 10.000.000,00 e não ultrapassar R$ 30.000.000,00.
4. 2,5% sobre a parcela dos ganhos que ultrapassar R$ 30.000.000,00.

Para um bom planejamento tributário, destacam-se os seguintes pontos, aplicáveis a grande parte dos casos práticos de exploração econômica desses bens:

a. Há isenção de IR sobre o ganho de capital ou líquido na alienação de bens cujo valor de alienação seja até R$ 35.000,00 por mês.
   Exemplo 1: valor de venda = R$ 30.000,00, custo = R$ 12.000,00. O ganho de capital de R$ 18.000,00 é isento de imposto.

Exemplo 2: valor de venda = R$ 50.000,00, custo = R$ 40.000,00. O ganho de capital de R$ 10.000,00 está sujeito ao IR de 15%.

b. Há isenção no ganho de capital na venda de único imóvel que conste na declaração da pessoa física, desde que o valor de alienação seja de até R$ 440.000,00 e não tenha sido realizada nenhuma outra alienação nos últimos 5 anos[33].

c. Há isenção total no ganho de capital na venda de imóvel adquirido até 31 de dezembro de 1969. Para os imóveis adquiridos entre 1º de janeiro de 1970 e 31 de dezembro de 1988, há redução progressiva na tributação do ganho de capital de 5% ao ano (variando de 95% a 5%)[34].

d. Há redução no ganho de capital de bens imóveis residenciais, qualquer que seja o valor, desde que o produto da alienação seja utilizado para a compra de outro imóvel residencial localizado no país no prazo de 180 dias (o contribuinte somente pode usufruir dessa isenção uma vez a cada 5 anos).

e. Na apuração do ganho de capital por ocasião da alienação, a qualquer título, de bens imóveis, poderão ser aplicados os seguintes fatores de redução sobre valor do ganho de capital: (i) FR1 = $1/1{,}0060^{m1}$, em que “m1” corresponde ao número de meses-calendário ou fração decorridos entre a data de aquisição do imóvel e o mês de novembro de 2005; e (ii) FR = $1/1{,}0035^{m2}$, em que “m2” corresponde ao número de meses-calendário ou fração decorridos entre o mês de dezembro de 2005 ou o mês da aquisição do imóvel, se posterior, e o de sua alienação.

---

33 A mesma regra é aplicável quanto ao limite se referir ao valor da venda, e não ao valor do ganho de capital. Logo, uma venda cujo valor ultrapassar os R$ 440.000,00 não terá isenção.

34 A tabela a seguir define o percentual da redução do ganho de capital:

Compra	% redução	Compra	% redução
1969	100%	1979	50%
1970	95%	1980	45%
1971	90%	1981	40%
1972	85%	1982	35%
1973	80%	1983	30%
1974	75%	1984	25%
1975	70%	1985	20%
1976	65%	1986	15%
1977	60%	1987	10%
1978	55%	1988	5%

f. Não há IR em permuta de bens imóveis sem recebimento em bens numerários (torna). Por exemplo: casa por apartamento, sem nenhum recebimento em dinheiro[35].
g. Incluir no custo do imóvel (declaração de ajuste anual) as benfeitorias realizadas nos bens imóveis (dispêndios com a construção, ampliação e reforma), além do imposto de transmissão (ITBI).
h. Para a locação de bens imóveis (residenciais e comerciais), a pessoa física que auferir receitas sofrerá incidência do IR de até 27,5% (conforme já visto). Dependendo do montante de rendimentos percebidos por esse locador, alternativamente este poderá abrir uma empresa e explorar tal atividade imobiliária. Assim, a constituição de uma pessoa jurídica poderá trazer vantagens fiscais se comparada às receitas de locação auferidas diretamente pelas pessoas físicas. Na prática, os imóveis detidos pela pessoa física são transferidos para uma pessoa jurídica (p. ex., sociedade limitada), e os contratos de locação passam para essa empresa. Essa pessoa jurídica poderá escolher um regime fiscal chamado de lucro presumido, em que haverá incidência de impostos sobre a receita de locação, porém em percentuais menores em relação à conhecida carga fiscal das pessoas físicas.
   Para ilustrar, considere uma receita mensal de locação que totaliza R$ 30.000,00 por mês. Em uma simples comparação, tem-se a seguinte carga fiscal para uma pessoa jurídica em relação à receita de locação: 4,8% a 8% de Imposto de Renda da Pessoa Jurídica (IRPJ); 2,88% de Contribuição Social sobre o Lucro Líquido (CSLL)[36]; 0,65% de PIS e 3% de Cofins, totalizando de 11,33% a 14,53% sobre a receita de aluguel. No caso da pessoa física, a carga fiscal será de até 27,5% (com algumas deduções) sobre a mesma receita. No exemplo, sobre uma receita mensal de R$ 30.000,00, totalizando o montante anual de R$ 360.000,00, a carga fiscal total da pessoa jurídica será de R$ 40.788,00 (11,33%), e da pessoa física, de R$ 88.567,68 (24,6%) em 2016[37]. A decisão entre a opção de constituir uma pessoa jurídica deve levar em conta os valores mensais ou anuais de aluguel, o custo

35 Na permuta com recebimento de torna, o Imposto de Renda será calculado de forma proporcional sobre parte da torna. Ver Instrução Normativa SRF n. 84, de 12 de outubro de 2001, ou o site da Receita do Brasil, na seção Perguntas e Respostas, sobre ganho de capital.

36 No lucro presumido sobre a receita de locação, aplica-se um coeficiente de 32% (base de cálculo) sobre a qual incidem as alíquotas de 15 a 25% de IRPJ e 9% de CSLL.

37 A tabela progressiva do Imposto de Renda das pessoas físicas é reajustada anualmente, o que não ocorre necessariamente com as alíquotas da pessoa jurídica.

de transmissão dos imóveis se for necessário transferi-los da pessoa física à pessoa jurídica (ITBI, taxas de registro), entre outros.

i. O comentário anterior se aplica à compra e venda de imóvel, se houver uma carteira desses bens que possa justificar a adoção de mesma medida, ou seja, exercer tal atividade em uma pessoa jurídica. Nesse caso, tem-se a seguinte carga fiscal para uma pessoa jurídica em relação à alienação de um imóvel: 1,2% a 2% de IRPJ; 1,08% de CSLL[38]; 0,65% de PIS e 3% de Cofins, totalizando de 5,93% a 6,73% sobre a receita de venda. A carga fiscal da pessoa física será de 15% sobre o ganho de capital (diferença positiva entre venda e custo). A decisão nesse caso deve levar em conta o custo do imóvel em relação ao possível valor de mercado. Quanto maior a margem de lucro sobre a venda de um imóvel, mais vantajosa a utilização de uma pessoa jurídica para explorar essa atividade. A título de exemplo, um imóvel foi adquirido por R$ 100.000,00 (custo) e vendido por R$ 500.000,00. Sobre a receita de R$ 500.000,00, a carga fiscal total da pessoa jurídica é de R$ 29.650,00 (5,93%), e da pessoa física é de R$ 60.000,00 (15% sobre o ganho de capital de R$ 400.000,00)[39], ou seja, um ônus equivalente a 12% sobre a receita de venda.

Por fim, vale notar que a Emenda Constitucional 132/2023 e a Lei Complementar 214/2025 trouxeram inovações importantes quanto à incidência de tributos sobre a locação, ao prever a possibilidade de cobrança de IBS e CBS sobre a atividade mesmo no caso de operações realizadas por pessoas físicas.

Em resumo, as pessoas físicas serão consideradas contribuintes do IBS e da CBS, devendo recolher esses tributos sobre suas receitas de locação, quando (i) efetuado a locação de três ou mais imóveis, obtiverem receita bruta no ano anterior superior a R$240 mil, ou (ii) independentemente do número de imóveis, obtiverem receita bruta de locação no ano anterior superior a R$288 mil (valores atualizados anualmente pelo IPCA).

Até o momento da publicação desta obra ainda não havia definição sobre o valor da alíquota desses tributos, sendo certo apenas que a atividade de locação foi beneficiada com um redutor de alíquota de 70% e que tais tributos

38 No lucro presumido sobre a receita de atividades imobiliárias relacionadas a venda, loteamento, incorporação e construção de imóveis, aplicam-se coeficientes de 8 e 12% (base de cálculo), sobre os quais incidem as alíquotas de 15 a 25% de IRPJ e 9% de CSLL, respectivamente.

39 Para aprofundamento da sistemática do lucro presumido e outros regimes fiscais aplicáveis às pessoas jurídicas, recomendamos a leitura dos livros Shingaki (2016), Higuchi (2009) e Neves (2007).

passarão a incidir a partir de 2027 (para a CBS) e 2029 (para o IBS). Vale acompanhar a legislação e considerar esses fatores em futuros planejamentos.

CARGA TRIBUTÁRIA SOBRE PLANOS DE PREVIDÊNCIA E SEGURO

Os planos de previdência privada mais conhecidos são: plano gerador de benefício livre (PGBL), vida gerador de benefício livre (VGBL) e fundo de aposentadoria programada individual (Fapi). Esses planos, além de visar a uma parte importante do patrimônio no futuro a título de complemento de aposentadoria e proteção aos sucessores (p. ex., filhos e outros dependentes), acabam de certa forma concorrendo com os investimentos tradicionais em aplicações financeiras de renda fixa ou variável e em fundos.

A primeira questão que surge é se, do ponto de vista fiscal, partindo de remuneração semelhante, essas modalidades de planos de previdência têm vantagens em relação a um CDB, fundo de renda fixa ou caderneta de poupança, por exemplo. A comparação não é tão simples em virtude de mudanças na legislação tributária em determinadas modalidades[40], além de alterações na própria com posição da carteira e dos ativos que possam compor um fundo ou plano de previdência complementar e taxas cobradas (p. ex., de carregamento e de administração). De qualquer forma, há regras importantes para os planejadores financeiros avaliarem seus aconselhamentos:

i. Independentemente da modalidade desses planos, não há incidência de imposto sobre rendimentos na fase de acumulação do PGBL, VGBL ou Fapi (além da vantagem da portabilidade[41]). Como visto, nos fundos de investimento de renda fixa de curto e longo prazos[42], DI e multimercados, em maio e novembro, por outro lado, é feita a cobrança antecipada do IR, reduzindo a base de recursos a ser capitalizada. Esse benefício será potencializado quanto maior o tempo de contribuição para o plano de

40 Em fins de 2009, por exemplo, aventava-se a possibilidade de os rendimentos de poupança passarem a ser tributados e os fundos de investimento também teriam novas regras fiscais. A despeito dessas alterações não terem sido implementadas, no início de 2015, falava-se na mídia sobre a possibilidade de revogação da isenção conferida aos rendimentos das letras de crédito imobiliário (LCI) e das letras de crédito do agronegócio (LCA).

41 O investidor pode transferir seus recursos de um plano para outro e até mesmo entre entidades sem o pagamento do imposto de renda.

42 Aplica-se também a outros tipos de fundos que não sejam de renda variável (67% em ações), como fundo cambial e FIDC aberto.

previdência, uma vez que os juros devidos, em razão da remuneração do capital investido, serão aplicados a uma base maior, comparativamente àquela da qual seria deduzida sistematicamente a antecipação do IR.

ii. A alíquota de qualquer aplicação financeira, mesmo em renda fixa ou por meio de fundos de renda fixa após o período de 720 dias, é de 15%, e em PGBL, VGBL e Fapi há retenção de 15% (antecipação), no momento do resgate, e de até 27,5% (tabela progressiva) por ocasião da entrega da declaração de ajuste anual (há opção por outro regime de tributação no PGBL e VGBL, a ser descrito em seguida).

iii. Em PGBL e Fapi, as contribuições para o plano de previdência podem ser deduzidas da base de cálculo do IR até o limite de 12% da renda bruta anual, diminuindo a base de cálculo do imposto da pessoa física (optantes da declaração completa de IR). No resgate, todo o valor (principal mais rendimentos) estará sujeito ao IR.

iv. No VGBL as contribuições não podem ser deduzidas da base de cálculo do IR, ou seja, as contribuições não diminuem a base de cálculo do imposto da pessoa física (optantes da declaração completa de IR). No resgate, a vantagem é do VGBL, cujo valor tributável é apenas dos rendimentos.

v. Os optantes do PGBL e Fapi que possuem outros rendimentos sujeitos à tabela progressiva devem aplicar seus recursos até o limite de 12% desses rendimentos. A partir desse limite não há mais vantagem fiscal. Além disso, a vantagem é mais significativa quanto maior o prazo entre a data de aplicação e seu resgate. Em outras palavras, se o PGBL for resgatado no início do ano seguinte, a opção por um CDB pode ser mais viável, já que só os rendimentos serão tributados pelo IR e provavelmente a uma alíquota menor. A mesma vantagem é obtida com a aplicação em VGBL, em vez de PGBL, já que somente os rendimentos são tributáveis.

vi. Há ainda um regime especial de tributação em PGBL, VGBL e Fapi, aplicando-se uma tabela regressiva do IR conforme o prazo de acumulação de recursos:
  - 35% para prazo de acumulação ≤ 2 anos.
  - 30% para prazo de acumulação > 2 anos e até 4 anos.
  - 25% para prazo de acumulação > 4 anos e até 6 anos.
  - 20% para prazo de acumulação > 6 anos e até 8 anos.

- 15% para prazo de acumulação > 8 anos e até 10 anos.
- 10% para prazo de acumulação > 10 anos.

Nesse caso, nos resgates do PGBL e VGBL serão aplicadas essas alíquotas do IR, de forma definitiva (exclusiva na fonte), ou seja, esses resgates não são computados com os demais rendimentos sujeitos à tabela progressiva normal (até 27,5%) e, portanto, não há complemento ou restituição de imposto[43].

vii. Tanto o VGBL quanto o PGBL possuem importante vantagem para fins de planejamento sucessório, garantindo rápida liquidez aos sucessores, sem comunicar com eventuais dívidas do sucedido (SRF, Tema 1214 de Repercussão Geral, conforme visto no item próprio anteriormente).

viii. Quando o investidor não possui rendimentos sujeitos à tabela progressiva do IR, o VGBL poderá ser mais vantajoso em relação a um CDB, em virtude de o tratamento do IR retido na fonte ser antecipação no VGBL e exclusivo de fonte no CDB (e demais modalidades de aplicações financeiras, inclusive em fundos de investimento).

Exemplo: uma pessoa física não assalariada está em dúvida entre aplicar R$ 200.000,00 em um CDB e auferir um rendimento bruto estimado em R$ 17.000,00 ou aplicar a mesma quantia no VGBL, com rendimento estimado em R$ 15.000,00. Supondo que a alíquota seja de 20% sobre os rendimentos do CDB, o IR será de R$ 3.400,00, exclusivo de fonte. Sobre o resgate do VGBL, a alíquota é de 15% (antecipação),[44] e, na declaração de ajuste anual, o valor dos rendimentos do VGBL será isento (em 2015, o rendimento até R$ 25.322,95 estava isento). Assim, o valor do IR retido de R$ 2.250,00 (15% sobre 15.000) será restituído após a entrega da declaração de ajuste (corrigido pela Selic a partir de janeiro do ano seguinte).

CASOS PRÁTICOS

1. João pretende aplicar R$ 100.000,00 por um prazo de 6 meses e está em dúvida entre um CDB que remunera 100% do CDI e uma LCI que remunera 92% do CDI. Como consultor financeiro de João, analise e conclua a apli-

43 A partir de 2024, a opção pelo regime progressivo ou regressivo de tributação passa a ser feita apenas o momento da obtenção do benefício ou da requisição do primeiro resgate.

44 O investidor não optou pela tabela regressiva sobre o resgate do VGBL.

cação mais vantajosa. Se o prazo das mesmas aplicações for de até 2 anos, a sua recomendação é mantida?

2. No cenário anterior, suponha que o vencimento da LCI ultrapasse o ano corrente e o governo retire a isenção do IR. Qual a implicação provável que poderá ocorrer e que orientação um consultor deveria dar ao cliente?
3. Uma família (6 pessoas físicas) pretende investir em imóveis de renda de aluguel (e eventual venda) de um grande *shopping* e está estruturando seu planejamento. Foram aventadas as seguintes opções: constituir um fundo de investimento imobiliário e este adquirir os imóveis para locação; constituir uma *holding* imobiliária e esta adquirir os imóveis para locação; e comprar os imóveis diretamente pelas pessoas físicas e estas realizarem a locação. Descreva em linhas gerais as vantagens e desvantagens fiscais de cada alternativa.
4. Maria (20 anos) ingressou no mercado de trabalho e já decidiu poupar uma quantia mensal de R$ 200,00. Sua mãe (50 anos) também pretende seguir a mesma decisão, através de um aporte mensal de R$ 400,00. Elas foram informadas da importância de planos de previdência complementar, mas, comparando-os com títulos do governo, ficaram em dúvida quanto à possibilidade de futuramente acumular um valor maior em função da rentabilidade desses em relação aos planos de PGBL e VGBL. Faça suas considerações para ajudar na referida decisão.
5. Pedro era residente no exterior, veio a falecer, e seus herdeiros residem em São Paulo. Boa parte do patrimônio sujeito ao inventário é constituido por aplicações financeiras no exterior. Avalie se haverá ITCMD sobre tais bens e qual é a medida para evitar seu pagamento e concluir o inventário.

REFERÊNCIAS

Aguilar A. A vida como ela é... só que com mais dinheiro. São Paulo: Saraiva; 2006.

Amorim SL, Oliveira EB. Inventários e partilhas: Direito das Sucessões: teoria e prática. 20. ed. São Paulo: Universitária de Direito; 2006. p. 50, 422 e 499.

Amorim SL, Oliveira EB. Inventários e partilhas: Direito das Sucessões: teoria e prática. 23. ed. São Paulo: Universitária de Direito; 2013.

Andrade CAS, Panzarini Filho C. A bitributação do Imposto sobre Transmissão Causa Mortis e Doação de Quaisquer Bens e Direitos – ITCMD – em situações internacionais. Revista de Direito Tributário Internacional. 2011;16.

Bifano EP. O mercado financeiro e o imposto sobre a renda. São Paulo: Quartier Latin; 2008.

Brasil. Presidência da República. Lei n. 10.406, de 10 de janeiro de 2002. Institui o Código Civil.

Cahali FJ, Cardoso FD. Sucessão na União Estável. In: Hironaka GMFN. Coleção Direito Civil, v. 8 – Direito das Sucessões. São Paulo: Revista dos Tribunais; 2008.

Dias MB. Manual de Direito das famílias. 9. ed. São Paulo: Revista dos Tribunais; 2013.

Ferreiro G. Imposto de Renda nas Bolsas de Valores para pessoas físicas. São Paulo: Saint Paul; 2008.

Gaudenzi PBL. Tributação dos investimentos em previdência complementar privada. São Paulo: Quartier Latin; 2008.

Germano LC. Planejamento tributário e limites para a desconsideração dos negócios jurídicos. São Paulo: Saraiva; 2013.

Germano LDC, Okuma A. Sobre a impossibilidade de Tributação de Controladas no Exterior, Detidas por Pessoas Físicas Residentes no Brasil, na Forma da Lei 12.754/2023. In: Castro LFM *(et alii). Nova tributação de investimentos offshore e de fundos de investimento*. Vol. II. São Paulo: Quartier Latin, 2024. p.141-75.

Higuchi H. Imposto de Renda das empresas. 34. ed. São Paulo: IR Publicações; 2009.

Hironaka GMFN. Coleção Direito Civil, v. 7 – Direito de Família. São Paulo: Revista dos Tribunais; 2008.

Hironaka GMFN, Cahali FJ. Direito das sucessões. 5. ed. São Paulo: Revista dos Tribunais; 2014.

Leite EO. Comentários ao Novo Código Civil. Vol. XXI – Direito das Sucessões. 4. ed. Rio de Janeiro: Forense; 2004.

Madaleno R. Efeitos patrimoniais do casamento. Regime de bens. In: Barbosa AA, Vieira CS, coordenadores, e Hironaka GMFN, orientadora. Coleção Direito Civil, v. 7 – Direito de Família. São Paulo: Revista dos Tribunais; 2008.

Martins IGS. Necessidade de lei complementar para a conformação do imposto de transmissão causa mortis e por doação de bens e recursos recebidos do exterior - inteligência do artigo 155, § 1º, inciso III, da CF. Revista Dialética de Direito Tributário. 2003;99:160.

Neves S, Viceconti P. Curso prático de Imposto de Renda Pessoa Jurídica e tributos conexos. 13. ed. São Paulo: Frase; 2007.

Oliveira E. União estável: conceituação e efeitos jurídicos. In: Barbosa AA, Vieira CS, coordenadores. Coleção Direito Civil, v. 7 – Direito de Família. São Paulo: Revista dos Tribunais; 2008.

Rodrigues S. Direito Civil, v. 7 – Direito das Sucessões. 25. ed. São Paulo: Saraiva; 2002.

Shingaki M. Gestão de impostos para pessoas físicas e jurídicas. 9. ed. São Paulo: Saint Paul; 2016. p. 19.

Shingaki M. Imposto sobre herança e doação: cobranças indevidas. In: Murayama J, Ishikiriyama A, Ishikiriyama K. Temas Tributários por Nipo-Brasileiros. Rio de Janeiro: Lumens Juris; 2021.

CAPÍTULO 21

Investimentos em sustentabilidade e ESG – desafios e oportunidades

Priscila Borin Claro

Este capítulo se baseia nos conceitos de sustentabilidade e ESG na perspectiva de estratégias e investimentos. As empresas têm uma responsabilidade importante no desenvolvimento do mundo e devem ser parte da solução para os desafios socioambientais e econômicos que enfrentamos. Ao mesmo tempo, esses desafios podem representar riscos para a perenidade e os resultados dos negócios. A criação de valor sustentável e de longo prazo depende de uma mudança de comportamento em todas as esferas, incluindo líderes empresariais, consumidores, governos e investidores. Nesse contexto, exploramos os principais conceitos, impulsionadores de valor, tipos de estratégias e investimentos relacionados a sustentabilidade e ESG. Finalmente, discutimos a importância de um bom diagnóstico de materialidade como ponto de partida para promover um futuro mais verde, justo e inclusivo.

O ESTADO DO DESENVOLVIMENTO DO MUNDO – PAPEL DOS MERCADOS E DAS ORGANIZAÇÕES

A sociedade vive em um período no qual os três grandes desafios da humanidade são a emergência climática, a destruição da natureza e a desigualdade social. Estudos do National Centers for Environmental Information mostram que, desde 1980, a temperatura do planeta aumentou cerca de 0,18 grau Celsius a cada década, e em 2021 a emissão de GEE (gases do efeito estufa) foi 50% maior do que os níveis pré-industriais. Nos oceanos, que adicionam cerca de US$ 2,5 trilhões por ano à economia global e alimentam 3 bilhões de pessoas, abrigando mais da metade das espécies do mundo e produzindo cerca de metade do oxigênio do planeta, além de absorver um quarto de todas as emissões de dióxido de carbono, foram extintos cerca de 20% dos corais, 30% dos recifes e mais da metade das espécies marinhas de grande porte. Já a área de florestas nativas do planeta foi devastada em 24%, com efeito significativo na perda de biodiversidade. Embora tenha diminuído entre os países de 1990 a 2019, a desigualdade de renda dentro dos países aumentou. Mais recentemente, ela voltou a crescer à medida que os países pobres estão levando mais tempo para se recuperar da Covid-19. Isso acarreta outros impactos sociais negativos, como aumento da fome, inseguranças hídrica e energética, baixa escolaridade, injustiça climática, entre outros.

Os grandes desafios do desenvolvimento se relacionam ao conceito da "Grande Aceleração" – o aumento dramático, contínuo e simultâneo em uma ampla gama de atividades humanas –, registrada pela primeira vez no período pré-industrial e persistente até hoje. A lógica é a seguinte: ao mesmo tempo que a população, a economia e o uso de recursos naturais e da tecnologia crescem, verifica-se mudanças significativas e sem precedentes na estrutura e no funcionamento do Planeta Terra. A "Grande Aceleração" tornou-se a base para uma nova época geológica proposta na história da Terra – o Antropoceno. Segundo Paul Crutzen, Prêmio Nobel de Química (1995), o Antropoceno representa um novo período da história do Planeta, no qual o ser humano se tornou a força impulsionadora da degradação ambiental e o vetor de ações que são catalisadoras de uma provável catástrofe ecológica.

Em vista desse cenário, que representa uma ameaça não apenas para a disponibilidade e qualidade dos recursos naturais, mas também para a saúde pública, o bem-estar social, a economia e a capacidade de sobrevivência dos mercados e das pessoas, as organizações têm se voltado para uma reavaliação de suas decisões, com o objetivo de reduzir os impactos negativos que geram em toda a cadeia de valor, além de considerar os riscos e as oportunidades relacionados aos desafios contextuais. Neste capítulo, essas respostas organizacionais se referem, na prática, às estratégias de sustentabilidade e ESG.

BREVE HISTÓRIA E CONCEITUAÇÃO DE ESG E SUSTENTABILIDADE NAS ORGANIZAÇÕES

O termo ESG (Environment, Social & Governance, ou Ambiente, Social e Governança, em português) tornou-se popular no mercado por volta de 2020.

De acordo com o Google Trends, o termo atingiu 50 pontos de interesse em março de 2021 e, em março de 2022, atingiu 100 pontos[1]. Apesar de ser um conceito popular atualmente, a verdade é que o termo ESG não é novo. Na verdade, o mercado financeiro começou a discutir a importância de medir o impacto das ações de sustentabilidade nas finanças corporativas na década de 1960. Foi apenas nos anos 2000 que a sigla começou a ser mais difundida, especialmente após o discurso de Kofi Annan, ex-secretário geral das Nações Unidas, em 2004, que resultou em um estudo intitulado *Who care wins* (Quem se importa ganha). A sigla também passou a ser adotada dentro do grupo de trabalho dos Princípios do Investimento Responsável (PRI), rede da ONU que busca promover investimentos sustentáveis, no mesmo ano.

Com o aumento da importância do termo para investidores e acionistas, as empresas começaram a usar o conceito de ESG como sinônimo de práticas ou estratégias empresariais relacionadas ao meio ambiente e à sociedade, a fim de criar valor em toda a cadeia produtiva. Esses objetivos buscam não apenas mitigar riscos decorrentes das externalidades ambientais e sociais, mas também alavancar oportunidades de geração de valor compartilhado. Dessa forma, o ESG está diretamente relacionado ao conceito de sustentabilidade corporativa, referente a um modelo de gestão em que o meio ambiente, a sociedade e o retorno econômico, bem como os interesses de todos os *stakeholders*, são considerados de forma equilibrada na tomada de decisão. Desde a popularização desse conceito nos negócios, no início da década de 1990, outros surgiram, como valor sustentável, valor compartilhado, capitalismo consciente ou de duplo propósito, representando o posicionamento de algumas organizações diante dos desafios do desenvolvimento.

PRESSÕES, TIPOS DE ESTRATÉGIAS ESG E *DRIVERS* DE CRIAÇÃO DE VALOR COMPARTILHADO NAS ORGANIZAÇÕES

Os mercados e as organizações têm sofrido pressões de todos os *stakeholders* para que considerem as questões ambientais, sociais e econômicas nas decisões.

Governos têm criado regulações e instrumentos mais rígidos ou orientados a incentivar o comportamento mais sustentável. Na Alemanha, por exemplo, o governo decidiu recentemente eliminar gradualmente o carvão até 2038. Na

1 Um valor de 100 representa o pico de popularidade de um termo. Um valor de 50 significa que o termo teve metade da popularidade. Uma pontuação de 0 significa que não havia dados suficientes sobre o termo.

China, onde a pressão pública para combater a poluição do ar é intensa, o governo adotou um plano de ação de 3 anos que inclui metas ambiciosas para ar limpo e reduções de emissões. Nos Estados Unidos, a aprovação da IRA (Inflation Reduction Act) não só torna mais rígido o controle das emissões como também cria benefícios tributários para quem investir em inovações sustentáveis e inclusivas. No Brasil, a esperada aprovação do projeto de lei para a criação do mercado regulado de carbono colocará limites de emissões para os setores e empresas.

Além das pressões governamentais, as organizações estão sendo pressionadas por outros *stakeholders*, como os clientes, funcionários, investidores, sociedade civil e comunidades locais, para adotarem práticas mais sustentáveis e responsáveis. Essas pressões podem vir na forma de boicotes, campanhas de mídia social, pressão de acionistas e investidores, entre outras.

O comportamento dos consumidores e dos jovens talentos tem influenciado a forma como eles gastam seu dinheiro e escolhem onde trabalhar. De acordo com uma pesquisa realizada em 2019 pelo BCG, 67% dos *millennials* esperam que as empresas para as quais trabalham tenham um propósito definido e que seus empregos tenham impacto social. Esses jovens, que se consideram ativistas, também estão mais propensos a criticar publicamente as políticas climáticas de seus empregadores. Outra pesquisa realizada pela EY em 2021 mostrou que 55% da geração Z têm muito interesse em questões ambientais, 61% reciclam regularmente e 57% acreditam ser muito importante se conectar a marcas que preservem o meio ambiente.

Consequentemente, a consideração de fatores ESG (ambientais, sociais e de governança) está se tornando cada vez mais relevante para os investidores, devido aos riscos e oportunidades associados. Uma pesquisa da PwC realizada em 2021 com 325 investidores globais que gerenciam ativos de longo prazo mostrou que cerca de 80% deles levam em conta os fatores ESG ao tomar decisões de investimento. Além disso, quase 70% acreditam que os fatores ESG deveriam ser incluídos nas metas de remuneração dos executivos, e aproximadamente 50% expressaram a vontade de desinvestir em empresas que não levam em consideração os critérios ESG básicos. O número crescente de signatários dos PRI é um indicativo de que as organizações de investimento estão cada vez mais comprometidas em integrar os critérios ESG em seus processos. No primeiro semestre de 2020, o número de signatários aumentou em 28%, enquanto os ativos sob gestão (AUM) dessas entidades cresceram 20%, atingindo mais de US$ 100 trilhões, impulsionados pela demanda e pelo desempenho relativo.

Os *stakeholders* avaliam as organizações com base em critérios relacionados aos aspectos ambientais, sociais e de governança. As estratégias relacionadas ao "E" levam em conta a eficiência energética, a gestão de recursos hídricos, a gestão de resíduos, a poluição, a preservação dos recursos naturais, a biodiversidade, o tratamento animal, as emissões de GEE, o desmatamento e as mudanças climáticas em toda a cadeia de valor. Os critérios sociais examinam a forma como uma empresa administra os relacionamentos com seus funcionários, fornecedores, clientes e comunidades em que atua. Incluem condições de trabalho, direitos humanos, trabalho infantil, trabalho análogo à escravidão, eventos e conflitos geopolíticos, engajamento dos funcionários, saúde e segurança, diversidade, segurança e privacidade de dados, satisfação do cliente e outros. A governança lida com a liderança da empresa e os interesses dos proprietários e acionistas, incluindo critérios como remuneração de executivos (e equidade), auditorias, transparência, controles internos, conselho, propinas e corrupção, *lobby*, relações com o governo e a concorrência, entre outros. Os investidores procuram empresas confiáveis e querem saber que tipo de decisões são tomadas nos bastidores.

Quando as organizações implementam estratégias reais e bem executadas, elas podem criar valor ambiental e socioeconômico para os *stakeholders* externos, ao mesmo tempo que geram valor para os acionistas. Existem quatro principais *drivers* de criação de valor que se relacionam com o crescimento, ecoeficiência, liberdade estratégica e produtividade da mão de obra. O primeiro *driver* de criação de valor é o crescimento, que pode ser alcançado por meio da oferta de produtos mais sustentáveis para atrair novos clientes e criar lealdade. Também pode garantir a licença para operar e crescer, com um melhor acesso aos recursos e relacionamentos comunitários e governamentais mais saudáveis e fortes. O segundo *driver* de valor é a ecoeficiência, que pode ser alcançada por meio de estratégias que reduzem o uso de recursos naturais, desperdícios e poluição, o que também reduz riscos e custos associados. O terceiro *driver* de valor se refere ao alcance de maior liberdade estratégica, acesso a subsídios e apoios governamentais, o que pode ajudar a alcançar os objetivos da organização de maneira mais eficiente e eficaz. O quarto e último *driver* de valor se relaciona à produtividade da mão de obra e à capacidade de atrair talentos. A motivação dos colaboradores que veem propósito na organização em que trabalham pode ter impacto no *turnover* e na atração de talentos, o que pode reduzir custos ou melhorar receitas e margens. Além disso, evidências mostram que a melhor alocação do capital em longo prazo, como em instalações e equipamentos mais sustentáveis, pode melhorar os retornos do investimento.

De fato, algumas pesquisas indicam que empresas com melhores *ratings* ESG ou *scores* de sustentabilidade tendem a ter maiores retornos no curto e longo prazo. Empresas que investem em temas materiais importantes têm melhor desempenho do que seus competidores, enquanto empresas que investem em temas não materiais tendem a ter pior desempenho em comparação. Além disso, empresas que adotam a sustentabilidade de forma estratégica tendem a sofrer menos em épocas de crise em comparação com empresas tradicionais.

No entanto, outras pesquisas sugerem que o retorno pode ser neutro ou negativo no curto prazo, o que pode ser explicado pelos tipos de estratégias implementadas e pelo horizonte de tempo de análise, e não necessariamente pela relação com a sustentabilidade ou ESG. Estratégias que não se relacionam a temas materiais da empresa podem não gerar valor adicional. É importante destacar que o *greenwashing*[2] pode ser prejudicial, pois as empresas podem comunicar práticas de sustentabilidade que não estão sendo executadas ou que são apenas parcialmente implementadas. Por outro lado, é importante lembrar que 15 das 17 falências da base S&P500 entre 2005 e 2015 foram de empresas com piores *ratings* ESG nos 5 anos anteriores à falência, o que mostra que a falta de práticas sustentáveis pode destruir valor e comprometer a capacidade da empresa de se manter no mercado em longo prazo.

SUSTENTABILIDADE E ESG NA PERSPECTIVA DOS INVESTIMENTOS

O investimento sustentável é uma abordagem de investimento que considera fatores ambientais, sociais e de governança na seleção e gestão de portfólio. Considera os investimentos que buscam retorno positivo e impacto de longo prazo na sociedade, seja na quantidade e qualidade de recursos naturais, no bem-estar e na justiça social e no desempenho dos negócios. O espectro de investimentos sustentáveis, segundo a Global Sustainable Investment Alliance (GSIA), refletem a prática atual no mercado global de investimentos sustentáveis. As sete abordagens da GSIA para o investimento sustentável são apresentadas no Quadro 1.

---

2 É definido pelo Dicionário Oxford como informação disseminada por uma organização de modo a apresentar uma imagem pública ambientalmente responsável que não corresponde às suas práticas reais. Na prática, as controvérsias acerca de *greenwashing* corporativo datam da década de 1980, quando Jay Westerveld, biólogo ativista, analisou em um artigo a prática de hotéis que pediam que seus hóspedes dispensassem a troca diária de toalhas, a fim de salvarem o planeta. Atualmente, o termo integra questões socioeconômicas e não se refere somente a falsidade, mas também sobre *disclosure* seletivo de informações positivas, genéricas ou subjetivas sobre a performance socioambiental de uma empresa.

QUADRO 1 Espectro de investimentos sustentáveis

Tipo de investimento	Detalhamento
Integração ESG	Critérios ambientais, sociais e de governança são integrados de forma sistemática e explícita pelos gestores de investimentos na tomada de decisão
Engajamento corporativo e intervenção dos acionistas	Acionistas exercem poder para influenciar o comportamento corporativo, por meio de engajamento corporativo direto (ou seja, comunicação com a alta administração e/ou conselhos de empresas), requisições específicas e votação guiada por diretrizes ESG
Screening baseado nas normas	Seleção dos ativos com base em padrões mínimos de ESG baseados em normas internacionais, como as da ONU, OCDE e Transparência Internacional
Screening negativo ou de exclusão	Exclusão de um fundo ou de uma carteira de determinados setores, empresas, países ou outros em função das suas principais atividades. Os critérios de exclusão (baseados em normas e valores) podem referir-se, por exemplo, a categorias de produtos (armas, tabaco, bebidas, jogos) e práticas da empresa (por exemplo, testes em animais, violação de direitos humanos, corrupção) ou controvérsias
Screening best-in-class	Investimento em setores, empresas ou projetos selecionados que apresentam desempenho ESG positivo em comparação aos pares da mesma indústria e que alcançam uma classificação acima de um limite definido
Temático	Investimento em temas ou ativos que contribuam especificamente para soluções sustentáveis – ambientais e sociais. Por exemplo, agricultura sustentável, edifícios verdes, projetos de baixo carbono, equidade de gênero, diversidade)
Investimento de impacto e investimento na comunidade	**Investimento de impacto:** visa alcançar impactos positivos, sociais e ambientais e requer medição e comunicação de informações sobre esses impactos, com necessidade de demonstração da intencionalidade do investidor e demonstração da contribuição do investidor **Investimento na comunidade:** quando o capital é especificamente dirigido a indivíduos ou comunidades tradicionalmente desfavorecidos, bem como todo financiamento a empresas com um propósito social ou ambiental claro. Alguns investimentos em comunidade podem ser de impacto, mas investimento na comunidade é mais amplo e considera outras formas de investimento e atividades de empréstimo direcionadas

Fonte: GSIA.

O ecossistema de investimentos sustentáveis é composto por diversos agentes, incluindo corporações, bancos, instituições financeiras internacionais, organizações internacionais, fundos climáticos, governos nacionais, bancos centrais e autoridades reguladoras, investidores institucionais e bolsas de valores.

As corporações são a maior fonte de financiamento relacionada a temas como clima, energia renovável, transporte e infraestrutura. Já os bancos fornecem proporção significativa dos recursos financeiros que podem ser mobilizados para investimentos verdes. As instituições financeiras internacionais, por sua vez, apoiam a ampliação dos investimentos verdes e inclusivos, testando novas formas de financiamento, como títulos verdes ou sociais, e influenciando a governança financeira global para dar mais apoio ao desenvolvimento sustentável.

Organizações internacionais como a ONU, a OCDE e o G20 definem a agenda sobre questões de sustentabilidade em nível internacional e ajudam a coordenar outras fontes de financiamento. Os fundos climáticos, como o Fundo Verde para o Clima, são fundos multilaterais para projetos de adaptação e mitigação das mudanças climáticas, financiados por meio de contribuições de países individuais.

Os governos nacionais determinam o montante do financiamento público destinado a investimentos verdes, bem como o apoio institucional dado a eles. Além disso, eles podem apoiar na concepção de investimentos domésticos dedicados, como fundos nacionais climáticos e ambientais. Os bancos centrais e as autoridades reguladoras orientam as ações do setor financeiro por meio de políticas e regulamentos que definem o que pode ser considerado um investimento sustentável e podem exigir que empresas divulguem seus riscos e resultados relacionados a emissões e clima.

Os investidores institucionais, como fundos de pensão, fundos soberanos e seguradoras, são outro grupo importante de financiamento do setor privado. Por fim, as bolsas de valores oferecem avaliações, *rankings* e índices de investimentos verdes climáticos, sustentáveis ou de ESG.

Em resumo, o ecossistema de investimentos sustentáveis é formado por uma ampla gama de agentes que trabalham juntos para mobilizar recursos financeiros em projetos que promovam a sustentabilidade e a luta contra as mudanças climáticas. Cada agente desempenha um papel importante na promoção do investimento sustentável, seja fornecendo financiamento, definindo políticas e regulamentos, seja coordenando ações em nível internacional.

A IMPORTÂNCIA DA MATERIALIDADE NA PRIORIZAÇÃO DE ESTRATÉGIAS E PARA AVALIAÇÃO DAS EMPRESAS

Materialidade é o princípio que determina quais temas de sustentabilidade e ESG são importantes para uma empresa.

O conceito de materialidade dupla, como preconizado pelo GRI, considera os temas materiais relacionados aos impactos econômicos, ambientais e sociais significativos da empresa, que influenciam substancialmente as avaliações e decisões dos *stakeholders*. Para identificar esses temas, é necessário realizar um processo inclusivo de definição que envolve duas fases: um diagnóstico inicial e um teste de materialidade.

Durante o diagnóstico inicial, é importante mensurar as externalidades geradas pela empresa em toda a sua cadeia de valor, considerando impactos positivos e negativos. Também é fundamental explorar as tendências, diretrizes e padrões de sustentabilidade no mercado de atuação, analisar os competidores e os *benchmarks* no âmbito de suas estratégias de sustentabilidade e ESG e examinar os documentos internos e/ou públicos da própria empresa para identificar os fatores que precisam ser mantidos e/ou reconsiderados no teste.

A análise qualitativa realizada por meio de entrevistas semiestruturadas com os *stakeholders* internos é fundamental para identificar os temas que devem ser considerados na fase 2 (teste de materialidade). Na fase 2, os respondentes elegem uma nota para cada tema de sustentabilidade e ESG definidos na fase 1. É importante selecionar a plataforma da pesquisa, os grupos de *stakeholders* externos e internos para participação na pesquisa, bem como organizar a lista de *e-mails* dos respondentes. Na seleção dos *stakeholders*, a boa prática é ter diversidade e inclusão de diferentes grupos, e especial atenção deve ser dada para a quantidade de respondentes de cada grupo a fim de garantir representatividade e balanceamento.

Uma empresa pode comunicar que os temas materiais foram escolhidos com base em SASB e MSCI, mas é importante ressaltar que esses padrões consideram só a visão dos investidores e dizem respeito a temas setoriais. Nessa linha, é crucial que uma empresa inclua outros *stakeholders* no teste para ter representatividade geográfica. A materialidade de uma empresa é dinâmica, e os temas mudam ao longo do tempo. O que é material mudará, e mais rápido, para empresas que atuam em setores mais dinâmicos e incertos.

A mudança é esperada também quando os resultados da empresa são negativos ou passam a ser mais fáceis de observar, ou seja, ficam acessíveis ao público. Isso gera mais escrutínio público e necessidade de atualização mais frequente no teste de materialidade. Portanto, é essencial que os tomadores de decisão nas empresas sejam capazes de identificar, gerenciar e comunicar os resultados nos temas materialmente relevantes.

A materialidade pode influenciar também a avaliação e decisão de investimento na perspectiva do investidor. Portanto, investidores precisam aprimorar suas competências analíticas para filtrar o essencial a partir de um volume crescente de dados sobre as principais tendências que influenciam a materialidade de determinada empresa.

Em suma, para prosperar nessa nova era, executivos e investidores precisam complementar suas competências tradicionais de análise de projetos e investimentos com competências relacionadas ao diagnóstico de materialidade. Uma abordagem ativa da materialidade dupla e inclusiva deve ser incorporada no processo de tomada de decisão e de investimentos. Mas por que isso é tão importante? Porque investimentos em temas materiais têm impacto positivo no retorno financeiro, enquanto investimentos em temas imateriais não têm o mesmo impacto.

RESUMO

Este capítulo se baseia nos conceitos de sustentabilidade e ESG na perspectiva de práticas, estratégias e investimentos. As empresas têm uma responsabilidade importante no desenvolvimento do mundo e devem ser parte da solução para os desafios socioambientais e econômicos que a sociedade enfrenta. Ao mesmo tempo, esses desafios podem representar riscos para a perenidade e os resultados dos negócios. A criação de valor sustentável e de longo prazo depende de uma mudança de comportamento em todas as esferas, incluindo líderes empresariais, consumidores, governos e investidores. Nesse contexto, explora-se os principais conceitos, impulsionadores de valor, tipos de estratégias e investimentos relacionados à sustentabilidade e ESG. Finalmente, discute-se a importância de um bom diagnóstico de materialidade como ponto de partida para promover um futuro mais verde, justo e inclusivo.

QUESTÕES PARA REFLEXÃO

1. Como o contexto influencia as estratégias de sustentabilidade e ESG?
2. Quais são os *drivers* de geração de valor compartilhado?
3. Como seu perfil de investidor se alinha às tendências de sustentabilidade e ESG? Você se considera um investidor sustentável?

REFERÊNCIAS

Adams CA, Alhamood A, He X, Tian J, Wang L, Wang Y. The double-materiality concept Application and issues. GRI. Disponível em: https://www.globalreporting.org/media/jrbntbyv/griwhitepaper-publications.pdf. Acesso em: out. de 2024.

Bailey A, Bhalla V, Strack R, Dosik D, Oh J. Organizing for the Future with Tech, Talent, and Purpose. BCG. 16 de setembro de 2019. Disponível em: https://www.bcg.com/publications/2019/organizing-future-tech-talent-purpose. Acesso em: out. de 2024.

Claro PBO, Claro DP. Sustentabilidade estratégica: existe retorno no longo prazo. R Admin. 2014;49(2):291-306.

ESG Past & Present: The Accelerating Growth of Sustainable Investing. PRI. Disponível em: https://interactive.cfainstitute.org/ESG-guide/esg-past-and-present-238UB-188148.html. Acesso em: out. de 2024.

Global inequality is rising again. The Economist. 2 de agosto de 2022. Disponível em: https://www.economist.com/finance-and-economics/2022/08/02/global-inequality-is-rising-again. Acesso em: out. de 2024.

GSI Alliance. Global Susteinable Investment Review 2020. Disponível em: https://www.gsi-alliance.org/wp-content/uploads/2021/08/GSIR-20201.pdf. Acesso em: out. de 2024.

Henisz W. Five ways that ESG creates value. McKinsey Quaterly. Novembro de 2019. Disponível em: https://www.mckinsey.com/~/media/McKinsey/Business%20Functions/Strategy%20and%20Corporate%20Finance/Our%20Insights/Five%20ways%20that%20ESG%20creates%20value/Five-ways-that-ESG-creates-value.ashx. Acesso em: out. de 2024.

Khan M, Serafeim G, Yoon A. Corporate sustainability: First evidence on materiality. Account Rev. 2016;91(6):1697-24.

National Centers for Environmental Information. Disponível em: https://www.ncei.noaa.gov/. Acesso em: out. de 2024.

PwC's 2021 Global investor Survey. PwC. Disponível em: https://www.pwc.com/gx/en/services/audit-assurance/corporate-reporting/2021-esg-investor-survey.html. Acesso em: out. de 2024.

Steffen W, Grinevald J, Crutzen P, McNeill J. The Anthropocene: conceptual and historical perspectives. Philos Trans R Soc A. 2011;369(1938):842-67.

World Resources Institute. https://www.wri.org/strategic-plan/tackling-global-challenges. Acesso em: out. de 2024.

Índice remissivo

A

B

C

D

E

F

G

P

Q

R

S

T

U

V